社科文库

古都北京人地关系变迁

The Evolution of Man–land Relationship in Capital Beijing

孙冬虎 吴文涛 高福美 著

中国社会科学出版社

图书在版编目(CIP)数据

古都北京人地关系变迁 / 孙冬虎,吴文涛,高福美著. —北京:
中国社会科学出版社,2018.9
ISBN 978 - 7 - 5203 - 2816 - 6

Ⅰ.①古… Ⅱ.①孙…②吴…③高… Ⅲ.①历史地理—
研究—北京 Ⅳ.①K928.6

中国版本图书馆 CIP 数据核字 (2018) 第 161061 号

出 版 人	赵剑英	
责任编辑	刘 艳	
责任校对	陈 晨	
责任印制	戴 宽	

出 版	中国社会科学出版社	
社 址	北京鼓楼西大街甲 158 号	
邮 编	100720	
网 址	http://www.csspw.cn	
发 行 部	010 - 84083685	
门 市 部	010 - 84029450	
经 销	新华书店及其他书店	

印 刷	北京明恒达印务有限公司	
装 订	廊坊市广阳区广增装订厂	
版 次	2018 年 9 月第 1 版	
印 次	2018 年 9 月第 1 次印刷	

开 本	710×1000 1/16	
印 张	25	
插 页	2	
字 数	364 千字	
定 价	108.00 元	

目　录

引　言 …………………………………………………………（1）

第一章　城市发展的历史地理基础 ……………………………（7）
　　第一节　北京地区的自然特征 ………………………………（7）
　　第二节　城市演变的大致轨迹 ………………………………（11）

第二章　辽南京时代区域人地关系的基本状况 ………………（15）
　　第一节　城市建设及其资源环境保障 ………………………（15）
　　第二节　人口迁移与人口规模 ………………………………（19）
　　第三节　城市粮食供应与区域农业恢复 ……………………（24）
　　第四节　日常生活的商业手工业支撑 ………………………（30）

第三章　金中都的成长与区域人地关系的调整 ………………（38）
　　第一节　金中都成为政治中心的环境背景 …………………（38）
　　第二节　初具帝京规模的中都建设 …………………………（43）
　　第三节　中都地区的人口状况和农业开发 …………………（51）
　　第四节　中都地区的经济发展和水利交通 …………………（61）
　　第五节　中都周边的森林采伐与自然灾害 …………………（76）

第四章　元大都崛起的人口、资源、环境背景 ………………（83）
　　第一节　大都建设的劳役征发和建材供应 …………………（83）
　　第二节　城市水源供应系统的巨大转折 ……………………（90）

第三节　大都城乡人口的增减和迁移 ……………………（98）

第四节　粮食与能源的城市供应 …………………………（104）

第五节　交通建设与商业手工业的繁荣 …………………（120）

第六节　园林与禁猎区的环境意义 ………………………（126）

第五章　明北京的发展与区域人地关系的演变 ……………（129）

第一节　明初战争损耗与移民屯垦 ………………………（129）

第二节　营建北京的历史过程与城市格局 ………………（139）

第三节　营建北京的物资采办及存储 ……………………（144）

第四节　北京城市人口格局与消费 ………………………（153）

第五节　漕运仓储与北京粮食供应 ………………………（165）

第六节　能源建材供应及相关资源环境问题 ……………（172）

第七节　漕运通道与城市水源的整治 ……………………（180）

第八节　城乡关系与北京周边乡村的发展 ………………（185）

第九节　自然灾害、社会变动与人地关系 ………………（194）

第十节　明代北京地区人地关系的基本特征 ……………（198）

第六章　清北京及周边地区人地关系的新动态 ……………（201）

第一节　旗民分置背景下的人口变迁 ……………………（201）

第二节　城市建设的人财物支撑 …………………………（217）

第三节　城市水源的继续拓展 ……………………………（233）

第四节　永定河的大规模治理 ……………………………（241）

第五节　城市居民的粮食供应 ……………………………（246）

第六节　能源供应及其引发的环境问题 …………………（259）

第七节　城市交通及手工业商业的发展 …………………（267）

第八节　自然灾害对人口资源环境的破坏 ………………（280）

第七章　近百年来区域人地关系的巨大变革 ………………（288）

第一节　城墙从局部改造到完全消失 ……………………（288）

第二节　从传统的城区到摊煎饼式的急剧拓展 …………（292）

　　第三节　城乡人口从缓慢发展到迅速增长 ……………………（295）

　　第四节　交通系统的迅速发展 …………………………………（301）

　　第五节　水环境治理与水资源供应 ……………………………（312）

　　第六节　环境污染与风沙源的治理 ……………………………（319）

第八章　历史的启示与未来的出路 ……………………………（327）

　　第一节　历史的垂青造就了北京的政治中心地位 ……………（327）

　　第二节　政治因素驱动改朝换代后的城市改造 ………………（332）

　　第三节　政治中心地位为北京赢得人口资源优势 ……………（340）

　　第四节　永定河兴衰是区域人地关系演变的晴雨表 …………（345）

　　第五节　当代城市问题是工业社会管理弊端的总爆发 ………（351）

　　第六节　设置陪都将是疏解北京人口与功能的根本
　　　　　　出路 …………………………………………………（357）

　　第七节　通过京津冀一体化发展推动生态环境改善 …………（363）

　　第八节　在道德与法制的共同约束下构建新型人地
　　　　　　关系 …………………………………………………（368）

参考文献 …………………………………………………………（374）

后　记 ……………………………………………………………（390）

引　言

一　学术背景与研究基础

在北京城市史上，公元938年契丹以幽州治所蓟城为陪都并改称南京，是一个具有标志意义的重大事件，历史上的北京由此步入了从陪都到北半个中国的首都再到统一国家首都的发展阶段。从辽南京之后的金中都、元大都到明清北京，再到民国北京（北平）与中华人民共和国首都北京，这座城市基本上连续保持着国家政治中心的地位。特殊的历史机遇造就了北京最近一千多年以来在中国历史上独一无二的政治地位，这种政治地位反过来又要求国家必须更多地运用行政力量，努力保障首都各项职能的正常运转，由此对城市发展及其与人口、资源、环境之间的关系产生了巨大的支配作用。以维护和巩固北京的政治中心地位为核心，历代执政者在处理上述因素之间环环相扣的关系方面，留下了丰富的成功经验与惨痛的失败教训，近现代工业化以来的经验教训尤其深刻并且产生了广泛持久的社会影响。

城市、人口、资源、环境，可以归结为"人"与"物"两大类。在作为"万物之灵"的"人"之外，物化的资源、环境与城市，基本属于"天"与"地"的范畴。现代科学早已把天文、气象、气候等作为地学的组成部分，从"天"与"地"密不可分的关系着眼，二者又可笼统地纳入"地"的畛域。其中，资源是人类为满足自身需求而从环境之中拣选或生产出来的若干种类的"地利"；城市更是人与环境共同作用的结果，具有自然地理与社会人文的双重特征；人则是城市的创造者、管理者、消费者与构成要素。因此，我们所要讨论的北京城市发展与人口、资源、环境之间的关系，实际上也就是历史上的"人地关系"。这里最根本的问题在于：一方面，自辽代以来的执政者，是如何协调北京远近的人口布局、资源配置，从而保障这座城市的供应和建设、维系其政治中心地位的？另一方面，动用国家力量进行的这些活动，在多大程度上影响了北京周边及其他相关区域的环境变迁？"人地关系"是现代人文地理学的核心，我国古代的"究天人之际"或把"天地人"视为"三才"进而探究其矛盾统一关系，在某些方面与此差相仿佛。对于区域历史地理学而言，"人地关系"这个概念同样适用。尽管彼此涉及的时间和空间各不相同，但二者所面对的矛盾的性质却大体一致。因此，从人地关系的角度审视北京的成长过程，揭示区域人地关系发展变化的主要特征和基本规律，有助于更加清晰地认识这座著名古都的历史和未来，这也是我们的研究宗旨所在。明代永乐帝营建北京时，梁混（字本之）为鲁王朱肇辉拟定的《贺建北京表》，誉之为"天人协赞，夷夏腾欢"①。换言之，建都北京是象征自然环境的"天"与代表社会因素的"人"协力推动的结果。

首都的特殊政治地位与局限性颇为明显的地理环境，决定了历史上的北京能够获得而且必须依靠周边地区乃至遥远省份在人口、资源等方面提供的巨大支持，并由此影响着城市发展与人口、资源、环境之间的相互关系及其发展趋向。不论是社会变化相对缓慢的古代还是发展速度急剧加快的近现代，北京的国都地位确定后，都需要以足够数量的人口保持城市的繁荣。这些人口既有从事商业、手工业的城市居民，也有守卫城市的军队、供职于政府的大批官员、游走于城乡之间的外来人口，清代北京更是居住着大批不事生产的八旗闲人。城市周边的农民是区域农业开发的劳动力，也是为城市提供部分农副产品的生产者。与此同时，所有人口又都是物质资源的消费者。这些资源涉及粮食、水源、建材、能源、交通、日常用品等众多门类，在很长的时期内，北京以粮食为主的物资供应都要仰仗南方产粮区的漕运，而不是依靠物产相对贫瘠的北方农村就近解决。在人少地多的古代社

---

① 梁混：《坦菴先生文集》卷1《贺建北京表》，国家图书馆藏明刻本，第2页。

会，借用今人的话语，人口是毋庸置疑的"第一生产力"。历史上记载的多次移民"实京师"，其目的就是借助行政或军事手段，改变首都周边人口稀疏、经济凋敝的面貌。明清时期虽然也有某些对国都人口的限制性调控，但主要还是以促进城市与京畿人口增长为主流。随着近现代工业化时代的到来，城市新型产业的出现为劳动者提供了更多就业机会，自身前所未有的快速发展也需要更多的劳动力，灾害与战乱多次导致大量农村人口流入城市谋生。这些因素与城市人口的自然增长，使区域人口与环境的关系逐渐转变为城市人口过度集聚与资源供应日益紧张之间的矛盾。这种特征在最近几十年表现得尤其突出，如何分解城市功能、疏散城市人口、减少环境问题，成为历届政府努力探索但鲜有根本改变的痼疾。

历史往往是现实的一面镜子。毋庸置疑的事实已经证明，当代北京存在的城市发展与人口、资源、环境之间的矛盾，是工业化时代特别是最近几十年城市无休止膨胀造成的后果。尽管如此，以历史上的北京自辽代成为陪都以来的城市发展为基点，依次探讨它与人口、资源、环境诸因素之间的关系，仍然可以为解决现实问题提供可资参考的重要借鉴，虽然这仅仅是区域历史或历史地理研究的预期目标之一。城市发展与许多因素之间的关系，通常表现为相互影响或彼此可逆的动态过程。城市自身的需求希望在人口、资源、环境方面达到某种指标，这些因素的现实状况反过来又对城市自身形成了一定的客观限制，由此促使执政者对人口、资源、环境的某些方面加以改造或顺应。随着移民、水陆交通建设、水资源开发、环境保护等手段的实施，新的"人地关系"在新的条件下建立起来，并将在人类活动与自然规律的双重主导下不断发展变化。

从学科属性与研究内容着眼，历史地理学与区域史将成为我们开展工作的主要臂助。学界前贤的已有成果如侯仁之《历史地理学的理论与实践》、邹逸麟主编《黄淮海平原历史地理》、韩光辉《北京历史人口地理》、李文治等《清代漕运》、蔡蕃《北京古运河与城市供水研究》、于德源《北京灾害史》、王培华《元明北京建都与粮食供应》等专著或论文集，邢嘉明《京津地区自然环境演变及其与人类活动的关系》等论文，是我们学习参考的必读文献。《北京近千年生态环境变迁研究》《北京历史自然灾害研究》《历史上的永定河与北京》《北京交通史》《北京水利史》《北京经济史》等著作，《明朝前期黄河中下游地区的移民活动及其社会作用初探》《辽金时期环北京地区生态环境管窥》《制度与政策影响下的北京南苑环境变迁》《元明清北京能源供应的生态效应》《元明清北京地区的林木保护》《庚子之乱对北京城乡的破坏作用》《历史上永定河筑堤的环境效应初探》等相关论文，为我们以新视角研究新问题奠定了较好的学术基础。鉴于区域人地关系演变的复杂性和特殊性，还必须从多种角度对近千年来北京城市发展与人口、资源、环境的关系进行综合性的系统探讨。这就要求我们，在依据可靠史料清理历史过程、剖析典型事例、进行数据统计的时候，把论述的出发点与归结点放在分析各个要素之间的相互关联或连环影响这个重心上来。为了减少"只见事物不见人"的缺失，我们将尽量关注作为区域发展主导因素之一的"人"的活动，说明决策者的思想及其实施对"人地关系"的影响。

二　研究内容与基本方法

我们的研究将以历史地理及区域史为依托，吸收当代可持续发展理论与经济史、环境史、社会史等众多领域的学术精华，立足于多种要素的综合研究，阐述历史上的北京成为首都或陪都之后对城市本身、周边地区乃至我国其他省份在人口、资源、环境、社会等方面的影响，探讨城市发展引起的人地关系变化的历史过程、一般规律以及各个构成要素的相互关系，力求拓宽区域历史地理和地方史的研究领域，进而为当代北京城市发展以及推进京津冀一体化提供理论支撑和历史借鉴。主要研究内容如下：

1. 辽南京的城市发展及其人口、资源、环境问题：梳理辽南京城市建设、社会发展的基本过程；揭示这座陪都对周边地区人口、资源、环境产生的初步影响；阐述辽南京地区的生态环境特征及其时代变迁。

2. 金中都兴衰与周边地区人口、资源、环境、社会的关系：探讨金中都建立之后人口不断增长、金朝末期在与蒙古的战争中大量损耗并随着迁都汴梁（开封）而流失的过程及其社会影响；清理为满足城市建设与能源需求而砍伐西山森林、为南进侵宋而砍伐永定河上游森林的过程及其环境效应；分析莲花池水系（古永定河水系）对保障金中都水源供应的关键作用；研究重大自然灾害与社会变动对金中都及其周边地区"人口—资源—环境—社会系统"造成的影响。

3. 元大都的兴建及其繁盛与相关的人口、资源、环境问题：清理元大都城市建设与人口增长对水源、能源、建材、粮食需求迅速加大的史实；阐述为解决水源问题而兴建大都新城、实现从莲花池水系到高梁河水系这一重大转折的历史意义；探讨为保障粮食供应而发展海运与河运，为运输西山林木、柴炭和石材而开凿治理河道的过程；分析郭守敬等治理河道、开辟水源的环境效应；研究重大自然灾害与社会变动对元大都及其周边地区"人口—资源—环境—社会系统"造成的影响；科学评估元代大都地区的生态环境状况。

4. 明代北京的城市发展与区域人口、资源、环境的密切关联：梳理元末明初战争、朱棣"靖难之役"、明末战争造成的区域人口损耗与社会破坏情形；探讨明初徐达从山后向北平移民、永乐年间从山西等地向北京大规模移民的过程及其社会作用；阐述永乐年间营建北京以及嗣后各朝修建宫殿时，在周边地区获取木料石材、在云贵川鄂等省份采办楠木、在山东临清和苏州烧制特种砖瓦的主要过程、运输途径以及对当地造成的环境影响；归纳为供应北京能源而进行的林木砍伐、木炭烧制、煤炭开采对北京西山、河北易州等地森林资源的消耗及其引发的生态破坏；分析明代为保障漕运而进行的河道治理及其环境效应；研究重大自然灾害与社会变动对北京及其周边地区"人口—资源—环境—社会系统"造成的影响。

5. 清代北京城市发展与人口、资源、环境之间关系的进一步演变：探讨清代北京及周边地区人口增长、人口迁移和人口结构变化的过程与社会背景；分析西郊皇家园林建设与水资源的关系；阐明永定河治理对于减少自然灾害的作用及其正反两方面的环境效应；梳理清代北京人口迅速增加与农田开垦向山区推进的过程；研究北京南苑等皇家御苑被迫开垦为农田的时代背景与驱动因素；说明西山煤炭开采、密云等地采矿、永定河流域及长城以北森林砍伐、京东遵化等地自元代至清代铁矿冶炼等活动对资源环境的破坏程度；归纳重大自然灾害与社会变动（如"庚子之变"等）对北京地区"人口—资源—环境—社会系统"造成的影响。

6. 近百年来北京城市发展与人口、资源、环境之间矛盾的加剧及其作用机制：阐述近现代工业发展与人口膨胀加剧资源短缺、环境衰退的基本过程，分析人类活动影响资源、环境状况的典型事例，探讨区域人地关系的作用机制和普遍规律，为当代城市发展提供切实可行的决策参考。

为完成上述研究任务，我们将以历史文献作为最基本的资料依据，从正史、政书、类书，明清实录及档案，有关州县的地方志，各类笔记、文集、碑刻、古地图以及今人整理的古代文献中，广泛钩稽关于近千年来北京城市发展与人口、资源、环境、社会状况的重要史实；利用考古发掘的已有收获，结合必要的实地调查，补充新证据和实物资料，验证相关的文献记载；借鉴当代自然科学领域关于区域环境变迁研究的新成果和新手段，以综合研究弥补单一方法的缺陷。系统阐述金中都、元大都、明清北京以及近百年来的城市发展究竟在何种程度上影响了周边地区乃至全国其他省份的人口、资源、环境状况，说明历代首都的城市发展与上述诸因素的相互关系及其演变过程，是我们的重点任务。如何揭示具有国家政治中心这一特殊地位的北京城市发展与人口、资源、环境之间相互作用的机制和一般规律，进而为当代城市和区域可持续发展提供科学的理论支撑，将成为体现课题实践价值的关键。

为使行文尽量简洁，以下各章正文中不可或缺的某些说明文字，比如朝代纪年对应的公元年份，历代政区治所及其他历史地名对应的当代地点，个别语词、制度的简要解释等，一并在相应位置以括注方式显示，不再分别加上"按"或"引者按"等字样。引用文献中原有的补充说明，以"作者原注"为标记。

第一章 城市发展的历史地理基础

距今一千多年前辽代把幽州提升为陪都南京，是在古代北京自先秦以迄隋唐五代不断累积的基础上，受到特定时期政治、军事大势的推动，创造历史的各类人物风云际会的结果。区域地理环境与辽代之前的城市发展，为此后金中都、元大都、明清直至当代北京崛起为国家首都，奠定了历史地理基础。鉴于学界的相关论著已经比较充分，这里只予以简要概述，作为随后各章讨论城市发展与人口、资源、环境之间关系的铺垫。

第一节 北京地区的自然特征

区域自然地理环境是人类通过各种各样的活动去创造历史的舞台，作为地理格局基本骨架的山水更是古人眼中"千古不易"的天然形胜，其基本构成包括地理位置、地貌特征、气候状况、河湖水系、土壤植被、水陆交通、军事险要等。在北京与周边乃至更广阔区域的相互关系史上，自然条件的优势与劣势都是不可忽视的影响因素（图1—1）。

北京的地理形势，在元代至清代的学者看来是"左环沧海，右拥太行，北枕居庸，南襟河济，形胜甲于天下，诚天府之国也"①。这里处于华北平原西北隅，西、北、东北三面被太行山和燕山环抱。西

---

① 于敏中等：《日下旧闻考》卷5《形胜》引《博物策会》，北京古籍出版社1985年版，第77页。

图1—1　北京地势

部山峰海拔多在 1000—1500 米，北部山峰海拔多在 800—1000 米。
今北京市辖境跨越了我国地貌"三级阶梯"的第二级与第三级，西
北高、东南低，山区面积约占62％，平原地区海拔大都在 50 米以下。
北面倚靠的燕山一线，与我国北方年降水量400毫米等降水线基本一
致，由此成为暖温带亚湿润落叶阔叶林地带与中温带半干旱草原地带
的分界线。就历史上的经济生活及民族分布的主体而言，受自然地理
条件的制约，燕山以南地区以农业为经济支柱，以汉族为主发展了传
统的农耕文化；燕山以北地区则形成了一条农牧交错带，经济形式以
游牧性质的畜牧业为主，某些水热条件适宜的农耕区域又与畜牧区域
此消彼长，发展了具有北方少数民族特点的草原文化，南北之间既显

著区别又相互交融。先秦两汉时期在燕山一线修筑的内长城，不仅是古人眼中"夷汉"或"华夷"之间的天然阻隔与中原政权的军事防线，更为体现燕山南北包括民族、经济、文化等因素在内的人文差异竖起了一道绵延万里的人工标志。蓟城（幽州）扼守着华北平原北部的门户，是中原政权强盛时期经略北方的基地，也是防御北方游牧部族内侵、双方激烈争夺的军事重镇。当南北各族和平相处时，这里就变成了经济文化交流融合的中心。在地质地貌的控制下，位于太行山东麓、大致与今京广铁路一线相仿佛的南北大道，沟通了历史上的北京与中原地区的联系。由蓟城出发，向西北穿越太行山与燕山分界的军都陉（即今居庸关关沟），可达河北张家口坝上、山西大同雁北地区及内蒙古高原；向北穿越密云古北口等长城关口，是燕山南北相互往来的重要孔道；向东经过燕山南麓大道转向山海关，能够抵达东北平原。这几条干道构成了北京地区陆上交通网络的基本骨架，它们经行山脉时形成的险关要隘历来是兵家必争之地。

与区域地貌特征相适应，永定河、潮白河、北运河、大清河、蓟运河五大水系，自西北向东南流注。它们在漫长的地质史上挟带的滚滚泥沙，冲积成北京小平原。永定河与潮白河及其支流有过频繁的历史变迁，留下了错综复杂的故道。在今北京市各区，通州南部、顺义东北部、昌平西部、海淀中南部和北部、朝阳中部和北部、大兴北部等地，不同时期曾有大大小小的天然淀泊。古蓟城西郊的大湖（莲花池前身）、金中都东北郊的白莲潭（后称积水潭、三海）、辽金元时期通州南部方圆数百里的延芳淀、海淀之西的瓮山泊（西湖）和南北海淀、朝阳境内的郊亭淀和金盏儿淀、丰台和大兴境内的南苑诸海子等，都曾是影响北京水源供应、园林布局的重要因素。隋炀帝为用兵辽东，开辟了自南而北"之"字形辗转抵达蓟城南郊的运河，即京杭大运河的前身，由此强化了蓟城的水路交通优势，为此后崛起为多朝国都的北京奠定了漕运的基础。在元代开通了经直沽（今天津）进入渤海湾的海运航道之后，"左环沧海"的地理条件转化为漕运的另一天然优势，与大运河一起成为巩固城市首都地位、维系城市经济命脉的关键措施。

地貌、气候影响下的水环境与水资源，是影响聚落定位与城市选址的决定性因素。今人把永定河誉为"北京的母亲河"，这条河流滋养了古往今来的北京城。按照一般情形，北京原始聚落的理想位置，应当在既容易取水又便于交通的古永定河渡口即今卢沟桥一带。但是，古永定河在冲出北京西山的束缚之后，河床比降陡然降低，挟带的泥沙迅速沉淀淤积，致使河道在冲积洪积扇上往复摆动。暖温带半湿润大陆性季风气候，又使全年80%—90%的降水量集中在6—9月，宣泄不畅的河道使两岸饱受善决善淤、水灾频发之苦。因此，人们不得不把聚落定位的目光投向今北京广安门一带的古蓟城所在区域。这里位于古永定河沿岸较高的阶地之上，既能有效利用河流提供的水源，又能尽量避免夏季河水带来的灾害，还可以充分开辟山前溢出带的丰富泉源，体现了古代先民因地制宜的高度智慧。在以后的年代，如何保障居民的水源供应，几乎成了城市发展的核心问题。元朝初年为摆脱金中都城市残破、水源不足的困境，在其东北郊营建元大都，城市水源地随之从莲花池水系移到高梁河水系，这个具有历史意义的重大转折一直影响到当代北京的城市发展。此外，以永定河、潮白河的水灾为主的各类自然灾害，包括洪涝、干旱、冰雹、烈风、严寒、酷暑、地震、泥石流、蝗虫、瘟疫等，直接影响着城市发展及其与人口、资源、环境的协调。

北京地区的地质、地貌、气候、水文等自然因素，决定了土壤类型以暖温带半湿润区的褐土为主。山地土壤的分布由高到低依次为山地草甸土、山地棕壤、山地褐土；由山麓到平原分别为褐土、碳酸盐褐土、潮土和部分水稻土，局部地区还有盐土、沼泽土、菜园土。以农耕为主的人类活动，对土壤性状的影响也比较显著。总的来看，北京周边发展农业的水热条件远不及我国南方，当城市与关塞聚集了大量居民与军队之后，漕运就成为保障其粮食供应的主要途径。与各类自然地理要素相联系，古代北京地区的植被在山区多为原始森林。虽然城市所需的木材等建筑材料以及木柴、木炭等能源都不以京畿州县为主要供应地，但采伐不当与战争破坏仍然使之渐变为小片次生林、散生林木或灌木丛，平原地区多为栽培作物和人工林木。与森林相伴而生的虎、豹、熊、野猪、鹿、麋鹿、黄羊、天鹅、雁、鸳等动物，受环境破坏与猎杀过度的影响，从种群相当丰富变为罕见或灭绝。森林植被的演替与动物种群的兴衰，往往成为人地关系发展变化的直接反映。

第二节　城市演变的大致轨迹

历史地理与区域史的已有研究表明，古代北京的发端，可以追溯到早期称为"蓟"的原始聚落，其故址在今北京广安门一带。这个聚落处在蓟丘之旁，根据宋代沈括《梦溪笔谈》的推测，可能是因为生长着中原地区不太常见、株茎高大、枝叶亭亭如车盖的大蓟而得名①。聚落发展为城邑之后，遂称"蓟"或"蓟城"。今人一般依据《史记》与《礼记》的记载②，把武王伐纣刚刚取得胜利就迅速"褒封"尧帝或黄帝的后人于蓟，作为蓟城见之于文献的起始年代。近年完成的夏商周断代工程，把武王伐纣定在公元前1046年③。周武王对先圣后裔的"褒封"，是对尚未控制的商代北方旧族领地在名义上的承认。这就意味着，至少在商朝后期，"蓟"就已是当时的众多方国之一，蓟城则是这个方国的政治中心，作为城邑的历史肯定早于西周初年。在武王褒封蓟国之后不足十年，周成王在蓟国的南面分封了代表周人新兴势力的燕国，其地在今北京房山琉璃河镇董家林一带。到西周晚期燕国吞并蓟国，并把国都迁到蓟城，开始了《韩非子·有度》所谓"以蓟为国"的时代。

商朝蓟国之都蓟城，在进入西周之后先后做了蓟国与燕国的都城，从宽泛的意义上看，这完全可以视为历史上的北京城作为"国

---

① 沈括：《梦溪笔谈》卷25《杂志二》，《元刊梦溪笔谈》本，文物出版社1975年版，第16页。

② 《史记》卷4《周本纪》，中华书局1997年缩印本，第127页。《礼记·乐记》，《黄侃手批白文十三经》本，上海古籍出版社1983年版，第140页。

③ 夏商周断代工程专家组：《夏商周断代工程1996—2000年阶段成果报告》（简本），世界图书出版公司北京公司2000年版，第49页。

都"的开始，只是今人对都城的概念理解各异、衡量尺度有别而已。不论是早期聚落还是后来的城邑，水源都是不可或缺的保障。1956 年，考古工作者在北京会城门、白云观、象来街、和平门一线，发现了战国时期 36 座、汉代 115 座瓦井①。1965 年，在广安门、宣武门至和平门一线，发现了 65 座东周至汉代的瓦井②。这就表明，除了在河流阶地之上可以直接汲取河水之外，凿井获取地下水更是很早就成为解决城市水源问题的普遍途径，对于广大居民的生存至关重要。此外，1957 年在广安门外护城河西岸，发现了战国时期燕国宫殿的饕餮纹半瓦当，厚达一米的古文化层中出土的陶片接近西周时期③。一般认为，陶井分布最密集的宣武门至和平门一带，应当属于蓟城的城区范围，但上述考古学收获尚不足以明确东周至汉代的蓟城四界。北宋乐史《太平寰宇记》引《郡国志》云："蓟城南北九里，东西七里，开十门。"④《太平寰宇记》成书于北宋太平兴国年间，所引《郡国志》应当不会晚于唐代。这座长方形的城址"有可资考证者，即其西南两墙外，为今莲花河故道所经；其东墙内有唐代悯忠寺，即今法源寺"⑤。就古代北京城址变迁的主要过程来看，"自春秋战国以来，历东汉、北魏以至于隋唐，蓟城城址并无变化，其后辽朝虽以蓟之古城置为南京，但是并无迁移或改筑。只是到了金朝建了中都以后，才于东西南三面扩大了城址。元朝另选新址，改筑大都，遂为今日北京内城的前身。辽金以前，所知蓟城城址的沿革，大略如此"⑥。依据 20 世纪 50 年代以来出土的唐代墓志、房山石经山出土的唐代石经题记等材料，唐代幽州的四至大体可以推测为：东垣似在烂漫胡同稍偏西，西垣似在会城门

---

① 苏天钧：《北京西郊的白云观遗址》，《考古》1963 年第 3 期。
② 北京市文物管理处：《北京地区的古瓦井》，《文物》1972 年第 2 期。
③ 赵正之等：《北京广安门外发现战国和战国以前的遗迹》，《文物》1957 年第 7 期。
④ 乐史：《太平寰宇记》卷 69《河北道十八·幽州》"蓟县"条下，清光绪八年金陵书局刻本。
⑤ 侯仁之：《北京建城记》，载《北京城的生命印记》，生活·读书·新知三联书店 2009 年版，第 492 页。
⑥ 侯仁之主编：《北京城市历史地理》，北京燕山出版社 2000 年版，第 64 页。

稍东，南垣约在陶然亭以西的姚家井以北、白纸坊东西街一带，北垣当在头发胡同一线①。另据考古学者发现，金中都的北墙也曾在辽南京的基础上向外拓展了大约100米②，与此前通常认为的三面拓展有所不同。

在先秦时期，"幽州"泛指我国北方、地域范围比较模糊。西汉武帝时期设置十三刺史部作为监察机构，幽州是其中之一，到东汉时期才成为实质性的政区。幽州及其所辖的蓟县，西汉分封的诸侯王国广阳国、东汉的广阳郡，治所都在蓟城，这座城市因此亦称幽州。东晋时期，前燕慕容俊在此短暂建都。在唐代的幽州城内，坊、里是最基本的居民单位。从大历元年（766）到文德元年（888）的墓志上，有卢龙坊、燕都坊、花严坊、归仁里、东通圜里、通圜坊、通肆坊、时和里、遵化里、平朔里（平朔坊）、辽西坊、归化里、蓟宁里、肃慎坊、蓟北坊、铜马坊、军都坊、招圣里、劝利坊、开阳坊、罽宾坊等③。我们无从知晓在上述120多年间是否存在坊里的增减与更名，因此还不能贸然将其视为某个时期并存的唐代坊里，而只能认定它们确实曾经存在于唐代的幽州城内。

人口是社会财富的创造者和消费者，也是推进区域开发与环境变迁的主导力量。先秦时期的人口状况缺乏记载，两汉以后，依据正史地理志提供的州、郡户口数及各州、郡所领县数，取其平均值粗略估算，可以得到北京地区大致的盛时户口总数：西汉时期约10万户、30余万人；东汉约11万户、60余万人；西晋约2.6万户、18万人；北魏5.2万户、32万人；唐代中期5万余户、27万人，加上驻军及其眷属，可达40万人以上④。上述相当宏观的数据显示，

---

① 侯仁之主编：《北京城市历史地理》，北京燕山出版社2000年版，第68—70页。
② 赵其昌：《金中都城坊考》，载《京华集》，北京燕山出版社2014年版，第177页。
③ 侯仁之主编：《北京城市历史地理》，北京燕山出版社2000年版，第70—72页；鲁琪：《唐幽州城考》，载苏天钧主编《北京考古集成》，北京出版社2000年版，第3册，第1400—1407页；北京图书馆金石组、中国佛教图书文物馆石经组编：《房山石经题记汇编》，书目文献出版社1987年版，第254页。
④ 侯仁之主编：《北京历史地图集》人文社会卷，北京出版集团公司文津出版社2013年版。

作为幽州的一部分，今北京地区在两汉时期人口最多，魏晋南北朝时期的分裂和战乱导致人口大量减少，隋唐统一之后人口又成倍增加。先秦至隋唐五代时期的人口变迁与城市建设，为辽南京的发展奠定了直接基础。

第二章　辽南京时代区域人地关系的基本状况

辽代的南京是陪都之一，在古代北京史上处于由北方军事重镇走向首都的过渡阶段，因此无须像后来者建设首都那样拓展旧有城垣，但在城市建设尤其是宫殿修筑方面仍然有些成绩。总起来看，这个时期的城市人口规模不算庞大，对资源、环境的压力尚不明显。

第一节　城市建设及其资源环境保障

一般认为，辽南京（燕京）沿用了唐代的幽州城。《辽史·地理志》称南京"城方三十六里"。若以面积最大的正方形计算，四面城墙各9里，则城区面积81平方里，约合20平方公里，实际上肯定没有如此广大。《大金国志》所记北宋末年燕京"城周围二十七里"[1]，应当比较接近实际。《契丹国志》又载："石晋未割弃已前，其中番汉杂斗，胜负（不）相当。既筑城后，远望数十里间，宛然如带，回环缭绕，形势雄杰，真用武之国也。"[2] 这里的"筑城"，应是指契丹维修城墙，从而加强了燕京的防御能力。

与陪都的政治地位相适应，宫殿、园林在城市建设中占有重要地位。为供契丹国主巡行时居住，辽代以原幽州城西南隅的子城为基础

---

① 宇文懋昭：《大金国志》卷40《许奉使行程录》，《大金国志校证》本，中华书局1986年版，第561页。

② 叶隆礼：《契丹国志》卷22《州县载记》"南京"条，上海古籍出版社1985年版，第217页。

修建皇城（内城）。北宋出使契丹的路振记载："内城幅员五里，东曰宣和门，南曰丹凤门，西曰显西门，北曰衙北门。"① 衙北门以位于原幽州卢龙节度使的衙署之北而得名，又因为是子城的北门而有"子北门"之称。东门宣和门之上修建五凤楼，皇帝正月十五在此观赏花灯，此门实际上是皇城的正门，其余三门设而不开。契丹族崇拜太阳，保留着以东为尚的观念和习俗。上京临潢府（治今内蒙古巴林左旗南）的皇城宫殿都是坐西朝东，并以东门为正门。契丹在南京虽然受到唐、五代幽州子城旧有格局的限制，却仍然以只开东门的办法保持本民族的文化传统。在丹凤门以北，有以启夏门为正门、万春门与迎秋门分列东西的三座宫门。经过启夏门之后，即进入皇宫。皇城内的宫殿主要有元和殿、昭庆殿、便殿、内殿、嘉宁殿、弘正殿、紫宸殿、御容殿等。元和殿是皇帝举行朝贺、殿试、册封尊号等重大活动的正殿，承天萧太后与辽圣宗曾在紫宸殿、弘政殿召见百官，皇帝与群臣在昭庆殿举行宴会，辽景宗、辽圣宗去世后画像被供奉在御容殿内。这些宫殿之间有甬道相通，初步显示了都城的气派。在皇城的西南角，修建了类似角楼的凉殿。皇城东北角有燕角楼，明代称此处为"燕角儿"，故址即今广安门以东的"南线阁街"，"线阁"乃是"燕角"的转音。丹凤门外有契丹皇室的马球场，球场以东的永平馆是接待宋朝使者的馆驿。

来自北方的契丹族以骑马射猎见长，进入南京后仍在延续固有的生活习惯。皇城之外的苑囿和离宫，是帝王狩猎休闲、处理政务的场所。位于今通州漷县镇一带的延芳淀，是辽南京周围最著名的苑囿，方圆数百里的广阔水面芦苇丛生、禽鸟众多。这里在汉朝是泉州霍村镇，契丹国主每年春天到此狩猎，促使附近居民越聚越多，随之相继设立漷阴镇与漷阴县。皇帝与王公大臣狩猎时，"卫士皆衣墨绿，各持链锤、鹰食、刺鹅锥，列水次，相去五七步。上风击鼓，惊鹅稍离水面，国主亲放海东青鹘擒之。鹅坠，恐鹘力不胜，在列者以佩锥刺

---

① 路振：《乘轺录》，贾敬颜《五代宋金元人边疆行记十三种疏证稿》本，中华书局2004年版，第48页。

鹅，急取其脑饲鹘。得头鹅者，例赏银绢"①。狩猎活动在辽圣宗时期最兴盛，延芳淀旁修建了供帝王休憩的神潜宫（今通州神仙村），附近还有皇帝观赏牡丹和钓鱼的长春宫。辽景宗、圣宗时修建的华林庄（今顺义花梨坎）、天柱庄（今顺义天竺镇），是春季赏花、夏天纳凉之所。辽兴宗曾泛舟前往临水殿，其地约在今广安门外青年湖西岸。

由于古代文献的欠缺，迄今很难明晰修筑南京城墙和宫殿的详细过程。从疆域形势、运输条件来看，以白沟与北宋分界的契丹，征集民夫、采伐和运输建材只能就近以国界之北、燕山之南的地区为主，或许还会以燕山之北的森林资源和劳动力予以适当补充。砖瓦之类需要量大、运输笨重费力的建筑材料，更应当以就近烧造为主。门头沟龙泉务发现的辽代瓷窑遗址表明，辽代南京地区已经能够烧制出非常精美的瓷器②。至于技术要求远远低于陶瓷的砖瓦烧制之法，更是早已被民间普遍掌握，满足辽南京修筑城墙和宫殿的需求应当不成问题。

建材之中最重要的木材取之于森林，辽南京周边山区就有相当丰富的森林资源，足以支撑城市建设的长期采集。宋人绘制的《晋献契丹全燕之图》与《契丹地理之图》上，在居庸关外和古北口外山区，都特意画出山上的大片林木，并注有"松林广数千里"或"松林数千里"字样③（图2—1）。今怀柔北部的深山区，就在这"广数千里"的松林范围内。森林往往与战争相联系，也是游猎活动的场所，相关记载从侧面显示着区域森林的分布状况。公元917年，李嗣源、李存审率步骑七万，从易州（今河北易县）出发去解救被契丹围困在幽州的周德威。他们越过大房岭（今北京房山西十五里），在幽州城西六十里与契丹军队相遇。"李存审命步兵伐木为鹿角，人持一枝，止则成寨"④。北宋端拱二年（989）正月，宋太宗征询北伐契丹之

---

①《辽史》卷40《地理志四》，中华书局1997年缩印本，第496页。

②北京市文物研究所：《北京龙泉务窑发掘报告》，文物出版社1984年版。

③叶隆礼：《契丹国志》附图，上海古籍出版社1985年版。

④《资治通鉴》卷270，后梁均王贞明三年七月，中华书局1956年标点本，第8817—8818页。

策。吏部尚书、蓟县人宋琪熟知乡土地理，他建议沿着当年李嗣源的进兵路线直抵安祖寨（今石景山区衙门口），"自易水距此二百余里，并是沿山。村墅连延，溪涧相接，采薪汲水，我占上游。东则林麓平冈，非戎马奔衢之地"①。这两个事例都证实，西山一带有良好的森林资源可供利用。

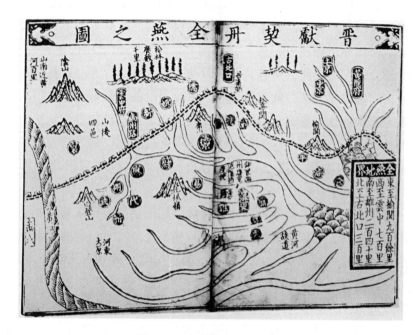

图 2—1　晋献契丹全燕之图

契丹皇帝与王公贵族在南京周边行猎的山区，如果没有良好的森林环境，就不足以养育众多动物。辽太宗、穆宗、景宗、圣宗的行猎地点，包括盘山、西山、檀州之南、燕山、沙河、蓟州之南甸、西括折山、汤山、蔚州南山、紫荆口、顺州西甸、桑干河、浑河之西、檀州北山诸处②。檀州、顺州、蓟州、蔚州，分别治今密云、顺义、天津蓟县、河北蔚县。盘山在今北京平谷之南、蓟县之北，沙河、汤山

---

① 《宋史》卷 264《宋琪传》，中华书局 1977 年缩印本，第 9123 页。
② 《辽史》卷 68《游幸表》，中华书局 1977 年缩印本，第 1037—1075 页。

在今北京昌平境内，紫荆口即今河北易县西八十里紫荆关，燕山、桑干河也在今北京外围。辽兴宗重熙五年（1036）八月"猎于炭山之侧"，其地在今河北沽源县东南一带。随后在"九月癸巳，猎黄花山，获熊三十六，赏猎人有差。冬十月丁未，幸南京"①。从他的行程判断，黄花山应是今昌平以北八十里的黄花城一带。在这些地方之所以能够捕获如此之多的熊、鹿等动物，所依赖的环境无疑就是相当广袤的森林。此外，统和四年（986）耶律休哥在涿州抵御宋军，"设伏林莽，绝其粮道"②，境内的白带山也是"嘉木荫翳于万壑"③。涉及辽南京周边森林状况的这些记载，是城市建设所需木材有可能取自本地的间接证明。在城垣范围较小的客观限制下，南京城内宫殿建设与木材、砖石等建材供应的规模都不算庞大，由此引起的资源环境问题微乎其微。水面广阔的延芳淀等大湖的存在也表明，辽代尚未出现后世常见的人与水争地或人多地少引起的社会矛盾与生态破坏。丰富的森林、土地等自然资源等待着更多的劳动力去开发利用，应是古代"人地关系"在很长历史时期内的主要方面。

第二节　人口迁移与人口规模

人口既是社会财富的生产者，也是物质资源的消费者。城市聚集的人口规模越大，对以粮食为主的物资供应要求越高。唐末与五代至辽初，契丹与幽州地区的关系，左右着区域人口的增减。在以农业为主要经济支柱的传统社会，人口尤其是成年丁壮，是推动经济发展的最关键的生产力因素。在后晋割让幽蓟十六州之前，契丹入塞侵扰的目的之一就是掳掠汉地人口，押送到本国境内从事农业、手工业生产。当契丹占有这片具有战略意义的区域尤其是提升幽州为陪都南京之后，南京（幽州）就从人口输出区变成了人口输入区。在很多情

---

① 《辽史》卷18《兴宗本纪一》，中华书局1997年缩印本，第217页。
② 《辽史》卷83《耶律休哥传》，中华书局1997年缩印本，第1300页。
③ 王正：《重修范阳白带山云居寺碑》，载陈述辑校《全辽文》，中华书局1982年版，第79页。

况下，区域人口的迁移是战争结果的一部分。

契丹对汉地人口的掳掠，开始于立国之初耶律阿保机多次率兵南下。唐天复三年（903）十月，阿保机"引军略至蓟北，俘获以还"；天祐二年（905）十月，他与唐河东节度使李克用合击占据幽州的刘仁恭，"拔数州，尽徙其民以归"①。阿保机即位的第六年（912）春，"亲征幽州，东西旌旗相望，亘数百里。所经郡县，望风皆下，俘获甚众，振旅而还"；契丹神册元年（916）十一月，"攻蔚、新、武、妫、儒五州（分别治今河北蔚县、涿鹿、宣化、怀来与北京延庆），俘获不可胜纪"②。六年十一月"下古北口"，攻入今北京、天津、河北境内，"分兵略檀、顺、安远、三河、良乡、望都、潞、满城、遂城等十余城（依次治今密云、顺义、蓟县西北、三河、良乡、望都、通州、满城、徐水），俘其民徙内地"，即契丹在北方的兴起之地；十二月"诏徙檀、顺民于东平（治今辽宁开原中固镇）、沈州（治今辽宁沈阳老城区）"。天赞元年（922）二月"复徇幽、蓟地"；三年正月"遣兵略地燕南"，五月"徙蓟州民实辽州（治今辽宁新民市辽滨塔）地"③。

为了促进契丹境内的农业生产，阿保机采取抚恤政策，使流徙塞外以及被乘乱掳掠而来的幽州等地民众安心从事耕种。即位九年时（915），在滦河沿岸的泽州神山县（治今河北平泉西南察罕城）设立汉城，"率汉人耕种，为治城郭、邑屋、廛市，如幽州制度，汉人安之，不复思归"④。击败渤海国后，"徙其名帐千余户于燕，给以田畴，捐其赋入，往来贸易关市皆不征，有战则用为前驱"⑤。除了散处契丹旧境者之外，汉民通常被集中在某地，"依唐州县置城以居之"⑥，大多沿用其故土的州县名称。借助这些同名异地的州县，可

---

① 《辽史》卷1《太祖本纪上》，中华书局1997年缩印本，第2页。
② 《辽史》卷34《兵卫志上》，中华书局1997年缩印本，第396页。
③ 《辽史》卷2《太祖本纪下》，中华书局1997年缩印本，第17—19页。
④ 《新五代史》卷72《四夷附录一》，中华书局1997年缩印本，第886页。
⑤ 洪皓：《松漠纪闻》卷1，吉林文史出版社1986年版，第19页。
⑥ 《新五代史》卷72《四夷附录一》，中华书局1997年缩印本，第886页。

以找到有关人口来源的线索：

（1）上京道（治今内蒙古巴林左旗东南）：临潢县，"太祖天赞初南攻燕、蓟，以所俘人户散居潢水之北，县临潢水，故以名。地宜种植，户三千五百"。潞县，"本幽州潞县民，天赞元年，太祖破蓟州，掠潞县民，布于京东，与渤海人杂处。隶崇德宫，户三千"①。怀州，"太宗行帐放牧于此。天赞中，从太祖破扶余城，下龙泉府，俘其人，筑寨居之。会同中，掠燕、蓟所俘亦置此"。长春州长春县，"本混同江地，燕、蓟犯罪者流配于此，户二千"。乌州爱民县，"拨剌王从军南征，俘汉民置于此。户一千"。龙化州龙化县，"太祖东伐女直，南掠燕、蓟，所俘建城置邑，户一千"②。此外，诸王、外戚、大臣及诸部为安置俘掠的人口，"加以私奴置投下州"或作"头下州"，大致与幽蓟地区相关的有：壕州，"国舅宰相南征，俘掠汉民，居辽东西安平县故地，……户六千"。原州，"国舅金德俘掠汉民建城，……户五百"。福州，"国舅萧宁建。南征俘掠汉民，居北安平县故地，……户三百"。顺州，"横帐南王府俘掠燕、蓟、顺州之民，建城居之，……户一千"③。后周广顺三年（953）从契丹逃回的胡峤追述：上京"有绫锦诸工作、宦者、翰林、伎术、教坊、角牴、秀才、僧、尼、道士等，皆中国人，而并、汾、幽、蓟之人尤多"④。

（2）东京道（治今辽宁辽阳老城）：沈州乐郊县，"太祖俘蓟州三河民，建三河县，后更名"。灵源县，"太祖俘蓟州吏民，建渔阳县，后更名"。祺州"本渤海蒙州地，太祖以檀州俘于此建檀州，后更名"。祺州所辖庆云县，"太祖俘密云民，于此建密云县，后更名"。龙州，"开泰九年，迁城于东北，以宗州、檀州汉户一千复置"⑤。

（3）中京道（治今内蒙古宁城大明镇）：泽州，"太祖俘蔚州民，

① 《辽史》卷37《地理志一》，中华书局1997年缩印本，第439页。
② 同上书，第443—447页。
③ 同上书，第449—450页。
④ 《新五代史》卷73《四夷附录二》，中华书局1997年缩印本，第906页。
⑤ 《辽史》卷38《地理志二》，中华书局1997年缩印本，第466—470页。

立寨居之，采炼陷河银冶。……开泰中置泽州"。兴中府兴中县，"本汉柳城县地。太祖掠汉民居此，建霸城县。重熙中置府，更名"，这都是"太祖平奚及俘燕民"的结果①。

（4）南京道（治今北京西南）：檀州行唐县"本定州行唐县。太祖掠定州，破行唐，尽驱其民，北至檀州，择旷土居之，凡置十寨，仍名行唐县。隶彰愍宫，户三千"。平州，"太祖天赞二年取之，以定州俘户错置其地"，下辖的安喜县是"太祖以定州安喜县俘户置，……户五千"，望都县是"太祖以定州望都县俘户置，……户三千"，滦州也是"太祖以俘户置"②。

人口迁移在客观上带动了先进的汉族农耕技术及相关制度、文化等向契丹所在的北方传播，广大人民却为此付出了在战争中死亡流离的惨重代价。宋太宗北伐幽州兵败之后，"河朔之民，数被其毒，驱掠善良入国中，分诸路落，鞭笞陵辱，酷不可闻。汉民每被分时，父母妻子各随虏骑而去，号哭之声，震动天地，见者为之变色，闻者无不伤心焉"③。辽圣宗时期数次与北宋交战，在战争胜利的背景下，边民归附、边将归降与众多战俘使人口以较大规模向南京周边聚集。统和元年（983）二月，"南京统军使耶律善补奏，宋边七十余村来附，诏抚存之"④。七年（989）正月，"宋鸡壁砦守将郭荣率众来降，诏屯南京"。契丹大军不久即攻破易州，"迁易州军民于燕京"。二月，"诏鸡壁砦民二百户徙居檀、顺、蓟三州"⑤。在契丹境内也有局部的人口迁移，统和十五年（997）"诏山前后未纳税户，并于密云、燕乐两县占田置业入税"⑥。在战争与国家行政力量之外，人口也在自然灾害的威胁下被动迁移。早在北周广顺元年（辽应历元年，951），幽州发生严重饥馑，流民开始散入北周所辖的沧州境内。二年

---

① 《辽史》卷39《地理志三》，中华书局1997年缩印本，第484—486页。
② 《辽史》卷40《地理志四》，中华书局1997年缩印本，第497—500页。
③ 田况：《儒林公议》，《文渊阁四库全书》，台湾商务印书馆1986年影印本，第1036册，第51页a。
④ 《辽史》卷10《圣宗本纪一》，中华书局1997年缩印本，第109页。
⑤ 《辽史》卷12《圣宗本纪三》，中华书局1997年缩印本，第133页。
⑥ 《辽史》卷59《食货志上》，中华书局1997年缩印本，第926页。

十月"沧州奏：自十月已前，蕃归汉户万九千八百户。是时，北境饥馑，人民转徙，襁负而归中土者，散居河北州县，凡数十万口"①。不仅如此，"冬十月，辽瀛、莫、幽州大水，流民入塞者数十万口，本国亦不之禁。周诏所在赈给存处之，中国民被掠得归者什五六"②。当自然灾害发生后，双方对于逃命的百姓不再设置障碍。后周与北宋时期，由于眷恋故土或民族矛盾，屡次发生汉人南逃之事。澶渊之盟签订后，辽宋赢得了一百多年的和平共处、稳定发展时期。经过几代人的交流之后，民族隔阂渐变为民族融合。老一辈心中清晰深刻的民族畛域，到新一代长成后已日趋模糊。北宋田况描述道："岁月既久，汉民宿齿尽逝，新少者渐服习不怪，甚至右虏而下汉。其间士人及有识者亦尝怅然，无可奈何。"③元祐四年（1089）翰林学士苏辙出使契丹，在今河北平泉一带看到："汉人何年被流徙，衣服渐变存语言。力耕分获世为客，赋役稀少聊偷生。"④辽宋之间"和好年深，蕃汉人户休养生息，人人安居，不乐战斗"，苏辙接触的辽国大臣"皆言及和好，咨嗟叹息，以为自古所未有"⑤。长期的和平环境，有利于促进人口的自然增长和经济的恢复发展。

区域归属和城市性质的变化决定了辽南京地区的人口迁移方向，进而影响到近千年来北京建都的历史进程。"在契丹贵族获得对南京地区的统治前后，以军事手段强制人口迁移，形成了人口离散迁移与内聚迁移交错进行的复杂局面。总的看，先以离散迁移为主，使区域人口迅速减少；后以内聚迁移为主，使区域人口得到补偿甚至增加，为南京地区人口的空前增长奠定了基础，从而在南京地区形成了汉人

---

① 《旧五代史》卷112《周太祖纪三》，中华书局1997年缩印本，第1485页。

② 叶隆礼：《契丹国志》卷5《穆宗天顺皇帝》，上海古籍出版社1985年版，第51页。

③ 田况：《儒林公议》，《文渊阁四库全书》，台湾商务印书馆1986年影印本，第1036册，第50页b。

④ 苏辙：《栾城集》卷16《奉使契丹二十八首·出山》，上海古籍出版社1987年版，第397页。

⑤ 苏辙：《栾城集》卷42《北使还论北边事札子五道》之二《论北朝政事大略》，上海古籍出版社1987年版，第939页。

与契丹、奚、渤海、室韦等少数民族人口杂居共处、共同开发区域经济的新形势，推动和促进了民族融合的进程，同时也揭开了创建多民族统一国家并奠都燕京的历史序幕"①。据韩光辉教授研究，唐末五代至契丹初据期间，幽州（南京）地区的人口在大量流徙之后，只有约 2.5 万户、10 万人，城市人口约为 0.5 万户、2.2 万人②。到辽朝后期的天庆三年（1113）左右，处在今北京市范围内的州县赋役户数包括：南京析津府析津县 2 万，宛平 2 万 2 千，昌平 7 千，良乡 7 千，潞县 6 千，玉河 1 千，潞阴 5 千，怀柔 5 千，密云 5 千，行唐 3 千户；西京道儒州缙山县 5 千户③。上述诸州县总计 8.6 万户，如以每户 5 人估算，则合 43 万人。再加上与今北京市毗邻交错的范阳、三河、渔阳、兴化诸县的部分人口，总数当在 9.3 万户、46.5 万人。南京地区的总人口，则要加上宫卫军户七八万人、僧尼人口四万人④。在南京城内，以 26 坊每坊容纳 600 户、每户 5 口估算，约有 1.6 万户、赋役居民 8 万人；再与军队、僧尼人口合计，总共约为 2.5 万户、15.8 万人⑤。《契丹国志》称南京"户口三十万"⑥，仅仅是对"户"与"口"所做的笼统估计，不能视为关于城市人口规模的确切数据。

第三节　城市粮食供应与区域农业恢复

辽南京城内聚集了十几万人口，朝廷官员和军队的粮食供应势必需要依靠朝廷从外地征集运输。鉴于辽朝的疆域局限于白沟以北，不可能从南方的异国产粮区调运；燕山以北地区的气候相对寒冷，古代

---

① 韩光辉：《北京历史人口地理》，北京大学出版社 1996 年版，第 235 页。
② 同上书，第 55—59 页。
③ 《辽史》卷 40《地理志四》、卷 41《地理志五》，中华书局 1997 年缩印本，第 494—497 页、第 511 页。
④ 韩光辉：《北京历史人口地理》，北京大学出版社 1996 年版，第 52 页。
⑤ 同上书，第 55—59 页。
⑥ 叶隆礼：《契丹国志》卷 22《四京本末》"南京"，上海古籍出版社 1985 年版，第 217 页。

产量较低的农牧交错地带也很难成为大宗粮食输出区。这样，辽南京粮食供应的主要来源，最大的可能应当是城市周边的华北平原北部地区。由于辽南京的城市人口数量毕竟有限，以本地农区为主向城里提供粮食应当大致可行。在与北宋交战的特殊情况下，契丹的军粮除了就地劫掠筹措之外，从辽东经过海运再转到陆上运河也是一条重要的供应通道，两国和平时期则用以运输陪都南京所需的各类物资。其大致途径是："在今天津宁河县的蓟运河入海口靠岸，换载河船后再经今蓟运河、北运河等，进入辽南京城。"从运输成本和效率出发，"辽朝利用天然河道开凿一条运河的动力和可能性都相当具备，'萧太后河'很可能就在这时候出现"①。关于这条民间俗传流布甚广的河道的来龙去脉，迄今仍在不断探索之中。契丹在幽州地区实行了古代意义上的"一国两制"政策，由懂得农业生产、熟悉当地情况的汉官管理地方事务，这就为城市周边乡村农业经济的恢复提供了合适的政治环境。随着农业生产的逐渐发展，城市粮食供应得到了更为稳定的保障。

契丹会同九年（946）南下讨伐后晋，"秋七月辛亥，诏征诸道兵，敢伤禾稼者，以军法论"②。与在境外肆意杀掠截然不同，严令保护属于本国的庄稼。圣宗统和年间，耶律休哥总揽南京地区军务，"均戍兵，立更休法，劝农桑，修武备，边境大治。……休哥以燕民疲弊，省赋役，恤孤寡，戒戍兵无犯宋境，虽马牛逸于北者悉还之。远近向化，边鄙以安"③。地方军政大员努力减轻兵役负担、维护边境和平，百姓获得了从事农业生产的基本条件。这个时期在辽代最称繁盛，朝廷采取多种措施鼓励恢复生产，比如减免田赋，提供土地、耕牛、籽种等。统和四年（986）十月，"以南院大王留宁言，复南院部民今年租赋"④。留宁负责掌管以汉族为主的辽国南部的军政事

---

① 吴文涛：《萧太后河历史探源及相关文献辨析》，载《北京史学论丛（2016）》，中国社会科学出版社 2017 年版，第 258 页。

② 《辽史》卷 4《太宗本纪下》，中华书局 1997 年缩印本，第 57 页。

③ 《辽史》卷 83《耶律休哥传》，中华书局 1997 年缩印本，第 1300 页。

④ 《辽史》卷 11《圣宗本纪二》，中华书局 1997 年缩印本，第 125 页。

务，由于他的建议，所辖区域的年度田租赋税得以免除。《辽史·圣宗本纪》记载：统和七年（989）正月，"宋鸡壁砦守将郭荣率众来降，诏屯南京"；契丹接着进兵易州，"禁部从伐民桑梓"，得胜后又"迁易州军民于燕京"；二月"诏鸡壁砦民二百户徙居檀、顺、蓟三州"；六月，"诏燕乐（治今密云东北燕落村）、密云二县荒地许民耕种，免赋役十年"①。契丹以掳掠的百姓与降卒充实南京周边地区的农垦劳力，并且着手开垦密云山区、半山区适合耕作的荒地。《辽史·食货志》把迁移鸡壁砦民户之事系于统和六年（988），比圣宗本纪所载早一年、数量多一百户，但二者可能是同一件事："徙吉避寨（"鸡壁砦"的近音异写）居民三百户于檀、顺、蓟三州，择沃壤，给牛、种谷。"②此外，统和十三年（995）六月初二，"诏减前岁括田租赋"，为前年官府核查统计过的土地普遍减轻负担；十一日"诏许昌平、怀柔等县诸人请业荒地"③。同年"诏诸道置义仓"，十五年"诏免南京旧欠义仓粟，仍禁诸军官非时畋牧妨农"④。这些措施，都有利于恢复和发展南京地区的农业生产。圣宗太平二年（1022）、道宗清宁六年（1060），耶律宗政两度"判武定军节度，奉圣、归化、儒、可汗等州观察处置巡检屯田劝农等使"⑤。奉圣、归化、可汗州分别治今河北涿鹿、宣化、怀来旧城，儒州治今北京延庆。透过耶律宗政的任职情况可以看到，上述州县在数十年间有相当数量的屯田，在包括延庆在内的桑干河流域，农业开发应当已经比较普遍，因而扩大了辽南京粮食供应的腹地。

枣树、栗树是重要的经济树种，尤其遇到歉收之年，枣子和栗子能够作为粮食的补充。《战国策》记载，苏秦游说燕文侯时说，燕国"北有枣栗之利，民虽不由田作，枣栗之实，足实于民矣"⑥。由此可

① 《辽史》卷12《圣宗本纪三》，中华书局1997年缩印本，第133—135页。
② 《辽史》卷59《食货志上》，中华书局1997年缩印本，第924页。
③ 《辽史》卷13《圣宗本纪四》，中华书局1997年缩印本，第146页。
④ 《辽史》卷59《食货志上》，中华书局1997年缩印本，第924—925页。
⑤ 王寔：《耶律宗政墓志铭》，载陈述辑校《全辽文》，中华书局1982年版，第156—157页。
⑥ 《战国策》卷29《燕一》"苏秦将为从"条，岳麓书社1988年版，第282页。

见，幽燕地区盛产枣栗的传统至少可以上溯到战国时期。到辽代，职官系统中设"南京栗园司"，其职责就是"典南京栗园"①，已是受到重视的农业管理部门。统和二十八年（1010），萧韩家奴担任此职。辽圣宗"尝从容问曰：'卿居外有异闻乎？'韩家奴对曰：'臣惟知炒栗：小者熟，则大者必生；大者熟，则小者必焦。使大小均熟，始为尽美。不知其他。'盖尝掌栗园，故托栗以讽谏。帝大笑"②。明清文献显示，白云观西南、宛平西四十四里、固安县境内，都有称为"栗园"的村落③。房山北郑村出土的应历五年（955）《佛顶尊胜陁罗尼幢记》提到"北衙栗园庄官"④，应是"北面官"系统中与"南京栗园司"分别管理栗园事务的官员。

　　气候、土壤等自然条件的相对优越，农业生产传统的源远流长，使契丹人把幽燕地区视为"红稻青秔，实鱼盐之沃壤"⑤。北宋宣和七年（1125）许亢宗出使金国，路过暂时归还宋朝的燕山府（即此前的辽南京），认为这里是"锦绣组绮，精绝天下。膏腴蔬蓏、果实稻粱之类，靡不毕出；而桑柘麦麻、羊豕雉兔，不问可知"⑥。尽管如此，契丹在与北宋并峙时期，为了避免给本国骑兵造成往来奔突的障碍，在很长时期内禁止在宋辽边界的北方一侧种植水稻。景宗保宁年间（969—979），南院枢密使高勋"以南京郊内多隙地，请疏畦种稻"，遭到林牙耶律昆的反对："果令种稻，引水为畦，设以京叛，官军何自而入？"⑦清宁十年（1064）二月，"禁南京民决水种粳稻"⑧，这却

---

　　① 《辽史》卷48《百官志四》，中华书局1997年缩印本，第810页。

　　② 《辽史》卷103《文学列传上》"萧韩家奴"，中华书局1997年缩印本，第1446页。

　　③ 于敏中等：《日下旧闻考》卷95《郊坰》引《析津日记》，北京古籍出版社1985年版，第1588页；顾祖禹：《读史方舆纪要》卷11《直隶二·顺天府·固安县》"栗园"条，中华书局1955年版，第483页。

　　④ 陈述辑校：《全辽文》，中华书局1982年版，第181页注释。

　　⑤ 李仲宣：《祐唐寺创建讲堂碑》，载陈述辑校《全辽文》，中华书局1982年版，第96页。

　　⑥ 许亢宗：《宣和乙巳奉使行程录》，载徐梦莘编《三朝北盟会编》政宣上帙20，台北大化书局1979年影印本，第甲186—187页。

　　⑦ 《辽史》卷85《高勋传》，中华书局1997年缩印本，第1317页。

　　⑧ 《辽史》卷22《道宗本纪二》，中华书局1997年缩印本，第263页。

从反面证明南京周围已在一定范围内突破了这条禁令。在边境的另一侧，北宋把海河上游的众多淀泊连成一条水网，首要意图就是用以阻滞契丹骑兵南下奔袭。沈括记载："自保州（治今河北保定）西北沉远泊，东尽沧州泥枯（今天津塘沽以西）海口，几八百里悉为潴潦，阔者有及六十里者，至今以为藩篱。"与此同时，还收到了种植水稻、改良土壤以及社会治理的显著成效："深、冀、沧、瀛间，惟大河、滹沱、漳水所淤方为美田，淤淀不至处悉是斥卤，不可种艺。异日惟是聚集游民，刮碱煮盐，颇干盐禁，时为盗寇。自为潴泊，奸盐遂少，而鱼蟹菰苇之利，人亦赖之。"① 宋朝的农业成就，势必给界河北侧的契丹造成很大刺激。与此同时，随着城乡人口的增长，南京地区的粮食需求也在不断加大，这就迫使辽道宗在咸雍四年（北宋熙宁元年，1068）三月解除禁令，"诏南京除军行地，余皆得种稻"②。就在这一年，苏颂奉命出使契丹，看到了"青山如壁地如盘，千里耕桑一望宽"的景象③。熙宁八年（1075），沈括出使时到达宋辽两国分界白沟北侧的驿馆，此地"面拒马河，负北塘，广三四里，陂泽绎属，略如三关。近岁，狄人稍为缭堤畜水，以仿塞南"④。契丹仿效北宋筑堤蓄水，构筑了拒马河一线的宽阔水网，同时也为水稻种植开辟了足够的水源。辽南京东北的顺州（今北京顺义），"其地平斥，土厚宜稼。城北依涧水为险，水之葇数百步，地广多粟"；"自顺以南，皆平陆广饶，桑谷沃茂"⑤。沈括所说的"葇"就是药用植物香薷，生长在山野、路旁、河岸。"水之葇数百步"即指顺州城北涧水岸边的香薷，连片分布长达数百步之远，也是乡间多水环境的写照。在减轻了军事戒备心理之后，南京地区优越的农耕条件得到了较好的利用。

---

① 沈括：《梦溪笔谈》卷 13《权智》，《元刊梦溪笔谈》本，文物出版社 1975 年版，第 13 页。

② 《辽史》卷 22《道宗本纪二》，中华书局 1997 年缩印本，第 267 页。

③ 苏颂：《苏魏公文集》卷 13《前使辽诗》，中华书局 1988 年版，第 161 页。

④ 沈括：《熙宁使房图抄》，载《永乐大典》卷 10877，中华书局 1986 年影印本，第 5 册，第 4480 页。

⑤ 同上。

　　契丹早期在南京执政的耶律休哥以保境安民为己任，道宗时期的良乡令大公鼎也致力于"省徭役，务农桑"①，但就南京地区的总体情况而言，汉族百姓的负担仍然相当沉重。北宋大中祥符元年（契丹统和二十六年，1008）出使契丹的路振报告说："虏政苛刻，幽蓟苦之。围桑税亩，数倍于中国。水旱虫蝗之灾，无蠲减焉。以是服田之家十夫并耨，而老者之食不得精凿。"②尽管这里不乏文学性的比喻，或许还有对曾经为敌的邻国或多或少的贬抑，但也基本反映了辽代政治制度对农业经济与社会生活的强烈制约。开泰三年（1014）"夏四月戊午，诏南京管内毋淹刑狱，以妨农务"③。"淹"即广泛、迟延之意。这道诏令显示，过重的刑罚泛滥已经导致农业耕作无法正常进行。正在恢复中的农业经济不可避免地遭到破坏，普通百姓失去了赖以生存的土地，随之也削弱了南京粮食供应的保障条件。此外，辽代崇尚佛教，幽燕地区寺院冠于北方，佛寺拥有大量田产。辽道宗清宁五年（1059）驾临南京，懿德皇后之母秦越国大长主随行，她捐出自己的住宅兴修寺院（后来建成了著名的大昊天寺），而且还施舍了"稻畦百顷，户口百家，枣栗蔬园"以及各类其他器物④。蓟州（治今天津蓟州）盘山上方寺创始于北魏，"野有良田百余顷，园有甘栗万余株。清泉茂林，半在疆域"⑤。除了少量自营之外，大部分出租给佃农。辽大康初年（1075），与地方豪强因地净讼，久不能决。此外，早在乾亨年间（979—982）之前，寺院在蓟州三河县北乡"有庄一所，辟土三十顷，间艺麦千亩，皆原隰沃壤，可谓上腴。营佃距今，即有年祀。利资日用，众实赖之。大安中，燕地遣括天荒使者驰至。按视厥土，以豪民所首，谓执契不明，遂围以官封，旷为牧地"⑥，后经上诉

　　① 《辽史》卷105《能吏列传》"大公鼎"，中华书局1997年缩印本，第1460页。

　　② 路振：《乘轺录》，贾敬颜《五代宋金元人边疆行记十三种疏证稿》本，中华书局2004年版，第52页。

　　③ 《辽史》卷15《圣宗本纪六》，中华书局1997年缩印本，第175页。

　　④ 即满：《妙行大师行状碑》，载陈述辑校《全辽文》，中华书局1982年版，第301页。

　　⑤ 南抃：《上方感化寺碑》，载陈述辑校《全辽文》，中华书局1982年版，第289页。

　　⑥ 同上书，第290页。

复归寺院。由此可见寺院占地与小麦种植之广，而大安年间（1085—1094）朝廷派遣的"括天荒使者"却使大片良田撂荒成为牧地。佛寺占有大量田产，使国家无法通过这些土地获得供应城市需要的粮食，只能转而加重普通百姓的田赋负担。

第四节　日常生活的商业手工业支撑

就辽南京日常生活所必需具备的基本要素而言，水源与此前的蓟城一样依赖于莲花池水系，粮食基本仰仗周边农业区供应，能源应当是取自周边森林灌丛的木柴、木炭以及乡间农田的作物秸秆。除此之外，城市经济的运转还需要发挥商业流通与手工业生产的保障作用。

手工业往往需要农林牧业提供原料，再以本行业的专门技术作为支撑。丝织业以栽桑养蚕为基础，酿酒业更离不开粮食生产。契丹神册二年（917）与六年（921），五代后唐的实际开创者晋王李克用属下、新州禆将卢文进与防御使王郁，先后带领所部军民投降契丹。《唐明宗实录》记载："庄宗（后唐李存勖）未即位，卢文进、王郁相继入辽，皆驱率数州士女，为虏南藩，教其织纴工作。中国所为，虏中悉备。……（卢文进）率奚劲骑，倏来忽往，幽蓟荆榛满目，寂无人烟。"[1] 这两名叛将不仅做了契丹南部边境的屏障，而且随后屡次侵扰幽蓟一带，导致社会极度萧条。但在契丹境内，中原纺织技术的北传带动了丝织业的进步。北宋使者路振看到了"力蚕之妇，十手并织，而老者之衣不得缯絮；征敛调发，急于剽掠"的情形[2]，大有同代诗人张俞（《宋史》本传作"张愈"）感叹"遍身罗绮者，不是养蚕人"的况味[3]，但丝织业仍然是幽州地区举

① 厉鹗：《辽史拾遗》卷1引《唐明宗实录》，《丛书集成初编》本，商务印书馆1936年版，第11页。

② 路振：《乘轺录》，贾敬颜《五代宋金元人边疆行记十三种疏证稿》本，中华书局2004年版，第52页。

③ 张俞：《蚕妇》，载厉鹗《宋诗纪事》卷17，上海古籍出版社1981年版，第435页。

足轻重的一个手工业门类。北宋景德二年（1005），契丹回馈的国礼包括"线缕机绫共三百匹"。宋真宗"以礼物宣示近臣，又出祖宗朝所献礼物示宰相。其制颇朴拙，今多工巧，盖幽州有织工耳"①。由"朴拙"到"工巧"，正是幽州丝织工匠聚集、专门技术进步的反映。1955 年拆除北京西长安街马路当中的庆寿寺与双塔，出土了一批图案生动、染色精美的辽金丝棉织品与刺绣②。契丹清宁十年（1064）十一月，"定吏民衣服之制"，"诏南京不得私造御用彩缎，私货铁，及非时饮酒"③。这条诏令从侧面证实，辽南京的彩缎织造水平已经相当高超，以粮食为原料的酿酒业与顺州（今顺义）银冶山等地的冶炼都有一定规模。

　　瓷器是辽代具有很高水准的手工业产品，与城乡官民的日常生活密切相关。北宋太平兴国四年（979）六月，宋太宗亲率大军进攻幽州，这就是著名的高粱河之战。时有"山后八军伪瓷窑官三人，以所授处牌印来献"④。他们管辖的瓷窑或者其中之一，在今北京门头沟区龙泉务。1975 年的考古发掘显示，龙泉务官窑遗址南北长约 300 米，东西宽约 200 米，采集到的标本"瓷器以碗、盘为主，另外间有碟、净水瓶、罐、盂、盒、壶、瓶等；釉色以白瓷为主，还有少量褐、黑、青瓷。窑具有匣钵、支钉、印模"（图 2—2）。根据赵德钧等人的墓葬年代与出土瓷器推断，龙泉务窑在辽应历八年（958）以前就已经设置，到天庆三年（1113）还在烧造瓷器。北京地区墓葬、塔基出土的辽代白瓷、黑瓷，"大部分应属于龙泉务瓷窑所烧制"⑤。1981 年，在密云县小水峪村发现了辽金窑址⑥，

---

　　① 徐松辑：《宋会要辑稿》第 196 册 "蕃夷一" 之三六。中华书局 1957 年影印本，第 8 册，第 7690 页。
　　② 北京市文化局文物调查研究组：《北京市双塔庆寿寺出土的丝绵制品及绣花》，《文物参考资料》1958 年第 9 期。
　　③ 《辽史》卷 22《道宗本纪二》，中华书局 1997 年缩印本，第 264 页。
　　④ 徐松辑：《宋会要辑稿》第 196 册《蕃夷一》之五，中华书局 1957 年影印本，第 8 册，第 7675 页。
　　⑤ 鲁琪：《北京门头沟区龙泉务发现辽代瓷窑》，《文物》1978 年第 5 期。
　　⑥ 赵光林：《密云小水峪村发现辽金窑址》，《北京日报》1981 年 7 月 8 日。

出土了以白瓷为主的碗、罐等，但器物的胎质、釉色、火候均不及龙泉务窑。

图 2—2　龙泉务辽代瓷窑出土的白瓷与黑瓷器皿

　　书籍印刷是文化积累和文化传播的媒介，辽南京有比较发达的印刷业。官方设置了印经院作为专门管理机构，佛经的雕版刻印成就相当显著。在山西应县木塔发现的辽代刻经中，咸雍七年（1071）刻《释摩诃衍论通赞疏卷第十》和《释摩诃衍通赞疏科卷下》题记，有"燕京弘法寺奉宣校勘雕印流通，……印经院判官……韩资睦提点"。民间刊刻的佛经也为数众多，《上生经疏科文》是统和八年（990）"燕京仰山寺前杨家印造"；太平五年（1025）刻《妙法莲华经卷第四》，题记有"摄大定府文学庞可升书，同雕造孙寿益、权同展、赵从业、弟从善雕，燕京檀州街显忠坊门南颓住冯家印造"。另外，《佛说八师经》是"大昊天寺福慧楼下成造"，其地在今北京西便门大街西；《新雕诸杂赞》雕印于"燕台大悯忠寺"，即今北京法源寺的前身；《称赞大乘功德经》刻于"燕台圣寿寺"。《妙法莲华经卷第四》的另一种刻本，卷首题字有"燕京雕日历赵守俊并长男、次弟同雕记"，这是一个父子兄弟都从事刻版业务的家庭。《法华经玄赞会古通今新抄》卷第二、卷第六题记，分别有"孙守节等四十七人同雕"与"赵俊等四十五人同雕"，这是多人合

作长篇巨制的证明①。由此可见燕京雕刻印刷的盛况，"表明辽燕京
印经院和坊间拥有一批从事书写、绘画、雕刻、印刷、装裱等专业的
技术工匠，同时造纸、制墨、锻造、织作业也相应发达。凡此皆说
明，公元十世纪时，燕京是我国雕版印刷的一个重要中心"②。

　　除了佛经之外，燕京有刻印销售书籍的民间书铺。清宁十年
（1064）十月"禁民私刊印文字"③，但也表明此前民间刻书并没有限
制，此后民间刻书更不可被遏止。元祐四年（1089）苏辙出使辽国
时，所作《神水馆寄子瞻兄四绝》之三有"谁将家集过幽都，逢见
胡人问大苏"之句④，反映了宋朝书籍北传的情形。他归来后所上的
劄子指出："本朝民间开版印行文字，臣等窃料北界无所不有。……
其间臣僚章疏及士子策论，言朝廷得失、军国利害，盖为不少。……
若使尽得流传北界，上则泄露机密，下则取笑夷狄，皆极不便。"因
此，建议有选择地加以审查和限制⑤。绍圣元年（1094）张舜民（字
芸叟）再度出使时，不仅在幽州驿馆见到题壁的苏轼《老人行》诗，
而且"闻范阳书肆亦刻子瞻诗数十篇，谓《大苏小集》"⑥，已是辽国
书商自己在刊印苏轼的诗集。

　　辽南京以独特的交通地理优势，成为连接北宋与契丹之间政治经
济文化交流的中转站。经由此地的对外贸易与城市本身的商业发展，
构成了陪都商业的两个基本方面。北宋在雄州（治今河北雄县）、保
州（治今河北保定）设立榷场，契丹也在振武军（治今内蒙古和林
格尔西北土城子）设立榷场，由此开辟了辽南京与中原及西北地区的
贸易通道。茶叶是宋辽两国交易的大宗货物，1993 年在河北宣化下

　　①　傅振伦：《辽代雕印的佛经佛像》，载陈述主编《辽金史论集》（一），上海古籍出
版社 1987 年版，第 210—223 页。
　　②　张畅耕等：《应县木塔辽代秘藏考》，《文化交流》1994 年第 3 期。
　　③　《辽史》卷 22《道宗本纪二》，中华书局 1997 年缩印本，第 264 页。
　　④　苏辙：《栾城集》卷 16《奉使契丹二十八首·神水馆寄子瞻兄四绝》之三，上海古
籍出版社 1987 年版，第 398 页。
　　⑤　苏辙：《栾城集》卷 42《北使还论北边事劄子五道》之一《论北朝所见与朝廷不
便事》，上海古籍出版社 1987 年版，第 937—938 页。
　　⑥　王辟之：《渑水燕谈录》卷 7《歌咏》，中华书局 1981 年版，第 89—90 页。

八里村发现的两座辽代墓葬中，有反映契丹成人与孩子饮茶的壁画，描绘了选茶、碾茶、煮茶的完整过程，所用的工具有碾子、炉子、执壶、杯子等（图2—3），而这里正是从辽南京通往西北高原的必经之路①。辽圣宗统和元年（983）九月，南京地区秋雨成灾，导致庄稼歉收、粮食紧张。燕京留守司提出："民艰食，请弛居庸关税，以通山西籴易。"② 要求大幅度减少通过居庸关的税额，以便关南百姓能够前往今山西、内蒙古一带购粮度荒。此后，"开奇峰路以通易州贸易"③，开辟了穿越今河北易县西北梁各庄乡奇峰村附近奇峰岭的山间通道，进一步加强了辽南京与周边地区的经济联系。在以畜牧产品交换中原的丝绢、茶叶等物资的同时，通过榆关、松亭关、古北口、石门关等驿道，辽南京与高丽、西夏乃至西域地区建立了商业联系。

图2—3 宣化辽代壁画墓之《茶道图》

---

① 张家口市宣化区文物保管所：《河北宣化辽代壁画墓》，《文物》1995 年第 2 期。
② 《辽史》卷60《食货志下》，中华书局1997 年缩印本，第 929 页。
③ 同上。

　　在幽州城内，"太宗得燕，置南京，城北有市，百物山偫，命有司治其征"①，通过征缴市场贸易的税收来充实国库。"偫"意为储备。宋金联合灭辽后不久，许亢宗出使金国途中路经燕山府，即刚刚归还宋朝的辽南京，他记载沿途见闻的行程录被多种南宋文献以不同的名目征引，成为宋人了解北方社会状况的基本材料。《靖康稗史》称这里"户口安堵，人物繁庶。大康广陌，皆有条理。州宅用契丹旧内，壮丽复绝。城北有三市，陆海百货，萃于其中。僧居佛宇，冠于北方。锦绣组绮，精绝天下。膏腴蔬蓏、果实稻粱之类，靡不毕出，而桑柘麦麻、羊豕雉兔，不问可知"②；其他几种文献对城北市场的表述略有差异，《三朝北盟会编》作"城北有互市"③，《大金国志》称"城北有市"④，《契丹国志》亦称"城北有市"，并有"自晋割弃，建为南京，又为燕京析津府，户口三十万"等语⑤。许亢宗的见闻，大体可以代表辽代后期南京的城市面貌。

　　钱币铸造既是商业发展的需要，更与国家经济安全相关。辽代的盐、铁、铸铜业一律官营，为了防止战略物资外流、保障国家铸钱需要，以严苛的法律禁止私人货卖铸造。圣宗开泰年间，"诏禁诸路不得货铜铁，以防私铸，又禁铜铁卖入回鹘，法益严矣"⑥。兴宗重熙元年（1032）之前，"南京三司销钱作器皿三斤，持钱出南京十贯，及盗遗火家物五贯者处死。至是，铜逾三斤，持钱及所盗物二十贯以上处死"⑦。道宗清宁年间，再次"诏禁诸路不得货铜铁，以防私铸，又禁铜铁卖入回鹘"⑧。但是，契丹自铸的钱币有限，商业活动中流

　　① 《辽史》卷60《食货志下》，中华书局1997年缩印本，第929页。

　　② 确庵、耐庵编：《靖康稗史》之一《宣和乙巳奉使金国行程录》，《靖康稗史笺证》本，中华书局1988年版，第6—7页。

　　③ 徐梦莘编：《三朝北盟会编》政宣上帙20引《宣和乙巳奉使行程录》，台北大化书局1979年影印本，第甲186—187页。

　　④ 宇文懋昭：《大金国志》卷40《许奉使行程录》，《大金国志校证》本，中华书局1986年版，第560页。

　　⑤ 叶隆礼：《契丹国志》卷22"南京"条，上海古籍出版社1985年版，第217页。

　　⑥ 《辽史》卷60《食货志下》，中华书局1997年缩印本，第931页。

　　⑦ 《辽史》卷62《刑法志下》，中华书局1997年缩印本，第943页。

　　⑧ 《辽史》卷60《食货志下》，中华书局1997年缩印本，第931页。

通的钱币主要来自北宋铸造，还有一部分是唐与五代的旧钱。宋朝每年所铸铜钱数以百万计却仍然不敷使用，原因之一就是越过边界大量散入辽境所致。元祐四年（1089）苏辙出使辽国时看到，"北界别无钱币，公私交易，并使本朝铜钱"，因此建议严加限制①。1988 年在昌平马池口附近的辛店村，发现了装有唐宋铜钱 242.5 千克的一只陶罐；1986 年在南口镇陈庄辽墓，出土了"咸平元宝""天禧通宝""宣和通宝"等 7 枚北宋铸造的钱币②，这些都是契丹大量使用唐宋钱币的见证（图 2—4）。

图 2—4　北宋钱币式样

南京地区是辽朝最发达的经济中心区域与最重要的财赋供应之地，契丹社会后期的法律、官制、赋税、城市、科举等项制度，大都是从南京吸收唐宋精华之后再推广到塞北地区，由此促进了契丹的社会变革。上京仿照中原的城市格局修建，"中国人并、汾、幽、蓟为多"③；中京的崛起，更是"择良工于燕蓟"的结果④。辽南京处于北宋汴京与契丹上京之间，南北双方的使节往来、民间交往、商业贸易，都要通过这个特殊地理位置上的中转站来实现。这里也是把不同民族、不同文化连接在一起的纽带和桥梁，从经济交换和相互通婚开

① 苏辙：《栾城集》卷 42《北使还论北边事劄子五道》之一《论北朝所见于朝廷不便事》，上海古籍出版社 1987 年版，第 938 页。
② 于璞：《北京考古史·辽代卷》，上海古籍出版社 2013 年版，第 89、118 页。
③ 《辽史》卷 37《地理志一》，中华书局 1997 年缩印本，第 441 页。
④ 《辽史》卷 39《地理志三》，中华书局 1997 年缩印本，第 481 页。

始,以汉族为主的社会语言、生产方式、生活习俗与法律制度,在各民族相互学习、相互接纳的过程中变得更加丰富多彩。作为推进契丹经济文化发展的引领者与民族融合的大熔炉,辽南京为随后出现的金中都奠定了坚实的历史基础。

第三章　金中都的成长与区域
人地关系的调整

公元 12 世纪初，北方的女真族崛起于黑龙江流域。1115 年，完颜阿骨打建立金朝，十年以后相继灭掉辽与北宋，占据了淮河和秦岭以北的地方，与南宋形成南北对峙的局面。1153 年金朝将宫室南迁至燕京（今北京）并改称中都，直至 1215 年被蒙古军队占领。金中都虽然只存在了短短六十年，但它从辽代的陪都南京进一步发展成为王朝首都，在北京城市发展史上具有转折点和里程碑的意义。金中都时代的民族文化融合、经济社会发展、城市规划建设等，为后来的元、明、清定都北京奠定了坚实基础，区域人地关系及环境变迁也由此进入了一个相对活跃的时期。金中都建立之后，人口数量与城市规模都在扩大，城市建设与日常生活对物资、能源的需求迅猛增加，周边农业得到进一步开发，西山一带乃至永定河上游地区的森林砍伐加剧。为保障物资运输而进行的引水通漕，为开辟郊区行宫园林而整理河湖水系等，在很大程度上改变了金中都的水环境状况。战争与自然灾害的频繁发生，也对金中都及其周边地区的人口—资源—环境—社会系统造成了一定影响。

第一节　金中都成为政治中心的环境背景

金朝迁都以后，中都成为北半个中国的政治文化中心。这个中心地位的形成，不只是金与辽、宋之间的战争进程使然，而且有其地理基础和历史背景。

一　幽州地区的环境优势与战略地位

今北京所在区域在古代被称为幽（幽州）燕（燕国）地区，其西、北、东北三面是太行山和燕山山脉，群峰连绵，重峦叠嶂，环抱着沃野平畴的一方平原；平原上由西北向东南多条河流呈扇形分布，适宜农业耕作，有着十分优越的自然环境。然而，越过环绕其东、北、西三面的群山，就是完全不一样的世界了。北宋宣和年间奉命出使金朝的许亢宗曾描述他经历燕山南北的不同感受："山之南，地则五谷百果、良材美木，无所不有。出关未数十里，则山童水浊，皆瘠卤。弥望黄茅、白草，莫知其极，盖天设此以限南北也。"[①] 文中所云"出关"，泛指居庸关、古北口等燕山关口。这种自然环境的不同，导致山脉两侧人们生产方式的不同，从而产生出两种不同的文化形态，即山南平原地区的农耕文化和山北草原地区的游牧文化。

由于处在不同经济形态、不同民族、不同文化的过渡和连接点上，彼此之间相互融合与对峙冲突的交替出现，就成为幽州地区历史变迁过程中最突出的特征。当中原王朝统一强盛时，这里作为繁荣的军政重镇，发挥着沟通长城内外民族联系的桥梁作用；反之，中原王朝分裂衰落时，这里就变为强盛的北方少数民族政权入侵中原的通道和跳板，在战争与动荡的背景下，仍然在客观上成为民族交流与文化融合的舞台。从先秦至魏晋北朝的山戎、匈奴、乌桓、鲜卑，到隋唐五代时的突厥、奚族、靺鞨，再到辽代的契丹、金朝的女真以及后来的蒙古、满洲，都曾在这个地区往来奔突乃至建邦立国。女真在东北松花江流域崛起之初，幽州地区归属辽朝统治。契丹将农业、手工业、文化、商贸都远比本部发达的幽州提升为陪都南京，初步改变了这座城市的性质，强化了幽州地区的政治、经济、军事地位。无力收复"燕云十六州"险要之地的北宋藩篱尽失，在立国前期的几次征伐未果之后，只能通过缔结"澶渊之盟"以维持北方边界的稳定。

---

① 宇文懋昭：《大金国志》卷40《许奉使行程录》，《大金国志校证》本，中华书局1986年版，第563页。

随着辽朝自身危机的加深和东北女真势力的兴起，宋朝君臣再次萌生了收复失地的宏大计划。与以往不同的是，宋朝不再单纯依靠自己的力量去夺取燕云，而是以契丹北面的金国作为反辽的盟友共同执行收复计划，这是女真势力全面挺进幽州地区的开端。

宣和二年（金天辅四年，1120）二月，宋金双方达成"海上之盟"。盟约规定双方合力攻打辽朝，不得单方与辽讲和。涉及领土分割的内容本应是其核心，但因双方各怀私心反而都未予明确。金太祖完颜阿骨打对宋朝的弱点越来越清楚，在与宋朝如何分割领土的问题上表现出强硬的立场。他借口宋徽宗曾说过"大抵以燕京一带，本是旧汉地，欲相约夹攻契丹，使女真取中京，本朝取燕京一带"[1]，先期占领了云州、朔州等山后诸州，灭辽后只是把燕京及其周边地区归还了北宋。不仅如此，宣和四年（金天辅六年，1122），金朝君臣看到北宋的无力与腐败，遂大举入关进攻燕京地区并占领了它，对这块土地的价值也有了更加深刻的认识。辽的降臣左企弓曾对金太祖说："君王莫听捐燕议，一寸山河一寸金。"[2] 在双方几番讨价还价之后，金人迫使北宋在增添了更多附加条件后换取了一座空城。"燕之金帛、子女、职官、民户为金人席卷而东，朝廷捐岁币数百万，所得空城而已。"[3]

北宋在金朝归还的燕京空城以及意欲收复的山前诸州，设立燕山府以宣示领土主权。但是，还没等燕山府的行政管理系统建立起来，金朝的第二任皇帝太宗完颜晟就着手重取燕京。宣和七年（金天会三年，1125）十月，金太宗下令全线出击伐宋，十二月即攻破檀、蓟诸州，逼近燕山府。由于宋将郭药师的背叛投降，燕山府很快陷于金人之手。从此，金朝以这里为根据地大举南下灭宋，获得了淮河以北半壁江山。海陵王迁都后，中都（燕京）遂成为北半个中国的首都，

---

① 徐梦莘编：《三朝北盟会编》政宣上帙 4 引《燕云奉使录》，台北大化书局 1979 年影印本，第甲 32 页。

② 《金史》卷 75《左企弓传》，中华书局 1997 年缩印本，第 1724 页。

③ 陈均：《九朝编年备要》卷 29，《文渊阁四库全书》，台湾商务印书馆 1986 年影印本，第 328 册，第 30 页。

城市的政治地位比作为陪都的辽南京更提升了一步。

二　民族与文化的融合造就城市特质

从"澶渊之盟"到"海上之盟"，再到金朝攻占燕京直至北宋灭亡，幽州地区都是战争双方争夺的焦点。伴随着战与和、进与退，不同民族和文化相互融合的因素在这里慢慢累积沉淀，深刻地浸透到幽燕地区的文化基因中，使其渐渐具备了包容大气、融会贯通的特质，开始凸显出作为政治文化中心的气象。金中都体现出来的文化包容性、平衡性、凝聚力和影响力，为此前的辽南京所无法比拟。

辽朝统治者对已经占领的幽州地区，实行的是汉人治汉、契丹人治契丹的分化策略。分布在北方本民族发祥地的契丹人并没有大举南迁，他们只是固守自己的地盘并有限地接纳汉族文化。到了金朝，形势为之一变。女真族帝王试图代表中国正统的观念较为明显[1]，有着强烈的"居天子之正""合天下于一"的意识。尤其在海陵王时期，他的远大政治目标就是要统一南北、入主中原。与海陵王讨论《汉书》的大臣说："本朝疆土虽大，而天下有四王，南有宋，东有高丽，西有夏，若能一之，乃为大耳。"海陵王表示："朕举兵灭宋，远不过二三年，然后讨平高丽、夏国。一统之后，论功迁秩，分赏将士。"[2] 他的雄心就是要华夷一家，归于正统。正是在这种思想主导下，女真迁都燕京之举，远非契丹建辽南京可比。金人认为"燕京乃天地之中"，因此，把中都营建得"有宫阙井邑之繁丽，仓府武库之充实，百官家属皆处其内，非同曩日之陪京也"[3]。早在金熙宗时期，朝廷就把大批女真军人安置在燕京、河北、山东一带。中都建成后，更进一步迫使女真宗室贵族及其附属人口迁移到中都或其四围州县，甚至将皇家陵地由东北转到房山境内。为了彻底斩断回归故土之念，海陵王又派人将金上京的宫殿、宗庙、王府等建筑全部平毁，以此表

---

① 宋德金：《正统观与金代文化》，《历史研究》1990 年第 1 期。
② 《金史》卷 129《张仲轲传》，中华书局 1997 年缩印本，第 2783 页。
③ 《金史》卷 96《梁襄传》，中华书局 1997 年缩印本，第 2134 页。

明坚决以中都作为首都的意志。

在国都的建设方面，海陵王基本效仿北宋东京城的规制，把皇城摆到了全城的中心位置，作为王朝首都的各种设施如皇家园林、坛庙、衙署逐渐完善，这些都表明他在努力追求中原王朝都城的正统地位和皇家气派。随着金朝权贵势力和政治中心的大举南移，文化交流与融合的平台集中统一到中都及其周边区域，而不再像辽代那样边界分明。中都城内有汉族、契丹、女真等各族居民，汇聚了多民族的文化元素和整个北方地区的文化精英，这样的局面在古代北京文化发展的历程中前所未有。金朝仿汉制在中都设国子监、翰林院等文化机构，保障物资供应的漕运带动了相关地区的经济联系，这些都标志着金中都作为中国北方政治文化中心地位的确立。由此形成多种元素并存、相互难以拆分的文化特征，其包容性和影响力辐射到金朝境内的女真、契丹、汉族及其他族群。历史上南北文化的冲突和交流，从此进入了相对均衡、融合发展的新阶段。

明末清初的历史地理学家顾祖禹指出："辽起于临潢，南有燕云，常虑中原之复取之也，故举国以争之，置南京于燕、西京于大同，以为久假不归之计。女真自会宁而西，擅有中原，仍辽之旧，建为都邑，内顾根本，外临河济，亦其所也。蒙古自和林而南，混一区宇，其创起之地，僻在西北，而仍都燕京者，盖以开平近在漠南，而幽燕与开平形援相属，居表里之间，为维系之势，由西北而临东南，燕京其都会矣。"[①] 这里准确地分析了辽南京、金中都、元大都的出现与民族进退大势的密切关系：辽南京是契丹人担心被中原政权再次收复而设，它显示的是辽对其南界的固守；金中都则是女真人出于既顾及北方根本、又要面向中原地区的战略而立，它表明了金朝将政治文化中心的主动南移；元大都的崛起，则是蒙古人进而将其作为从西北到东南控制全国的政治枢纽的产物。上述渐进式的变化，体现了在汉文化向北推进渗透的同时，北方民族也在一步步深入中原这样一个彼此交互、双向融入的过程。在辽代及其以

---

① 顾祖禹：《读史方舆纪要》"直隶方舆纪要序"，中华书局1955年版，第433页。

前，北方民族的文化与中原汉族文化的差距较大、泾渭分明，大体以汉文化向北流动为主；金代以后，这种差距依然存在但已明显缩小，而且表现为南北杂处、彼此包容，这就为元朝统一后南北文化的迅速融合奠定了基础。

从地理环境角度来看，经过辽金时期的民族征战与迁移，燕京的区位优势恰好支撑起一个文化交融的平台。作为一个理想的空间节点，燕京的文化对南北双方都具有相当强的辐射力、影响力与亲和力，因而渐渐成为北方区域性的政治文化中心。与寒冷的塞外地区相比，燕京相对温暖的气候也得到了来自北方的辽、金、元、清各朝统治者的赞赏。金朝海陵王在天德二年（1150）七月引导朝臣提出迁都主张并否定异议的理由之一，就是"上都地寒，惟燕京地暖，可栽莲"；"北番上都，黄沙之地，非帝居也"[①]。在帝王意志与政治形势之外，自然地理条件成为推动迁都的客观力量，进而促成并逐渐强化了历史上以北京为都的文化传统和心理认同。

第二节　初具帝京规模的中都建设

海陵王南迁燕京前后，以中原王朝的都城为范本来营建中都。利用辽南京已有的城市格局，将城垣向东、西、南、北四面做了不同程度的拓展，使作为权力象征的宫城从偏居城内一隅变为基本处于全城中心。在城垣、宫殿、坊巷、园林的衬托下，城市的中轴线凸显于总体布局之中。这座极具设计感、规范化的城市仿效北宋东京汴梁，上承汉唐长安，下启元大都与明清北京城，在都城建设史上具有标志性的意义。

一　城市布局与城市功能的巨大转变

金中都在城市布局上吸收了中国传统国都的营造理念，将辽南

---

① 宇文懋昭：《大金国志》卷 13《海陵炀王纪年上》，《大金国志校证》本，中华书局 1986 年版，第 186—187 页。

京旧城予以大规模扩展，建筑格局和宫室制度都仿照了北宋都城汴京（今河南开封）。海陵王在营建中都城之前，"先遣画工写京师（汴京）宫室制度，至于阔狭修短，曲画其数，授之左相张浩辈，按图以修之"①；"命左右丞相张浩、张通古，左丞蔡松年，调诸路民夫筑燕京，制度如汴"②。不仅如此，中都的部分建筑材料也直接来自开封。辽南京的宫殿苑囿位于整个城市的西南部，延续了汉唐时期幽州城的旧格局。扩建金中都城时，东、南、西三面城垣显著向外扩展，北城墙也向北推进了大约 100 米，这就使得皇城宫殿群变成了整个城市的中心。与宫殿配套的皇家园林，举行重要礼仪活动的坛庙，从中央到地方的各级衙署，再加上学府、寺院乃至距离都城不远的皇家陵寝，也都参照北宋汴京所展现的中原王朝的国都标准安排。金中都由此具备了布局方正、中轴对称、面朝后市、坊巷分割、状如棋盘的规划特点。金中都不仅在皇城内外都有园林，城外风景优美的玉泉山、白莲潭（今什刹海一带）、南海子等地也有离宫别苑，反映出草原民族逐水草而居的理念。中原王朝城市建设的精华与北方民族的地域文化特点得到相互融合，在中国都城规划建设史上具有承上启下的作用，为后来的元大都提供了直接的蓝本（图 3—1）。

从幽州城、辽南京到金中都，城市的性质和功能发生了很大变化。于德源先生指出：幽州城"从唐代城内'家家自有军人'的军事重镇，演变成作为辽南京的区域政治中心。辽南京城内众多的军、政、财赋衙署和专为皇室服务的各种职司的衙署，以及诸亲王、公主的府第，构成了城市建筑中与汉唐以来不同的中央统治枢纽的特点。辽南京'僧居佛宇冠于北方'又使其具有北方文化中心的特色。综观于此，今北京在辽代已初步具备了作为京师的政治、文化中心的功能。幽州城从军事重镇向政治、文化中心城市的演变过程，始于辽

---

① 张棣：《金虏图经》"宫室"，载《大金国志校正》附录二，中华书局 1986 年版，第 594 页。

② 于敏中等：《日下旧闻考》卷 37《京城总纪》，北京古籍出版社 1985 年版，第 588 页。

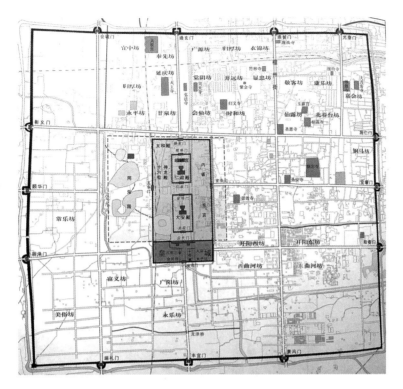

图 3—1　金中都城市布局（选自《北京宣南历史地图集》）

代，及金中都时期始具雏形，至元大都时期最后完成"①。伴随着这个过程，金中都的地方管理体制已经不是单纯的军事机构统属，而是由行政（路、府、州、县）、司法（按察使、警巡院）、经济（都转运司及其附属机构）、城防（警备，如武卫军都指挥使司、都巡检使司、兵马司等）四大系统组成，尚书省的各部还在中都设立了榷货场、交钞库、市令司等直属机构，体现出城市作为北半个中国政治中心的功能。在这些管理机构中，既有女真贵族也有汉人、契丹人及其他民族的人士任职，没有严格的高低等级划分。

　　金中都逐步显示了作为文化中心的宏大气象，城内设有最高教育

---

　　①　于德源：《辽南京（燕京）城坊、宫殿、苑囿考》，《中国历史地理论丛》1990 年第 4 期。

管理机构国子监，下设国子学、太学、女真国子学、女真太学等学府。每三年举行一次的科举考试，各路举子齐聚中都参加府试、会试和殿试。随着司天台、太医院、翰林院、译经所、国史院等机构的设立，中都城吸引了北半个中国各民族各领域的杰出人才，带动了教育、文化、科技、艺术等的发展。儒学进一步向北方传播，很快占据主导地位。佛教、道教、全真教也在中都地区兴盛起来，庙宇宫观遍布城里郊外，历史上西山一带寺庙的繁盛就是自辽金时期发端，著名的"燕京八景"之说也起源于金朝。

从总体上看来，金中都是一座体现着统治者自觉学习先进文化的思想，既承上启下、继往开来又包容万象、辐射四方的城市。在基本建设、经济发展、文化教育、民族融合等许多方面，显现出城市功能的日趋完备和成熟。城市性质和气魄发生彻底改变，开辟了元、明、清以此为都的先河。

二　中都内外的园林建设

园林是金中都城市建设的重要内容之一，经过几代帝王的努力，城内的同乐园与郊外的香山寺、建春宫、大宁宫等处，以优美的环境、秀丽的风景成为帝王游乐之地和新的城市政治空间，大宁宫一带在北京城市发展史上尤其具有重大的历史意义。

出金中都宫城的西门玉华门，是著名的皇家园林同乐园，又称西苑、西园、琼林苑。《大金国志》记载，那里有瑶池、蓬瀛、柳庄、杏村等宫苑胜景。贞元元年（1153）十一月修成的瑶池殿，就在同乐园的瑶池旁，海陵王经常与众嫔妃在此游乐。大定七年（1167）皇太子允恭患病，金世宗命他徙居琼林苑临芳殿。明昌元年（1190）三月，金章宗在西苑击毬，引得百官都来观看。五月，章宗在这里拜天之后又进行了射柳、击毬等活动。"击毬"或"击鞠"就是打马球，"射柳"旨在较量箭术，都标志着女真族的尚武精神。承安二年（1197）三月，章宗又到西园检阅军中兵器。

中都城南门外有广乐园，又称南园、南苑。园中有熙春殿，因此也叫熙春园。这里还有常武殿，海陵王、世宗、章宗曾在殿外球场击毯、射柳。贞元二年（1154）九月，海陵王在常武殿外打马球，允许百姓随意观看。大定三年（1163）五月初五，金世宗到广乐园射柳，命令皇太子、亲王、百官都参加比赛，胜者有数量不等的赏赐。在此之后，他又来到常武殿，为群臣赐宴并且打马球。大定八年（1168），世宗又到常武殿打马球，马贵中上疏谏阻说：陛下作为天下之主，肩负守护宗庙社稷的重任，围猎、击毯都是危险的事情。前日皇太子坠马，可以为戒，希望取消这类活动。世宗回答：祖宗以武力平定天下，岂能因为享受和平而很快忘记吗？我打马球，是为了告诉天下人不要忘记习武的传统。二十三年（1183）正月十五，广乐园正在举办灯会，灯笼云集，恰如灯山，不料引起火灾，烧到了旁边的熙春殿。二十五年（1185），皇太子允恭去世，世宗到熙春园致奠。到金章宗时代，泰和元年（1201）五月，在临武殿打马球，临武殿或许就是更改了名称的常武殿。

　　大约在金章宗时期，中都南郊修筑了建春宫。明昌五年（1194）正月，章宗到城南别宫一带打猎。承安三年（1198）正月再次行猎时，将这座别宫命名为建春宫，其地大约在今南苑附近。仅据《金史·章宗本纪》记载，他到建春宫就有十多次。

　　西郊的香山、玉泉山一带，是金代著名的游览胜地。世宗大定年间，巨构等人奉命经营香山行宫及香山寺。大定二十六年（1186）三月香山寺建成，世宗亲自前往，赐名大永安寺，给寺院田二千亩、栗七千株、钱二万贯。玉泉山行宫可能建于章宗时，《金史》记载他游览玉泉山、香山各有 7 次之多。明代万历年间袁中道《西山游后记》称："法云寺在西山后，去沙河四十里。……故老云：金章宗游览之所，凡有八院，此其香水院也。"[1] 世间所传金章宗在西山修建的八处行宫，亦称"八大水院"或"西山八院"。它们的位置迄今尚未定论，兹取其中一说：玉泉山泉水院，大觉寺清水院，金山寺金水院，法云寺香水院，黄普寺圣水院，香山寺潭水院，双泉寺双水院，栖隐寺灵水院。明代另有"西山六院"之说，

---

① 袁中道：《珂雪斋集》卷16《西山游后记》，上海古籍出版社1989年版，第685页。

崇祯年间的刘侗、于奕正《帝京景物略》记载:法云寺有双泉,源出石根,经过寺院的茶灶和饭灶,相汇于寺内的方塘,这就是所谓"香水"。"金章宗设六院游览,此其一院。草际断碑,'香水院'三字存焉"。方塘内的红莲花久负盛名,而占地数亩的偃松、银杏在法云寺作为香水院的时代已经郁郁葱葱。爱好春水秋山的金章宗,无日不往西山诸院游览①;香山寺有金章宗到过的祭星台、护驾松、梦感泉②;玉泉山裂帛湖泉迸湖底,伏如练帛,山上"旧有芙蓉殿,金章宗行宫也"③。

　　太宁宫(或作大宁宫,又称北宫、北苑)是中都城东北的离宫,位于永定河故道上的白莲潭(今积水潭—什刹海一带)水域南岸,建成于世宗大定十九年(1179),次年四月发生火灾,修复后更为寿宁宫、寿安宫。章宗明昌二年(1191)四月改称万宁宫。这片包括宫殿园囿在内的风景区,宫殿壮丽,碧波浩淼。时人赵摅《早赴北宫》诗云:"苍龙双阙郁层云,湖水鳞鳞柳色新。绝似江行看清晓,不知身是趁朝人。"④ 世宗、章宗长期在此避暑和处理国政,有时甚至不顾礼制的要求坚持留住。太宁宫以西的西园,有瑶光台(今北海公园团城)、琼华岛(或作琼花岛,今北海公园琼华岛)。瑶光台上的瑶光楼金碧辉煌,飞檐重叠、斗拱交错,面对着古高梁河河道汇聚的大片水域,是金朝皇帝纳凉赏月之所。元代郝经《琼花岛赋》,有"瑶光楼起,金碧钩连,断霓饮海,颉地颃天"之句⑤。琼华岛在金代又称寿乐山,堆砌着玲珑剔透、千姿百态的艮岳(太湖石),相传是海陵王营建中都时取自北宋东京汴梁。琼华岛山顶的广寒殿,与正南的

---

① 刘侗、于奕正:《帝京景物略》卷5《西城外》"法云寺"条,北京古籍出版社1983年版,第224页。

② 刘侗、于奕正:《帝京景物略》卷6《西山上》"香山寺"条,北京古籍出版社1983年版,第230页。

③ 刘侗、于奕正:《帝京景物略》卷7《西山下》"玉泉山"条,北京古籍出版社1983年版,第296页。

④ 赵摅:《早赴北宫》,载元好问编《中州集》卷9,中华书局1959年版,第467页。

⑤ 郝经:《陵川集》卷1《琼花岛赋》,《文渊阁四库全书》,台湾商务印书馆1986年影印本,第1192册,第16页a。

瑶光楼相对。金末蒙古军队占领中都，太宁宫遭到破坏。成吉思汗二十年（1225）五月，丘处机登上琼华岛赋诗云："地土临边塞，城池压古今。虽多坏宫阙，尚有好园林。绿树攒攒密，清风阵阵深。日游仙岛上，高视八纮吟。"① 历经战火之后，园林之胜依然可观。当忽必烈感到中都旧城已经不适合作为元朝的都城时，选定营建中都新城（后称大都新城）的地点，就是中都东北郊以太宁宫为中心的园林风景区。享誉世界的元大都在此崛起，并为明清北京城奠定了历史基础，对北京的城市发展产生了深远的影响。

金代尤其是金章宗时期的园林建设，是元、明、清各朝大力开辟园林风景区的先声。明永乐年间王绂《北京八景图》，今藏于中国国家博物馆。陪同永乐帝巡游的多位大臣为"北京八景"赋诗，置于各图之后裱为一卷珍藏。大学士胡广吟咏的"北京八景"，依次为居庸叠翠、琼岛春云、太液晴波、玉泉垂虹、蓟门烟树、西山雪霁、卢沟晓月、金台夕照②。他在《北京八景图诗序》中称："地志载明昌遗事有燕京八景，前代士大夫间尝赋咏，往往见于简策。"而明人为"北京八景"赋诗的动机之一，就是受到"昔之八景偏于一隅，犹且见于歌咏"的激励③。由此看来，在金章宗明昌年间（1190—1195），已经形成了人称"燕京八景"的一组著名的风景胜地，只是我们已经无法知道胡广看到的记载明昌年间遗闻往事的"地志"是哪一部地方志，也无从断定金代的"燕京八景"所指是哪些地方。此后，《元一统志》的"燕山八景"、明代《宛署杂记》的"燕台八景"、清代乾隆帝钦定的"燕京八景"，八处风景的名称彼此之间互有异同，但都延续了金代开创的"燕京八景"的传统，以至全国各地的府州县志也群起模仿，进而广泛出现勉强拼凑的"八景病"。

---

① 李志常：《长春真人西游记》卷下，《四部备要》，中华书局 1936 年版，第 35 册，第 15 页上栏。

② 胡广：《胡文穆公文集》卷 2，《四库全书存目丛书》，齐鲁书社 1997 年影印本，集部第 28 册，第 11—16 页。

③ 孙承泽：《天府广记》卷 37《名迹》引胡广《北京八景图诗序》，北京古籍出版社 1984 年版，第 564 页。

三　中都周边城市体系的形成

金中都的城市发展和政治中心地位的确立，与周边城镇的兴起也有密不可分的联系。随着南北方经济文化的交流和宋辽夏金之间军事拉锯的进程，幽燕地区的城市体系逐步形成，为中心城市的崛起奠定了良好基础。

金朝延续了辽代的"五京"制度，唯其名号与个别地点略有变更。辽代设置了南京析津府（今北京）、上京临潢府（今内蒙古昭乌达盟巴林左旗南波罗城）、东京辽阳府（今辽宁辽阳）、中京大定府（今内蒙古赤峰宁城县）、西京大同府（今山西大同）。金朝的五京则是中都大兴府（今北京）、上京会宁府（今黑龙江阿城）、北京大定府、西京大同府和东京辽阳府。以五京之间的政治联系为纽带，辽金时期的临潢、会宁、辽阳、大定、大同等城镇得以快速发展。它们在军事上彼此呼应、互为犄角，在经济上相互接济、互为补充，在城市建设和文化习俗上相互影响、彼此模仿。除临潢、会宁远在东北之外，其他几处都可以视为金中都的外围城市，它们与燕京之间的交通、贸易及文化往来不断强化。

随着水路交通和南北贸易的兴盛，位于交通要道上的保定、天津、承德、赤峰、张家口及一些作为榷场的贸易集镇涿、霸、雄、沧、通等州一并发展起来。天津和通州的诞生，与金中都的漕运息息相关。金朝迁都之后，修建漕运河道、扩大漕运规模成为迫切需要。从华北平原征集的粮食，最初要经由大清河、子牙河等汇集天津，再循北运河逆流而上运抵中都城以东的通州，其后又相继开凿了金口河与闸河，以便将通州与中都城依靠水路联系起来。天津、通州皆因作为漕运码头和物资中转站而兴盛。通州在金朝以前一直称潞县，海陵王天德三年（1151）升为通州，就是取其漕运通济之义而命名。天津在宋辽对峙时期处于两国分界线上，金代将南部边界推进到淮河一线之后，直沽寨即今天津三汊口一带渐渐成为重要的军事据点及漕运要地。金世宗在大定六年（1166）视察直沽寨，章宗泰和年间在管理漕运的都水监属下已有"天津河司"这一分支建置。宋金边界的南移，使保州（今河北保定）一改北宋时期处在军事前沿的地理区位，城市居民增加，文人、工匠、商贾聚集，文化及工商业开始繁荣起来，成为华北陆路上重要的粮食中转站，被称为"燕南一大都会"。其他如承德、赤峰、张家口以及作为権场的涿、霸、雄、沧州等贸易集镇，有的在金代获得了迅速发展，有的则在北方民族政权向南推进的形势下奠定了初步基础。这些城镇的发展深受燕京的影响，反过来又在较大程度上成为燕京的臂助，由此形成一个四围拱卫中心的城镇体系。随着这个体系的成长和完善，中心城市的地位益发凸显，一个控御北方、连通中原的政治文化中心——金中都在幽州与辽南京的基址上矗立起来。

第三节　中都地区的人口状况和农业开发

作为北半个中国政治中心的金中都，城市格局与人口规模都呈现出新的格局。相对健全的人口统计制度与比较丰富的文献记载，使区域人口规模与人口迁移的历史面貌逐渐清晰起来。

一　金中都地区的人口状况

1. 户口构成与人口规模

金朝形成了一套自下而上的户口调查统计系统，中都地区的户口由州县赋役户口、猛安谋克户口、宗室将军户口、监户与官户组成①。"京府州县郭下则置坊正，村社则随户众寡为乡置里正，以按比户口，催督赋役，劝课农桑。……凡户口计帐，三年一籍。自正月初，州县以里正、主首，猛安谋克则以寨使，诣编户家责手实，具男女老幼年与姓名，生者增之，死者除之。正月二十日以实数报县，二月二十日申州，以十日内达上司，无远近皆以四月二十日到部呈省。凡汉人、渤海人不得充猛安谋克户。猛安谋克之奴婢免为良者，止隶本部为正户。凡没入官良人，隶宫籍监为监户；没入官

---

① 韩光辉：《北京历史人口地理》，北京大学出版社 1996 年版，第 59 页。

奴婢，隶太府监为官户。"①金朝的僧尼都在所属州县入籍，数量被严格限制，消除了辽代僧尼过多的弊端。猛安谋克是金代除汉人与渤海人之外、以女真人为主建立的军事行政组织，大体三百户为一谋克，七至十谋克为一猛安，相应的官职亦称猛安、谋克。这两级组织既是军事编制也是民政管理单位，成员平时为民从事捕鱼射猎，听闻警号则自带步骑装备上阵当兵。进入中原之后，他们与百姓杂处，屯田耕种。官居从四品的猛安，除了"掌修理军务、训练武艺、劝课农桑"，还要与府尹、诸州防御使一样负责户口编审，"专掌通检推排簿籍"②。在州县赋役户口与猛安谋克户口之外，女真贵族的宗室将军户口由大宗正府管理，监户与官户是服务于帝王的奴婢户口。

《金史·地理志》记载了金代极盛时期的户数，统计年代是章宗泰和七年（1207）而不是金代末年③。州县赋役户与猛安谋克户是中都城乡的基本户口，中都城里还有宗室将军户、宫监户、官户与武卫军户，中都警巡院为此同时设立女真司吏3人、汉人司吏15人④，大定八年（1168）增设为左、右警巡院，司吏亦当相应增加一倍，合计36人。宗室之子承裕曾经"除中都左警巡副使，通括户籍，百姓称其平"⑤。金代的诸府节镇录事司"掌同警巡使。司吏，户万以上设六人，以下为率减之"⑥。据此推测，中都左、右警巡院的36名司吏管理的城市人口大约为6万户，"以极盛时期的户量6.5人计之，泰和七年（1207）中都城市总人口约计40万人"⑦。

警巡院是与大兴、宛平二县平行的独立市政单位，它所管辖的城市户口应是大兴府户口的一部分。因此，《金史·地理志》所载大兴府10县1镇（广阳镇）的225592户，实际应包括两个警巡院所属的城市户口在内。鉴于镇的户数远少于县，将城市人口之外的户数以

---

① 《金史》卷46《食货志一》，中华书局1997年缩印本，第1031—1032页。

② 《金史》卷57《百官志三》，中华书局1997年缩印本，第1329、1312页。

③ 韩光辉：《北京历史人口地理》，北京大学出版社1996年版，第63页。

④ 《金史》卷57《百官志三》，中华书局1997年缩印本，第1313页。

⑤ 《金史》卷93《承裕传》，中华书局1997年缩印本，第2065页。

⑥ 《金史》卷57《百官志三》，中华书局1997年缩印本，第1314页。

⑦ 韩光辉：《北京历史人口地理》，北京大学出版社1996年版，第67页。

10 县平均，每县约为 16559 户，大兴、宛平、潞阴、昌平、良乡 5 县合计 82795 户。顺州所辖温阳、密云二县 32433 户；通州潞县、三河县 35099 户①。此外，包括蓟州平峪县（今平谷）、涿州奉先县（今房山）、西京德兴府缙山县（今延庆）、北京路兴州宜兴县（治今河北滦平县东北十五里小城子）的人口在内，中都地区约有 25 万户、161 万人，其中城市人口 6.2 万户、40 万人②。

2. 都城迁移与人口迁移

金朝的都城先是由海陵王从上京（今黑龙江阿城）迁到燕京并改为中都，到金末又从中都迁到南京（今河南开封）。伴随着国都地位的得与失，中都及其周边的人口迁移也经历了"离散——内聚——离散"三个阶段。

战争的目的在于占有土地和人民，金天辅六年（辽保大二年，1122），完颜阿骨打统率的女真军队攻克辽南京。次年四月，"命习古乃、婆卢火监护长胜军，及燕京豪族工匠，由松亭关徙之内地"③，以此充实上京地区。金人按约定将燕山府交还宋朝前，"根括燕山府所管州县百五十贯已上家业者，得三万余户，尽数起发，合境不胜残扰"④。所谓"根括"，就是从根本上彻底搜刮。这些汉民被迫"由松亭关去燕中"⑤，"凡燕之金帛、子女、职官、民户，为金人席卷而东。宋朝捐岁币数百万，所得者空城而已"⑥。战乱造成的大量流民，宋朝"因分遣诸州赡之，凡州县动数千口，至少犹不下五七百口"⑦。天会三年（1125）金人复得燕山府，五年四月攻克北宋汴京，徽钦

---

① 《金史》卷 24《地理志上》，中华书局 1997 年缩印本，第 573—575 页。

② 韩光辉：《北京历史人口地理》，北京大学出版社 1996 年版，第 66 页。

③ 《金史》卷 2《太祖本纪》，中华书局 1997 年缩印本，第 41 页。

④ 徐梦莘编：《三朝北盟会编》政宣上帙 15 引《茆斋自叙》，台北大化书局 1979 年影印本，第甲 143—144 页。

⑤ 徐梦莘编：《三朝北盟会编》政宣上帙 16 引《北征纪实》，台北大化书局 1979 年影印本，第甲 149 页。

⑥ 宇文懋昭：《大金国志》卷 2《太祖纪年下》，《大金国志校证》本，中华书局 1986 年版，第 30 页。

⑦ 徐梦莘编：《三朝北盟会编》政宣上帙 16 引《北征纪实》，台北大化书局 1979 年影印本，第甲 149 页。

二帝、后妃、大臣、官吏及大批工匠、商贾等被掳。时人记载："天会时掠致宋国男妇不下二十万。"① "男女北迁者五百人为一队，虏以数十骑驱之，如驱羊豕。京师人不能徒走远涉，稍不前即敲杀，遗骸蔽野。"② "畿辅所破郡县，尽皆驱虏北行，何啻千万。比到燕山，无论贵贱壮弱，路途之遥，饥饿之困，死者枕藉，骨肉遍野。壮强者仅至燕山，各便生养。有力者营生铺肆，无力者喝货挟托，老者乞丐于市，南人以类各相嫁娶。燕山有市卖人，凡军兵虏得南人，视人立价卖之。此本朝人陷虏，于此可见也。"③ 幸存下来的汴京及其周边的人口，有一部分滞留在燕京周边。随着对宋战争的胜利，天会六年二月"迁洛阳、襄阳、颍昌、汝、郑、均、房、唐、邓、陈、蔡之民于河北"④，其中可能有一部分到达了燕京地区。汴京及中原地区的人口由于北宋败亡被迫迁到黄河以北，对燕京地区而言则是惨痛时局下的内聚迁移。

金灭北宋后，始将猛安谋克户迁到燕南戍边。天会十一年（1133）"起女真国土人散居汉地"。南宋人推测："女真，一部族耳。后既广汉地，恐人见其虚实，遂尽起本国之土人，棋布星列，散居四方。令下之日，比屋连村，屯结而起。"⑤ 自北方大规模南下的女真族散处于汉人之中，皇统五年（1145）与奚、契丹人组成屯田军，"凡屯田之所，自燕山之南、怀陇之北皆有之，多至六万人，皆筑垒于村落间"⑥；九年八月又采纳宰臣提议，"徙辽阳、勃海之民于燕南"⑦。

---

① 确庵、耐庵编：《靖康稗史》卷6《呻吟语》引《燕人麈》，《靖康稗史笺证》本，中华书局1988年版，第199页。

② 徐梦莘编：《三朝北盟会编》靖康中帙74引《汴都记》，台北大化书局1979年影印本，第乙401页。

③ 徐梦莘编：《三朝北盟会编》靖康中帙73引《燕云录》，台北大化书局1979年影印本，第乙396页。

④ 《金史》卷3《太宗本纪》，中华书局1997年缩印本，第58页。

⑤ 宇文懋昭：《大金国志》卷8《太宗纪年六》，《大金国志校证》本，中华书局1986年版，第126页。

⑥ 宇文懋昭：《大金国志》卷12《熙宗纪年四》，《大金国志校证》本，中华书局1986年版，第173页。

⑦ 《金史》卷4《熙宗本纪》，中华书局1997年缩印本，第86页。

区域人口的内聚迁移，在海陵王贞元元年（1153）迁都燕京并改称中都后达到高潮。从上京会宁府迁来的中央机构与中都设置的地方官员，数量应与《金史·职官志》所载的金代中期情形近似，总数在 3000 名以上。《金史·兵志》载："贞元迁都，遂徙上京路太祖、辽王宗幹、秦王宗翰之猛安，并为合扎猛安，及右谏议乌里补猛安，太师勖、宗正宗敏之族，处之中都。"① 自贞元迁都到正隆初年，上京地区的女真族奉旨南下。"贞元初，起上京诸猛安于中都、山东等路安置。"② 正隆元年（1156）二月，"遣刑部尚书纥石烈娄室等十一人，分行大兴府、山东、真定府，拘括系官或荒闲牧地，及官民占射逃绝户地，戍兵占佃宫籍监、外路官本业外增置土田，及大兴府、平州路僧尼道士女冠等地，盖以授所迁之猛安谋克户，且令民请射，而官得其租也"③，太师勖同年"与宗室俱迁中都"④。海陵王采纳了主持营建燕京的张浩建议，"凡四方之民欲居中都者，给复十年，以实京城"⑤。虽然正隆三年（1158）七月为准备南下伐宋，"迁中都屯军二猛安于南京（今河南开封），遣吏部尚书李惇等分地安置"⑥，但世宗即位不久的大定二年（1162）正月，就把此前从征的"咸平、济州军二万入屯京师"⑦，此后又"诏徙女直猛安谋克于中都，给以近郊官地"⑧。由此估算，金人先后迁入中都地区的猛安谋克户、官吏及四方民户"累计约 4 万户、30 万人"⑨，大定年间管理城市的中都警巡院从一个变为两个，就是此前人口大量增殖的反映。

国势衰落的金朝末年，北方州郡尽失于蒙古铁骑，大安三年

---

① 《金史》卷44《兵志》，中华书局1997年缩印本，第993页。
② 《金史》卷83《纳合椿年传》，中华书局1997年缩印本，第1872页。
③ 《金史》卷47《食货志二》，中华书局1997年缩印本，第1044页。
④ 《金史》卷66《勖传》，中华书局1997年缩印本，第1560页。
⑤ 《金史》卷83《张浩传》，中华书局1997年缩印本，第1863页。
⑥ 《金史》卷5《海陵本纪》，中华书局1997年缩印本，第109页。
⑦ 《金史》卷6《世宗本纪上》，中华书局1997年缩印本，第125页。
⑧ 《金史》卷83《张汝弼传》，中华书局1997年缩印本，第1869页。
⑨ 韩光辉：《北京历史人口地理》，北京大学出版社1996年版，第242页。

（1211）以后中都数度被围，"京师乏粮，军民饿死者十四五"①。贞祐二年（1214）五月金宣宗决意迁都南京，失去首都地位且变为战争前线的中都随之开始了人口的离散迁移。成千上万的宫眷、侍卫、百官、宗室与各类人等随驾南下，涿州地方官所献"顿食"（短暂停宿的膳食）"凡二千舆"即二千车，渡黄河时需要"办沿河船凡四千艘"②。迁都后的朝廷致力于"衰兵徒，徙豪民，以实南京"③，不仅"听民南渡"而且动员河北民众南逃，"所至加存恤"④。这样，数年之间，"河北军户徙河南者几百万口"⑤，"河北失业之民侨居河南、陕西，盖不可以数计"，人口高度集中造成了严重的土地紧缺，"百司用度，三军调发，一人耕之，百人食之"⑥。更为悲惨的是，天兴元年（1232）五月"汴京大疫凡五十日，诸门出死者九十余万人，贫不能葬者不在是数"⑦。即使如此，嗣后蒙古军队破城之时，依然有"避兵居汴者得百四十七万人"⑧，来自中都地区者肯定不少。在这前后，留在中都周边的部分人口则被蒙古军队掠至北方草原。在历经战乱、饥馑、南逃、北迁之后，中都地区在金朝结束时只有不足30万人，离散迁移等造成的人口耗减却高达130万人以上⑨。

金朝末年的中都城屡次受到蒙古军队的侵略，根据《大金国志》的记载，蒙古灭金所造成的灾难非常严重。大安三年（1211）十二月，蒙古军队抵达昌平，中都"城内外乱甚，老弱奔号。……民皆饥冻，死者相望"。"大兴尹乌陵用章，分命京畿诸将毁在城桥梁，瓦石悉运入四城，往来以舟渡，运不及者投之于水。拆近城民屋为薪，纳之城中。"在中都城的巷战中，"纵火，烧两旁民屋"。蒙古军队攻

---

① 宇文懋昭：《大金国志》卷24《宣宗纪年上》，《大金国志校证》本，中华书局1986年版，第325页。

② 同上书，第332页。

③ 《金史》卷105《张翰传》，中华书局1997年缩印本，第2323页。

④ 《金史》卷14《宣宗本纪上》，中华书局1997年缩印本，第306、309页。

⑤ 《金史》卷107《高汝砺传》，中华书局1997年缩印本，第2355页。

⑥ 《金史》卷102《田琢传》，中华书局1997年缩印本，第2250页。

⑦ 《金史》卷17《哀宗本纪上》，中华书局1997年缩印本，第387页。

⑧ 《元史》卷146《耶律楚材传》，中华书局1997年缩印本，第3459页。

⑨ 韩光辉：《北京历史人口地理》，北京大学出版社1996年版，第246页。

城时，"拆民屋为楼，与城上相敌，随毁随立"①。将近一百年未罹兵革的中都，"僧寺、道观、内外园苑、百司庶府，室屋华盛，至是焚毁无遗"②。中都城在激烈的战争中遭受重创，"时京师市井萧条，草莽葱茂。……田之荒者动至百余里，草莽弥望，狐兔出没，盗贼纵横"③。崇庆元年（1212）十一月，中都守军再次抵御蒙古军队的进攻，"独城内柴薪乏，拆绛霄殿、翠霄殿、琼华阁分给四城"④。贞祐二年（1214）三月，蒙古军"复围燕京。京师乏粮，军民饿死者十四五。……京城白金三斤不能易米三升，死者不可胜计"⑤。面临如此惨状，金朝不得不迁都汴京，贞祐三年五月庚申（1215年5月31日），留守中都的穆延尽忠弃城逃跑，蒙古兵入城后，"宫室为乱兵所焚"⑥。"两河既破，赤地千里，人烟断绝，满目蓬蒿。燕京宫阙雄丽，为古今冠，至是为乱兵所焚，火月余不绝。其所积货财，初无所用，至以银为马槽，金为酒瓮，大者重数千两。"⑦美丽的中都城最终毁于战火，居民的生命财产和社会生活秩序尚且没有保障，生态环境的巨大破坏更不难想见。

二　中都地区的农业开发

中都地区的农业开发，首先体现在大规模的屯田方面。金代兼领女真兵士家口与民户的军事编制单位，初期以三百户为一"谋克"、十"谋克"为一"猛安"，后来减少到二十五人为一"谋克"、四"谋克"为一"猛安"。金人在与宋朝的战争中，把国土推

① 宇文懋昭：《大金国志》卷22《东海郡侯纪年上》，《大金国志校证》本，中华书局1986年版，第299—300页。
② 宇文懋昭：《大金国志》卷23《东海郡侯纪年下》，《大金国志校证》本，中华书局1986年版，第309页。
③ 同上书，第310页。
④ 同上书，第312页。
⑤ 宇文懋昭：《大金国志》卷24《宣宗纪年上》，《大金国志校证》本，中华书局1986年版，第325页。
⑥ 毕沅：《续资治通鉴》卷160《宋纪一百六十》，中华书局1957年版，第4346页。
⑦ 宇文懋昭：《大金国志》卷25《宣宗纪年下》，《大金国志校证》本，中华书局1986年版，第345页。

进到淮河一线，北方的猛安谋克户随之南迁。熙宗皇统五年
(1145)"创屯田军，凡女真、契丹之人，皆自本部徙居中州，与百
姓杂处，计其户口授以官田，使其播种。春秋量给衣马，若遇出军，
始给其钱米。凡屯田之所，自燕之南、淮陇之北皆有之，多至六万
人，皆筑垒于村落间"①。此举是因为对新占领区的社会状况放心不
下，"虑中州怀二三之意，始置屯田军，非止女真，契丹、奚家亦有
之"②，区域人口分布与农业劳动力的构成也发生了变化。九年
(1149) 八月又采纳宰臣建议，"徙辽阳、勃海之民于燕南"③。到了
海陵王迁都燕京（改称中都）时，"恐上京宗室起而图之，故不问
疏近，并徙之南"④。

南迁人口的到来造成了土地分配关系的紧张，海陵王正隆元年
(1156) 二月，"遣刑部尚书纥石烈娄室等十一人，分行大兴府（治
今北京)、山东、真定府（治今河北正定)，拘括系官或荒闲牧地，
及官民占射逃绝户地，戍兵占佃宫籍监、外路官本业外增置土田，
及大兴府、平州路（治今河北卢龙）僧尼、道士、女冠等地，盖以
授所迁之猛安谋克户，且令民请射，而官得其租也"⑤。所谓"令民
请射"，就是允许汉族百姓申请租种。朝廷派出括田使者调查土地状
况，以安置处在占领者地位的猛安谋克户，其间不免出现随意强占
民田的事件。大定十七年 (1177)，金世宗认为授予中都附近猛安
谋克户的官地大多比较瘠薄，派遣同知中都路转运使张九思前去检
括⑥。急于事功的张九思"凡地名疑似者，如皇后店、太子庄、燕
乐城之类，不问民田契验，一切籍之"⑦，世宗得知后予以阻止。二

---

① 宇文懋昭：《大金国志》卷12《熙宗纪年四》，《大金国志校证》本，中华书局
1986 年版，第 173 页。

② 宇文懋昭：《大金国志》卷36《屯田》，《大金国志校证》本，中华书局 1986 年
版，第 520 页。

③ 《金史》卷4《熙宗本纪》，中华书局 1997 年缩印本，第 86 页。

④ 《金史》卷8《世宗本纪下》，中华书局 1997 年缩印本，第 185 页。

⑤ 《金史》卷47《食货志二》，中华书局 1997 年缩印本，第 1044 页。

⑥ 同上书，第 1045 页。

⑦ 《金史》卷90《张九思传》，中华书局 1997 年缩印本，第 2004 页。

十二年（1182）八月，"以赵王永中等四王府冒占官田，罪其各府长史、府掾，及安次、新城、宛平、昌平、永清、怀柔六县官，皆罚赎有差"①。宗室诸王犯法，朝廷却仅仅处罚他们的属下以及这些田地所在的县官，这应当是女真贵族肆意占田已经非常普遍的反映。章宗承安五年（1200）九月，鉴于中都、山东、河北的军屯土地被冒占，命枢密使宗浩等"诣诸道括籍，凡得地三十余万顷"②。然而，长于骑射游牧的猛安谋克户并不习惯农业生产，他们不是把土地租给汉人耕种，就是弃之不顾、任其荒废，朝廷要求种植桑枣的要求形同虚设。世宗大定五年（1165）十二月，"京畿两猛安民户不自耕垦及伐桑枣为薪鬻之"；二十一年，"闻猛安谋克人惟酒是务，往往以田租人而预借三二年租课者，或种而不耘听其荒芜者"；二十二年，则有"附都猛安户不自种，悉租于民，有一家百口垅无一苗者"③。这些消极现象与田制、税制中存在的弊端，都阻滞了区域农业经济的发展。

女真人与契丹人一样崇尚佛教，中都周边的寺院占有大量土地，是得到朝廷保护的寺产。明朝万历年间担任宛平知县的沈榜，曾在西山栖隐寺（在今门头沟区樱桃沟村北的仰山上）得到一块断碑，上面刻着金朝大定十八年十月初一日（1178年11月12日）的一则文告。此前有宛平县李仁莹等诬告仰山寺僧人法诠侵占山林，寺院一方以金熙宗天会十五年（1137）、皇统二年（1142）及海陵王贞元二年（1154）关于山林属寺院所有的判决书和碑文为证得以胜诉，官府判决"东至芋头口，南至逗平口，西至铁岭道，北至搭地鞍"依旧归寺院所有。法诠请求官府给寺院一份执照作为产权凭据，并出榜公布审案结果，要求"不得于本寺山林四至内乱行非理采斫，如有违犯，许令本寺收拿赴官，以凭申覆上衙断罪施行，不得违犯，各令省会知委"④。结案后僧人立碑刻石，记录了诉讼过程以及往还的公文批复。

---

① 《金史》卷47《食货志二》，中华书局1997年缩印本，第1048页。
② 《金史》卷93《宗浩传》，中华书局1997年缩印本，第2074页。
③ 《金史》卷47《食货志二》，中华书局1997年缩印本，第1047页。
④ 沈榜：《宛署杂记》卷20《志遗七》，北京古籍出版社1980年版，第295—297页。

这个事件是金中都周边寺院占有土地、山林的典型例证，虽然沈榜《宛署杂记》误把它置于"元朝公移"之下，却也由此保留了一则珍贵的金代文献①。金代对寺院的保护和赏赐远不止此，世宗大定二十六年三月癸巳（1186 年 4 月 6 日），"香山寺成，幸其寺，赐名大永安，给田二千亩，栗七千株，钱二万贯"②。卫绍王崇庆元年四月二十二日（1212 年 6 月 4 日）的《奉先县禁山榜示碑》，也记载了奉先县六聘山天开寺十方禅院（今北京房山区上方山天开寺及其所属诸寺）状告周围村民砍伐山林的一场诉讼（图 3—2）。经官府裁决，"山林四至，东至望海岩，南至神仙峪，西至紫云岭神仙洞，北至龙虎峪"禁民樵采③，这是中都地区寺院占据大量山林田产的又一典型例证。

迁都之初，海陵王"以京城隙地赐朝官及卫士"④，听任女真人放牧。金世宗时期，纠正了一些损害农业的做法。他在大定十一年（1171）对侍臣说："往岁，清暑山西，傍路皆禾稼，殆无牧地。尝下令，使民五里外乃得耕垦。今闻其民以此去之他所，甚可矜悯。其令依旧耕种，毋致失业。"⑤ 这则史料透露的重要信息是，金代大路两侧五里之内曾不准耕种庄稼，目的是留出足够的放牧之地以适应女真人惯于游牧生活的传统习俗。章宗明昌四年（1193）正月"谕点检司，行宫外地及围猎之处悉与民耕，虽禁地，听民持农器出入"⑥，允许自由耕种。金中都的土地使用基本遵循集中分配、集约管理的原则，同时在土地的使用性质上仍保留了许多游牧民族的特色，总体上呈现为粗放的混合式状态，土地利用效率依然较为有限。

① 孙冬虎：《北京史年代辨误二则》，载《北京风俗史研究》，北京燕山出版社 2007 年版，第 114—120 页。
② 《金史》卷 8《世宗本纪下》，中华书局 1997 年缩印本，第 192 页。
③ 《奉先县禁山榜示碑》，原在房山上方山兜率寺，今存北京石刻艺术博物馆，国家图书馆中文拓片资源库收录。
④ 《金史》卷 5《海陵本纪》，中华书局 1997 年缩印本，第 100 页。
⑤ 《金史》卷 47《食货志二》，中华书局 1997 年缩印本，第 1044 页。
⑥ 《金史》卷 10《章宗本纪二》，中华书局 1997 年缩印本，第 228 页。

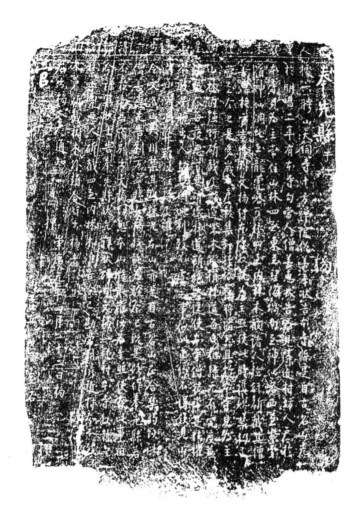

图 3—2　奉先县禁山榜示碑拓片

第四节　中都地区的经济发展和水利交通

与辽、金之间战争频发的两宋，在战争不利的情况下，往往以签订一纸协议、输送万千岁币换来边境的和平。辽南京、金中都及其周边地区除了在朝代更替之际遭受战争破坏之外，大多数情况下都处在和平状态，这就为金中都地区的经济恢复和发展提供了坚实的基础。

一 中都地区经济的恢复和发展

1141 年的绍兴和议把宋金对峙的边界推到了淮河一线，金朝的政治中心又在十余年后南迁到燕京，为区域经济的恢复和发展提供了宝贵的契机。庞大的皇室贵族、文武官僚及其附属人群聚集燕京，带动了本地区的消费增长，周边的农业开垦及城市手工业、商业迅速兴旺起来。改燕京为中都之后，金朝鼓励人民迁居中都地区，"凡四方之民欲居中都者，给复十年，以实京城"①，使区域人口很快"殆逾于百万"②。据《金史·地理志》记载，金泰和七年（1207），中都路户口总数达到了 478051 户③。韩光辉先生据此推断中都城市人口已达到 6.2 万户 40 万人左右④，是占据中国半壁江山的金朝境内最大的城市（北宋东京鼎盛时人口约为 150 万人⑤）。金代漕运的规模有限，交通和物流局限于中国北方，能够支撑如此规模的人口生活，更多地依赖于当地的经济发展。

金中都及其周边地区的成长，得益于统治者采取了稳定社会、发展经济、加强户籍管理等措施。自熙宗开始，朝廷"偃兵息民"、主动"汉化"，海陵王更是将政治中心南迁，世宗继续对内整顿吏治、对外与宋和议，让南下征伐的军人回家，大大解放了社会生产力。《金史》记载，世宗"即位五载而南北讲好，与民休息。于是躬节俭，崇孝悌，信赏罚，重农桑，慎守令之选，严廉察之责，却任得敬分国之请，拒赵位宠郡县之献，孳孳为治，夜以继日，可谓得为君之道矣。当此之时，群臣守职，上下相安，家给人足，仓廪有余，刑部岁断死罪或十七人或二十人，号称小尧舜，此其效验也"⑥。及至章宗时，"南北和好四十余载，民不知兵"，"治平日久，

① 《金史》卷 83《张浩传》，中华书局 1997 年缩印本，第 1863 页。
② 《金史》卷 96《梁襄传》，中华书局 1997 年缩印本，第 2136 页。
③ 《金史》卷 24《地理志上》，中华书局 1997 年缩印本，第 573—578 页。
④ 韩光辉：《北京历史人口地理》，北京大学出版社 1996 年版，第 67 页。
⑤ 朱士光主编：《中国八大古都》，人民出版社 2007 年版，第 329 页。
⑥ 《金史》卷 8《世宗本纪下》，中华书局 1997 年缩印本，第 203—204 页。

宇内小康，乃正礼乐，修刑法，定官制，典章文物粲然成一代治规，……盖欲跨辽宋而比迹于汉唐，亦可谓有志于治者矣"①，这些都为中都地区的经济发展提供了持续良好的社会环境。为了刺激人口增长，朝廷制定了放奴为良，增加编户；婚嫁以时，鼓励生育；抚育幼稚，养赡老弱；发展医药，疗治士民；赈济灾歉，制止流亡等政策。在农业时代，人口的增长意味着劳动力的丰富和农业的兴旺。到金代中期，中都及其周边地区出现了"国家承平日久，户口增息""地狭民众"的景象。金世宗时，"中都、河北、河东、山东久被抚宁，人稠地窄，寸土悉垦"②。《金史》记载：大定二十三年（1183）统计，猛安谋克户有"田一百六十九万三百八十顷有奇"③。耕地的扩大，使得粮食总量显著增加，世宗时"一岁所收，可支三年"④，到章宗时则增加到"积粟……可备官兵五年之食，米……可备四年之用"⑤。反过来说，如此规模的人口汇聚中都及其周边，势必带动区域经济的全面恢复和发展，巩固与塞外各族的天然联系，从而使中都地区上升为一个连接中原腹地与东北、西北的新的经济中心。

二　中都地区的城乡手工业

金灭北宋之后，汴京的大批工匠被掳掠到北方，官营与私营手工业所需的技术力量以这样一种非常的方式聚集在燕京。"东京取医官、教坊、内侍、内人、作匠、司天、官吏，国主、元帅、大酋共分驱使燕山，得国主指挥，更不发遣，厚与养济，于诸寺院内安泊。内侍、内人，皆为大酋所有。医官开铺，乐人作场，司天行术，作匠执艺，各自营生，衣食方足。畿辅所破郡县，尽皆驱虏北行，何啻千万。……

① 《金史》卷12《章宗本纪四》，中华书局1997年缩印本，第285—286页。
② 赵秉文：《闲闲老人滏水文集》卷11《梁公墓铭》，四部丛刊初编本，商务印书馆1919年版，第1页b。
③ 《金史》卷47《食货志二》，中华书局1997年缩印本，第1064页。
④ 同上书，第1063页。
⑤ 《金史》卷50《食货志五》，中华书局1997年缩印本，第1122页。

燕山有市卖人，充□□军兵。虏得南人，视人立价卖之。"① 海陵王迁都之后，官方与民间对手工业的需求增加，相应的管理制度也更加严格。

在朝廷设置的行政机构中，工部"掌修造营建法式、诸作工匠、屯田、山林川泽之禁、江河堤岸、道路桥梁之事"②。太府监下辖的酒坊"掌醞造御酒及支用诸色酒醴"。少府监"掌邦国百工营造之事"，下辖的尚方署"掌造金银器物、亭帐、车舆、床榻、帘席、鞍辔、伞扇及装钉之事"；图画署"掌图画缕金匠"；裁造署"掌造龙凤车具、亭帐、铺陈诸物，宫中随位床榻、屏风、帘额、绦结等，及陵庙诸物并省台部内所用物"，明昌三年（1192）"裁造匠六人，针工妇人三十七人"；文绣署"掌绣造御用并妃嫔等服饰、及烛笼照道花卉"，有"绣工一人，都绣头一人，副绣头四人，女四百九十六人"；织染署"掌织纴、色染诸供御及宫中锦绮币帛纱縠"。军器监"掌修治邦国戎器之事"，下辖的利器署"掌修弓弩刀槊之属"③。这些机构所管辖的事务虽然不止中都一地，但也可以看出中都官营手工业的主要方面甚至某些行业的大致规模。

金代中都地区的手工业类型众多，纺织、冶铸、制盐、酿酒、采煤等发展较为迅速。纺织业是最重要的手工业门类之一，大定十三年（1173）太常寺拟定的服饰制度中，"花纱绫罗丝绸"只准士人、八品以上官员及部分僧尼道士使用，"庶人止许服绝绸、绢布、毛褐、花纱、无纹素罗、丝绵，其头巾、系腰、领帕许用芝麻罗、绦用绒织成者。……兵卒许服无纹压罗、绝绸、绢布、毛褐。奴婢止许服绝绸、绢布、毛褐"④。通过这项规定，大致可以看出金代包括中都地区在内的纺织业产品类型。1955 年北京西长安街双塔出土的金代精美丝织物表明，北宋工艺引入到中都之后，这里的丝织业生产技术与

---

① 徐梦莘编：《三朝北盟会编》靖康中帙 73 引《燕云录》，台北大化书局 1979 年影印本，第乙 396 页。

② 《金史》卷 55《百官志一》，中华书局 1997 年缩印本，第 1237 页。

③ 《金史》卷 56《百官志二》，中华书局 1997 年缩印本，第 1272—1276 页。

④ 《金史》卷 43《舆服志下》，中华书局 1997 年缩印本，第 986 页。

花色品种已经大为改观。关于中都的酿酒业，正隆二年进士、大兴人王启诗中有"燕京名酒四海传"之句①。大定三年（1163）颁诏惩治宗室私酿酒者，接着"省奏中都酒户多逃，以故课额愈亏。上曰：此官不严禁私酿所致也。命设军百人，隶兵马司，同酒使副合千人巡察，虽权要家亦许搜索。奴婢犯禁，杖其主百。且令大兴少尹招复酒户"②。私人酿酒业的兴盛引起大批官营酿酒作坊的酒户外逃，从而影响了朝廷的税收。大定九年，"大兴县官以广阳镇务亏课，而惧夺其俸，乃以酒散部民，使输其税"③，官营的酒坊被迫向民营开放。金代大兴府"产金银铜铁"④，中都地区以铜镜为主的私人铸铜业，在朝廷的限制下悄然成长。为了铸钱的需要，自海陵王正隆年间开始，"民间铜禁甚严，……民用铜器不可阙者，皆造于官而鬻之。既而官不胜烦，民不胜病，乃听民冶铜造器，而官为立价以售"⑤。大定八年（1168）、十一年、二十六年，金世宗都有"禁私铸铜镜，旧有铜器悉送官"之类的诏令⑥。但是，民间把铜钱销熔后铸造铜镜之事不可遏止，朝廷有时也不得不放松矿禁，今北京地区就出土了式样繁多的金代铜镜。

值得一提的是，金中都居民家中已经出现了以煤为燃料的暖炕，这就是后来北方民居普遍使用的土炕。金代赵秉文在诗中写道："京师苦寒岁，桂玉不易求。斗粟换束薪，掉臂不肯酬。日巢五升米，未有旦夕忧。近山富黑鬖，百金不难谋。地坑规玲珑，火穴通深幽。长舒两脚睡，暖律初回邹。门前三尺雪，鼻息方齁齁。田家烧榾柮，湿烟泫泪流。浑家身上衣，炙背晓未休。谁能献此术，助汝当衾裯。"⑦

---

① 王启：《王右辖许送名酒，久而不到，以诗戏之》，载元好问编《中州集》卷8，中华书局1959年版，第399页。

② 《金史》卷49《食货志四》，中华书局1997年缩印本，第1105页。

③ 同上。

④ 《金史》卷24《地理志上》，中华书局1997年缩印本，第573页。

⑤ 《金史》卷46《食货志一》，中华书局1997年缩印本，第1029页。

⑥ 《金史》卷48《食货志三》，中华书局1997年缩印本，第1070—1072页。

⑦ 赵秉文：《闲闲老人滏水文集》卷5《夜卧暖炕》，四部丛刊初编本，商务印书馆1919年版，第4页。

（图3—3）在寒冷季节里，煤炭柴薪等用于取暖的能源倍显珍贵，诗里描述的用以燃烧取暖的"黑鑿"就是煤炭，产于中都以西的山区，这应是今门头沟、房山境内煤炭开采的滥觞。

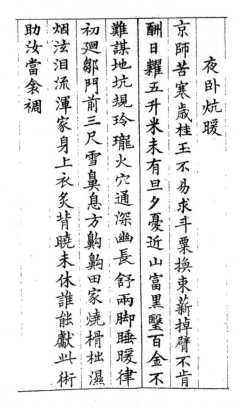

图3—3　赵秉文《闲闲老人滏水文集》书影

三　中都城的商业格局

中国北方政治中心的地位及其吸引的庞大人口规模，为中都的商业经济注入了发展动力。各级官僚、势要、富贾为主的经济能力出众的消费群体，与广大城市居民的日常消费相结合，强大的购买力刺激着商品市场的发达，推动着中都城的商业繁荣。商业空间的形成与规模化发展是金中都城市格局提升的重要表象。

金朝对中都的商业活动采取鼓励政策，减轻商税，禁止官府扰商。大定二十年（1180）正月，"定商税法，金银百分取一，诸物百分取三"①。在较低的税率之外，金世宗还尽量避免干扰市肆营业。次年二月他到兴德宫祭奠元妃李氏，"过市肆不闻乐声，谓宰臣曰：岂以妃故禁之耶？细民日作而食，若禁之，是废其生计也，其勿禁。朕前将诣兴德宫，有司请由蓟门，朕恐妨市民生业，特从他道。顾见街衢门肆或有毁撤，障以帘箔，何必尔也，自今勿复毁撤"②。明昌四年（1193）章宗听说通州米粟甚贱，户部官员奏称："中都路去岁不熟，今其价稍减者，以商旅运贩继至故也。"③ 商人贩运粮食到中都，稳定乃至降低了粮价。大定年间，中都税使司每年税收16万余贯，承安元年（1196）达到21万余贯④，商税的增加显示了商业活动的活跃。《金史》记载，朝廷在中都设置了全国唯一的物价监察管理机构——市令司，"掌平物价，察度量权衡之违式、百货之估直"⑤。在北京城市史上，金中都时代首次出现这样的专门机构，也是城市商业比较发达的象征。

贞元元年（1153）迁都后，海陵王即以城内的空地赐给大小官僚及亲军官兵，用来设肆经商、征收赋税，中都的商业空间大为拓展，贸易活动遍及全城。此后，在城内许多大街与关厢地带，有越来越多的店铺售卖货物。今天的菜市口西至广安门一线，就是当年颇为繁华的大街。辽代曾经兴盛一时的城北市场，到金代变得规模更大。市场周边出现了不少经营性的楼堂馆所，有蓟门以北的状元楼、燕市的西楼、燕市以东的明义楼等。在这样的背景下，中都城的商人显著增多，还出现了拥有六七万缗资本的大商人。东开阳坊东面的天宝宫，是金代新辟的市场，仅从事马匹交易的商人就达到二百二十多人。

中都市场上的大宗商品最初主要是粮食、纺织品和日用手工业品，宋金议和以后越来越丰富，马匹、水果和蔬菜等也成为大宗商

---

① 《金史》卷49《食货志四》，中华书局1997年缩印本，第1110页。
② 《金史》卷8《世宗本纪下》，中华书局1997年缩印本，第180页。
③ 《金史》卷50《食货志五》，中华书局1997年缩印本，第1118页。
④ 《金史》卷49《食货志四》，中华书局1997年缩印本，第1110页。
⑤ 《金史》卷57《百官志三》，中华书局1997年缩印本，第1316页。

品。金银珠宝、玛瑙、首饰、化妆品，各类丝绵绢布、服装、皮草、鞋帽、床榻、帘席、车具、笔墨纸砚，各类器皿、蜡烛、柴炭、药材，各类铁器工具等商品，在中都市场上应有尽有。通过商品贸易，中原汉族的生产生活方式很大程度地影响到了女真人，除了日常的吃穿用等，饮茶之风也在金朝兴盛起来。金朝境内的茶叶一部分是宋人岁供，一部分在宋朝榷场以金帛、丝绢、食盐等交换，造卖私茶也比较普遍，金世宗、章宗多次以"费国用而资敌"为由加以限制。泰和四年（1204）十一月尚书省奏："茶，饮食之余，非必用之物。比岁下上竞啜，农民尤甚，市井茶肆相属。商旅多以丝绢易茶，岁费不下百万，是以有用之物而易无用之物也。若不禁，恐耗财弥甚。"虽有七品以上官员之家方许食茶的规定，但是，即使在宋金交战之时，"犯者不少衰，而边民又窥利，越境私易"①，饮茶的客观需求不可遏止。朝廷规定"亲王、公主及见任五品以上官，素蓄者存之，禁不得卖馈，余人并禁之。犯者徒五年，告者赏宝泉一万贯"②。中都是贵族、高官最集中的地方，这项规定间接证明了茶叶在中都商品交易中的地位。

四　中都地区的水利与水运

海陵王迁都后，随着人口规模和城市功能的扩大，对饮用、灌溉、漕运、城池宫苑建设、园林绿化的水源需求也日益增长。怎样取得如此巨大的水源（尤其是漕运水源），成为中都城市发展的难题。金朝的思路主要有两个：其一，将玉泉山一带的泉水挽而向南，凿开海淀台地，汇入中都城以北的高梁河，再将扩大了的高梁河水分南北两支注入通州附近的北运河，使漕船能顺利到达通州。其二，开凿金口河，从石景山麻峪村引卢沟河（即永定河）水沿中都城北墙再向东流入北运河。这两项规模浩大的工程，是北京城诞生以来首次为开拓水源而做。尽管最终都算不上成功，但为北京城走出莲花湖水系而

---

① 《金史》卷49《食货志四》，中华书局1997年缩印本，第1108—1109页。
② 同上书，第1109页。

向西、向北扩大水源做出了有效尝试，也使本地区的水利开发进入了一个系统化、规模化的阶段，出现了围绕都城布局及其特殊需求的水利建设格局（图3—4）。

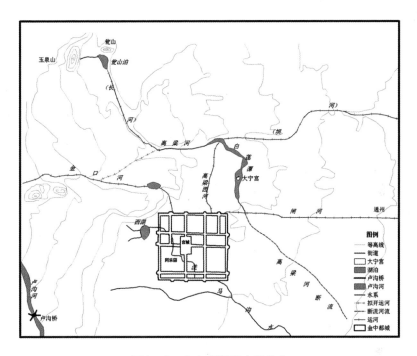

图3—4　金中都附近水利分布

1. 中都宫苑城池水系的扩建和延伸

天德二年（1150）冬，海陵王为准备迁都"发诸路民夫筑燕京城"①，扩展辽南京旧城的城垣。为了解决护城河与城内宫苑的水源问题，把洗马沟（莲花河）上游的一段圈入城中。莲花河在中都城西北部与护城河交汇后，穿墙而过继续向东、向南，在显西门北侧分为两支，一支继续向南而后向东；另一支则进入皇城（原辽南京城）内，依靠这些水源建造了风景秀丽的同乐园（又称西华潭），"瑶池、

①　宇文懋昭：《大金国志》卷13《海陵王纪年上》，《大金国志校证》本，中华书局1986年版，第187页。

蓬瀛、柳庄、杏村皆在焉"①。从同乐园南端分出一支清流东入宫墙，在宫城西南一隅开辟了华美的鱼藻池，其遗址即今广安门南、白纸坊西的青年湖一带。鱼藻池的南端又开凿了一条南流的小渠，在皇城南墙外汇入莲花河。

经过这样一番整治后营造出来的莲花池水系，满足了金朝宫廷园林的用水需求，并在中都城形成了优游享乐的风景区。世宗大定十年（1170）五月，"燕群臣于同乐园之瑶池"②，时人师拓《同乐园》诗写道："晴日明华构，繁阴荡绿波。蓬丘沧海远，春色上林多。流水时虽逝，迁莺暖自歌。可怜欢乐极，钲鼓散云和。"③ 从他的描写中，可约略推见当时碧水绿树的优美环境。金朝在中都东北郊外的高梁河上，把河道较宽的地段改造为风景秀丽的湖泊，东岸堆筑了日后被称为琼华岛与瀛洲（或称"圆坻"）的两个岛屿，大定十九年（1179）又建成了名为大宁宫（后改"万宁宫"）的一座离宫。对金中都而言，万宁宫的修建不仅是政治空间的拓展，更重要的是它启发了解决城市水源问题的一种开拓性思路，为城市的延伸、扩大开辟了新的触角和据点，对后来元大都的选址提供了直接的水利基础和宝贵经验。

2. 漕运渠道——金口河与闸河的开凿

开凿运河以运输漕粮，是金中都的迫切需求。淮河以北地区的粮食经由卫河、滏阳河、滹沱河、子牙河、大清河等汇集海滨，然后再沿着潞水（今北运河）运到通州。通州，在金朝以前一直称潞县，海陵王天德三年（1151）升潞县为通州，就是"取漕运通济之义"④，表明这里已成为中都的漕运枢纽。从通州至中都城约有五十里之远，随着都城人口规模的扩大、居民消费的增加，每年漕运多达几百万

---

① 宇文懋昭：《大金国志》卷 13《海陵王纪年上》，《大金国志校证》本，中华书局 1986 年版，第 187 页。

② 宇文懋昭：《大金国志》卷 17《世宗纪年中》，《大金国志校证》本，中华书局 1986 年版，第 237 页。

③ 师拓：《游同乐园》，载元好问编《中州集》卷 4，中华书局 1959 年版，第 208 页。

④ 郭子章：《郡县释名》之《北直郡县释名》卷上《京师顺天府》"通州"条，明万历四十三年刻本，第 5 页 a。

石，只靠车拉肩扛，所耗费人力畜力难以负担。这样，保障通州与中都之间的运输畅通，开凿一段运力较大、流量稳定的运河，就成为金朝需要着力解决的问题。

金朝起初依然把中都以西的卢沟水作为支撑漕运的水源，世宗大定十年（1170）"议决卢沟以通京师漕运"，一年后正式实施，开凿金口河引卢沟水充实中都漕河，"自金口疏导至京城北入濠，而东至通州之北，入潞水"①。金口遗址在今石景山与四平山之间的石景山发电总厂内，由此引卢沟水，经中都城北，向东在通州以北入潞水。大定十二年（1172）开成后，效果却极不理想，"以地势高峻，水性浑浊。峻则奔流漩洄，啮岸善崩；浊则泥淖淤塞，积滓成浅，不能胜舟"②。这次努力失败后，中都的粮食供应不得不回归到以车载陆运为主的方式，"自通州而上，地峻而水不留，其势易浅，舟楫不行，故常从事陆挽，人颇艰之"③。但是，金朝廷并没有放弃开辟漕河的努力。章宗泰和五年（1205），采纳翰林院应奉韩玉的建议，开凿通州潞水漕渠。《金史·河渠志》记载："金都于燕（即指中都），东去潞水（今北运河）五十里，故为闸以节高良河（即高梁河）、白莲潭（今积水潭）诸水，以通山东、河北之粟。……由通州入闸，十余日而后至于京师（指金中都）。"④ 按照这个方案，玉泉山麓的西北诸泉，包括瓮山山后一亩泉在内的众多泉流汇于一湖，此即元代瓮山泊、明代西湖景（或称"西湖""七里泊"）、清代昆明湖的前身。由此向东南导入高梁河，连接中都北城壕向东直至通州，作为漕运通道的补充水源。这次开拓漕渠，改引高梁河、白莲潭等各路清水作为水源，在通州至中都的漕河中设置数座水闸以调节水量（故称"闸河"），漕船可自通州直驶到中都城下。闸河为金中都的漕运发挥了十几年作用，也为后世元、明、清北京城的经济命脉——通惠河的开凿奠定了基础，具有深远的历史意义。

---

① 《金史》卷27《河渠志》"卢沟河"，中华书局1997年缩印本，第686页。
② 同上。
③ 《金史》卷27《河渠志》"漕渠"，中华书局1997年缩印本，第682页。
④ 同上。

3. 作为农用水源的河流与水井

金中都地区的水利工程以疏凿运河、保障漕运为主，同时兼顾农田灌溉。金口河虽然没有达到接济漕运的目标，但在大定二十七年（1187）三月建议堵塞金口时，又有"若固塞之，则所灌稻田俱为陆地，种植禾麦亦非旷土"之类的反对意见①。由此看来，金代引卢沟水不仅在于接济漕运，还有灌溉农田甚至种植水稻之效。元朝郭守敬建议忽必烈重开金口河时，亦称当年"灌田若干顷，其利不可胜计"②。金章宗承安二年（1197），"敕放白莲潭东闸水与百姓溉田。三年，又命勿毁高梁河闸，从民灌溉"③。白莲潭即今积水潭一带水域，它与高梁河分别灌溉北京城区东南与西北部的田地。泰和四年（1204）开凿自通州至中都的通济河，"为牐以节高良（梁）河、白莲潭诸水以通山东、河北之粟"④，灌溉的效益自然被削弱。这个时期的大兴知府承晖，曾经拒绝对"豪民与人争种稻水利"加以袒护⑤，可见，能够经营稻田的不是寻常百姓。

章宗明昌四年（1193）在中都城南试验"区田法"，依靠土地分区精耕细作增加产量，承安元年（1196）至泰和四年（1204）间加以推广⑥。分区开畦有利于"穿土作井，随宜灌溉"⑦，在抗旱方面尤其有效。1975 年发掘丰台区大堡台西汉墓时，发现了北京地区唯一保存完好的金代砖井，"井口直径 1.4 米，井深 8 米，井壁用 17 厘米×5 厘米素面青砖，以三辅一立方式砌成，井内同期出土大量金代文物"⑧。这些砖井证明了北京地区自先秦以来凿井历史的悠久，由此形成的传统一直延续到当代，凿井开采地下水的比重越来越高。

---

① 《金史》卷27《河渠志》"卢沟河"，中华书局1997年缩印本，第687页。
② 《元史》卷164《郭守敬传》，中华书局1997年缩印本，第3846页。
③ 《金史》卷50《食货志五》，中华书局1997年缩印本，第1122页。
④ 《金史》卷27《河渠志》"漕渠"，中华书局1997年缩印本，第682页。
⑤ 《金史》卷101《承晖传》，中华书局1997年缩印本，第2224页。
⑥ 《金史》卷50《食货志五》，中华书局1997年缩印本，第1123—1124页。
⑦ 《金史》卷100《孟铸传》，中华书局1997年缩印本，第2202页。
⑧ 北京市文物局编：《北京辽金史迹图志》（上），北京燕山出版社2003年版，第102页。

五　人员物资交流的水陆通道

金代以中都为中心的陆路交通线，主要有太行山东麓大道、居庸关大道、古北口大道、榆关（山海关）道（图3—5）。

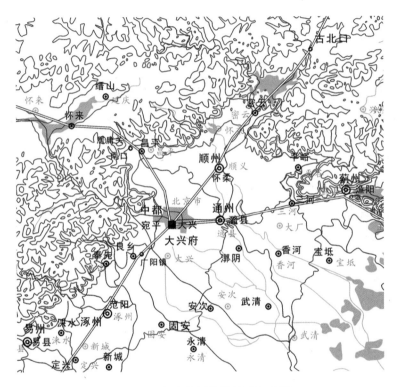

图3—5　金中都周边的地形与交通

太行山东麓大道，自商代以来就是南北交通的重要通道，更是宋金使者往来的必经之路。楼钥《北行日录》记载，他从盱眙渡淮河至泗州进入金境，沿汴水经临淮、青阳镇、静安镇、宿州、薪泽镇、柳子镇、永城、会亭镇、沙冈、谷熟、归德府、宁陵、拱州（睢州）、雍丘、陈留、开封、李固渡（黄河渡口）、武城镇、滑州、浚州、屯子河、汤阴、相州、漳水、磁州、邯郸、临铭镇、沙河、邢州、内丘、柏乡、汶河、赵州、栾城、真定、新乐、中山府（定

— 73 —

州）、庆都、安肃军（安肃州）、定兴、涿州、琉璃河、良乡、卢沟河，最后到达中都城①。范成大、周煇出使金国时，基本上也是沿此路线北上。

居庸关大道是沟通中都与山西、蒙古高原的重要通道。后晋胡峤《陷辽记》称，自幽州西北入居庸关，经石门关、可汗州、新武州、鸡鸣山、永定关、归化州、登天岭、黑榆林，渡潢水、黑水，至汤城淀、仪坤州、赤涯、上京（西楼）②。

古北口大道穿越燕山腹地，向东北行可达东北平原，在宋辽及金代前期是两国使臣的经行之路。王曾《上契丹事》记载，此线由燕京东北行，经顺州、檀州、古北口、新馆、卧如来馆、滦州、柳河馆、打造部落馆、牛山馆、鹿儿峡馆、铁浆馆、富谷馆、通天馆，至中京大定府③。

榆关道即燕山南麓大道，崛起于东北的金朝曾以平州为南京，榆关道由此变得相当重要。北宋末年，许亢宗沿此路前往上京。《许奉使行程录》记载，他自雄州出发，经新城、涿州、良乡、燕山府、潞县、三河、蓟州、玉田、韩城镇、清州、滦州、望都、营州，出榆关东行进入东北地区④。《新唐书·地理志》记载，从幽州经潞县、渔阳，渡滦河，经卢龙镇、斗陉镇、受米城、张洪隘等地，沿土护真河至奚、契丹、室韦衙帐，也是早期从中原进入东北的重要交通线⑤。

大定二十八年（1188）五月，金世宗"诏卢沟河使旅往来之津要，另建石桥。未行而世宗崩。章宗大定二十九年六月，复以涉者病河流湍急，诏命造舟，既而更命建石桥。明昌三年（1192）三月成，敕命曰广利"⑥。广利桥即卢沟桥，扼守着由太行山东麓大道前往中

---

① 楼钥:《攻愧集》卷112《北行日录》，四部丛刊初编本，商务印书馆1919年版，第1页b。
② 《新五代史》卷73《四夷附录第二》，中华书局1997年缩印本，第905—907页。
③ 《辽史》卷40《地理志四》，中华书局1997年缩印本，第496页。
④ 宇文懋昭:《大金国志》卷40《许奉使行程录》，《大金国志校证》本，中华书局1986年版，第559—563页。
⑤ 《新唐书》卷39《地理志三》，中华书局1997年缩印本，第1019—1023页。
⑥ 《金史》卷27《河渠志》"卢沟河"，中华书局1997年缩印本，第687页。

都以及东北平原和内蒙古高原的咽喉。桥长三百步，宽逾八步，可十骑并行。桥两旁雕大理石栏与石柱，每柱上均有数量不等、形态迥异、刻工精致的石狮雕刻。根据北京文物工作队的调查，卢沟桥共有11孔，长212.2米，两侧石栏杆望柱280个，著名的石狮雕刻共有大小485尊。卢沟桥建成已有800多年，至今仍屹立在永定河上（图3—6）。

图3—6　金代建造的卢沟桥

金中都水路与陆路交通的完善，为以粮食为主的外地物资大量输入提供了便利。海陵王迁都之初，就在中都设置了都转运使司，负责通过漕运调集山东、河北之粟。世宗大定初年，从山东籴运京师的粟米达45万石，此后数十年持续增加[1]。章宗承安五年（1200），令运河附近州县折纳豆类二十万石漕运入京养马，此外"仍漕麦十万石，各支本色"[2]。金宣宗迁都汴京后，曾经"诏运大名粟，由御河抵通州"[3]。此外，商旅贩运是中都粮食供应的另一重要来源。明昌四年（1193），通州米粟甚贱，章宗打算以平价由官府买入。户部奏称：

---

① 《金史》卷50《食货志五》"和籴"，中华书局1997年缩印本，第1117页。
② 《金史》卷27《河渠志》"漕渠"，中华书局1997年缩印本，第684页。
③ 《金史》卷104《温迪罕达传》，中华书局1997年缩印本，第2293页。

"中都路去岁不熟，今其价稍减者，以商旅运贩继至故也。"① 由此可见，从各地贩运到通州的粟米之多，已经能够影响到粮价的起伏。

第五节　中都周边的森林采伐与自然灾害

北京地区历史上曾经有着相当茂密的原始森林，随着人口的增长与人类活动的加剧逐渐砍伐殆尽，这个转折就始于金代。《辽史·游幸表》等多次记载皇帝与王公贵族在南京（今北京）地区打猎的活动，显示这里具有足以养育众多动物的良好森林植被。辽兴宗重熙五年（1036）"九月癸巳，猎黄花山，获熊三十六，赏猎人有差。冬十月丁未，幸南京。……壬子，御元和殿，以《日射三十六熊赋》《幸燕诗》试进士于廷"②。黄花山，即今北京昌平以北八十里的黄花城一带。一天之内能够捕获的熊多达三十六只，即使有随行军兵从四周向皇帝狩猎地点的驱赶，其间森林的茂密广阔与动物资源的丰富仍然不难想象。金中都的出现，则使周边森林植被的利用和开采进入了一个新阶段，森林植被的变化又带来环境方面的一系列改变。

一　中都周边的森林采伐

金朝在中都周边森林的采伐，主要用于准备进兵南宋以及中都城市建设两方面。《大金国志》记载：天会十三年（1135）夏，金太宗"兴燕云两路夫四十万人之蔚州交牙山，采木为筏，由唐河及开创河道，运至雄州之北虎州造战船，欲由海道入侵江南"③。根据北魏郦道元《水经注》、北宋乐史《太平寰宇记》的描述，再与现代地形图相对照，"交牙山"大致就是河北涞源县城西南24公里、南城子村周围那片山间平川周围的山岭。这里的"松树柁""榆树林"等聚落名称，也与历史上森林广布的生态环境相符。唐河自西北向东南流过

---

① 《金史》卷50《食货志五》"和籴"，中华书局1997年缩印本，第1118页。
② 《辽史》卷18《兴宗本纪一》，中华书局1997年缩印本，第217—218页。
③ 宇文懋昭：《大金国志》卷9《熙宗纪年一》，《大金国志校证》本，中华书局1986年版，第138页。

"交牙山"谷地，有力地印证了《大金国志》所记载的水运计划。虽然"既而盗贼蜂起，事遂中辍，聚船材于虎州"①，但上山伐木的人数多至四十万，即使砍树持续的时间不长，也可以证明该地森林资源之丰富与砍伐规模之巨大。木材的聚集地"虎州"，即今河北雄县以北14公里的"浒洲"。当年这一带有宋辽界河——白沟的一条支流、民间俗称"赵王河"，几经辗转后最终向南汇入大清河，直达天津入海，金朝也因此以这里为造船基地。

海陵王迁建金中都，无疑将加大对城市周边森林的采伐力度。《金史》记载：天德三年（1151）三月"命张浩等增广燕城。……浩等取真定府潭园材木，营建宫室及凉位十六"②。真定府治今河北正定县。张浩取用的"真定府潭园材木"，应当是从太行山砍伐后积存于潭园的木材。早在北宋时期，沈括已经发出了感叹："今齐鲁间松林尽矣。渐至太行、京西、江南，松山大半皆童矣。"③ 这里的"京西"，指开封以西的山地。此后，正隆四年（1159）二月"造战船于通州"④，所用的木材也应取自北京周边地区。

海陵王等人在中都及周边地区的其他活动，也透露出区域生态环境在金代的某些情形。贞元三年三月乙卯（1155年4月11日），"命以大房山云峰寺为山陵，建行宫其麓"⑤。《大金国志》称其"峰峦秀出，林木隐映"⑥。大定二十一年（1181）敕封山神的册文宣示，"其封域之内，禁无得樵采弋猎"⑦，显然具有保护陵墓区自然环境的作用。大定四年（1164）十月，"命都门外夹道重行植柳各百里"⑧，则

---

① 李心传：《建炎以来系年要录》卷96"绍兴五年"条，中华书局1956年版，第1594页。

② 《金史》卷24《地理志上》，中华书局1997年缩印本，第572页。

③ 沈括：《梦溪笔谈》卷24《杂志一》，《元刊梦溪笔谈》本，文物出版社1975年版，第2页。

④ 《金史》卷5《海陵本纪》，中华书局1997年缩印本，第110页。

⑤ 同上书，第104页。

⑥ 宇文懋昭：《大金国志》卷33《陵庙制度》，《大金国志校证》本，中华书局1986年版，第474页。

⑦ 《金史》卷35《礼志八》"大房山"条下，中华书局1997年缩印本，第821页。

⑧ 《金史》卷24《地理志上》"大兴府"条下，中华书局1997年缩印本，第573页。

是一项巨大的绿化工程。明昌年间，金章宗多次到西苑、香山、玉泉山游玩①，或击球射柳，或欣赏风景，以著名的"西山八院"的修建为标志，西郊园林风景地的建设和保护已初具规模。

金代对于房山陵墓区、西山风景区等地的森林采取了保护措施，但他们酷爱狩猎的传统也给部分地区的森林造成了破坏。章宗曾到位于昌平西南二十五里的驻跸山游玩，这座小山早在北魏时期就称为"观石山"。明代文献追述说：金章宗"下而观于野，盖燎而猎焉"②。"昌平西南二十五里有山，……金章宗尝游此，镌驻跸二字，后人因呼驻跸山。山上有台，章宗登焉，题曰栖云啸台。下观野燎而猎，召其酋长大人击毬。……章宗以酪灌之，石顶皆白，至今犹有迹存。"③此地即今昌平阳坊镇东贯市、西贯市附近的驻跸山。"燎而猎焉"就是把那里的森林点燃，迫使野兽四散奔逃以趁机猎取。这样的狩猎方式，显然要以大片林木的毁灭为代价。

明朝万历年间担任宛平知县的沈榜，曾经在西山栖隐寺得到一块断碑，上面刻着金朝大定十八年十月初一日（1178 年 11 月 12 日）的一则文告。时有宛平县李仁莹等诬告仰山寺僧人法诠侵占山林，最后以僧人胜诉而结案，"该管官司为之听理，僧因刻石以志不朽"④，详细记录了诉讼过程以及往还的公文批复。这场关于山林的纷争，间接证实了西山仰山寺附近在金代分布着大片森林植被。

在采伐原始森林的同时，金中都城内外也有许多成带、成片的人工林木。金朝"大定四年十月，命都门外夹道重行植柳各百里"⑤。金中都有十三座城门，每座城门外夹道植柳各百里，形成了颇为壮观的绿柳长廊。此外，"凡桑枣，民户以多植为勤，少者必植其地十之三，猛安谋克户少者必课种其地十之一，除枯补新，使

---

① 《金史》卷 9《章宗本纪一》、卷 10《章宗本纪二》，中华书局 1997 年缩印本，第 211—243 页。

② 王嘉谟：《蓟丘集》卷 39《北山游记》，国家图书馆藏明刻本。

③ 蒋一葵：《长安客话》卷 6《畿辅杂记》"驻跸山"条，北京古籍出版社 1994 年版，第 122 页。

④ 沈榜：《宛署杂记》卷 20《志遗七》，北京古籍出版社 1980 年版，第 295—297 页。

⑤ 《金史》卷 24《地理志上》"大兴府"条下，中华书局 1997 年缩印本，第 573 页。

之不阙"①。植树造林特别是栽种桑枣等经济林木已形成制度，有利于区域植被状况的改善。

周边森林的采伐尤其是永定河中上游地区的植被减少，直接导致了被称为"北京母亲河"的永定河河性的改变。辽金以前，永定河水量虽然也有明显的季节性变化，但与后来相比仍然较为稳定和丰沛；流域内森林植被呈现原始风貌，河流的含沙量也比较小。《水经注》记载："灅水自南出山，谓之清泉河。"② 这个名称一直延续到隋唐时期，说明永定河在相当长的历史阶段非常清澈。到了金代，河流上游称桑乾河，下游则专称泸（卢）沟河了。南宋出使金朝的周辉记载："二十七日，过卢沟河，即卢龙也。燕人呼水为'龙'，呼黑为'卢'，亦谓'黑水河'。色黑而浊，其急如箭。"③ 从清水河到卢沟河、黑水河，反映了河流含沙量的巨大变化。金代自卢沟开渠引水，往往"泥淖淤塞，积滓成浅，不能胜舟"④，河流泛滥成灾甚至直接威胁都城的安全。

二　中都地区的自然灾害

人口密度增加促使金中都及其周围地区农业开垦规模扩大，人们对自然灾害的关注度以及自然灾害对人类社会的破坏作用都相应提高。洪涝、干旱、大风、蝗虫、寒潮等一系列互有关联的自然灾害也越来越多地出现在金代文献中。

干旱带来风灾和蝗灾，后者又是干旱气候的证明。金代的元好问形象地描述过飞蝗成灾的迅猛来势与巨大危害："沴气所召，百螣踵来。种类之繁，蔽映天日。如云之稼，一饱莫供。道路嗷嗷，无望卒岁。"⑤ 涉及金代的史籍，有许多干旱、大风、飞蝗成灾的记录：

① 《金史》卷47《食货志二》，中华书局1997年缩印本，第1043页。
② 郦道元：《水经注》卷13《灅水》，上海古籍出版社1990年版，第272页。
③ 周辉：《北辕录》，《国家图书馆藏古籍珍本游记丛刊》本，线装书局2003年版，第3104页。
④ 《金史》卷27《河渠志》"卢沟河"，中华书局1997年缩印本，第686页。
⑤ 元好问：《祭飞蝗文》，载《元好问全集》卷40，山西古籍出版社2004年版，下册，第102页。

正隆二年（1157）秋，"中都、山东、河东蝗。"三年六月壬辰（1158 年 7 月 1 日），"蝗入京师"①。六年"六月壬戌（1161 年 7 月 15 日），大风坏承天门鸱尾"②。

大定四年（1164）"七月辛丑（1164 年 8 月 7 日），大风雷雨，拔木。"八月，"中都南八路蝗飞入京畿"③。十二年（1172）正月，"以水旱，免中都、西京、南京、河北、河东、山东、陕西去年租税"，表明大定十一年（1171）发生了较大的灾害；三月"庚寅（4 月 16 日）雨土"，有一定程度的沙尘天气迹象，直至五月丁丑（6 月 2 日）才"久旱而雨"④。十六年（1176），"中都、河北、山东、陕西、河东、辽东等十路旱蝗"。二十三年"三月乙酉（1183 年 4 月 14 日），氛埃雨土，四月庚子（4 月 29 日）亦如之"⑤，沙尘天气比 1172 年持续得时间更长。

承安元年（1196），金章宗布置了一连串祈雨活动。"三月丁酉（4 月 17 日），如万宁宫。不雨，遣官望祭岳镇海渎于北郊。……甲辰（4 月 24 日），遣参知政事尼庞古鉴祈雨于社稷。丁未（4 月 27 日），复遣使就祈于东岳。夏四月辛亥（5 月 1 日），命尚书右丞胥持国祈雨于太庙。……京城禁伞扇。乙丑（5 月 15 日），命御使大夫移剌仲方祈雨于社稷。壬申（5 月 22 日），命参知政事马琪祈雨于太庙。……戊寅（5 月 28 日），上以久不雨，命礼部尚书张暐祈于北岳。"⑥ 直至五月庚子（6 月 19 日）降雨后，这场旷日持久的求雨才告结束。次年四五月间，又有数次祈雨，表明这两年的干旱已非常严重。

泰和四年（1204），大旱、大风再度肆虐。二月"丁酉（3 月 6 日），以山东、河北旱，诏祈雨于东、北二岳。……三月丁卯（4 月 5

---

① 《金史》卷 5 《海陵本纪》，中华书局 1997 年缩印本，第 108 页。
② 同上书，第 114 页。
③ 《金史》卷 23 《五行志》，中华书局 1997 年缩印本，第 537 页。
④ 《金史》卷 7 《世宗本纪中》，中华书局 1997 年缩印本，第 155 页。
⑤ 《金史》卷 23 《五行志》，中华书局 1997 年缩印本，第 538 页。
⑥ 《金史》卷 10 《章宗本纪二》，中华书局 1997 年缩印本，第 238 页。

日），日昏无光，大风毁宣阳门鸱尾。癸酉（4 月 11 日），命大兴府祈雨。……乙酉（4 月 23 日），祈雨于北郊。……壬辰（4 月 30 日），祈雨于社稷。……（四月）己亥（5 月 7 日），祈雨于太庙。……丙午（5 月 14 日），……以祈雨，望祀岳镇海渎于北郊。癸丑（5 月 21 日），祈雨于社稷。……庚申（5 月 28 日），祈雨于太庙。……五月乙丑（6 月 2 日），祈雨于北郊。……甲戌（6 月 11 日），雨"①。这次祈雨与承安元年如出一辙。八年（1208）六月，"飞蝗入京畿"②。大安三年（1211）二月，"有大风从北来，发屋折木，通玄门重关折，东华门重关折"③。

金中都附近的水灾记载屈指可数，大定十七年（1177）"七月大雨，滹沱、卢沟水溢，河决白沟"④。二十六年五月"戊子（1186 年 5 月 31 日），卢沟决于上阳村，湍流成河，遂因之"⑤。面对严重的决口，官方听任其自流而不再治理。明昌六年二月"丁丑（1195 年 4 月 3 日），京师地震。大雨雹，昼晦，震应天门右鸱尾"⑥。地震伴随着大雨冰雹，天空晦暗使白昼如同黄昏。贞祐二年（1214）六月，"潮白河溢，漂古北口铁裹关门至老王谷"⑦，如此汹涌的大水势必造成比较严重的损失。

与干旱一样突出的气候特征是冬季出奇的寒冷。大定十年（1170），南宋范成大出使金国，阴历九月初九日（阳历 10 月 20 日）到达中都。其《燕宾馆》诗的题下自注称："至是适以重阳，虏重此节，以其日祭天，伴使把菊酌酒相劝。西望诸山皆缟，云初六日大雪。"⑧ 章宗承安三年十二月甲子朔（1198 年 12 月 30 日）"猎于酸

---

① 《金史》卷 12《章宗本纪四》，中华书局 1997 年缩印本，第 267—268 页。
② 《金史》卷 23《五行志》，中华书局 1997 年缩印本，第 540 页。
③ 《金史》卷 13《卫绍王本纪》，中华书局 1997 年缩印本，第 293 页。
④ 《金史》卷 23《五行志》，中华书局 1997 年缩印本，第 538 页。
⑤ 《金史》卷 8《世宗本纪下》，中华书局 1997 年缩印本，第 193 页。
⑥ 《金史》卷 10《章宗本纪二》，中华书局 1997 年缩印本，第 235 页。
⑦ 《金史》卷 23《五行志》，中华书局 1997 年缩印本，第 542 页。
⑧ 范成大：《燕宾馆》题注，载《范石湖集》卷 12，上海古籍出版社 2006 年版，第 157 页。

枣林。大风寒，罢猎，冻死者五百余人。己巳（1199 年 1 月 4 日），还都"①。出猎五天后即可返回，酸枣林似应距中都不远。普通百姓的活动缺乏史料记载，但他们无疑是深受水旱与严寒之苦的绝大多数。

综括上述各节的讨论可以看到，金中都成为北半个中国的都城之后，首先表现为大量人口的聚集。为解决城市建设与居民生活的需求，必须从城市之外或远或近的环境中获取足够的资源供应。对各种资源需求的增长，加剧了城市及其周边地区生态环境的改变。森林面积尤其是原生林的迅速减少，与历史上的北京上升为都城以后对建筑用材以及木炭、木柴等能源的需求日益加大密切相关，从辽南京、金中都、元大都到明清北京，周边的森林经历了从相当繁茂到逐渐砍伐过度的巨大变动，金代则是这个过程的正式发端。在自然变迁与人类活动的共同作用下，历史上的永定河含沙量迅速增加，河流名称的更改就是水文特性剧变的一个证明。辽代帝王经常游猎的广阔水域延芳淀，到金代已经萎缩成若干块狭小的水面。其间既有气候干旱导致水源枯竭、河流挟带的泥沙淤高湖面等自然因素的作用，以土地开垦为主的人类活动对沿岸植被的破坏，也是导致水土流失加重、湖泊逐渐湮废的原因之一。历史文献记录了越来越多的自然灾害，既体现了人类活动空间的扩大与技术手段的增强，同时也是人地矛盾逐渐显现乃至加剧的反映。北京地区近千年来的人口、资源、环境问题及其彼此关系，自金代开始进入了相对复杂与逐渐活跃的历史阶段。

---

① 《金史》卷 11《章宗本纪三》，中华书局 1997 年缩印本，第 249 页。

第四章 元大都崛起的人口、资源、环境背景

元大都离开了辽南京、金中都据以成长的古代蓟城旧址,在东北郊的风景园林区拔地而起。历史上的北京由此成为疆域辽阔、天下一统的全国首都,明代以后的城址变迁也大体上以元大都划定的轮廓为基础有所收缩或拓展,这是北京城市史乃至中国古代史上划时代的重大事件。这座城市聚集了远远多于金中都的人口,它的建设以及官员、军队、居民的日常生活,需要以充分的人力、水源、能源、建材、粮食、交通等条件为保障,商业、手工业更是城市经济活力的源泉。对于城市周边的环境保护,元代也有所建树。

第一节 大都建设的劳役征发和建材供应

蒙古军队的猛烈攻击和大肆焚掠,使金朝末年的中都城遭到严重破坏。大约半个世纪后忽必烈准备在此建都经营中原时,作出了放弃中都旧城、以东北郊的太宁宫为中心修筑新城的重大决策。至元四年(1267)开始营建宫室,新城起初仍称"中都",原来的金中都相应地叫作"旧城"或"南城"。至元八年(1271)改国号为"大元",次年"中都"新城改称"大都"。大都的主要设计者是刘秉忠,他在实地测量的基础上,参照某个地物确定了城市的中轴线。元末熊梦祥描述说:"世皇建都之时,问于刘太保秉忠,定大内方向。秉忠以丽正门外第三桥南一树为向以对,上制可,遂封为独树将军,赐以金牌。每元会、圣节及元宵三夕,于树身悬挂诸色花灯于上,高低照

耀，远望若火龙。"① 大都的建筑基本按照对称原则布局，主要宫殿分布在中轴线上，配殿和其他建筑列于两侧，以此象征帝王权力的至高无上。这条中轴线南起丽正门（今北京正阳门之北），向北经过灵星门、崇天门、大明门、大明殿、延春门、延春阁、清宁殿、厚载门，最北到达中心阁（今北京鼓楼）。全城面积约50平方公里，由外郭、皇城、宫城三重环围，外郭有十一座城门。南城墙在今长安街南侧，北城墙在马甸、小关一线，长约6.7公里；西城墙在明光村、西直门一线，东城墙在光熙门、东直门一线，长约7.5公里。这样的建筑格局在明、清两代依旧延续，只是外郭南北城墙的位置、城门的数目和名称有所不同。中都旧城在元代也一直沿用，南北二城合计约有70多平方公里。

元大都的建设经历了较长的过程，《元史》记载：至元三年十二月丁亥（1267年1月30日），"诏安肃公张柔、行工部尚书段天祐等同行工部事，修筑宫城"；至元四年四月甲子日（1267年5月2日）"新筑宫城"②，同年又有"命刘秉忠筑中都城，始建宗庙宫室"③。至元三年，张柔之子张弘略"佐其父为筑宫城总管"④。九年（1272）五月，"宫城初建东西华、左右掖门"⑤。十一年正月初一（1274年2月9日），"宫阙告成，帝始御正殿，受皇太子诸王百官朝贺"⑥。由此可见，朝廷首先对工程组织管理者做出安排，至元四年四月开始建设宫城，到十一年元旦投入使用。

大都城墙的修建和维护贯穿了元朝的始终。至元四年正月"城大都"⑦，在建设宫城的同时开始修筑城墙。此后，二十年（1283）六

① 于敏中等：《日下旧闻考》卷38《京城总纪》引《析津志》，北京古籍出版社1985年版，第598页。
② 《元史》卷6《世祖本纪三》，中华书局1997年缩印本，第113—114页。
③ 《元史》卷157《刘秉忠传》，中华书局1997年缩印本，第3694页。
④ 《元史》卷147《张柔传附子张弘略》，中华书局1997年缩印本，第3477页。
⑤ 《元史》卷7《世祖本纪四》，中华书局1997年缩印本，第141页。
⑥ 同上书，第153页。
⑦ 《元史》卷6《世祖本纪三》，中华书局1997年缩印本，第114页。

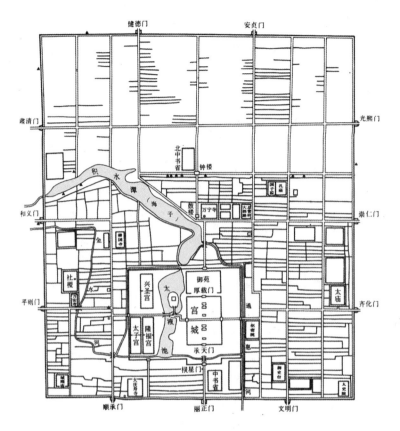

图4—1　元大都平面布局

月"发军修完大都城"①；二十一年（1284）闰五月与七月，先后"以侍卫亲军万人修大都城"，"命枢密院差军修大都城"②；二十九年（1292）七月"完大都城"③。这些都是对城墙的继续维护和整治，芦苇、砖石则是必备的材料。元末《析津志》记载："世祖筑城已周，乃于文明门（今崇文门以北）外向东五里立苇场，收苇以蓑城。每岁收百万，以苇排编，自下砌上，恐致摧塌，累朝因之。至文宗有警，用谏者言，因废，此苇止供内厨之需，每岁役市民修补。……至

① 《元史》卷12《世祖本纪九》，中华书局1997年缩印本，第255页。

② 《元史》卷13《世祖本纪十》，中华书局1997年缩印本，第267、268页。

③ 《元史》卷17《世祖本纪十四》，中华书局1997年缩印本，第364页。

元十八年（1281），奉旨挑掘城濠，添包城门一重。"① 由此证实：忽必烈时期的大都城墙用土筑成，为了防止雨淋引起倒塌，需用苇箔自下而上苫蔽起来。朝廷在东南门外五里设立苇场，每年收贮上百万斤芦苇备用。元文宗时军情紧张，担心苇箔被战火焚毁，废止了前朝的做法。芦苇变成专供宫廷厨房的燃料，城墙每年改由市民出力修补。驻守大都的军队也要参与城市建设，"斫苇被城上"即割来芦苇覆盖在城墙之上，是其多项职责之一②。此后，英宗至治二年（1322）三月"修都城"③；顺帝至正十九年（1359）十月初一，"诏京师十一门皆筑瓮城，造吊桥"④。当代考古证实，元代和义门城墙用夯土筑成，基部厚达二十四米。部分地段的夯土墙基下有石砌的排水涵洞，城墙顶部安置排水的瓦管，与苫蔽的苇箔共同防止雨水冲塌城墙⑤。

元大都的建设自至元四年（1267）兴工以后，陆续有成千上万的百姓被征召到京城服劳役。五年十一月，"免南京（治今吉林延吉市东）、河南（治今河南洛阳）两路来岁修筑都城役夫"⑥。七年二月，"以岁饥，罢修筑宫城役夫"。八年二月，"发中都、真定、顺天、河间、平滦民二万八千余人筑宫城"，上述五地依次治今北京与河北省正定、保定、河间、卢龙。九年五月，"敕修筑都城，凡费悉从官给，毋取诸民，并蠲伐木役夫税赋"；九月相继免除了到辽东与乾山（可能即今宁城东北的大青山一带）伐木民户的徭赋⑦。这些记载显示，建设大都的劳工主要来自今天的北京、河北、河南、吉林等地，朝廷还给艰难采木的百姓蠲免赋税徭役。当元朝占有江南地区之后，征用了那里的大批能工巧匠。至元二十一年（1284）五月朝臣奏报："曩

① 于敏中等：《日下旧闻考》卷38《京城总纪》引《析津志》，北京古籍出版社1985年版，第597—598页。
② 苏天爵编：《元文类》卷41《杂著》"工役"条，商务印书馆1958年版，第595页。
③ 《元史》卷28《英宗本纪二》，中华书局1997年缩印本，第621页。
④ 《元史》卷45《顺帝本纪八》，中华书局1997年缩印本，第949页。
⑤ 中国科学院考古研究所写作小组：《元大都的勘查和发掘》，载《"文化大革命"期间出土文物》，人民出版社1972年版，第14—15页。
⑥ 《元史》卷6《世祖本纪三》，中华书局1997年缩印本，第120页。
⑦ 《元史》卷7《世祖本纪四》，中华书局1997年缩印本，第128、133、141、143页。

于江南民户中拨匠户三十万，其无艺业者多。今已选定诸色工匠，余十九万九百余户宜纵令为民。"① 即使如此，被征用的工匠也已多达十万余户。

元大都动工之时，我国南方还是蒙古与宋军的战场，木料、石材等必不可少的先期准备只能取之于已经稳定的北方，越是靠近大都就越能够节省运输费用。至元二年（1265）郭守敬建议恢复金朝后期用大石堵塞的金口河，"今若按视故迹，使水得通流，上可以致西山之利，下可以广京畿之漕"②。所谓"致西山之利"，就是次年十二月开始的"凿金口，导卢沟水以漕西山木石"③。直到元末的至正二年（1342）二月，西山依旧是京城建材与燃料的重要供应地。朝廷贸然重开金口河，目的之一就是向大都运输"西山所出烧煤、木植、大灰等物"④。大都建设开工后，曾在东北地区的山岭采伐木料。至元九年（1272）九月"民夫三千人伐巨木辽东，免其家徭赋"；十一月"发北京（治今内蒙古宁城县大明镇）民夫六千，伐木乾山，蠲其家徭赋"⑤。至元二十四年（1287）八月，"以北京采取材木百姓三千余户，于滦州（治今河北滦县）立屯，设官署以领其事"⑥。这就表明，辽东与乾山是大都西山之外最重要的两个采木区域。在元大都竣工数年之后，来自北京即今内蒙古宁城的三千余户采木百姓才被转为屯田户。他们应当只是采木百姓的一部分，此前为建设大都采伐森林已经持续了十五年之久。

中统与至元年间设置的某些机构，也显示着大都建材与劳役的来源。《元史·百官志》载：中统二年（1261）设置的修内司，领十四局人匠四百五十户，掌管修建宫殿及大都造作等事。至元年间增加工匠，合计一千二百七十二户；三年置养种园，掌管西山淘煤、羊山烧

---

① 《元史》卷13《世祖本纪十》，中华书局1997年缩印本，第266页。
② 《元史》卷164《郭守敬传》，中华书局1997年缩印本，第3847页。
③ 《元史》卷6《世祖本纪三》，中华书局1997年缩印本，第113页。
④ 熊梦祥：《析津志》，《析津志辑佚》本，北京古籍出版社1983年版，第243—244页。
⑤ 《元史》卷7《世祖本纪四》，中华书局1997年缩印本，第143页。
⑥ 《元史》卷100《兵志三》，中华书局1997年缩印本，第2562页。

造黑白木炭，以供修建都城之用；四年置大都南窑厂和琉璃局。至元四年（1267）置西窑厂，到十三年设大都四窑厂，领匠夫三百余户，营造素白琉璃砖瓦，南窑厂、西窑厂、琉璃局一并归其管辖。至元四年，置石局总管；十一年，拨采石之夫二千余户，常任工役，置大都等处采石提举司，二十六年改立采石局，掌管夫匠营造内府殿宇、寺观、桥闸、石材之役。至元九年，置上都采山提领所，以采伐材木、炼石为灰，征发夫匠一百六十三户；十四年，置凡山（在今河北涿鹿县东南六十里矾山镇）采木提举司，掌管采伐车辆等杂作木植等事①。工部于至元十三年和二十五年，分别置平则门（今阜成门）窑厂与光熙门（旧址在今东城区和平里北街东口与朝阳区东土城路交会处）窑厂②。此外，还有至元十二年设置的蔚州定安（在今河北蔚县东北三十公里定安县村）等处山场采木提领所等数以百计的机构，都与营建大都相关③。

现存于中国国家博物馆的《运筏图》，或以为是元代的绘画，叫作《卢沟运筏图》，表现的是在卢沟桥下拦截上游漂下的木排并把木材转运到大都的景象。但也有人认为它是明代作品，拱形的桥面也与平坦的卢沟桥迥然有别。另据《元史》记载："至元十三年，雾灵山伐木官刘氏言，檀州大峪、锥山出铁矿，有司复视之，寻立四冶。"④由此可见，元代在雾灵山（位于今北京密云区与河北兴隆县交界处）设立了专门负责采伐森林的官员，那里也是营建大都的木材供应地之一。当代学者概括说："大都建造所需的木材、石料及其他建筑材料，有的来自大都郊区山中，有的是从东北'浮海'而来的，有的则是拆撤汴梁的建筑经由水道、陆路多方运来的，宫内御榻所需木材则是从高丽（今朝鲜）运来的。"⑤采伐和运输建筑材料，都需要大量劳力，至元八年（1271），仅大都路一处"打造石材、搬载木植及一切

---

① 《元史》卷 90《百官志六》，中华书局 1997 年缩印本，第 2278—2281 页。
② 《元史》卷 85《百官志一》，中华书局 1997 年缩印本，第 2149 页。
③ 《元史》卷 89《百官志五》，中华书局 1997 年缩印本，第 2257 页。
④ 《元史》卷 50《五行志一》，据中华书局 1997 年缩印本第 1069 页重新标点。
⑤ 陈高华等：《元代大都上都研究》，中国人民大学出版社 2010 年版，第 35—36 页。

图 4—2　运筏图（局部）

营造等处"，就耗费了"不下一百五六十万工"①，全部工程所需的人
力物力更是难以计数。

　　修建寺院、整治城池与河道等工程，是大都建设的重要组成部
分，需要的木材、石料等各类建材数量庞大。至元十六年十二月
（1280 年 1 月），"建圣寿万安寺于京城"②，动工六年之后的二十二
年十二月戊午（1286 年 1 月 16 日），"以中卫军四千人伐木五万八千

　　① 魏初：《青崖集》卷四《奏议》，《文渊阁四库全书》，台湾商务印书馆 1986 年影印
本，第 1198 册，第 30 页 a。
　　② 《元史》卷 10《世祖本纪七》，中华书局 1997 年缩印本，第 218 页。

六百，给万安寺修造"①。即使六年间仅此一次，所耗费的木材也已相当惊人，而大都内外的寺院当然绝非仅此一座。二十七年（1290）四月"发六卫汉军万人伐木为修城具"②，为修筑城墙备办工料。二十九年（1292）开挖通惠河，"用过木拾陆万叁阡捌百根"③。至顺元年三月十五至六月十五日（1330年4月3日至7月1日），改修通惠河之上的庆丰闸，"董役士卒暨土木金石之工，集有伍百伍拾（一本作"日役士卒及土木金石之工千有五百五十"④），输木万章，铁以钧计，凡捌百有奇，石材叁阡贰百，瓴甓灰藁他物无算"⑤。庆丰闸只是通惠河二十四闸之一，维修工程已经使用了一千五百多个劳动力、上万棵木料、八百钧（每钧为三十斤）铁、三千二百块石材以及无以计数的砖瓦、石灰、柴草，整个工程对周边地区的劳役征发与建材需求就不难推想了。

第二节　城市水源供应系统的巨大转折

一般认为，忽必烈决定舍弃中都旧城另建大都，除了中都的宫殿在金末被蒙古军队焚毁之外，另一个重要原因是莲花池水系已经不能为城市居民提供数量充足、品质优良的水源。但是，能够反映中都旧城水环境已经变得比较恶劣的著述寥寥无几，我们只能从王恽《新井记》与陆文圭《中奉大夫广东道宣慰使都元帅墓志铭》中找到相对直接的线索。

王恽（1226—1304），字仲谋，号秋涧，卫州路汲县（今河南卫辉）人，是元世祖至成宗时代的名臣。他在《新井记》中说："水之

---

①　《元史》卷13《世祖本纪十》，中华书局1997年缩印本，第282页。

②　《元史》卷16《世祖本纪十三》，中华书局1997年缩印本，第336页。

③　吴仲：《通惠河志》卷上《修河经用》，《四库全书存目丛书》，齐鲁书社1996年影印本，史部221册，第339页。

④　宋褧：《都水改修庆丰石牐记》，载陈梦雷、蒋廷锡《古今图书集成》"方舆汇编·职方典"第25卷"顺天府部艺文二"，中华书局、巴蜀书社1985年影印本。

⑤　宋褧：《改修庆丰石牐记》，载《通惠河志》卷下《碑记》（"褧"误作"聚"），《四库全书存目丛书》，齐鲁书社1996年影印本，史部221册，第373页。

滋人至矣，予城居三十年，口众而无井，亦一苦也。盖饮食酒茗之用，日不暇数十斛，率以仆奴远汲取足，诚可悯也。中统四年夏六月朔，召井工凿井于舍南隙地，告成于是月上旬之戊午。凡用钱布四千五百，役傭三十六，甃甓三千二百，其深四寻有一尺。既汲，果食冽而多泉，味之莫余井若也。"① 按《元史》记载："中统元年，……时省部初建，令诸路各上儒吏之能理财者，恽以选至京师。"② 到王恽凿井的中统四年，他在燕京即金中都旧城只居住了三年，上文"城居三十年"之"十"显系文集刊刻时的衍文。王恽初到燕京城时，每天的饮用水都是仆人到远处去挑，到中统四年六月初朔至戊午日，即六月初一至初十（1263 年 7 月 7 日至 16 日），花费了 10 天时间、36个劳动力、中统钞 4500 贯、3200 块砖，在住宅南边的空地上挖成了一口深四寻一尺（约合 10.1 米）的水井，味道甘甜、水量充足，远非其他水井可比。王恽说："吾闻生聚繁夥之地，水率咸苦，井而得美泉者百不一二数。何则？腐秽渗漉之余故也。"③ 这就表明，在元大都尚未修建的蒙古中统年间，金中都城里的井水以盐分偏高、口感苦涩的咸水居多，甘甜适口的井水显得非常珍贵。王恽在这样的条件下居然"凿井得泉甘胜乳"④，难怪他要撰文抒发欣喜之情。这则事例，可以为稍后为什么在中都东北营建元大都作一注脚。

直接反映水环境恶劣促使忽必烈舍弃中都旧城、营建大都新城的文献，当推宋元之际的陆文圭（1252—1336）在进入元朝之后撰写的《中奉大夫广东道宣慰使都元帅墓志铭》。陆文圭，字子方，人称墙东先生，江阴人，是博通经史百家的著名学者。这篇墓志铭的墓主，是蒙古大族辉和尔氏的扬珠布哈，字延真（《新元史》卷一百八十五作"燕只不花，字自真，回鹘氏"），生于蒙古乃马真后二年

---

① 王恽：《秋涧先生大全文集》卷 36《新井记》，《四部丛刊初编》本，商务印书馆1919 年版，第 12 页 b—13 页 a。

② 《元史》卷 167《王恽传》，中华书局 1997 年缩印本，第 3933 页。

③ 王恽：《秋涧先生大全文集》卷 36《新井记》，《四部丛刊初编》本，商务印书馆1919 年版，第 13 页 a。

④ 同上。

（1243），逝于仁宗延祐元年（1314），在忽必烈营建大都的中途参与施工管理。其墓志铭称："世祖皇帝奇公才，亦欲试以事。会旧燕土泉疏恶，将营新都。刘文贞公经画指授，命近臣伊苏布哈典其役，兴工浩繁，置副难其人，旋以界公，时至元七年也。禁省、院监、城池、苑囿规制一新，鸠工告备。是年九月，命公领校尉十人，卒五百户，巡隶都城迤北、顺州（今北京顺义）、拜郊台（今丰台一带）、羔糜店（今大兴高米店）、咸宁庄（待考）等处苜蓿禁地，兼典御厩。畜牧蕃息，天颜喜怿。"① 从这里我们知道，忽必烈非常看重扬珠布哈的才能。至元四年（1267）正月动工修建大都城，刘秉忠负责城市规划设计，伊苏布哈（《新元史》卷一百八十五作"也速不花"）组织实施纷繁复杂的工程，却难以找到得力的副手。至元七年（1270），扬珠布哈被朝廷安排担任此职。这年九月，他又奉命带人巡视和管理大都南北的苜蓿种植，兼管的御马也迅速繁衍，使皇帝欣喜有加。这里涉及为什么营建大都新城的表述，虽然只有"旧燕土泉疏恶"，亦即中都旧城土地瘠薄、泉源稀少、水质低劣，但这寥寥六个字却与王恽所称"生聚繁夥之地，水率咸苦"遥相呼应，对于今人来说已是弥足珍贵。

从中都旧城到大都新城，城市水源供给系统经历了由莲花池水系向高梁河水系的重大转折。此后，莲花池水系一直处于荒废状态，直至明嘉靖年间北京修筑外城时，才将莲花河截流引入外城南护城河。元大都以金代的大宁宫为中心营建起来，金代已经将玉泉山麓向东流入清河的泉流向南引入瓮山泊，再从这里开凿人工渠道，把泉水引入东南的大宁宫一带湖泊。为保障宫苑用水的质量，元代开辟了由玉泉山单独流出的金水河，经今南长河西南侧，至和义门南水关（今西直门南约120米处）入城，再经今赵登禹路、前泥洼胡同、甘石桥之后，分两支进入皇城。即使如此，元大都的城市生活用水与接济漕运通道的水源仍然不足，朝廷采纳了郭守敬的精妙设计，把昌平白浮泉

---

① 陆文圭：《墙东类稿》卷12《中奉大夫广东道宣慰使都元帅墓志铭》，《文津阁四库全书》，台湾商务印书馆1986年影印本，第1194册，第13页b。

及玉泉山的泉水引到瓮山泊汇集起来，沿高梁河经和义门北注入积水潭（图4—3）。《元史》称："海子岸上接龙王堂，以石甃其四周。海子一名积水潭，聚西北诸泉之水，流行入都城而汇于此，汪洋如海，都人因名焉。"①　为了抵御波浪的冲刷淘蚀，减少水底淤积，积水潭四面的湖岸用条石围砌起来。与此同时，郭守敬主持开辟了联接大运河终点通州与元大都的通惠河，依靠多道水闸调节水位，以解决两地海拔高差造成的行船困难，通惠河因此亦称闸河。通过这样一番改造，南方漕船能够经由通惠河直接驶入大都城内，积水潭就成了大运河新的终点码头，进而带动湖泊周边变为大都最繁华的商业区。至元三十年（1293）秋，忽必烈的车驾从元上都回到大都。"过积水潭，见舳舻蔽水，大悦，名曰通惠河"②，并且赏赐了主持这项重大工程的郭守敬。通惠河的开辟，改变了由通州至大都完全依靠陆路运输漕粮、驮粮牲畜在阴雨连绵的秋季大量死亡的局面。此后，延祐六年（1319）九月与泰定元年（1324）七月，朝廷两次用条石砌护积水潭的湖岸。今新街口豁口外的北京变压器厂院内以及地安门商场地下，都曾发现元代积水潭的石护岸遗址，证明元代的积水潭比今天的什刹海要广阔得多。

　　这里有必要顺带澄清一个问题。大约自2016年以来，在北京市积极推动运河文化带建设的背景下，不少媒体、杂志发表的文章、访谈乃至某些正式文件，都把郭守敬引水的昌平白浮泉视为元代大运河的终点或最北的端点，并将此处叫作"运河之源"，进而宣称今北京市境内的运河长度自白浮泉开始为164里或82公里云云，经过广泛传播似乎成了言之凿凿的真理。但是，只要稍微翻检一下史书就可知道，这实际上是因为对基本史料不求甚解并且违背了地理常识才得出的谬说。《元史·河渠志》载："通惠河，其源出于白浮、瓮山诸泉水也。世祖至元二十八年，都水监郭守敬奉诏兴举水利，因建言：'疏凿通州至大都河，改引浑水溉田，于旧闸河踪迹导清水。上自昌

---

①　《元史》卷64《河渠志一》"海子岸"，中华书局1997年缩印本，第1592页。
②　《元史》卷164《郭守敬传》，中华书局1997年缩印本，第3852页。

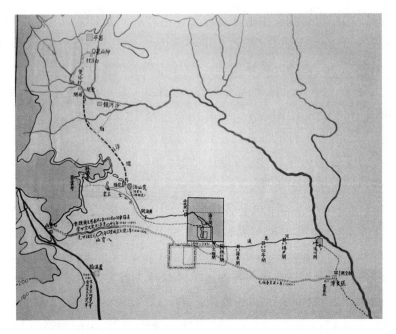

图4—3　元代运道源流略图（选自《侯仁之与北京地图》）

平县白浮村引神山泉，西折南转，过双塔、榆河、一亩、玉泉诸水，至西水门入都城，南汇为积水潭。东南出文明门，东至通州高丽庄入白河。总长一百六十四里一百四步……' 从之。首事于至元二十九年之春，告成于三十年之秋，赐名曰通惠。"① 所谓164里或82公里之说的史源就在于此，但《元史》只是说郭守敬主持设计、后来得以落实的通惠河工程的施工路线总长一百六十四里一百零四步，完全没有今北京市境内的"运河"是如许之长的意味。比如，在金代与元代都曾作为漕运主要通道的坝河，显然并未包含在这"一百六十四里一百四步"之内。到明朝嘉靖年间吴仲撰《通惠河志》时，取其整数称"河自白浮村至通州高丽庄长壹百陆拾肆里"②，成为今人更加直接的引用依据。这种做法的不妥之处在于：其一，无视古今度量衡

① 《元史》卷64《河渠志一》，中华书局1997年缩印本，第1588—1589页。
② 吴仲：《通惠河志》卷上《通惠河考略》，《四库全书存目丛书》，齐鲁书社1996年影印本，史部第211册，第336页 a。

的变迁过程，即使仅仅依据梁方仲先生《中国历代度量衡变迁表》所列不同时代的尺子长度①，也断然不会把元代的 164 里折合成当代公制的 82 公里或市制的 164 里。其二，在隋唐及其以后各朝，今北京市所辖范围内的运河长度并不一致。如果不首先界定是哪个时代，大运河在境内究竟有多长的问题就无从谈起。即使在元代，由于坝河等漕粮运道的长期存在，这个数字也远非郭守敬设计、沿着金代闸河旧迹疏凿通惠河的"一百六十四里"施工长度可比。其三，从"运河"的概念出发，即使在运河终点码头向北延伸最远的元代，也只能计算到曾经"舳舻蔽水"的积水潭为止。众所周知，运河是人工挖成的可以通航的河流。之所以被称为"运河"，取决于它是人力所为而不是纯粹的天然河道，或者通过开挖若干段人工河道把几条天然河流连接起来，同时还必须具备能够通航运输的河道条件。汇聚昌平白浮泉以下西山诸泉的水流通道只能算作"沟渠"而不能称为"运河"，就因为它们虽是人工挖成却没有通航运输的能力。元代沿着通惠河进入积水潭的漕船，没有一艘曾经取道白浮堰逆流上溯到白浮泉；从白浮泉开始，也没有任何装载货物的船只顺着汇聚涓涓细流的沟渠漂入积水潭，古人断然不会做这类既毫无意义又绝无可能的蠢事。今人或不明就里，或刻意拉伸大运河在北京市辖境内的长度，似乎不这样就不能显示本地区运河文化的深厚，却因此违背了毋庸再议的历史常识与生活常理。其四，吴仲抄录《元史》旧文提到通惠河的起讫点，也是在复述郭守敬主持的疏浚工程，即所谓"臣谨按，通惠河即元郭守敬所修故道也"，并不意味着"细流常涓涓"的通惠河上源也等同于运河②，在元人眼中那也只是"白浮、瓮山直抵大都运粮河"的"堤堰泉水"③。否则，"通州运粮河全仰白、榆、浑三河之

---

① 梁方仲：《中国历代度量衡变迁表》，载《中国历代户口、田地、田赋统计》，上海人民出版社 1980 年版，第 540—543 页。

② 吴仲：《通惠河志》卷上《通惠河考略》，《四库全书存目丛书》，齐鲁书社 1996 年影印本，史部第 211 册，第 336 页 a。

③ 《元史》卷 64《河渠志一》，中华书局 1997 年缩印本，第 1590 页。

水，合流名曰潞河"①，白河上源即《水经注》之"沽水"，发源于今河北省沽源县。假如白浮泉可以算作运河起点的话，那么，大运河的长度是否更应该从白河最远的源头沽源县，乃至再加上与白河汇流为潮白河、发源于河北丰宁县的潮河一同算起呢？毫无疑问，这个有悖学理和常识的计算方法相当荒谬。根据同样的道理，白浮泉也不能作为计算大运河在北京市境内长度的起点，不顾时代变迁、无视坝河等运河存在的 164 里或 82 公里之说就更不能成立。至于白浮泉作为元代大运河水源补给地的意义，却绝不会因此而有丝毫降低。

在营建大都之初，为了运输西山的木材和石料，根据郭守敬的建议恢复了金代开凿的金口河。大德五年（1301），"浑河水势浩大，郭太史恐冲没田薛二村、南北二城，又将金口已上河身，用砂石杂土尽行堵闭"②。田村即今海淀区金沟河路以北的田村，金沟河路一线应与金口河故道相去不远。这时大都早已建成，输送木石也不再是急务。金口与通州之间数十米的地势落差，一直是对河道安全的最大威胁。正如欧阳玄《中书右丞相领都水监政绩碑》所说："京城西之金口下视都邑，水势如建瓴，一蚁穴之漏则横溃莫制。"③尽管如此，到元朝后期，由于白浮泉至瓮山泊的引水渠经常受到山洪破坏，以此为上源的通惠河漕运时感水源不足。至正二年（1342），中书参议孛罗帖木儿、都水傅佐建议重开郭守敬堵塞的金口河："放西山金口水东流至高丽庄，合御河，接引海运至大都城内输纳。"在右丞相脱脱支持下，经过四个月施工，"起闸放金口水，流湍势急，沙泥壅塞，船不可行。而开挑之际，毁民庐舍坟茔，夫丁死伤甚众。又费用不赀，卒以无功。继而御史纠劾建言者，孛罗帖木儿、傅佐俱伏诛"④。这次迅速失败的开河工程留下的河道，上游有石景山以东、八宝山以北的金沟河，其名就是"金口河"的近音异称；下游

---

① 《元史》卷 64《河渠志一》，中华书局 1997 年缩印本，第 1596 页。

② 《元史》卷 66《河渠志三》"金口河"，中华书局 1997 年缩印本，第 1659 页。

③ 欧阳玄：《中书右丞相领都水监政绩碑》，载吴仲《通惠河志》卷下，《四库全书存目丛书》，齐鲁书社 1996 影印本，史部第 221 册，第 374—375 页。

④ 《元史》卷 66《河渠志三》"金口河"，中华书局 1997 年缩印本，第 1660 页。

河道经过外城东南角、十里河、通州以南的大高丽庄一线，当地俗称萧太后河。侯仁之先生指出："在近郊水源的开发上，元朝占了极其重要的地位，凡所经营，多是创举，小者如金水河的分流，运石大河的利用；大者如白浮泉的导引，以及金口河的开凿。无论成功或失败，总起来讲，在开发水源的努力上，可以说是达到了封建统治时期的最高峰。"①

金水河是专供大都城内宫廷用水的河渠，朝廷以严苛的法令保障水源不受污染。至元二十八年（1291）设置的都水监，负责管理与供水有关的一应事务，其中之一就是："金水入大内，敢有浴者、浣衣者、弃土石瓴甋其中、驱马牛往饮者，皆执而笞之；屋于岸道，因以陿病牵舟者，则毁其屋。碾硙金水上游者，亦撤之。"② 对于在金水河洗澡、洗衣、丢弃垃圾、饮马牛者，抓住之后一律鞭打；如果在岸边盖房致使道路狭窄进而影响官船纤夫经过，则拆毁其房屋；在金水河上游安置水碾、石磨，也要全部撤除。英宗至治二年（1322）五月发布的敕谕称："昔在世祖时，金水河濯手有禁，今则洗马者有之。比至秋疏涤，禁诸人毋得污秽。"③ 普通居民最普遍的水源是井水，即使是王恽一类高官也大致如此。元末的《析津志》记载了大都城内施水堂供应人马饮水的善举："京师乃人马之宫，合（今本作"分"，不妥）为一统。都会之朝、公府趋事者，非马曷能集事，城大地广故也。而马匹最为负苦，其思渴尤甚于饥者。顷年，有献施水车，以给井而得水于石槽中，用以饮马。由是，牛畜马匹之类咸赖之。仍依于释氏之侧，庶几毋劳于民，不妨于其力。其制，随井浅深，以荦确（今本作"硞"，不妥）水车相衔之状。附木为戽斗，联于车之机，直至井底。而上人推平轮之机，与主轮相轧，戽斗则倾于石枧中，透出于阑外石槽中。自朝暮不辍，而人马均济。古无今有，

---

① 侯仁之：《北京都市发展过程中的水源问题》，载《历史地理学的理论与实践》，上海人民出版社1984年版，第294页。

② 宋本：《都水监事记》，载苏天爵编《元文类》卷31，商务印书馆1958年版，第407页。

③ 《元史》卷64《河渠志一》，中华书局1997年缩印本，第1591页。

诚为可嘉。故记之以旌其善。"① 这条记载显示，有人贡献了施水车，安装在寺庙旁边的水井上，汲出井水放到石槽中，义务供给大都城里的官员、居民、外来者及其骑乘的马匹饮用。汲水的办法是：根据水井的深浅，确定水车锁链的长短，上面悬挂木制的若干个水斗。地面上的人们推动水平旋转的机械装置，水车的主轮牵引着水斗逐一上升，将井水倾倒在石槽中再引入井栏外面的水池。从早到晚持续不断，解决了人马饮水的问题。这样的"施水堂"，在大都城的凤凰池、思诚坊青杨树下、钟楼东、草市、集贤院西、礼拜寺前、大长公主府对门、火者门、文明门内、齐化门外、平则门外、西宫北、太庙西、湛露坊南角上、普照寺庙前、平则库前各有一处②，堪称古代分布最广的城市公共饮水站。

第三节　大都城乡人口的增减和迁移

金朝末年的战争造成了中都地区人口的显著耗减，当元朝在此定都之后，大都及周边地区的人口在朝廷主导下得到大规模移民的充实。在增强城乡建设和经济开发力量的同时，也加剧了社会生活对各类资源的消耗。

一　人口构成与数量增减

中统五年八月（同月改为至元元年，1264），天下人户按"三等九甲"分类编入鼠尾文簿，"除军户人匠各另攒造，其余站户、医卜、打捕鹰房、种田、金银、铁冶、乐人等一切诸色户计，与民户一体推定鼠尾，类攒将来，科征差发"③。以社会身份区分，大都

---

① 引自《析津志辑佚》110 页，重新订正文字。从语义的合理性推断，该本原文"分为一统"应作"合为一统"；"荦硞"应作"荦确"，象声词，指水车转动及㧻斗碰撞之声。"荦硞"有杂色的磨石之意，与具体语境不符。
② 熊梦祥：《析津志》，《析津志辑佚》本，北京古籍出版社 1983 年版，第 110 页。
③ 《通制条格》卷 17《赋役》"科差"条，浙江古籍出版社 1986 年版，第 211—212 页。

地区的城乡户籍主要由州县户口、军站户口、匠役户口、僧道人口构成①。州县户口向国家提供赋税、承担差役，由州县、路府、行省构成其统计管理系统，包括上述"一切诸色户计"与民户在内，站户大致与军户相当。军户中有蒙古军以及由诸部族构成的探马赤军，他们上马从军、下马放牧，是兵民一体的户口，由百户、千户、万户、枢密院逐级管理。蒙古平定中原后把一部分汉人变为独立于州县民户之外的汉军，也属于世袭的军籍。站户是在驿传（站赤）承担差役、供应食宿的民户，"每户取二丁，及家属于立站去处安置"②。匠役户口中的官匠户分属军队或局院，有世袭、免差并按月支取俸饷的特殊身份，由大都路管领诸色人匠提举司负责管理。在宗教发达的元代，僧道是享有某些特权的人群。

　　至元七年（1270），大都路（时称中都路）所领二院、六县、十州（州领十六县）的州县赋役户口，总计147590户、401350人③，平均每户2.72人。其中左、右警巡院，大兴、宛平、良乡、昌平县，涿州房山县，通州潞县，蓟州平谷县，漷州、顺州、檀州、龙庆州，在今北京市境内。至元三年（1266）规定，"六千户之下者为下州"，"不及二千户者为下县"④。首先，受流民还籍复业等因素影响，至元三年到七年北方地区的人口平均增长率为47.6‰，照其上限推算，至元七年的下州可达7200户，下县约为2400户，中都地区州县城乡赋役户口约计10.3万户、28.2万人，其中城市赋役居民5.28万户⑤。其次，忽必烈迁都中都前后，迁入的军站户、匠户、官吏等，达到6.6万户。蒙古时期在北方州县签发军人形成的军户，相当于所在州县的六分之一，至元七年在中都地区约为1.7万户、6.8万人。驻扎在密云、昌平等近畿的诸卫军，从至元初年到元代中期，由大约2000丁（户）增长到1万丁（户），连同家属约4万口。第三，元代

---

①　韩光辉：《北京历史人口地理》，北京大学出版社1996年版，第68页。

②　《元史》卷101《兵志四》，中华书局1997年缩印本，第2584页。

③　《元史》卷58《地理志一》，中华书局1997年缩印本，第1347页。

④　《元史》卷91《百官志七》，中华书局1997年缩印本，第2317页。

⑤　韩光辉：《北京历史人口地理》，北京大学出版社1996年版，第74—75页。

大都地区需在本区内签取站户的水陆驿站，有大都、通州、昌平、良乡、蓟州、夏店、涿州、榆林等处，合计船 10 只、马 2162 匹、车 378 辆①。至元十九年之前，"随路站赤三五户，共当正马一匹，十三户供车一辆，自备一切什物公用"②。以 4 户当 1 马（榆林站据《元经世大典》以 3 户当 1 马）推算，大都地区的站户应有 1.3 万户。其中一部分是"军籍内无姓名者，又原籍贴户不曾应当差役者"③，但主要签发自州县民户且一般就近在驿站所在地区签发赋役。从大都地区签发的站户约为 0.98 万户，若以每户 6.5 人计，约合 6.4 万人④。第四，僧道人口记载较少，至元二十七年（1290）二月"顺州僧、道士四百九十一人饥，给九十日粮"⑤。据此估算，京郊各州县僧道人口当在 0.6 万人以上。"因此，至元七年大都（中都）地区户口共计约 18.4 万余户、63.5 万余人。其中，中都城市 11.95 万户、41.8 万人。"⑥

大都地区人口在元代中期迅速增长。至元三年（1266），户口稀疏的缙山县被省入怀来县。两年后即至元五年复置缙山县，其户数最多也只能与不及二千户的下县怀来相近。延祐三年（1316）缙山县升为龙庆州，领怀来县。至顺元年十二月甲戌（1331 年 2 月 5 日），朝廷"赈龙庆州怀来县前岁被兵万一千八百六十户粮两月"⑦。如果这 11860 户是指龙庆州与怀来县的户数，此前六十多年间两地一共净增八千多户；若是仅指龙庆州所辖的怀来县一地而言，则净增达一万户左右。至顺二年（1331）三月，"发通州官粮赈檀、顺、昌平等处饥民九万余户"⑧。至元三年时的这两个下州与一个下县，合计应在 1.4 万户以下，六十多年后增长了近 8 万户。参考上述例证与大都城

---

① 《永乐大典》卷 19422 引《元经世大典》，中华书局 1986 年影印本。
② 《元史》卷 101《兵志四》，中华书局 1997 年缩印本，第 2586 页。
③ 柯绍忞：《新元史》卷 68《食货志一》，开明书店 1935 年版，第 166 页。
④ 韩光辉：《北京历史人口地理》，北京大学出版社 1996 年版，第 77～78 页。
⑤ 《元史》卷 16《世祖本纪十三》，中华书局 1997 年缩印本，第 334 页。
⑥ 韩光辉：《北京历史人口地理》，北京大学出版社 1996 年版，第 79 页。
⑦ 《元史》卷 34《文宗本纪三》，中华书局 1997 年缩印本，第 771 页。
⑧ 《元史》卷 35《文宗本纪四》，中华书局 1997 年缩印本，第 781 页。

市人口的增长过程推断，大都地区在户口极盛时期的泰定四年（1327）总计约 43.7 万户、208.2 万余人，其中大都南北城有 21.2 万户、95.2 万人[①]。

大都城市人口的变化，似可根据为防盗而设的弓手情况作出大致的推算。中统五年（1264）依照民户多寡，在诸色人等之内"每百户取中产者一人以充"；"中都设巡马侍卫亲军，内差四百名"[②]。至元十八年（1281）九月"增大都巡兵千人"[③]，达到"南城设一千四百名，北城七百九十五人"。至正九年（1349）定制："南兵马指挥使司一千名，西北关厢巡检司三十人，南关厢巡检司三十七人，北兵马指挥使司一千人，东关厢巡检司十八人。畿内共五十二所，二千八百九十九人。"[④] 假定这些弓手是严格按照城市居民每百户取一人的制度满额设置，那么，由此笼统估计，中统五年中都（即大都南城）各类人户为 4 万户，以每户 3.5 人估算当为 14 万人；至元十八年南城 14 万户，北城 7.95 万户，合计 21.95 万户，以每户 4 人计为 87.8 万人；至正九年南城与北城各 10 万户，另有关厢人口 0.85 万户，合计 20.85 万户，以每户 4 人计为 83.4 万人。泰定四年（1327）的 21.2 万户、95.2 万人，是元代大都城市人口发展的高峰[⑤]。

二　人口迁移的规模与途径

金末的中都被蒙古军队多次围攻、焚毁建筑、大肆杀戮，即使到中原初定时，"所过犹纵兵抄掠"[⑥]，引起人口离散迁移。"河北累经劫掠，户口亡匿，田畴荒废。"[⑦] 忽必烈迁都中都旧城以及营建大都

---

①　韩光辉：《北京历史人口地理》，北京大学出版社 1996 年版，第 80 页。

②　苏天爵编：《元文类》卷 41《杂著》"弓手"条，商务印书馆 1958 年版，第 601—602 页。

③　《元史》卷 11《世祖本纪八》，中华书局 1997 年缩印本，第 234 页。

④　苏天爵编：《元文类》卷 41《杂著》"弓手"条，商务印书馆 1958 年版，第 601—602 页。

⑤　韩光辉：《北京历史人口地理》，北京大学出版社 1996 年版，第 84 页。

⑥　《元史》卷 119《木华黎传》，中华书局 1997 年缩印本，第 2933 页。

⑦　《金史》卷 107《高汝砺传》，中华书局 1997 年缩印本，第 2356 页。

前后，开始"迁居民以实之"①。迁入的人口包括军人、匠户、官员、降服军将及其家属，他们或担任官员、侍卫，或充当屯军、工匠、奴婢，大都内外形成了汉人与蒙古、色目、女真、回、阿速人杂居的局面，仅《元史》记载的人口迁移就有五十多次。中统元年（1260）五月，"征诸路兵三万驻燕京近地"，二年十月"修燕京旧城。命平章政事赵璧、左三部尚书怯烈门率蒙古、汉军驻燕京近郊、太行一带，……又选锐卒三千付史枢管领，于燕京近郊屯驻"②；三年正月"命江汉大都督史权、亳州万户张弘彦将兵八千赴燕"③；至元八年（1271）二月"发中都、真定、顺天、河间、平滦民二万八千余人筑宫城"④；十四年正月"命阿术选锐军万人赴阙"⑤；十六年四月"选南军精锐者二万人充侍卫军，并发其家赴京师"，五月"徙丁子峪所驻侍卫军万人，屯田昌平"⑥；二十二年正月"徙屯卫辉新附军六千家，廪之京师，以完仓廪。……徙江南乐工八百家于京师"⑦。成宗元贞二年（1296）十一月，"以洪泽、芍陂屯田军万人修大都城"⑧。武宗至大元年（1308），"命江南行省万户府，选汉军之精锐者一万人，为东宫卫兵，立卫率府"⑨。按照大都城市人口增长过程推算，至元元年至十八年期间（1264—1281）迁入大都的各类人户在16万户左右，以汉人和蒙古人为主，形成了规模空前的内聚迁移。当充实首都的目标实现之后，迁入的人口显著减少。

元代中后期，不少蒙古流民从草原来到大都地区，朝廷则在抚恤之后将其遣返。延祐七年（1320）四月"括马三万匹，给蒙古流民，

---

① 于敏中等：《日下旧闻考》卷38《京城总纪》引《元一统志》，北京古籍出版社1985年版，第597页。

② 《元史》卷4《世祖本纪一》，中华书局1997年缩印本，第66、75页。

③ 《元史》卷5《世祖本纪二》，中华书局1997年缩印本，第81页。

④ 《元史》卷7《世祖本纪四》，中华书局1997年缩印本，第133页。

⑤ 《元史》卷9《世祖本纪六》，中华书局1997年缩印本，第187页。

⑥ 《元史》卷10《世祖本纪七》，中华书局1997年缩印本，第211、212页。

⑦ 《元史》卷13《世祖本纪十》，中华书局1997年缩印本，第271、272页。

⑧ 《元史》卷19《成宗本纪二》，中华书局1997年缩印本，第407页。

⑨ 《元史》卷99《兵志二》，中华书局1997年缩印本，第2528页。

遣还其部"①。天历二年（1329）三月，"蒙古饥民之聚京师者，遣往居庸关北，人给钞一锭、布一匹，仍令兴和路赈粮两月，还所部"②。在大都地区，沉重的赋役或自然灾害，是迫使人口逃亡的重要因素。大约在至正二年（1342），王思诚指出："至元十六年（1279）开坝河，设坝夫户八千三百七十有七；车户五千七十，出车三百九十辆；船户九百五十，出船一百九十艘。坝夫累岁逃亡，十损四五，而运粮之数，十增八九。船止六十八艘，户止七百六十有一，车之存者二百六十七辆，户之存者二千七百五十有五，昼夜奔驰，犹不能给。坝夫户之存者一千八百三十有二，一夫日运四百余石，肩背成疮，憔悴如鬼，甚可哀也。"③ 在前后六十余年间，在大都东北的运粮通道坝河之上，车辆、船只大量减少，坝夫、车户、船户的总数由 14397 户减少到 5350 户，只有初设时期的 37.16%，其"累岁逃亡"已经远远不止"十损四五"。当元末顺帝北逃时，京畿蒙古人户以及被裹挟的汉人随之发生离散迁移。

　　修建大都城之初，不可避免地要迁移部分旧有居民。至元八年（1271）正月发布敕令："前筑都城，徙居民三百八十二户，计其直偿之。"④ 与大都的庞大工程相比，这个数量的移民已经显得微不足道。在大都城内部，朝廷通过对税收的高额优惠等政策，鼓励旧城居民前往新城，以政府机构与经济重心的迁移刺激他们的积极性。至元二十年（1283）九月，"徙旧城市肆、局院、税务皆入大都，减税征四十分之一"⑤。到了二十二年二月壬戌（1285 年 3 月 26 日），"诏旧城居民之迁京城者，以赀高及居职者为先，仍定制以地八亩为一分；其或地过八亩及力不能作室者，皆不得冒据，听民作室"⑥。这就表明，首先迁移的是资产较多的富户以及在职的朝廷官员，他们有

① 《元史》卷 27《英宗本纪一》，中华书局 1997 年缩印本，第 601 页。
② 《元史》卷 33《文宗本纪二》，中华书局 1997 年缩印本，第 732 页。
③ 《元史》卷 183《王思诚传》，中华书局 1997 年缩印本，第 4211—4212 页。
④ 《元史》卷 7《世祖本纪四》，中华书局 1997 年缩印本，第 133 页。
⑤ 《元史》卷 12《世祖本纪九》，中华书局 1997 年缩印本，第 257 页。
⑥ 《元史》卷 13《世祖本纪十》，中华书局 1997 年缩印本，第 274 页。

能力搬到新城，每家获得了八亩宅基地。占地超过八亩的要退还，与获得了宅基地但无力建房的地块一起，听任其他居民使用，以期迅速改变新城人口较少的冷清局面。其中"仍定制"一语显示，每户分给八亩宅基地的政策始于至元二十二年之前，颁布这道诏谕只是重申此前已有的规定，朝廷号召之下的城内移民实际上早就开始了。

第四节　粮食与能源的城市供应

粮食和能源是人类生活最起码的物质基础，正如俗语所云："清早开门七件事，柴米油盐酱醋茶。"元大都数十万军民的粮食需求主要依赖漕运，周边地区驻军有很多是通过军人屯垦解决粮食供应问题。军屯和民屯的开展，有助于缓解漕运的压力。木柴、木炭、煤炭是大都基本的能源构成，柴炭大多取自西山至浑河（桑干河）上游山区的森林，煤炭则采自西山一带的煤矿。

一　南方漕粮的海运与河运过程

元大都与明清北京一样，居住着大量的帝王宗室、朝廷官员、卫戍部队、工匠役夫。已有研究估算，至元十八年（1281）大都城内有 88 万人，泰定四年（1327）达到 95 万人以上[1]。如此庞大的人群聚集在首都，土地相对贫瘠、产量普遍不高的北方不可能就近满足他们的粮食供应，绝大部分只能仰仗来自江南产粮之地的漕运。粮食是一日不可或缺的大宗物资，海运与河运因此成为大都的经济生命线。没有大运河与海上航道的漕运，就没有大都的稳定和发展；没有包括粮食在内的大量资源支撑下的经济保障，大都就无法履行它在元朝政治、经济、军事、文化等领域的职能。元末至正八年（1348），在江浙起事的方国珍"入海为乱，劫掠漕运"；十三年"拥船千艘，据海道，阻绝粮运"，大都随之发生粮荒；十六年三月投降朝廷后，他被任命为海道漕运万户，从原来被追剿的海盗变为政府的运粮官员。二

---

① 韩光辉：《北京历史人口地理》，北京大学出版社 1996 年版，第 84 页。

十三年九月，张士诚向朝廷请求赐予王爵，遭到拒绝后不再向大都输送粮食，元朝的海运最终停止①。五年以后的至正二十八年，元朝灭亡。这些都从侧面证明，漕运确实是维系元大都城市发展的经济命脉。

南粮北运是元朝初年就已经确定的基本国策。《大元海运记》《元史》等文献记载：至元十二年（1275），伯颜率领蒙古大军占领临安（今杭州）以及江南大部分地区之后，委派海盗出身的张瑄、朱清，率领水手自崇明州（今上海崇明岛）招募海船，装载缴获的南宋库藏图籍和其他物资，经由海上运往大都。与此同时，虽然也开辟了内河航道运输江南漕粮，但劳费过多、运量有限。于是，至元十九年（1282）采纳丞相伯颜的建议，由江浙行省负责恢复海运，委派上海总管罗璧以及张瑄、朱清，在两个月内打造了吃水较浅、不易搁浅触礁的 60 艘平底海船，组成了最初的海运船队，三人分别担任运粮万户府的万户之职。这年八月，由 146 艘船只组成的运粮船队自平江路刘家港（今江苏太仓市浏河镇）出海，载着五万石粮食寻求海道北上。由于信风没有按时到来，北上的海船行动迟缓，只好在山东刘家岛（今刘公岛）过冬，直到第二年三月海洋信风有利于北上时才开船，自登州（今山东蓬莱）沿渤海湾西岸到达直沽（今天津）。其中 140 艘船载着四万六千石粮食抵达目的地，另有 6 艘直至八月仍无踪迹，应是遭遇海上风暴而覆没②。当时自直沽到通州的内河尚未开通，海运的漕粮都在直沽交卸，然后陆运进京。罗璧率领的首批漕船则趁着海水涨潮进入直沽，抵达天津以北的杨村，由此更快地把漕粮运到了大都。

由于对海上航线不够熟悉，再加上险恶的风浪刮失了 6 艘漕船，至元十九年（1282）的初次海运显得航程太远、效率不高，朝廷对于漕粮究竟采用海运还是河运的争论也一直不断。二十年春季，派出

---

① 陈邦瞻：《元史纪事本末》卷 26《东南丧乱》，中华书局 1979 年版，第 203—213 页。

② 《大元海运记》卷上，广文书局 1972 年影印本，第 33—78 页；柯劭忞：《新元史》卷 75《食货志八》，开明书店 1935 年版，第 176—178 页。

194 只漕船负责河运，其中 104 只从扬州出发，但沿途损坏了 90 只、丢失官粮 5051 石，从事海运的 270 只官船却先后到达目的地，由此坚定了朝廷继续发展海运的决心。两相比较，海运虽然无须像河运那样耗费大量人力物力去开凿运河、疏浚河道，但河运毕竟比海运安全得多。因此，海运最初在漕运总量中所占的比例不高。二十二年朝臣报告，每年自江南向大都运粮 100 万石，其中从海道运来的只有 10 万石，从河道运来的达 90 万石。从至元二十年施行海运到至元二十三年，四年之内一共海运漕粮 101 万石，实际抵达大都的有 84 万石，中途损失 17 万石。这 17 万石的出入，既有南方用小斗、北方用大斗作为计量工具而产生的差异，也有运输中途漕船沉溺与军人、船夫为逃避责任谎报沉船造成的损失。

至元二十四年（1287），元朝最终决定大力发展海运，设置了泉府司与四个运粮万户府。二十五年，分置内、外二漕运司，外漕运司衙门设在河西务，专门负责接运海道运粮事宜。二十八年以后，保留两个万户府，由朱清、张瑄二人掌管海运。二十九年发展到年运 140 多万石，实际抵达大都的有 136 万石。大德六年（1302）以后，经由海道运抵大都的漕粮每年都在 150 万石以上，至大二年（1309）达到岁运 200 万石以上，延祐七年（1320）以后增长到 300 万石以上，海道运输成为南粮漕运的主要途径。《元史》记载，自元武宗至大年间开始，"海漕之利，盖至是博矣"①。

元朝把江南漕粮从海道运往大都的航线，先后发生过三次变化②。（1）至元十九年（1282）罗璧、朱清、张瑄三人初行海运，自刘家港聚集各路海船，从崇明岛北部绕行，经由通州海门县（今江苏海门东）出海北上，沿黄海西岸的万里长滩，经盐城、海宁（今江苏海州）、密州（今山东诸城）、胶州（今山东胶州）沿海，再放灵山洋（今山东青岛西南灵山湾），向东北至成山（今山东威海）绕过山东半岛。至此，耗时已达一月之久。最后沿渤海湾西岸北至界河口（今

① 《元史》卷 93《食货志一》"海运"，中华书局 1997 年缩印本，第 2365 页。
② 危素：《元海运志》，广文书局 1972 年影印本，第 115—118 页。

天津以东海河口），西入界河至直沽，再北至杨村码头。从上海至杨村，海路长达一万三千余里。（2）至元二十九年（1292）朱清、张瑄建议，先循旧途自刘家港开船，经撑脚沙、沙咀、三洋沙子等地，绕行崇明岛以北，向北过万里长滩之后，东北至大洋深处，经一昼夜至青水洋（今黄海西部），三昼夜过黑水洋（今黄海东部），即可望见山东境内的沿津岛大山（今文登东南斥山集）。再经成山（今威海）、刘家岛（今刘公岛）、芝罘岛、沙门岛（今长岛西），绕过山东半岛。从沙门岛脱离海岸向大洋，经过莱州大洋（今莱州湾）抵达界河口。如果风信顺利，航程仅需半个月时间。（3）至元三十年（1293），为避免浅滩与航路迁曲，委派千户殷明略开创海上新航线。他率船队从刘家港入海，绕行崇明岛北部三沙等地后直驶黑水洋，再经成山、刘家岛、沙门岛，东北渡莱州大洋至界河口，再自界河至直沽、杨村。这条海道此后成为元朝海运的固定路线，"当舟行风信有时，自浙西至京师，不过旬日而已，视前二道为最便云。然风涛不测，粮船漂溺者无岁无之，间亦有船坏而弃其米者"①。尽管如此，海运耗费的人力物力远远少于河运，元代的漕运也始终以海运为主。

　　元朝的漕粮虽以海运为主，但在河运方面同样取得了巨大成就。至元十二年（1275）前后，郭守敬奉命巡视河北、山东河道及金、宋时期的运河故道。他根据河流分布与地势高低，建议引山东汶水、泗水以通御河（隋永济渠）②，从而使漕河北通直沽、南达黄河。当时的黄河下游袭夺淮河河道入海，沟通了黄河就意味着可以连接淮河，进而借助江淮之间的运河到达长江南北。次年，伯颜从江南返回大都后对同僚言道："都邑乃四海会同之地，贡赋之入，非漕运不可。若由陆运，民力惫矣。"其后又到上都向忽必烈奏报："江南城郭郊野，市井相属，川渠交通，凡物皆以舟载，比之车乘，任重而力省。今南北混一，宜穿凿河渠，令四海之水相通，远方朝贡京师者皆由此

---

① 《元史》卷93《食货志一》"海运"，中华书局1997年缩印本，第2366页。
② 齐履谦：《知太史院事郭公行状》，载苏天爵编《元文类》卷50，商务印书馆1958年版，第715—716页。

致达，诚国家永久之利。"① 至元二十年（1283 年）八月，自任城（今济宁）到须城（今东平）的济州河完工。二十六年（1289）完成了南起须城县安山、北至临清的会通河工程，基本实现了郭守敬当年的设想，而且采用了通过船闸调节河道水位的先进技术，使漕船可以逐级逆流而上。经过"裁弯取直"的京杭大运河南北贯通，其分布格局自明清延续至今。明代成化年间的丘浚对此予以高度评价："运东南粟以实京师，在汉、唐、宋皆然。然汉、唐都关中，宋都汴梁，所漕之河，皆因天地自然之势，中间虽或少假人力，然非若会通一河，前代所未有，而元人始创为之，非有所因也。"② 元朝为保障大运河的畅通，作出了极富创新意义的探索。

为使漕粮由通州顺利进京，元朝开挖了东自通州、西至大都的通惠河。元初可以依赖的运粮通道，是金代曾经用过的坝河。他们创造性地在河中拦腰修筑了七座滚水坝，每段河道借此得以存留一定水量。从通州卸下的漕粮重新装船后，在纤夫的牵引下逆水行舟。通过滚水坝时则将粮食搬到停泊在上一级河段的船上，逐坝"倒搬"、渐次推进，直至运抵大都光熙门。鉴于坝河水量不稳、陆路运输以及坝河搬运耗用的人力物力巨大、运粮牲畜死者不可胜计，至元二十八年（1291），郭守敬提出了一个宏伟计划："大都运粮河，不用一亩泉旧源，别引北山白浮泉水（在今昌平白浮村北），西折西南，经瓮山泊（今颐和园昆明湖），自西水门（今西直门北）入城，环汇于积水潭，复东折而南，出南水门（在今前门与崇文门之间稍北），合入旧运粮河（即金中都闸河）。每十里置一闸，比至通州，凡为闸七，距闸里许，上重置斗门，互为提阏，以过舟止水。"次年春动工时，忽必烈下令"丞相以下皆亲操畚锸"以表支持③。三十年秋完工，为大都城开辟了前所未有的新水源，积水潭由此成为大运河的终点。通过水闸控制通惠河的水量形成梯级航道，是当时遥遥领先于世界的水利

① 苏天爵编：《元朝名臣事略》卷2《丞相淮安忠武王（伯颜）》，中华书局1996年版，第20页。
② 陈邦瞻：《元史纪事本末》卷12《漕运》，中华书局1979年版，第91页。
③ 《元史》卷164《郭守敬传》，中华书局1997年缩印本，第3851—3852页。

技术。

大运河的截弯取直与通惠河的开挖，为元大都提供了规避海上风险、运输效率较高的漕运通道。至正八年（1348）正月所立《同知都漕运司事赵公去思碑》（碑文作"都漕运使司同知赵公去思碑"，图4—4），记述了开元咸平（治今辽宁开元市东北老城镇）赵温（字温甫）在通州管理漕运的事迹。石碑下半今已残破，原在通州文化委员会院内，2016年11月有人发现它匍匐在漕运码头西端的一个院子里。碑文云："国朝有东南之利、江浙之赋，岁输米三百五十万石。初由淮转汶泗、东阿、胶莱达京。"后来，由于海上运输迁延日久，更兼"沧溟之汹涌"与"洪涛之屹立"，大运河在漕运中的地位变得越来越重要。赵温到任后整饬漕运，为政清廉勤奋，"当监捣堤，值厥衅隙，塞其罅漏，俾纲官运卒，粗获休息"①，亦即负责维护运河堤防、弥补泄露，使漕运官员和兵卒得以喘息，抵达直沽的海运漕粮与河运漕粮顺利在通州储藏，或经通州顺利转运到大都城内，由此也可知供应大都的漕运一直尽力保持着巨大的规模。

元代漕运存在着种种弊端，运粮的军人和水手沿途劫夺客船、扰民滋事、相互争斗，借故多收鼠耗、盘剥百姓；官员贪污腐败、走私牟利；钞法败坏导致船户负担过重，甚至不得不典妻卖女以应付差役。如此等等，导致元末漕运难以为继，间接引发了朝廷军队对百姓粮食的大肆抢掠。至正十八年（1358）三月，红巾军将领毛贵攻陷蓟州，继而"犯漷州（治今通州漷县镇），至枣林（今张家湾枣林庄），已而略柳林（今南大化、北大化之间），蹂畿甸"②。次年春，"京师戒严，征调方殷，远迩骚动。时诸将贪暴，师冗无律，数百里内，掠人为粮，郡邑率自残毁"③。官军在大都外围数百里内抢粮，成为元朝走向灭亡的预兆。

---

① 《同知都漕运司事赵公去思碑》，照片载北京辽金城垣博物馆编《元代北京史迹图志》，北京燕山出版社2009年版，第142页。
② 毕沅：《续资治通鉴》卷214《元纪三十二》，中华书局1957年版，第5830页。
③ 夏以忠：《昭祐灵惠公庙碑》，载吴山凤纂《涿州志》卷21《艺文志四·碑铭》，清光绪元年重印本。

图 4—4　同知都漕运司事赵公去思碑

二　大都漕粮供应的时代特点

把元代供应大都的漕运情形放到北京城市发展的历史长河中加以比较，我们可以看到这个时代解决城市粮食供应问题的几个特点。

首先，供应城市需求的漕运规模前所未有。历代漕运都是围绕着国都而设，漕运规模的大小取决于国都人口的多少。汉唐蓟城的居民和驻军在 5 万—15 万人之间波动①，在这个漫长的历史阶段，只有朝廷大规模用兵时才在短时期内向幽州运送军粮，水路运输所占的比例通常也比不上旱路运输。历史上的北京成为陪都与北半个中国的首都后，辽南京在天庆三年（1113）的城市人口为 13 万—15 万人，金中都在泰和七年（1207）约为 40 万人。元代大都新城与旧城的人口，泰定四年（1327）达到 92 万人左右②，已经远远超过了北京历史上的幽州时代以及辽金两朝，供应大都的漕运随之上升到前所未有的规模。

其次，元代大都获取漕粮等城市发展资源的腹地空前广阔。契丹与北宋以白沟河为界，陪都南京获取资源的范围只能局限在这条界线以北的区域。金中都虽然已是国家首都，但金朝的疆域也只是扩大到淮河以北，不能染指已经上升为全国经济重心的江南财赋之地。元大都则是历史上的北京第一次作为统一国家的首都，这就意味着，支撑城市发展的资源空间远远胜过偏居北方的辽代与只有半壁江山的金代，江南地区更是成为大都漕粮最主要的来源。

第三，科学的规划设计与先进的工程技术，为漕运畅通提供了可靠保障，江南漕船在北京历史上绝无仅有地直接驶入了都城之内。以郭守敬为代表的水利科学家，规划设计了大运河的改造。举凡会通河、通惠河的开凿与白浮泉等水源的利用，在治理河道、开辟水源方面取得的成效既为此前各朝所不及，后来的明清两代也无法比拟。明代的通惠河几经治理，却不能像元代那样畅通。至于利用白浮泉等水源接济漕运，则因为要保护昌平皇陵的风水而废弃。不仅没有继续开拓，即使是守成也表现得无能为力。依靠科学的规划布局与先进的水利技术，元代大都城内的积水潭成了漕粮海运与河运的终点站。金代的漕船，只能在通州卸货之后，再沿闸河进入中都

---

① 侯仁之主编：《北京城市历史地理》，北京燕山出版社 2000 年版，第 252 页。
② 韩光辉：《北京历史人口地理》，北京大学出版社 1996 年版，第 58—59、67、84 页。

城北的码头。明代宣德七年（1432），因为"东华门之外逼近居民，喧嚣之声至彻禁御"①，把皇城东墙由元代的通惠河西岸向外拓展到今天的东皇城根一线。这样，元代通惠河进入文明门（在今崇文门以北）之后向北流去的河段被圈入皇城以内，江南漕船从此失去了直接驶入城内的可能，最多只能停留在东便门外的大通桥下。明清时期，大体形成了由通州或张家湾把漕粮陆运进入朝阳门的惯例，元代积水潭"桅杆林立、舳舻蔽水"的盛况一去不复返了。

第四，海上漕运空前辉煌，海运与河运对于首都发展与国家运转意义重大。北京漕运的发展过程表明，元代是海运与河运并重，但以海运为主。明代在永乐十三年（1415）之前，断断续续地通过海运为辽东、北平供应粮饷。当会通河修复、南北运河正常通航之后，就停止了风险过高、损失太大，"载米之舟，驾船之卒，统卒之官，皆所不免"的海运②。此后虽有恢复海运的倡议，但都没有真正实行，大运河由此成为明代北京唯一可以仰仗的漕运通道。清代北京仍以河运为主，只是在道光以后才因为河运不畅而尝试恢复部分海运。与明清两代相比，元代的海运规模不仅前无古人，而且后无来者。《马可波罗行纪》《南村辍耕录》等文献的描述显示，雄伟壮丽、气势恢宏的元大都，远胜于修建外城之前的明代北京。保障以粮食为主的物资供应，是维护社会稳定与城市发展的首要条件，什刹海、鼓楼地区的繁荣就是漕运带动城市发展的鲜明例证。在漕运的带动下，由通州到大都城，沿途也出现了许多人口聚集、商业兴盛之地。《析津志》记载："齐化门外有东岳行宫，此处昔日香烛酒纸最为利。盖江南直沽海道，来自通州者，多于城外居止，趋之者如归。又漕运岁储，多所交易，居民殷实。"③ 当元末方国珍、张士诚、毛贵等阻断漕运通道时，大都城内随即引起粮荒与人心浮动。这就从反面说明，漕运是元大都社会生活的稳定剂。对整个国家而言，首都是天下治乱的晴雨

---

① 孙承泽：《天府广记》卷5《宫殿》，北京古籍出版社1984年版，第51页。
② 《明史》卷86《河渠志四》"海运"，中华书局1997年缩印本，第2117页。
③ 于敏中等：《日下旧闻考》卷88《郊坰》引《析津志》，北京古籍出版社1985年版，第1485页。

表。为漕运服务的水上交通系统与元代极为发达的由大量驿站、急递铺构成的水陆邮驿系统，都是南北方之间物资交流、信息传递、尤其是朝廷政令发布的重要通道。大运河如同从首都伸出的一条臂膀，强化了朝廷对全国的控制力度，密切了作为国家经济重心的长江流域与作为国家政治重心的大都地区之间在政治、经济、文化等方面的交流与融合，成为国家统一、国力强盛的一种象征。

第五，漕运支撑下的元大都对北京城市发展具有重大历史影响。先秦时期的燕都蓟城所奠定的城市发展基础，一直延续到金中都时代。以漕运作为经济支柱的元大都，使北京城市演变的轨迹发生了根本性的改变。伴随着元大都的崛起，历史上的北京城的空间位置与供水系统从古蓟城所在的莲花池水系转移到了高粱河水系。在这个意义上，明清直至今天的北京都是元大都的继承者和改造者。除了基本稳定的城市总体格局之外，元代确定的丽正、文明、顺承、齐化、平则门，也是在进入明朝七十年之后的正统初年才依次改为正阳、崇文、宣武、朝阳、阜成门，并且一直延续到今天。元代的漕运制度和典型事例，以漕运为中心的大都水利与水上交通，为后世提供了成功的经验与失败的教训。前者主要来自郭守敬对运河系统的成功规划，开凿金口河的谨慎态度和科学设计；后者主要体现在元末重开金口河的失败方面。由此提醒后人必须重视历史经验，尊重地理环境的客观必然性。主事者在重开金口河失败后被杀，也在历史上留下了严格执法的生动案例。海上漕运船队的建立和发展，有助于航海技术的积累和进步。在一向具有"重陆轻海"传统的古代中国，元代始终保持着一支比较强大的海上运输力量，造就了中国运河史与航海史上一个空前辉煌的时代，这是它在交通史上的一个显著特点，对于当代中国也不乏启示意义。

三　大都周边以军屯为主的土地利用

蒙古国作为守边或战争年代围城之计的军队屯田，到忽必烈时期变成了解决军饷的主要方式。"内而各卫，外而行省，皆立屯田，以资军饷。或因古之制，或以地之宜，其为虑盖甚详密矣。……由是而天下无不可屯之兵，无不可耕之地矣"①。在大都周边，枢密院、大司农司、营田提举司、广济署、宣徽院所辖的屯田机构，分布在今河北、天津境内的二十余个州县，屯军二三千人，营田自三四百顷、一千余顷到上万顷不等。

在今北京市境内，昌平有枢密院所辖的两处军屯。至元十五年（1278）九月设置了有两千名军士的后卫屯田，"后以永清等处田亩低下，迁昌平县之太平庄。泰定三年（1326）五月，以太平庄乃世祖经行之地，营盘所在，春秋往来，牧放卫士头匹，不宜与汉军立屯，遂罢之，止于旧立屯所，耕作如故。屯军与左卫同，为田一千四百二十八顷一十四亩"②。昌平县东南的太平庄比卢沟（永定河）下游的永清县地势高，更有利于屯垦，泰定帝时削减了其屯田规模。忠翊侍卫屯田设于至元二十九年（1292）十一月，地点在燕只哥赤斤（今内蒙古呼和浩特东北的东干支胡同）、红城（今内蒙古和林格尔县南的大红城）一带。仁宗延祐二年（1315），"迁红城屯军于古北口、太平庄屯种。……七年十二月，罢左都威卫及太平庄、白草营等处屯田，复于红城周回立屯"③。这两次外来屯军的开垦，扩大了昌平的耕地面积。文宗至顺元年（1330）十月，"立宣忠扈卫亲军都万户营于大都北，市民田百三十余顷赐之"④；"十二月，命收聚讫一万斡罗斯，给地一百顷，立宣忠扈卫亲军万户府屯田"⑤。宣忠扈卫屯田的营地既在"大都北"，或许与此前昌平境内的屯田区域相近，屯军之内甚至包括一万名斡罗斯（俄罗斯）人。到元末至正十三年（1353），"脱脱用左丞乌古孙良桢、右丞悟良哈台议，屯田京畿，以二人兼大司农卿，而脱脱领大司农事。西至西山，东至迁民镇，南至保定、河间，北至檀、顺州，皆引水利，立法佃种，岁乃大稔"⑥。

---

① 《元史》卷100《兵志三》"屯田"，中华书局1997年缩印本，第2558页。
② 同上书，第2559页。
③ 同上书，第2561页。
④ 《元史》卷34《文宗本纪三》，中华书局1997年缩印本，第767页。
⑤ 《元史》卷100《兵志三》"屯田"，中华书局1997年缩印本，第2562页。
⑥ 《元史》卷138《脱脱传》，中华书局1997年缩印本，第3346页。

这个范围相当于自今北京西山至秦皇岛山海关、从冀中平原至北京密云和顺义，"凡系官地及元管各处屯田，悉从分司农司立法佃种，给钞五百万锭，以供工价、牛具、农器、谷种之用"①。十五年闰正月，"以各卫军人屯田京畿，人给钞五锭，以是日入役，日支钞二两五钱，仍给牛、种、农器，命司农司令本管万户督其勤惰"②。屯田贯穿了元代的始终，但在大都地区收效并不理想。拟定《大都乡试策问》的考官提出："农，衣食之原也。上有司农之政，下有劝农之臣，垦令虽严而污莱间于圻甸，占籍可考而游惰萃于都城，况其远者乎？其何法以治之？"③作为治国之策的一部分，如何垦田兴农成了应考举子必须回答的问题。

大都周围的贵族官僚占田以及不少土地用于牧马，是城市粮食供应高度依赖江南漕运的重要因素之一。世祖至元十六年（1279），赐给来自尼泊尔的建筑师阿尼哥"京畿良田亩万五千、耕夫指千、牛百、什器备"④。二十一年，赏给土土哈"水碨壹区，近郊田二千亩"⑤。二十九年，赐予高兴"大都良田千亩"⑥。郭守敬引西山泉水以通漕运，但在元文宗天历三年（1330）三月之前，"各枝及诸寺观权势私决堤堰，浇灌稻田、水碾、园圃，致河浅妨漕事"，皇帝颁旨大司农司、都水监，对于"白浮、瓮山直抵大都运粮河堤堰泉水"，严禁诸人"挟势偷决"⑦。蒙古军初占燕京地区时，附近的土地随处都可牧马。当至元年间农业生产逐渐恢复后，四怯薛官（皇城宿卫官）犹在奏请"割京城外近地牧马"，在顺圣皇后阻止下搁置不议⑧。元代朝廷鼓励各地秋耕，借助暴晒杀死蝗蝻以保障来年丰收，仁宗皇

---

①　毕沅：《续资治通鉴》卷211《元纪二十九》，中华书局1957年版，第5754页。

②　《元史》卷44《顺帝本纪七》，中华书局1997年缩印本，第922页。

③　宇术鲁翀：《大都乡试策问》，载苏天爵编《元文类》卷47，商务印书馆1958年版，第674页。

④　程钜夫：《雪楼集》卷7《凉国敏慧公神道碑》，《文渊阁四库全书》，台湾商务印书馆1986年影印本，第1202册，第15页b—16页a。

⑤　《元史》卷128《土土哈传》，中华书局1997年缩印本，第3133页。

⑥　《元史》卷162《高兴传》，中华书局1997年缩印本，第3805页。

⑦　《元史》卷64《河渠志一》，中华书局1997年缩印本，第1590页。

⑧　《元史》卷114《后妃传一》，中华书局1997年缩印本，第2871页。

庆二年（1313）"复申秋耕之令，惟大都等五路许耕其半"①，剩下的一半留作牧马之用。大都近郊还有多处苜蓿园，专门种植饲养马匹的苜蓿。私家园林是耕作与放牧之外的另一种土地利用方式，姚仲实弃官经商，"至元初，于城东艾村得沃壤千五百余亩，构堂树亭，缭以榆柳，环以流泉。药阑蔬畦，绮错棋布；嘉果珍木，区分井列。日引朋侪觞咏啸歌其间，聘名师课子孙，泊然无所干于世，优游四十余年"②。大都城东的艾村今地缺考，城西、城南聚集着万柳堂等多处著名园林。

大都的粮食供应无法就近解决，还有一个原因就是许多土地被寺院、道观占有。成吉思汗看重海云和尚，"继命居燕之庆寿寺，赐以固安、新城、武清之地，房山栗园、煤坑之利，并京师之房舍，恒资给之。……（寺内）有栗园，依华［严］经字数，每一字种栗一株，岁收此以供大众。每岁设提点监寺于寺之东，收贮各庄佃所纳粟，如纳粮制，为数动以数千石为率"③。世祖中统二年（1261）八月，"赐庆寿寺、海云寺陆地五百顷"④。陆地即旱田。至元七年（1270）秋，昭睿顺圣皇后在大都以西的高梁河之滨修建大都护国仁王寺，"效地献利者随方而至"。四十年之后的武宗至大四年（1311）核查，"凡径隶本院若大都等处者，得水地二万八千六百六十三顷五十一亩有奇，陆地三万四千四百一十四顷二十三亩有奇，山林、河泊、湖渡、陂塘、柴苇鱼竹厂二十九，玉石、银铁、铜盐、硝碱、白土、煤炭之地十有五，栗为株万九千六十一"⑤。成宗大德五年（1301）二月，"赐昭应宫、兴教寺地各百顷，兴教仍赐钞万五千锭；……万安寺地六百顷，钞万锭；南寺地百二十顷，钞如万安之数"⑥。大德六年，

---

① 《元史》卷93《食货志一》，中华书局1997年缩印本，第2356页。

② 程钜夫：《雪楼集》卷7《姚长者碑》，《文渊阁四库全书》，台湾商务印书馆1986年影印本，第1202册，第11页b—12页a。

③ 《顺天府志》卷7《顺天府》"寺"，北京大学出版社1983年影印本，第3、5页。

④ 《元史》卷4《世祖本纪一》，中华书局1997年缩印本，第73页。

⑤ 程钜夫：《雪楼集》卷9《大护国仁王寺恒产之碑》，《文渊阁四库全书》，台湾商务印书馆1986年影印本，第1202册，第9页a—b。

⑥ 《元史》卷20《成宗本纪三》，中华书局1997年缩印本，.第434页。

道士郑进元"益昌平之阡为地七十亩，树而周垣之"，作为其十世祖的墓地，并且"买园亩百余于故都之东，种柳于宫阴古河之壖，岁用以裕"①。他拓宽了坟地的范围，又在大都南城以东购置田园、在宫殿以北的河边空地栽树。寺院占田与赏赐土地，明显削弱了国家取之于农业的财政来源。

四 宫廷官署的柴炭供应

元大都城乡最普遍的燃料是木柴、杂草和芦苇，城内有柴场桥，"内府御厨运柴苇俱于此入"②。宫廷以及地位较高的人家，要烧掉更多的木炭与煤炭。意大利旅行家马可波罗记载：中国煤炭"其质优良，致使全境不燃他物。……盖石之火力足，而其价亦贱于木也"③。曾经到过大都的穆斯林旅行家伊本·拔图塔描述说："居民所燃之炭，仅用一种特产之土。……燃烧与炭无异，且热度较炭为高。"④ 考古发掘出土的元代铁炉子、铁炉算子，尹廷高"地穴玲珑石炭红"、"拥炉危坐惜残更"⑤，欧阳玄"暖炕煤炉香豆熟"等诗词⑥，都表明大都城内许多人家在冬季依靠燃煤御寒。

至正六年（1346）之后成书的朝鲜人学习汉语的会话课本《朴通事谚解》（图4—5），包含着大都以煤炭为燃料的内容。其一："叫一个泥水匠和两个坌工来，整治这炕壁。你有泥镘、泥托么？""没家事时算什么泥水匠，都有里。做炕时，死火炕？烧火炕？""都不要，你只做馈我煤火炕。""着前面做一个煤炉，培砖都有么？""都有，如今疾忙买石灰、麻刀去"。其二："又一个小厮半夜里起来，

① 程钜夫：《雪楼集》卷17《郑真人碑》，《文渊阁四库全书》，台湾商务印书馆1986年影印本，第1202册，第31页a—b。

② 熊梦祥：《析津志》，《析津志辑佚》本，北京古籍出版社1983年版，第100页。

③ ［法］沙海昂注、冯承钧译：《马可波罗行纪》，上海书店出版社2001年版，第407页。

④ 同上书，第407—408页。

⑤ 尹廷高：《玉井樵唱》卷上《燕山寒二首》之一、卷中《燕山除夕》，《文渊阁四库全书》，台湾商务印书馆1986年影印本，第1202册，第16页b、34页b。

⑥ 欧阳玄：《圭斋文集》卷4《渔家傲·南词》，国家图书馆藏清抄本。

煤场里推煤去时节，被巡夜的拿着，冷铺里监禁着。"其三："把那煤炉来，掠饬的好着。干的煤简儿有么？""没了，只有些和的湿煤。""黄土少些个，拣着那乏煤，一打里和着干不得。着上些煤块子，弄的火快时，眨眼熟了。"① 主人请泥瓦匠做煤火炕，炕前有砖砌的煤炉，半夜里到煤场推煤，做饭时烧煤简儿、煤块子，把湿煤、乏煤混合在一起备用，这些都生动地反映了大都烧煤已经比较普遍，否则也不会被朝鲜的"中国通"写进他们的会话教材中。

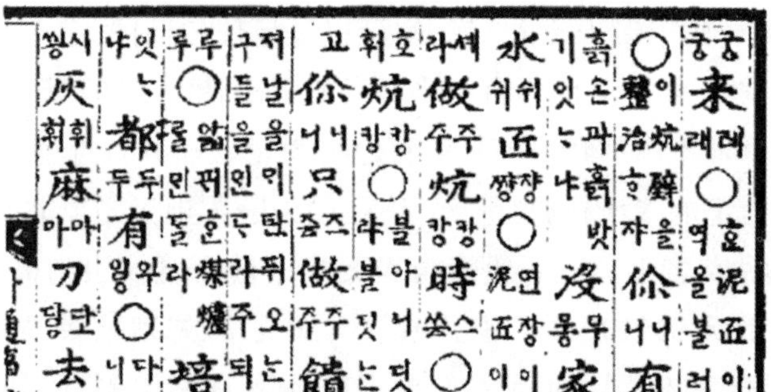

图4—5　《朴通事谚解》书影

① 《朴通事谚解》，影印奎章阁丛书本，台北联经出版事业公司1978年版，第268—269、290、347—348页。

为了保障城市建设以及宫廷的能源供应，中统三年（1262）设立养种园，职责之一是"掌西山淘煤，羊山（今门头沟上苇甸一带）烧造黑白木炭，以供修建之用"①。至元二十年（1283）设柴炭局，"以东宫位下民一百户烧炭二月，军一百人采薪二月，供内府岁用，立局以主其出纳"②。二十四年置西山煤窑场，"领马安山（今门头沟潭柘寺东马鞍山）、大峪寺（今黑山、大峪村一带）石灰、煤窑办课"，以采煤的税收敬奉皇太后③。同年设置的上林署，也有"备煤炭以给营缮"之责④。《永乐大典》本《顺天府志》显示，西山一带的采煤业在元代已有一定规模，宛平县"煤炭出城西七十里大峪山（今门头沟大峪一带），有黑煤洞三十余所，土人恒采取为业。……其用胜于然薪，人赖利焉。又西南五十里桃花沟（今房山大安山乡一带）有白煤十余里。水火炭出城西北二百里斋堂村（今门头沟斋堂），有炭窑一所"⑤。黑煤、白煤，分别是褐煤、无烟煤的别称。"水火炭"或作"水和（huó）炭"，是掺入黄土之后制成的煤块，《朴通事》称："石炭槌碎，并黄土以水和，作块晒干，临用粗碎，纳于炉中，总谓之'水和炭'。未干者谓之湿煤，已干者谓之煤简儿，亦曰煤块子。其烧过土块曰乏煤拣，其土块更和石炭用之。"⑥这里记载的煤炭用法以及相关术语，至今在华北地区尤其是广大农村仍在沿用。

城市居民所用的煤炭要到煤市购买，大都修文坊前就有这样的煤市⑦。在秋末和冬季，商人的牛车到西山煤窑前拉煤，运抵大都城下之后分装在荆条筐内，用驴或马载入煤市。元末熊梦祥记载："城中内外经纪之人，每至九月间买牛装车，往西山窑头载取煤炭，往来于此。新安（《析津志辑佚》原文如此）及城下货卖，咸以驴马负荆筐

---

① 《元史》卷90《百官志六》，中华书局1997年缩印本，第2282页。
② 《元史》卷89《百官志五》，中华书局1997年缩印本，第2251页。
③ 同上书，第2252页。
④ 《元史》卷90《百官志六》，中华书局1997年缩印本，第2282页。
⑤ 《顺天府志》卷11《宛平》，北京大学出版社1983年影印本，第295—296页。
⑥ 《朴通事谚解》，影印奎章阁丛书本，台北联经出版事业公司1978年版，第348页。
⑦ 熊梦祥：《析津志》，《析津志辑佚》本，北京古籍出版社1983年版，第6页。

入市，盖趁其时。冬月，则冰坚水涸，车牛直抵窑前；及春则冰解，浑河水泛则难行矣。往年官设抽税，日发煤数百，往来如织。二三月后，以牛载草货卖。北山又有煤，不佳。都中人不取，故价廉。"①在两三个月的时间内每天运出数百车，大都冬季用煤的水平已相当可观。至正二年（1342）重开金口河，原因之一就是左右丞相都认为："京师人烟百万，薪刍担负不便。今西山有煤炭，若都城开池河上，受金口灌注，通舟楫往来，西山之煤可坐致于城中矣。"②虽然这个设想因为开河失败没有实现，西山煤炭在城市能源构成中的重要地位却一直延续到晚近时期。

第五节　交通建设与商业手工业的繁荣

交通是人员往还、物资交流、政令传达的必要条件，商业、手工业是城市经济生活的润滑剂。元代大都地区的交通建设与商业手工业都取得了显著进步，城市发展呈现出空前繁荣的景象。

一　大都上升为全国交通中心

到元大都时代，历史上的北京第一次成为全国政治中心与交通中心。海上漕运航线与南北大运河空前畅通，陆上交通线在延续金代以前的格局之外，由于皇帝春季从大都出发到上都（今内蒙古正蓝旗东北）避暑，秋天自上都返回大都过冬，两都之间的道路变得非常重要，并且可以区分为西路、中路、东路三条线。最常经行的西路出健德门北行，经双泉铺、清河、南口出居庸关，再分岔为黑峪道（色泽岭道）、赤城道（独石口道）、野狐岭道抵达上都。中路可称为四海冶道，出安贞门北行，经小汤山、黄花城、四海冶等地，沿黑河河谷北去，与西路的黑峪道相接。东路可称古北口道，出崇仁门（今东直

① 熊梦祥：《析津志》，《析津志辑佚》本，北京古籍出版社1983年版，第209页。
② 权衡：《庚申外史》卷一，《续修四库全书》，上海古籍出版社2002年影印本，第423册，第773页。

门）或光熙门东北行，经望京、顺义、牛栏山、密云、石匣等地出古北口，沿潮河河谷西北行抵达上都。

元代最突出的交通建设，是以大都为中心的驿站（蒙古语译音"站赤"）系统。各类驿站沿着交通干道辐射全国，为朝廷通达边情、布宣号令。《元史》记载："凡站，陆则以马以牛，或以驴，或以车，而水则以舟。其给驿传玺书，谓之铺马圣旨。遇军务之急，则又以金字圆符为信，银字者次之。内则掌之天府，外则国人（即蒙古人）之为长官者主之。其官有驿令，有提领，又置脱脱禾孙于关会之地，以司辨诘，皆总之于通政院及中书兵部。而站户阙乏逃亡，则又以时签补，且加赈恤焉。于是四方往来之使，止则有馆舍，顿则有供帐，饥渴则有饮食，而梯航毕达，海宇会同。元之天下，视前代所以极盛也。""中书省（包括黄河以北、以东及内蒙古大部）所辖腹里各路站赤，总计一百九十八处。陆站一百七十五处，马一万二千二百九十八匹，车一千六十九辆，牛一千九百八十二只，驴四千九百八头。水站二十一处，船九百五十只，马二百六十六匹，牛二百只，驴三百九十四头，羊五百口。牛站二处，牛三百六只，车六十辆。"[1] 元代发达的驿站邮传，成为各地进行经济文化交流的纽带，也是向全国传达政令的通道。大都地区是这个庞大交通网络的起始，大都城则是它的中枢所在。

二　官营手工业极为发达

元代有庞大的官营手工业生产和管理系统，通过早期战争掳掠与嗣后从各地征发，四十余万名工匠汇聚大都。工部"掌天下营造百工之政令"，工部之下的诸色人匠总管府"掌百工之技艺"，下辖以行业分工的铜局、银局、镔铁局、玛瑙玉局等；大都甄局"管人匠一百二十有五户"，染局"管人匠六千有三户"，绣局"掌绣造诸王百官段匹"，纹锦总院"掌织诸王百官段匹"，大都等处织染提举司"管阿难答王位下人匠一千三百九十八户"，此外的许多机构也有管理冶

---

[1] 《元史》卷101《兵志四》，中华书局1997年缩印本，第2583、2591—2592页。

铸、营缮、织染、金银器制作等手工业生产的职能①。

大都以官营为主的手工业，最著名的是丝织、酿酒、玉器制造。马可波罗描述说：四方输入大都的货物"仅丝一项，每日入城者计有千车。用此丝制作不少金锦绸绢，及其他数种物品"②。大德九年（1305）八月，宣政院奏报"街下织段子的匠人每，织着佛像并西天字段子货卖有"③，皇帝随即禁止织造售卖这类高级丝织品。湛露坊"多是雕刻、押字与造象牙匙箸者，及承造宫马大红鞦辔、悬带、金银牌面、红绦与贵赤四绪绦、士夫青區绦并诸般线香。有作万岁藤及诸花样者，此处最多"④。精美的绸绢、缎子与丝绦，是丝织业发达的象征。酿酒业消耗了大量粮食，至元十四年（1277）姚枢建议："糜谷之多，无若醪醴麴蘖。京师列肆百数，日酿有多至三百石者，月已耗谷万石。百肆计之，不可胜算与！祈神赛社，费亦不赀，宜悉禁绝。"⑤元代创制了称作"阿剌吉酒"的烧酒，"不仅味佳，而且色清爽目。其味极浓，较他酒为易醉"⑥，这应当是中国酿酒史上出现白酒的开端。大都内外有上万人从事玉器行业，"南城彰仪门外，去二里许，望南有人家百余户，俱碾玉工，是名磨玉局"⑦。作为磨玉局生产基地的这个村落，就是今天的丰台区东局、西局。此外，大都还有粮食加工、饮食、医疗服务以及家具、编织、窑厂、漆器制作等多种行业。

大都周边分布着比较重要的采矿冶炼业，至元初年"燕北、燕南通设立铁冶提举司大小一十七处，约用煽炼人户三万有余，周岁可煽

① 《元史》卷85《百官志一》"工部"，中华书局1997年缩印本，第2143—2148页。

② ［法］沙海昂注、冯承钧译：《马可波罗行纪》第94章《汗八里城之贸易发达户口繁盛》，上海书店出版社2001年版，第238页。

③ 《通制条格》卷28《杂令》"佛像西天字段子"，浙江古籍出版社1986年版，第259页。

④ 引自《析津志辑佚》208页，重新订正文字。

⑤ 姚燧：《牧庵集》卷15《中书左丞姚文献公神道碑》，四部丛刊初编本，商务印书馆1919年版，第15页b—16页a。

⑥ ［法］沙海昂注、冯承钧译：《马可波罗行纪》第100章《契丹人所饮之酒》，上海书店出版社2001年版，第254页。

⑦ 熊梦祥：《析津志》，《析津志辑佚》本，北京古籍出版社1983年版，第115页。

课铁约一千六百余万。自至元十三年（1276）复立运司以来，至今（指至元二十年前后）官为支用本货，每岁约支三五百万斤"①。在今北京市境内，"银在大都者，至元十一年（1274）听王庭璧于檀州奉先等洞采之"②，其地可能即今密云区银冶岭。至元十三年，雾灵山伐木官奏报："檀州大峪、锥山出铁矿。有司复视之，寻立四冶。"③这四处冶炼厂分别为大峪（今密云东北 13 公里达峪村）、锥山（今密云东北 25 公里锥峰山）、五峪（今密云古北口南 14 公里五峰山）、利贞（今密云石匣西北 2.5 公里栗榛寨）。宛平县"银冶在城西北一百八十里颜老山，铁冶在城西北一百五十里清水村"，采煤业在大峪山、桃花沟等地④。元初大都的军器制造以冷兵器与抛石攻城的回回炮为主，至元十六年（1279）三月，襄加带"括两淮造回回炮新附军匠六百，及蒙古、回回、汉人、新附人能造炮者，俱至京师"⑤。元代后期，开始铸造金属火炮即火铳。大都的官营手工业种类多样、规模宏大，但国家垄断也带来了浪费严重、耗费过多等弊端。

三　城市商业空前繁荣

水陆交通的发达与国家首都的强大吸引力，推动着元大都成为具有世界影响的贸易中心。马可波罗称："郭中所居者，有各地来往之外国人，或来入贡方物。或来售货宫中。……外国巨价异物及百物之输入此城者，世界诸城无能与比。……此汗八里大城之周围，约有城市二百，位置远近不等。每城皆有商人来此买卖货物，盖此城为商业繁盛之城也。"⑥ 黄仲文笔下的大都，也是"华区锦市，聚万国之珍异；歌棚舞榭，选九州之秾芬。……繁庶之极，莫得而名也。若乃城

---

① 王恽：《秋涧先生大全文集》卷 90《便民三十五事》"省罢铁冶户"，《四部丛刊初编》本，商务印书馆 1919 年版，第 19 页 a。

② 《元史》卷 94《食货志二》，中华书局 1997 年缩印本，第 2379 页。

③ 《元史》卷 50《五行志一》，据中华书局 1997 年缩印本第 1069 页重新标点。

④ 《顺天府志》卷 11《宛平县》，北京大学出版社 1983 年影印本，第 295—296 页。

⑤ 《元史》卷 10《世祖本纪七》，中华书局 1997 年缩印本，第 210 页。

⑥ ［法］沙海昂注、冯承钧译：《马可波罗行纪》第 94 章《汗八里城之贸易发达户口繁盛》，上海书店出版社 2001 年版，第 237、238 页。

闽之外，则文明为舳舻之津，丽正为衣冠之海，顺承为南商之数，平则为西贾之派。天生地产，鬼宝神爱，人造物化，山奇海怪，不求而自至，不集而自萃。是以吾都之人，家无虚丁，巷无浪辈。计赢于毫毛，运意于葄倍。一日之间，一闱之内，重毂数百，交凑阛阓，初不计乎人之肩与驴之背"①。大都的前三门与西南城门，对应着货物与人员流通的主要水陆通道：大运河上浩浩荡荡的运粮船队沿着通惠河逆流而上，驶过大都南墙最东端的文明门外之后转向北折，最终到达城内的积水潭，此即"文明为舳舻之津"；经由中间的丽正门进入大都的各色人等，包括国内外的官员、士绅、商人、旅行者，是谓"丽正为衣冠之海"；来自南方的商人，通常就近选择南墙最西端的顺承门进城，因此"顺承为南商之数"；从西南方向而来的商贾，则要穿行西墙最南端的平则门，故称"平则为西贾之派"。

商路畅通是保障城市基本生活资料的主要途径，尚书省、御史台屡次奏报："大都居民所用粮斛，全藉客旅兴贩供给。""大都里每年百姓食用的粮食，多一半是客人从迤南御河里搬将这里来卖有。来的多呵贱，来的少呵贵有。"② 为了平抑粮价、周济贫民，至元二十二年（1285）"于京城南城设铺各三所，分遣官吏，发海运之粮，减其市直以赈粜焉"，此后变为常规性的制度，发粮由数万石到四五十万石不等。成宗元贞元年（1295）设肆三十所，后减为十余所③。大都食盐的供销政策，在商人贩卖与官府专卖之间多次反复。大德七年（1303）罢大都盐运司，"每岁存留盐数，散之米铺，从其发卖。后因富商专利，遂于南北二城设局，凡十有五处，官为卖之"。泰定二年（1325）撤销官卖局，元统二年（1334）又予以恢复，至正三年（1343）再度"听从客贩"④。前面已经提到，大都取暖的煤炭来自西

---

① 黄仲文：《大都赋》，载《宛署杂记》卷17《民风一·土俗》，北京古籍出版社1980年版，第189页。
② 《通制条格》卷27《杂令》"拘滞车船"条，浙江古籍出版社1986年版，第288页。
③ 《元史》卷96《食货志四》，中华书局1997年缩印本，第2475—2476页。
④ 《元史》卷97《食货志五》，中华书局1997年缩印本，第2485—2487页。

山，"城中内外经纪之人，每至九月间买牛装车，往西山窑头载取煤炭，往来于此"①。至于居民日常生活用品以及面向皇室与官僚富豪的奢侈品，同样是数量巨大、品种丰富。

元末熊梦祥记录了大都城内主要的市肆分布："米市、面市，钟楼前十字街西南角；羊市、马市、牛市、骆驼市、驴骡市，已上七处市俱在羊角市一带，其杂货并在十市口。北有柴草市，此地若集市，近年俱于此街西为贸易所。段子市，在钟楼街西南；皮帽市，同上。菜市，丽正门三桥、哈达门丁字街。菜市，和义门外。帽子市，钟楼。穷汉市，一在钟楼后，为最；一在文明门外市桥；一在顺承门城南街边；一在丽正门西；一在顺承门里草塔儿。鹁鸽市，在喜云楼下。鹅鸭市，在钟楼西。珠子市，钟楼前街西第一巷。省东市，在检校司门前墙下。文籍市，在省前东街。纸劄市，省前。靴市，在翰林院东，就卖底皮、西甸皮、诸靴材，都出一处。车市，齐化门十字街东。拱木市，城西。猪市，文明门外一里。鱼市，文明门外桥南一里。草市，门门有之。沙剌市，一巷皆卖金银、珍珠、宝贝，在钟楼前。柴炭市集市，一顺承门外，一钟楼，一千斯仓，一枢密院。人市，在羊角市，至今楼子尚存……煤市，修文坊前。南城市、穷汉市，在大悲阁东南巷内。蒸饼市，大悲阁后。胭粉市，披云楼南。果市，和义门外、顺承门外、安贞门外。铁器市，钟楼后。"②元大都的市肆分布以钟鼓楼与积水潭北岸、羊角市（今西四附近）、枢密院角市（今灯市口一带）为重心，城外的寺庙也有类似定期集市性质的庙会。每年二月初八在平则门外三里的西镇国寺，"寺之两廊买卖富甚，太半（原文误作"平"）皆南北川广精粗之货，最为饶盛。于内商贾开张如锦，咸于是日。……多是江南富商，海内珍奇无不凑集"③。此类庙会与定期集市、常设铺户，对于保障城市居民的生活需求必不可少，共同构成了大都商业流通的主要渠道。

---

①　熊梦祥：《析津志》，《析津志辑佚》本，北京古籍出版社 1983 年版，第 209 页。

②　于敏中等：《日下旧闻考》卷 38《京城总纪》引《析津志》，北京古籍出版社 1985 年版，第 603—604 页。

③　引自《析津志辑佚》第 214—215 页，重新标点、更正错字。

第六节　园林与禁猎区的环境意义

元代大都人口的聚集以及大规模的城市建设，在导致漕粮需求大幅度上升的同时，对周边地区尤其是卢沟（永定河）上游流域森林资源的采伐也逐渐加剧，开始产生初步的水土流失问题。但从全局衡量，元代大都地区仍然处在人少地多的年代，园林建设与禁猎区的设置也在客观上具有保护区域环境的意义。

元大都的私家别墅型园林，以分布在城西的万柳堂（今玉渊潭、钓鱼台一带）、城南草桥一带的廉园最著名。在今丰台区范围内，还有远风台、匏瓜亭、玩芳亭、遂初堂、野亭等。这些士大夫修建的园林利用或改变了局部的小环境，多少具有一些生态价值。

具有环境意义的园林通常是规模较大的皇家园林，它们大致分为两类。大都皇城内的太液池（今北海和中海）、万寿山（或称万岁山，今北海公园白塔山）、灵囿（或称灵圃，今白塔山以东至景山公园一带），属于以人工雕琢为主构筑的游览型花园。陶宗仪记载："万寿山在大内西北太液池之阳，金人名琼花岛。中统三年修缮之，至元八年赐今名。其山皆叠玲珑石为之，峰峦隐映，松桧隆郁，秀若天成。……山之东有石桥，长七十六尺，阔四十一尺半，为石渠以载金水，而流于山后以汲于山顶也。又东为灵囿，奇兽珍禽在焉。"[1]马可波罗称皇城内"有一极美草原，中植种种美丽果树。不少兽类，若鹿、獐、山羊、松鼠，繁殖其中。……北方距皇宫一箭之地，有一山丘，人力所筑，高百步，周围约一哩。山顶平，满植树木，树叶不落，四季常青。汗闻某地有美树，则遣人取之，连根带土拔起，植此山中，不论树之大小。树大则命象负而来，由是世界最美之树皆聚于此"[2]。这座被称为"绿山"的山包，即今白塔山。宫城北面的御苑

---

① 陶宗仪：《南村辍耕录》卷21《宫阙制度》，中华书局1959年版，第255页。
② ［法］沙海昂注、冯承钧译：《马可波罗行纪》第83章《大汗之宫廷》，上海书店出版社2001年版，第203、204页。

种植观赏性花木，利用水碾从太液池引水浇灌。第二类是远郊基本保持森林、草原、湖泊原始面貌的天然休闲围猎场所，这是蒙古人不忘民族传统习俗的标志之一。"冬春之交，天子或亲幸近郊，纵鹰隼搏击，以为游豫之度，谓之飞放。"① 大都周围设置了多处由广阔的水面、丰美的草地、众多的动物构成的猎场，也就是以原生风貌为主的皇家园林，称作"飞放泊"。今永定门外南苑一带，元代有面积大约四十顷的下马飞放泊，以骑马出城很快即可到达而得名。大都东南的柳林一带（今通州南三十里柳营附近），辽金时期是延芳淀的一部分，元代成为著名的飞放之地。

　　元朝制定了关于狩猎的许多禁令，这既是游牧民族熟悉动物生长规律的反映，也是为了保证大都周围的苑圃内有足够的飞禽走兽供皇帝射猎。《元典章》规定："正月为头，至七月二十八日，除毒禽猛兽外，但是禽兽胎孕卵之类，不得捕打，亦不下捕打猪鹿麋兔"，还有"休卖海青鹰鹘""禁捕鸳鸯鹅鹨""禁打捕秃鹙"等②，都有利于保持动物的正常繁育与种群的相对平衡。更为典型的是，元朝以严刑峻法设置了范围广阔的禁猎区："大都八百里以内，东至滦州，南至河间，西至中山，北至宣德府，捕兔有禁。以天鹅、鸳鸯、仙鹤、鸦鹘私卖者，即以其家妇子给捕获之人。有于禁地围猎为奴婢首出者，断奴婢为良民。收住兔鹘向就近官司送纳，喂以新羊肉，无则杀鸡喂之。自正月初一日至七月二十日禁不打捕，著之令甲。"③ 为招引天鹅供帝王行围期间射猎，大兴县每年需派人种植水生植物茨菰，其地应距下马飞放泊不远或者就是它的一部分。"天鹅，又名驾鹅。大者三五十斤，小者廿余斤，俗称'金冠玉体干皂靴'是也。每岁，大兴县管南柳林中飞放之所，彼中县官每岁差役乡民，广于湖中多种茨菰，以诱之来游食。其湖面甚宽，所种延蔓，天鹅来千万为群。俟大

---

① 《元史》卷101《兵志四》，中华书局1997年缩印本，第2599页。

② 《大元圣政国朝典章》卷38《兵部五》，中国广播电视出版社1998年影印本，第1435—1450页。

③ 于敏中等：《日下旧闻考》卷75《国朝苑圃》引《鸿雪录》，北京古籍出版社1985年版，第1267页。

驾飞放海青、鸦鹘，所获甚丰。"但是，动物数量过多也会引起农业灾害。"花头鸭与江南者盖多来海子内，与太液池中水鸭万万为群。丙申年（即至正十六年丙申，1356），京南白沟等处食尽田苗，稼将欲成熟，遭此厄难，官粮大减，虽申朝廷，物害如故"。[①] 类似于江南花头鸭的水禽，从四面八方聚集到北海一带水域，同这里的水鸭形成"万万为群"的壮观场面，还将今河北白沟一带即将成熟的庄稼一扫而光，这应是大都周围长期设置禁猎区带来的副作用。

元末《析津志》记载了大都地区多种动物的分布状况："羚羊，京西山广有之。……俗呼为野羊是也。"獐、麂、麋、鹿、兔、野豕、兔、香子、獾、狼、豺等类，也比较常见。香子（麝）"大小不等，今西山在处咸有之"。"秃鹙，能食蝗虫蝻子，有旨不敢捕食。其形丑恶，来则成群，无间虫蝗多少，悉能食之。""朱鹭，……西山广多。"雉鸡、鹧鸪等数十种动物"在处通有"[②]。上述动物分布如此普遍，应当是严苛的动物保护法规所产生的显著效果，也是元代区域人口不太密集、人地关系远不如后来紧张的证明。

---

① 引自《析津志辑佚》第236—237页，订正文字、重新标点。
② 熊梦祥：《析津志》，《析津志辑佚》本，北京古籍出版社1983年版，第233—238页。

第五章　明北京的发展与区域人地关系的演变

　　洪武元年（1368）八月，徐达率领明军攻克元朝大都城，旋即改大都为北平，置北平府。建文元年（1399），驻守北平的燕王朱棣发动靖难之役。永乐元年（1403）正月，改北平为北京，北平府改顺天府。四年开始营建北京，十九年正式迁都。明代顺天府共领 5 州 22 县，在今北京市境内有大兴县、宛平县、良乡县、通州、漷县、昌平州、密云县、怀柔县、顺义县、涿州之房山县、蓟州之平谷县。此外，三河县及东安县部分地区亦在今北京境内；隆庆州及所领永宁县，为今延庆县地。政治、军事、社会、经济的多方需求，共同影响着明代北京的发展以及区域人地关系的演变。

第一节　明初战争损耗与移民屯垦

　　元末明初的连年战争，导致社会经济残破，人口锐减，土地荒芜。《大明会典》记载："国初兵荒之后，民无定居，耕稼尽废，粮饷匮乏。"[1] 太行山东的北平、河南、山东等地"多是无人之地"[2]。洪武元年（1368）闰七月，徐达率师北伐，"徇取河北州县，时兵革

---

[1]　（万历）《大明会典》卷18《户部五·屯田》，《续修四库全书》，上海古籍出版社 2002 年影印本，第 789 册，第 310 页。
[2]　顾炎武：《日知录》卷10《开垦荒地》，《日知录集释》本，中华书局 1936 年版，第 6 页 a。

连年，道路皆榛塞，人烟断绝"①。同样，山西北部的大同等地，因遭元季孛罗帖木儿等"乱兵杀掠"，导致"城郭空虚，土地荒残，累年租税不入"②。

北京地区也遭到了极大破坏，"久被兵残，困于征敛"③。徐达攻入大都之后，蒙元官吏和士兵大多北逃，这里几乎成为一座空城。洪武元年（1368）九月平定大都昭告称："故官及军民人等，近因大军克取之际，仓惶失措，生离父母妻子，逃遁他所。"④ 洪武三年（1370）实录记载，北平等地"其民久罹兵革，疲困为甚"⑤。及至永乐靖难之役，连年战乱再次加重了北方地区的破败，"靖难兵起，淮以北鞠为茂草"⑥。永乐元年（1403）十一月，明成祖称："北京兵燹以来，人民流亡，田地荒芜。"⑦ 基于明初凋敝的社会经济状况，明太祖提出："丧乱之后，中原草莽，人民稀少，所谓田野辟，户口增，此正中原今日之急务。"⑧ 为此，洪武及永乐年间，明政府实施了大规模的人口迁移及军民屯垦。

一 洪武年间的移民屯垦

洪武年间在北京周边地区的大规模移民，是对蒙元战争取得胜利的成果之一。洪武四年（1371）三月，"徙山后民万七千户屯北平"⑨。徐达奏称："山后顺宁等州之民，密迩虏境，虽已招集来归，未见安土乐生，恐其久而离散。已令都指挥使潘静、左傅高显，徙顺宁、宜兴州沿边之民，皆入北平州县屯戍……计户万七千二百七十四，口九万三千八百七十八。"⑩ 同年六月，再次从山后迁徙民众，

---

① 《明太祖实录》卷33，洪武元年闰七月庚子。
② 《明太祖实录》卷61，洪武四年二月丙辰。
③ 《明太祖实录》卷38，洪武二年正月庚戌。
④ 《明太祖实录》卷35，洪武元年九月戊寅。
⑤ 《明太祖实录》卷50，洪武三年三月庚寅。
⑥ 《明史》卷77《食货志一》，中华书局1997年缩印本，第1881页。
⑦ 《明成祖实录》卷25，永乐元年十一月戊戌。
⑧ 《明太祖实录》卷37，洪武元年十二月辛卯。
⑨ 《明史》卷2《太祖本纪二》，中华书局1997年缩印本，第26页。
⑩ 《明太祖实录》卷62，洪武四年三月乙巳。

"徙北平山后之民三万五千八百户，一十九万七千二十七口，散处卫府，籍为军者为以粮，籍为民者给田以耕"。同时，徐达"又以沙漠遗民三万二千八百六十户，屯田北平府管内之地。凡置屯二百五十四，开田一千三百四十三顷"①。五年七月，"革妫川宜兴、兴、云四州，徙其民于北平附近州县屯田"②。前后几次移民数量即达85900余户。其中迁移沙漠遗民的安置情况如下（表5—1）：

表5—1　　　　　　　洪武四年北平各州县移民分布表

州县	屯数	户数	州县	屯数	户数
大兴	49	5745	漷州	9	1155
宛平	41	6166	武清	15	2031
良乡	23	2881	蓟州	10	1093
固安	37	4851	昌平	26	3811
通州	8	916	顺义	10	1370
三河	26	2831	合计	254	32850

注：根据表中每州县安置移民户数合计，总数为32850户，与文中所述32860户少10户。

资料来源：《明太祖实录》卷66，洪武四年六月戊申。

洪武年间，为鼓励人口迁移，朝廷制定了税收优免以及给与路费等政策。洪武十年（1377）十月，北平、永平二府守臣言："山后来归之民，以户计者五百三十，以口计者二千一百余，皆携挈妻孥，无以为食。上命有司稽其口之大小，赈给之，凡赈米八百一十石。"③为安抚回归的逃亡民众，二十年（1387）七月，"工部遣人运毛皮袄六千八十六领，纻丝棉布袢袄裙裤五万，事往北平，给赐来降之人"④。二十二年（1389）四月，令山东流民居京师，"人赐钞二十

①　《明太祖实录》卷66，洪武四年六月戊申。
②　《明太祖实录》卷75，洪武五年七月戊辰。
③　《明太祖实录》卷115，洪武十年十月丙辰。
④　《明太祖实录》卷183，洪武二十年七月丁酉。

锭，俾营生业"①。

二　永乐年间的山西及南方移民

靖难之役过后，明成祖决计迁都北京，为此进行了长期准备。其中一项重要措施便是由山西、南方等地移民充实北京。在朱棣刚刚即位的洪武三十五年（即建文四年，1402）八月，已有战争期间逃亡的大量人口返回故土，"直隶淮安及北平、永平、河间诸郡，避兵流移复业者凡七万一千三百余户"②。九月，成祖"命户部遣官核实山西太原、平阳二府，泽、潞、辽、沁、汾五州，丁多田少及无田之家，分其丁口，以实北平各府州县。仍户给钞，使置牛具子种，五年后征其税"③。此外，将罪犯及其家属迁徙北京耕种，"自今凡人命十恶死罪、强盗伤人者，依律处决，其余死罪及流罪，令挈家赴北平种田"④。战争平息后，朝廷将部分军籍人口转为平民从事耕种，同年十二月，户部尚书掌北平布政司事郭资奏称："北平、保定、永平三府之民，初以垛集，充军随征。有功者已在爵赏中矣，其力弱守城者病亡，相继辄取，户丁补役。故民人衰耗，甚至户绝，田土荒芜。今宜令在伍者籍记其名，放还耕种，俟有警急，仍复征用。其幼小纪录者，乞削其军籍，俾应民差。"⑤ 这些政策的实施，对于恢复农业生产具有积极作用。

永乐元年（1403），"令选浙江、江西、湖广、福建、四川、广东、广西、陕西、河南及直隶、苏、松、常、镇、扬州、淮安、庐州、太平、宁国、安庆、徽州等府无田粮并有田粮不及五石殷实大户充北京富户，附顺天府籍，优免差役五年"⑥。二年与三年，均由山西迁徙大量人口，"徙山西太原、平阳、泽、潞、辽、沁、汾民一万

① 《明太祖实录》卷196，洪武二十二年四月丁未。
② 《明成祖实录》卷11，洪武三十五年八月丁丑。
③ 《明成祖实录》卷12，洪武三十五年九月乙未。
④ 《明成祖实录》卷12，洪武三十五年九月甲午。
⑤ 《明成祖实录》卷15，洪武三十五年十二月壬申。
⑥ （万历）《大明会典》卷19《户部六·富户》，《续修四库全书》，上海古籍出版社2002年影印本，第789册，第322页。

户实北京"①。四年正月，"湖广、山西、山东等郡县吏李懋等二百十四人言愿为民北京。命户部给道里费遣之"②。原淮安盐城戴氏，是当时所迁移富户之一。1995 年 6 月在通州高楼金村南侧出土的戴芳墓志记载："公讳芳，字世芳，姓戴氏。其先淮安盐城三都望族，以赀雄于乡。……永乐初，取天下富民实京师，公之父廷玉与焉，遂占籍顺天府宛平县，居德胜关里第。"③ 明成祖迁徙南方富户充实北京地区人口，诸如此类的墓志是来自民间的有力证明。

永乐初年为迅速恢复北京地区的人口，除有计划的人口迁移之外，永乐年间将罪囚转为民户迁移来京进行屯垦。永乐元年（1403）八月，"定罪囚于北京为民种田例"。"北京、永平、遵化等处壤地肥沃，人民稀少，今后有犯者，令于彼耕戍"，并为此制定了一系列安抚政策："凡徒流罪，除乐工灶匠拘役，老幼残疾收赎，其余有犯俱免杖。编成里甲，并妻子发北京、永平等府州县，为民种田。定立年限，纳粮当差。杖罪除官吏不该罢职役者，及民单丁有田粮者，依律科断，余皆如之。若河南、山东、陕西、山西、江北、直隶府州县就彼发遣北京刑部；浙江、江西、广东、福建、湖广、四川及江南直隶府州县，除土官地方外，其余俱解户部定拨发遣。""命犯杖罪者，其牛具种子皆给直，五年后如民田例科差；徒流迁徙者不给直，三年后如民田例科差。"④ 十一月，明成祖书谕世子言："故法司所论有罪之人曲乖宽宥，悉发北京境内屯种，意望数年之后，可以助给边储，省馈运之劳，且使有罪者亦得保全。"⑤ 此外，还有一些特殊的移民政策。永乐五年刑部尚书等言："戍南边者多冒瘴疠死其，改发北京郡县种田，庶全活之。"⑥ 六年，"凡军民子弟僮奴自削发冒为僧者，并其父兄送京师，发五台山输作，毕日就北京为民种田。及卢龙牧马

① 《明成祖实录》卷34，永乐二年九月丁卯；卷46，永乐三年九月丁巳。
② 《明成祖实录》卷50，永乐四年正月乙未。
③ 《明故戴处士（芳）墓志铭》，转引自《通州文物志》，文化艺术出版社2006年版，第203页。
④ 《明成祖实录》卷22，永乐元年八月己巳。
⑤ 《明成祖实录》卷25，永乐元年十一月戊戌。
⑥ 《明成祖实录》卷72，永乐五年十月己丑。

寺主僧容留者，亦发北京为民种田"。① 十一年，下令"在外吏考满，照官员给由程限赴部。若托故迁延者问罪，妻子同发北京充军种田"②。十九年，令"原籍有司覆审逃户。如户有税粮无人办纳，及无人听继军役者发回。其余准于所在官司收籍拨地耕种，纳粮当差。其后仍发回原籍，有不回者勒于北京为民种田"③。

此外，永乐年间设上林苑监于京师，明代曾多次由外地移民到此。永乐五年（1407），"命户部徙山西之平阳、泽、潞，山东之登莱等府州民五千户，隶上林苑监牧养栽种户，给路费钞一百锭，口粮二斗"④。此后，嘉靖年间也曾"取山西平阳、泽潞之民充之，使番育树艺，以供上用品物"⑤。迁移到北京地区的人们，用山西的州县名称为自己的新居住地命名，借以表达对故土的深切怀念之情。这些标志着早期居民来源的聚落名称，分布在今大兴、顺义等地，其中以大兴采育地区凤河两岸最为集中，形成了反映明代山西移民活动的典型地名群（图5—1）。

永乐初年多以优免差役等措施鼓励富户移民，此后对于逃匿者制定了严格的惩罚措施。《大明会典》记载，宣德三年（1428），"令应当富户之家，所在官司，再免二丁杂泛差役，以备供送"。六年，"令富户在京入籍。逃回原籍或躲避他处，顺天、应天府官查出申部，令所在官司，即时挨究解发。若亲邻里老知者，许于官司出首免罪，本人能自首赴京者亦免罪。若知而不首及有司占吝不发，即便究问。正犯发口外充军。事故死绝等项，各该官司照数佥补"。明中期以后，随着人口稳步增长，对于明初的富户移民政策趋缓。正统元年（1436），令"其原佥富户有病故者免佥补"，七年"免年七十以上无依、单丁无力富户，仍照数于本州县殷实人户内佥补"。十一年，

---

① 《明成祖实录》卷80，永乐六年六月辛巳。

② （万历）《大明会典》卷12《吏部十一·考核二》，《续修四库全书》，上海古籍出版社2002年影印本，第789册，第215页。

③ （万历）《大明会典》卷19《户口一·逃户》，《续修四库全书》，上海古籍出版社2002年影印本，第789册，第333页。

④ 《明成祖实录》卷67，永乐五年五月乙卯。

⑤ 《明世宗实录》卷14，嘉靖元年五月丁未。

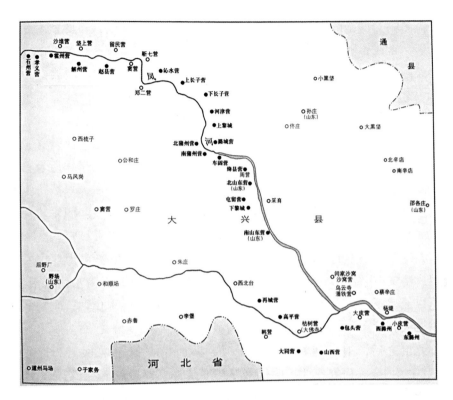

图 5—1　大兴凤河两岸以山西州县命名的聚落地名群

（选自《北京历史地图集》）

"令顺天府每十年一次委官审勘富户。若有年老消乏等项，行移原籍官司佥补"。天顺八年（1464）再次下令"在京富户，今后如有事故，不必佥补"。成化十六年（1480），"令各府委官清理原造富户籍册，不得违例佥补勾丁及以应放免者重役。其富户为事抵充在厢病故者免勾补。逃亡病故者仍勾一丁终身除豁"。到弘治年间，对于富户的限制政策逐步放开，弘治五年（1492）题准："顺天府在逃富户、各省不必起解。"至嘉靖二十四年（1545），鉴于"直隶海州地方疲惫，其原额富户俱停革"[1]。综上，从人口迁入的鼓励，辅之以人口

---

① （万历）《大明会典》卷19《户部六·富户》，《续修四库全书》，上海古籍出版社2002年影印本，第789册，第332—333页。

外流限制等措施的实施，在较短时间内保证了北京地区人口的恢复和发展。至此，随着明代经济的恢复以及人口的稳步增长，行政性的人口鼓励政策逐步废除，对于富户的迁移及相关管理措施也不断放松。

三　北京地区的屯田

卫所制度是明朝创建的一种军制。自京师达于郡县，皆设立卫所。外统于都司，内统于五军都督府。卫下辖一定数量的千户所及百户所，一般而言，一卫约有5600名军士，1120人为一所。一般每卫设左、右、中、前、后5个千户所；120人为一个百户所。明军攻克元大都之后，朱元璋即"诏大将军徐达置燕山等六卫，以守御北平。于是达改飞熊卫为大兴左卫，淮安卫为大兴右卫，乐安卫为燕山左卫，济宁卫为燕山右卫，青州卫为永清左卫，徐州五所为永清右卫。上以元都既克，遂命大将军徐达、副将军常遇春率师取山西，别留兵三万人分隶六卫，令都督副使孙兴祖、佥事华云龙守之"[1]。永乐定都北京之后，卫所建置又有所变动，即所谓"成祖增京卫为七十二"[2]。据今人研究，此后明代京卫并不是一直保持着72卫之数，还有76卫、78卫之说。万历年间北京地区的卫所包括在城卫所与在外卫所两类，其数量则远超72卫之数（表5—2）。

表5—2　　　　　万历年间北京地区在城与在外卫所一览

	非五军都督府属卫	五军都督府属卫
在城卫所	金吾前卫 金吾后卫 羽林左卫 羽林右卫 府军卫 府军左卫 府军右卫 府军后卫 虎贲左卫 锦衣卫 旗手卫 金吾卫 金吾右卫 羽林前卫 燕山左卫 燕山右卫 燕山前卫 大兴左卫 济阳卫 济州卫 腾骧左卫 腾骧右卫 武骧左卫 武骧右卫 武功中卫 武功左卫 武功右卫 永清左卫 永清右卫 彭城卫 牺牲千户所	留守左卫 镇南卫 骁骑右卫 龙虎卫 豹韬卫 沈阳左卫 沈阳右卫 留守右卫 虎贲右卫 武德卫 留守中卫 神策卫 应天卫 和阳卫 龙骧卫 留守前卫 留守后卫 鹰扬卫 兴武卫 大宁中卫 大宁前卫 会州卫 富峪卫 宽河卫 神武左卫 忠义右卫 忠义前卫 义勇右卫 忠义后卫 义勇前卫 义勇后卫 蔚州左卫 武成中卫 牧马千户所 畜牧千户所

----

[1] 《明太祖实录》卷34，洪武元年八月癸未。

[2] 《明史》卷89《兵志一》，中华书局1997年缩印本，第2176页。

续表

	非五军都督府属卫	五军都督府属卫
在外卫所	通州卫 长陵卫 献陵卫 景陵卫 裕陵卫 茂陵卫 泰陵卫 康陵卫 永陵卫 昭陵卫	通州左卫 通州右卫 神武中卫 定边卫 兴州中屯卫 营州左屯卫 营州前屯卫 营州中屯卫 密云中卫 密云后卫 延庆卫 永宁卫 延庆左卫 奠靖守御千户所 潮河守御千户所 镇边城守御千户所 白洋口守御千户所 渤海守御千户所

资料来源：高寿仙：《北京人口史》，中国人民大学出版社 2014 年版，第 224 页。

军屯制度的设立，缘于明初"兵荒之后，民无定居，耕稼尽废，粮饷匮乏"，由此"设各卫所，创制屯田，以都司统摄"。其具体管理办法为："每军种田五十亩为一分，又或百亩，或七十亩，或三十亩、二十亩不等。军士三分守城，七分屯种。又有二八、四六、一九、中半等例，皆以田土肥瘠，地方冲缓为差。又令少壮者守城，老弱者屯种。余丁多者亦许。其征收则例，或增减殊数，本折互收，皆因时因地而异。"[①]

洪武元年（1368），"置北平都司于北平府，领燕山等卫。……以五十亩为一分，七分屯种，三分守城"[②]。屯垦地区平时基本可以自给，但如遇特殊年份官府则给予赈济。十五年，北京地区大水，明太祖即令给米赈灾，"北平大水伤稼，屯田士卒不能自养，宜即命都指挥使司月给米赈之，勿令士卒有饥色也"[③]。永乐年间迁都北京之后，增置卫所。永乐二年（1404）为营建北京，"以五军都督府总摄天下屯政，增设卫所。调兴州、营州等卫屯军拱卫京师，照例七分下屯"[④]。永乐初年规定，各处卫所，凡屯军百名以上，委百户一员，三百以上则委千户一员。后又规定，每百户所管旗军一百一十二名，

---

① （万历）《大明会典》卷18《户部五·屯田》，《续修四库全书》，上海古籍出版社2002年影印本，第789册，第310页。

② 同上书，第313页。

③ 《明太祖实录》卷150，洪武十五年十二月辛卯。

④ （万历）《大明会典》卷18《户部五·屯田》，《续修四库全书》，上海古籍出版社2002年影印本，第789册，第313—314页。

或一百名，七八十名。"养以屯田，栖以营房"，"择地为营，联房以居，使之出入相友，朝夕相亲"①。正德三年（1508）题准，每岁选差御史一员督理北京并直隶卫所屯种，比较子粒，禁革奸弊，年终更替②。

为了鼓励屯田开垦，明朝颁布了许多优惠政策。永乐年间户部议核，"宽北京迁谪军民赋役"，因为"谪徙北京为民及充军屯种之人，初至即责其赋役，必不能堪，其议宽之。至是户部议：自愿北京为民及免杖而徙者，五年勿事；免徒流而徙者，三年勿事；充军屯田者，一年后征其租"。明成祖从之，且令"惟充军屯田者命二年后征租"③。这个时期"当笞者"可以免罪，"挈妻子徙北京良乡、涿州、昌平、武清为民，授田耕种。依自愿为民种田，例给路费，三年始供租调"④。随着垦田政策颁布到来的大量人口，促进了北京地区农业的发展。由于北京地区屯垦人数的增加，明朝增置官员专司屯田事务。早在洪武十三年（1380）九月，即令景川侯曹震等赴北平督促军屯⑤。永乐元年（1403），"命靖安侯王忠往北京安插屯田军民，整理屯种"⑥。九年十月，"增置北京刑部户曹清吏司郎中一员，永平保定河间三府同知、通判各一员，涿、通、霸、蓟、滦、安、景、沧八州同知判官各一员，专理屯田之务"⑦。

元末明初的连年战乱以及靖难之役对于华北地区的破坏，一度使得北平地区人口剧减，农业生产陷入衰败之境。伴随着洪武年间为加强北京军事防务而施行的人口迁移政策，传统农业阶段所依赖的劳动力数量得到了保障。军事屯田与民屯的发展，为明代北京地区农业生产的恢复奠定了基础。永乐年间大规模从山西及南方迁移平民与富

① （康熙）《通州志》卷6《兵防志》，第1—2页。
② （万历）《大明会典》卷18《户部五·屯田》，《续修四库全书》，上海古籍出版社2002年影印本，第789册，第314页。
③ 《明成祖实录》卷120，永乐九年十月乙未。
④ 《明成祖实录》卷124，永乐十年正月壬子。
⑤ 《明太祖实录》卷133，洪武十三年九月辛卯。
⑥ 《明成祖实录》卷24，永乐元年十月壬申。
⑦ 《明成祖实录》卷120，永乐九年十月乙巳。

户，为区域经济的再度恢复和发展直接输入了大批劳动力，同时也加速了各省之间的经济文化交流。明初通过国家力量强制进行的人口迁移及屯垦，是北京地区在元末战争与靖难之役造成巨大破坏之后，快速实现人口增长与社会经济恢复的重要手段。

第二节　营建北京的历史过程与城市格局

明北京城的营建，大致经历了三个阶段（图5—2）。

第一个阶段为洪武元年（1368）对于元大都城的继承与改建。

洪武元年（1368）八月二日，徐达攻克元大都，改为北平府，并开始"经理故元都"，将大都城"缩其城之北五里"。将元大都北城墙内缩，城垣周长缩小了三分之一，从"周围六十里"减少为"周围四十里"；"废东西之北光熙、肃清二门"。新筑北面城墙，改元大都北面的安贞门为安定门，健德门为德胜门。同时，为了加强北京城的防御，所保留的元大都东西城垣"创包砖甓"，即在原来土城的外侧用砖再砌了一层，以包裹原来的城墙。①

第二个阶段为永乐年间为迁都所进行的大规模城市营建。这是明代北京城市建设最为重要的阶段，由此奠定了明北京城的基本结构。工程自永乐四年（1406）开始，一直持续到永乐十八年基本完工。

北京营建工程始于永乐四年（1406），当年新作奉先殿。"盖旧殿为建文所焚，至是改作于奉天殿之西"②。"命工部征天下诸色匠作，在京诸卫及河南、山东、陕西、山西都司、中都留守司、直隶各卫选军士，河南、山东、陕西、山西等布政司，直隶凤阳、淮安、扬州、庐州、安庆、徐州、和州选民丁，期于明年五月俱赴北京。所役率半年更代，人月给米五斗。"③ 十三年诏修北京城。十四年八月，"诏天下军民预北京营造者，分番赴工，所在有司人给钞五锭为

① 于敏中：《日下旧闻考》卷38，京城总纪，北京古籍出版社1985年版，第604—605页。
② 《明成祖实录》卷9下，永乐四年六月丁丑。
③ 《明成祖实录》卷57，永乐四年闰七月壬戌。

道里费"①。八月二十八日，作西宫。"初，上至北京，仍御旧宫，及是将撤而新之，乃命工部作西宫，为视朝之所。"② 次年四月二十七日，西宫成。"其制：中为奉天殿，殿之侧为左右二殿，奉天之南为奉天门，左右为东西角门，奉天之南为午门，午门之南为承天门，奉天殿之北有后殿、凉殿、暖殿及仁寿、景福、仁和、万春、永寿、长春等宫，凡为屋千六百三十余楹。"③ 十七年，拓展北京南城，将元大都南城墙向南移二里。至永乐十八年，宫殿城墙营建工程大致完毕。"凡庙社、郊祀、坛场、宫殿、门阙规制悉如南京，而高敞壮丽过之；复于皇城东南建皇太孙宫，东安门外东南建十王邸。通为屋八千三百五十楹。"④ 九月二十三日，"上命行在礼部，自明年正月初一日始，正北京为京师，不称行在，各衙门印有行在字者，悉送印绥监，令预遣人取南京衙门皆加南京二字，别铸印遣人赍给"⑤。自此，北京成为明朝都城。

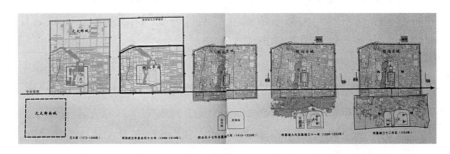

图5—2 明代北京城址变迁（选自《北京宣南历史地图集》）

永乐以后，明朝历代对于都城的营建以及修缮工程一直持续进行。正统二年（1437）正月至四年（1439）四月，"修造京师门楼、城壕、桥闸完。正阳门正楼一，月城中、左、右楼各一。崇文、宣

---

① 《明成祖实录》卷179，永乐十四年八月丁丑。
② 《明成祖实录》卷179，永乐十四年八月丁亥。
③ 《明成祖实录》卷187，永乐十五年四月癸未。
④ 《明成祖实录》卷232，永乐十八年十二月癸亥。
⑤ 《明成祖实录》卷229，永乐十八年九月丁亥。

武、朝阳、阜城、东直、西直、安定、德胜八门各正楼一，月城楼
一。各门外立牌楼，城四隅立角楼，又深其壕，两涯悉甃以砖石。九
门旧有木桥，今悉撤之，易以石。两桥之间各有水闸，濠水自城西北
隅环城而东，历九桥九闸，从城东南隅流出大通桥而去"①。六年，
重建永乐十九年（1421）遭受火灾的奉天、华盖、谨身三殿。嘉靖
十五年（1536），以清宁宫后半地建慈庆宫，以仁寿宫故址并撤大善
殿，建慈宁宫。三十六年，三殿门楼被灾，次年重建奉天门成，更名
大朝门。四十一年，重建三殿工程完毕，更名奉天殿曰皇极殿，华盖
殿曰中极殿，谨身殿曰建极殿②。

　　第三个阶段是嘉靖年间外城的修建。

　　成化十二年（1476）八月，定西侯蒋琬提出在北京加修外城：
"太祖皇帝肇建南京，京城之外复筑土城以护居民，诚万世不拔之基
也。今北京止有内城而无外城，正统己巳之变，胡虏长驱，直至城
下。众庶奔窜，内无所容。前事可鉴也，且承平日久，聚处益繁，思
为忧患之防，须及丰亨之日。况西北一带，前代旧址犹存。若行劝募
之令，加以工罚之徒，计其成功，不日可待。"③ 土木堡事件之后，
鉴于北京面临的巨大压力，便有官员再次提出要建筑外城，但由于当
时工程过多而没有实现。嘉靖二十一年（1542），掌都察院事毛伯温
又建议修筑外城，嘉靖皇帝认为"筑城系利国利民大事，难以惜费，
即择日兴工"，准备修建外城。不过，由于后来刑科给事中刘养直提
出"庙工方兴，木材未备，畿辅民困荒歉，府库财竭于输边。若并力
筑城，恐官民俱匮"④，修建外城的工程停工。嘉靖三十二年
（1553），兵部尚书聂豹等提出外城修建方案："京城外四面宜筑外
城，约计七十余里……自正阳门外东道口起，经天坛南墙外及李兴、
王金箔等园地，至荫水庵墙东止，约计九里。转北经神木厂，獐鹿

① 《明英宗实录》卷54，正统四年四月丙午。
② （万历）《大明会典》卷181《工部一·营造一》，《续修四库全书》，上海古籍出版社2002年影印本，第792册，第193页。
③ 《明宪宗实录》卷156，成化十二年八月庚辰。
④ 《明世宗实录》卷264，嘉靖二十一年七月戊午。

房、小窑口等处斜接土城。旧广禧门基趾约计一十八里；自广禧门起转北而西至土城小西门，旧基约计一十九里。自小西门起，经三虎桥村东、马家庙等处接土城旧基，包过彰义门，至西南直对新堡北墙止，约计一十五里。自西南旧土城转东，由新堡及黑窑厂，经神祇坛南墙外，至正阳门外西马道口止，约计九里。大约南一面计一十八里，东一面计一十七里，北一面势如椅屏，计一十八里，西一面计一十七里，周围共计七十余里。内有旧址堪因者，约二十二里，无旧址应新筑者约四十八里。"关于外城规制："外城墙基应厚二丈，收顶一丈二尺，高一丈八尺。上用砖为腰墙，垛口五尺，共高二丈三尺。城外取土筑城，因以为濠。正阳等九门之外，如旧彰义门、大道桥各开门一座，共门十一座。每门各设门楼五间，四角设角楼四座。其通惠河两岸各量留便门，不设门楼。城外每面应筑敌台四十四座，每座长二丈五尺，广二丈，收顶一丈二尺。每台上盖铺房一间，以便官军栖止。四面共计敌台一百七十六座，铺一百七十六所。城内每面应筑上城马道五路，四面共计马道二十路。西直门外及通惠河二处，系西湖、玉河水出入之处，应设大水关二座。八里河、黑窑厂等处地势低洼，潦水流聚，应设小水关六座。城门外两傍，工完之日拟各盖造门房二所，共二十二所，以便守门人员居处。"① 后来因财力匮乏，改为只在内城南侧修筑外城，"筑正南一面城基，东折转北，接城东南角。西折转北，接城西南角"②。

明北京城所采用的三重城垣结构，核心为宫城，又称紫禁城，为皇帝及后宫生活的地方；宫城之外为皇城，内有太庙、社稷坛、御苑及内务府等机构；最外层为北京城。

第一重为宫城。宫城又称紫禁城。宫城的范围是南至午门，北至玄武门，东至东华门，西至西华门。《明史》中记载，"宫城周六里一十六步，亦曰紫禁城"③。根据现在的测量，紫禁城占地72万多平

---

① 《明世宗实录》卷396，嘉靖三十二年闰三月丙辰。
② 《明世宗实录》卷397，嘉靖三十二年四月丙戌。
③ 《明史》卷40《地理志一》，中华书局1997年缩印本，第884页。

方米。至于为什么叫紫禁城，是因为根据中国古代的星象学，紫微星垣位于中天，是天帝的居所，叫作紫宫，人间的皇帝也要与天帝对应，所以叫紫禁城。

宫城分为外朝和内廷，各个建筑严格按照中轴对称布局排列。外朝是皇帝处理政务和举行朝会的地方，主要有皇极殿、中极殿和建极殿三大殿。外朝三大殿之北便是内廷，中间有乾清门相通，内廷是皇帝生活起居的地方，也是后妃、太子和太监、宫女们居住的地方。乾清宫之北是交泰殿，再往北就是坤宁宫，坤宁宫是皇后居住的地方，坤宁宫之北就是御花园了，明代称为宫后苑，这些便是宫城内的主要建筑。宫城内的养心殿、慈宁宫等我们耳熟能详的建筑属于乾清宫和坤宁宫的东六宫和西六宫，这些宫殿分布在乾清宫和坤宁宫周边。宫城的建筑为了合乎礼制，布局十分严谨，建筑也极为规范。

第二重为皇城。

宫城以外为皇城，大明门、长安左门、长安右门、东安门、西安门、北安门，"以上六门俱皇城门"①。明代的皇城并不是规则的长方形，在西南方缺了一角，可能是为了保护金代的古刹庆寿寺。根据现在的测量，皇城的周长大约为9公里，皇城内主要是宗庙、衙门、内廷等服务机构，以及仓库和防卫等建筑。皇城的正门是承天门，承天门前有"T"字形的宫廷广场。这里虽在城墙之外，却是一个封闭的广场，南面开大明门，因此也属于皇城。这一带是中央衙署分布区，在千步廊两侧分布着各衙门机构，东侧自南而北为礼部、户部、吏部等，西侧主要为五军都督府、锦衣卫、太常寺等。每日文武官员都从承天门两侧的长安左门和长安右门进出，普通百姓禁止入内。承天门外有金水河流过，上有五座汉白玉石桥，叫作金水桥。皇城内有祭祀祖先的太庙，祭祀天地的社稷坛，皇家档案馆皇史宬，以及供皇帝游玩的皇家园林。

第三重即为北京城。皇城之外是北京的内城，又称为"京城"

---

① 万历《大明会典》卷181《工部一·营造一》，《续修四库全书》，上海古籍出版社2002年影印本，第792册，第191页。

"大城"。内城的东西两段沿用了元朝的城墙,南北两端则分别是洪武时期大将军徐达和永乐时期皇帝朱棣修建,城墙为夯土所筑,后来用城砖包砌。内城的城墙周长约为 24 里,西北缺一角,是筑城时沿着积水潭南岸的天然走向顺势而为所致,被后世附会为与女娲补天时"天缺西北、地陷东南"之说相呼应。明代北京内城城防固若金汤,虽被蒙古族攻打多次,但都能够守御。北京内城是普通百姓居住和生活的地方,也有一些政府机构被放置在了内城,如太学。明代北京内城的街道坊巷大多是承袭了元朝的旧制,在建造前由政府规划,分为中城、东城、西城和北城,规划为中央衙署和地方衙署混合区,仓场、商业区等,内城虽街道纵横交错,但井然有序。

与内城相比,外城的街道布局要混乱得多,外城为北京的南城,是嘉靖时为了防范蒙古入侵,保护城南的居民与工商业而修筑的城墙。外城城墙周长 28 里,呈东西宽,南北窄的长方形,共有 7 座城门,无论是城墙,还是城楼,外城的规模都要比内城低很多,目前外城城楼仅存永定门。

明代对于北京城市的营建奠定了明清时期北京城的基本格局,使得北京城的结构从原先的四方形变成了"凸"字形结构,自此直至清代、民国以及晚近北京城墙拆除之前,北京城的基本格局得以确立。另外,基于当时有限的自然条件,如此庞大的营建工程对于社会产生了巨大的耗费,仅以修建宫殿采伐皇木而言,"以一县计,木夫死亡,约近一千;则合省亡夫,不下十万"[1]。嘉靖时为了重建三大殿,仅在四川就采伐巨木 15712 根。这对当地的生态环境也造成了巨大破坏。

第三节 营建北京的物资采办及存储

明代北京城的大规模营建,自永乐年间开始一直持续到明朝中

---

① 陈子龙编:《明经世文编》卷 444《王都谏奏疏·四川异常困苦乞赐特恩以救倒悬疏》,中华书局 1962 年版,第 4877 页。

后期，此后历代亦有各项修缮活动。从洪武年间燕王府的营造，至壮阔宏大的皇家建筑的完成，明代北京经历了漫长的营建过程。《明史·食货志》记载："明初工役之繁，自营建两京宗庙、宫殿、阙门、王邸，采木、陶甓、工匠造作以万万计。所在筑城、浚陂，百役具举。迄于洪宣，郊坛、仓庾犹未迄工。正统、天顺之际，三殿两宫、南内离宫次第兴建。……武宗时，乾清宫役尤大，以太素殿初制朴俭，改作雕峻，用银至二千万余两，役工匠三千余人，岁支工食米万三千余石。又修凝翠、昭和、崇智、光霁诸殿，御马监、钟鼓司、南城豹房新房、火药库皆鼎新之。……世宗营建最繁，十五年以前，名为汰省，而经费已六七百万。其后增十数倍，斋宫、秘殿并时而兴。工场二三十处，役匠数万人，军称之，岁费二三百万。其时宗庙、万寿宫灾，帝不之省，营缮益急。……万历以后，营建织造，溢经制数倍。"[1] 营建工程所需物料，北京本地不足提供，大多由外地采运而至。对此，《明史》记载："采造之事，累朝侈俭不同。大约靡于英宗，继以宪、武，至世宗、神宗而极。其事目繁琐，征索纷纭。最钜且难者，曰采木。岁造最大者，曰织造，曰烧造。"[2] 永乐帝准备迁都，拉开了明代为营建北京进行物料采办的序幕。

一 木材采办与运输

中国古代建筑多以木结构建筑为主，因此北京营建过程中对于木材的需求量浩大。这些木材多从四川、湖广、山西、云南等地采伐运输而来，即所谓"皇木采办"（图5—3）。《明史》记载："采木之役，自成祖缮治北京宫殿始。永乐四年（1406）遣尚书宋礼如四川，侍郎古朴如江西，师逵、金纯如湖广，副都御使刘观如浙江，佥都御使史仲诚如山西。"[3] 永乐年间胡广《神木山记》亦载："永乐

---

① 《明史》卷78《食货志二》，中华书局1997年缩印本，第1906—1907页。
② 《明史》卷82《食货志六》，中华书局1997年缩印本，第1989页。
③ 《明史》卷82《食货志六》，中华书局1997年缩印本，第1995页。

四年秋，询谋于群臣曰：'古者建都，必营宫殿。朕肇北京，恢弘旧规，以永诒谋。顾兴作事重，惟恐烦民，然不可后。'群臣佥曰：'陛下慎恤民力，视之如伤，而民皆乐于趋事。'皇帝曰：'尔往试哉。'乃用命，入山以伐材焉。用民力拾取其一，给以廪食，归其佣直，而民忻然鼓舞，不知其劳，故事不程督而集。工部尚书臣宋礼取材于蜀，得大木于马湖府。"①

图5—3　采木之图（选自郑振铎《中国版画史图录》
第23册《万历版画集》上）

随着永乐年间北京营建工程的次第展开，宋礼先后五次至四川督办木材采办。《明史·宋礼传》记载："初，帝将营北京，命礼取材川蜀。礼伐山通道，奏言：'得大木数株，皆寻丈。一夕，自出谷中抵江上，声如雷，不偃一草。'朝廷以为瑞。及河工成，复以采木

———————————

① （万历）《四川总志》卷27《神木山记》，《四库全书存目丛书》，齐鲁书社1996影印本，史部第200册，第5页。

入蜀。"① 永乐十九年（1421）四月三大殿毁于火灾，由此一直到宣德年间，都在为重建三大殿采办大木。宣德三年（1428）五月，"命行在工部尚书李友直、刑部左侍郎樊敬、都察院右副都御史胡廙往四川，吏部右侍郎黄宗载、刑部右侍郎吴廷用往湖广，采宫殿材"②。正德以后，朝廷所用木材主要委由地方官督办。正德九年（1514）十月修建乾清宫与坤宁宫，"升湖广巡抚右副都御史刘丙为工部右侍郎兼右金都御史，总督四川、湖广、贵州等处采取大木，而以署郎中主事伍全于湖广、邓文璧于贵州、李寅于四川分理之。……张正蒙于真定、山西、河南，陕西主事俞祯于浙江、江西、直隶、徽州等处，收买竹木"③。十三年，乾清、坤宁两宫遭受火灾，再次诏令"湖广、四川、贵州三省采大木"④。

嘉靖二十年（1541）为整修宫殿，遣工部侍郎潘鉴、副都御使戴金于湖广、四川采办大木，二十六年复遣工部侍郎刘伯跃采于四川、湖广、贵州⑤。三十六年，令川、贵、湖广三省采木，山西、真定采松木，浙江徽州采鹰架木⑥。万历中期，为重建宫殿，采楠、杉诸木于湖广、四川、贵州⑦。明代采木工程一直持续下来，直到崇祯元年（1628）二月，才诏令停止在四川、湖广、贵州采办楠杉大木，以休息物力⑧。

南方大木采伐完毕后，经由水路向北运输，"越历江湖，逶迤万里，由蜀抵京，恒以岁计"⑨。木材砍伐费时，运输路线又极漫长，运解过程十分困难。《四川通志》记载："楠木一株，长七丈、

① 《明史》卷153《宋礼传》，中华书局1997年缩印本，第4205页。
② 《明宣宗实录》卷43，宣德三年五月丙寅。
③ 《明武宗实录》卷117，正德九年十月己酉。
④ 孙镈：《南京工部尚书简庵陈公雍墓志铭》，载焦竑《国朝献征录》卷52《南京工部一》，《四库全书存目丛书》，齐鲁书社1996影印本，史部第102册，第56页b。
⑤ 《明史》卷82《食货志六》，中华书局1997年缩印本，第1995—1996页。
⑥ （万历）《大明会典》卷190《工部十·物料》，《续修四库全书》，上海古籍出版社2002年影印本，第792册，第296页。
⑦ 《明史》卷82《食货志六》，中华书局1997年缩印本，第1996页。
⑧ 《崇祯长编》卷6，崇祯元年二月癸巳。
⑨ （雍正）《四川通志》卷16上《木政》，第11页b—12页a。

围圆一丈二三尺者，用拽运夫五百名，其余按丈减用。沿路安塘，十里一塘，看路径长短安设。一塘送一塘，到大江。"运木所费工役十分繁重，"计木一株，山林仅十余金，拽运辄至七八百人，耽延辄至八九月，盘费辄至一二千两之上"。运解时，督木同知将放出木头赴督木道交割，八十株扎一大筏，召募水手放筏，每筏用水手十名、夫四十名，差官押运到京①。万历年间四川采木，从开始采伐到全部运送至京，费时达五年。"万历二十四年（1606）奉文采木，至二十五年起解头运，二十六年到京。二十七年起解二运，二十九年到京。"②《两宫鼎建记》亦载："照得楠杉大木，产在川贵、湖广等处。差官采办，非四五年不得到京。"③ 由于地形险峻、天气恶劣等原因，木材在运输途中多有漂落。"京城皇极门且成，而金柱明梁非围尺极大者不中。时川木采办，在在告困。适通惠河道工部侍郎陆澹园以天津至海两岸平沙葭苇之地，有历朝大楠木漂没者，悉为搜发，至一千有奇。其中梁柱围尺者一百五十有七，约省金钱二百余万。"④

《大明会典》记载："营缮所需木植砖瓦，有五大厂。曰神木厂，曰大木厂，堆放木植兼收苇席；曰黑窑厂，曰琉璃厂，烧造砖瓦及内府器用；曰台基厂，堆放柴薪及芦苇。"⑤ 由南方运送而至的木材，均于神木厂及大木厂存贮堆放⑥。《嘉庆重修一统志》称："神木厂在广渠门外二里许，有大木偃侧于地，高可隐一人一骑，明初构宫殿遗材也。"⑦ 大木厂在朝阳门外，台基厂在今正义路一带、山西大木厂位于今二龙路大木仓附近，都是储存木材之地。木材运达北京之后，

---

① （雍正）《四川通志》卷16上《食货·木政》，第23页b。

② （雍正）《四川通志》卷16上《木政》，第12页a。

③ 贺仲轼：《两宫鼎建记》卷中，《丛书集成初编》，商务印书馆1936年影印本，第2页b。

④ 于敏中等：《日下旧闻考》卷34《宫室》引《见只编》，北京古籍出版社1985年版，第519页。

⑤ （万历）《大明会典》卷190《工部十·物料》，《续修四库全书》，上海古籍出版社2002年影印本，第792册，第293页。

⑥ 同上书，第296页。

⑦ 《嘉庆重修一统志》卷2《京师二·古迹》，第7页b。

存贮条件要求较为严格，但其间也多有损毁。《明实录》载："齐化门外积楠杉等木三十八万，而四方运者日至，覆庇不密，多为风雨所坏，乞发军夫修理厂房，且监守之，庶不虚费财力。"[①]

明代大木采伐日繁，对当地环境造成了较大影响。正德年间工部侍郎赵璜督办乾清、坤宁二宫修建事宜时称："宫殿栋梁，俱用楠木。时三省近山，屡经采伐，无大楠矣，惟远山有之。"[②] 正德元年（1506），六科等俱言："频年以来，征敛无已。土地所产者既疲于额外之供，所不产者复困于陪纳之苦。湖广、四川杉楠大木宜停取。凡非土产者宜勿浪派，他工料亦宜以荒旱暂停。"对此，工部回复称："近年工役繁兴，民力甚困，今后凡不急之工，俱不许奏扰修理。其非得已者听本部酌量派办。湖川木植已到水次者，可以渐解京。余大木及尚在山中未出者，俱暂停止。"[③] 嘉靖年间龚辉至四川督办采木，木商称："先年采木唇齿之下，今次采木俱在深山旷野，悬崖绝涧，人迹罕到之处。"经过勘察之后，龚辉亦言："正德以来即奉采取，相近水次木植砍伐罄尽。今次采运，俱在深山穷谷、人迹不到之处，吊崖悬桥，艰难万倍。"[④] 至嘉靖后期，《洪雅县志》记载："往岁木材多边水次，今近者数十里，远者百里。山多危峰穷谷，古所谓不毛之地。夫近则易为力，远则难为功。"[⑤] 伴随着明代对川广等地的皇木采伐，森林植被受到巨大破坏。

二　砖石烧造与运输

除木材外，营建北京所需城砖也耗费巨大。砖石一般在山东临清及苏州等地烧造，其中临清窑烧造城砖、副砖、券砖、斧刃砖、线

---

① 《明英宗实录》卷30，正统二年八月乙亥。

② 赵璜：《归闲述梦》，《四库全书存目丛书》，齐鲁书社1996年版，史部第127册，第617页。

③ 《明武宗实录》卷11，正德元年三月丙午。

④ 龚辉：《星变陈言疏》，载黄训辑《名臣经济录》卷48《工部·营缮》，《文渊阁四库全书》，台湾商务印书馆1986年影印本，第443册，第6页a。

⑤ 毛起：《赠束明府奖劝序》，载嘉靖《洪雅县志》卷5《艺文志》，《天一阁藏明代方志选刊》，上海古籍书社1963年影印本，第6页b。

砖、平身砖、望板砖、方砖，尺寸分为二尺、尺七、尺五、尺二四样，凡八号；苏州窑烧造二尺、尺七细科方砖。"永乐间差工部侍郎一员，于临清管理烧造，提督收放。自直隶至山东、河南，军卫州县有窑座者俱属统辖。"① 除此之外，京郊亦可烧造。成化七年（1471）九月，"内官监太监黄顺奏请以团营次拨官军一万，赴西湖景、城壕等处采办芦薪，烧造砖瓦，以修理之用"②。嘉靖以后，大工烧造所用砖料，多召商采办。嘉靖四年（1525）八月营建仁寿宫，"其砖料于京城近地及苏州定价烧造"③。九年，因大工紧急，"砖料除南直隶等府照旧烧造，其河南、山东、北直隶等司府，俱折价解临清有窑处所，召商烧造"。二十二年议准，临清烧造白城砖，旧例每年二百万个，今减为八十万个，每个价银二分四厘；斧刃砖四十万个，每个价银一分二厘。万历二年（1574）奏准，在武清县自立窑座分造城砖，每年三十万个④。

明代对于砖石烧造管理相当重视。永乐四年（1406），"命泰宁侯陈珪、北京刑部侍郎张思恭督军民砖瓦造"⑤。六年六月，"命户部尚书夏原吉自南京抵北京，缘河巡视军民运木烧砖"⑥。宣德二年（1427），令河南、山东二都司并直隶卫所，拨军夫五千名，于沿河一带烧砖，并添设官十五员分行提督。成化十七年（1481），添设郎中二员于山东、河南及南北直隶，原有窑处减半烧造⑦。正德九年（1514），又命"张惠于南直隶，署员外郎主事唐昇于北直隶，俱烧砖"⑧。嘉靖五年（1526）题准：差部属二员，一往南直隶各

---

① （万历）《大明会典》卷190《工部十·物料》，《续修四库全书》，上海古籍出版社2002年影印本，第789册，第293—294页。

② 《明宪宗实录》卷95，成化七年九月己卯。

③ 《明世宗实录》卷54，嘉靖四年八月戊子。

④ （万历）《大明会典》卷190《工部十·物料》，《续修四库全书》，上海古籍出版社2002年影印本，第792册，第294页。

⑤ 《明成祖实录》卷57，永乐四年闰七月壬戌。

⑥ 《明成祖实录》卷80，永乐六年六月丁亥。

⑦ （万历）《大明会典》卷190《工部十·物料》，《续修四库全书》，上海古籍出版社2002年影印本，第792册，第294页。

⑧ 《明武宗实录》卷117，宣德九年十月乙酉。

府，于苏州有窑处所烧造方砖；一往山东、河南、北直隶各府，于临清有窑处所督造方城斧劵等砖①。烧造砖石工艺精细，苏州窑烧造细料方砖，"其土必取城东北陆墓所产干黄作金银色者，掘而运，运而晒，晒而椎，椎而舂，舂而磨，磨而筛，凡七转而后得土。复澄以三级之池，滤以三重之罗，筑地以晾之，布瓦以晞之，勒以铁弦，踏以人足，凡六转而后成泥。揉以手，承以托版，砑以石轮，椎以木掌。避风避日，置之阴室，而日日轻筑之，阅八月而后成坯。其入窑也，防骤火激烈，先以糠草熏一月，乃以片柴烧一月，又以棵柴烧一月，又以松枝柴烧四十日，凡百三十日而后窨水出窑。或三五而选一，或数十而选一。必面背四旁，色尽纯白，无燥纹，无坠角，叩之声震而清者，乃为入格，其费不赀"。其时，烧造砖石之役十分繁重，乃至"凡需砖五万，而造至三年有余乃成。窑户有不胜其累而自杀者"②。

砖石均由粮船搭载进京。永乐三年（1405）规定，"每百料船，带砖二十个，沙砖三十个"。次年营建北京之后，所需砖料数量众多，九年疏浚会通河后，运河往来船只增加，水路成为运输砖石的首选途径。其后，运输则例规定如下："天顺间，令粮船每只带城砖四十个，民船照依梁头每尺六个。弘治八年（1495）题准：带砖船只除荐新、进鲜黄船外，其余一应官、民、马、快、粮、民等船，俱照例给票，着令顺带交割，按季将收运过数目，报部查勘。仍行沿河郎中等官，但遇船只逐一盘验。如有倚托势豪及奸诈之徒，不行顺带者拏送究问。回船查无砖票者拘留送问。嘉靖三年，定粮船每只带砖九十六个，民船每只十个。十四年，粮船每只加至一百九十二个，民船每只加至十二个。二十年，粮船仍减为九十六个。二十一年，令经过临清粮船、官、民船，顺带本厂官砖至张家湾交卸，损失追陪。四十二年，查照旧例，粮船每只止带砖六十

---

① （万历）《大明会典》卷190《工部十·物料》，《续修四库全书》，上海古籍出版社2002年影印本，第792册，第294页。

② 纪昀：《四库全书总目提要》卷84，史部40《造砖图说》，河北人民出版社2000年版，第2211页。

个，余砖于官民商贩船通融派带。"①

除砖石外，明代北京宫殿所用琉璃瓦在本地的琉璃厂烧造，琉璃砖在黑窑厂烧造。烧造琉璃砖瓦所用白土，例于太平府采取，"舟运三千里方达京师"②。琉璃窑每一窑，装二样板瓦坯二百八十个，计匠七工，用五尺围芦柴四十束；每一窑妆色二百八十个，计匠六工，用五尺围芦柴三十束四分，用色三十二斤八两九钱三分二厘。黑窑每窑一座装到大小不等砖瓦二千二百个，计匠八十八工，用五尺围芦柴八十八束。

综上所述，永乐年间北京城的营建，所需物资大都依赖外地供给，由此促进了北京与其他地区的物资调剂供给；运输渠道的开通与疏浚，也为此后各类物资的流通奠定了基础。永乐五年（1407），"设卫辉府之北关闸，汤阴县之塌河，大名县之艾家口，浚县之李家道口，东昌府馆陶县之南馆陶五递运所。时营建北京，运输者众，故增设之"③。大规模的都城营建也给相关地区的资源环境造成了一定破坏。宫殿营造所需物料由全国各地运输而至，所需工役甚重。吏部尚书林瀚上疏说："两畿频年凶灾，困于百役，穷愁怨叹。山、陕供亿军兴，云南、广东西征发剿叛。山东、河南、湖广、四川、江西兴造王邸，财力不赡。浙江、福建办物料，视旧日增多，库藏空匮，不可不虑。"④《万历野获编》亦记载："天家营建，比民间加数百倍。曾闻乾清宫窗槅一扇，稍损欲修，估价至五千金，而内珰犹未满志也。盖内府之侵削，部吏之扣除，与夫匠头之破冒，及至实充经费所余亦无多矣。"⑤ 明代北京以宫殿为代表各类辉煌建筑，都是全国人力与财力支持的结果。

---

① （万历）《大明会典》卷190《工部十·物料》，《续修四库全书》，上海古籍出版社2002年影印本，第792册，第295页。

② 宋应星：《天工开物》卷中《陶埏第十一》，广东人民出版社1976年版，第182页。

③ 《明成祖实录》卷74，永乐五年十二月丁未。

④ 《明史》卷78《食货志二》，中华书局1997年缩印本，第1907页。

⑤ 沈德符：《万历野获编》卷19《工部》"京师营造"条，中华书局1959年版，第487页。

第四节 北京城市人口格局与消费

元明之际由于战争等因素的影响，北京地区的人口数量急剧下降。洪武初年为保障北平地区的军事防守功能，多次移民到此屯垦，由此人口逐步恢复。至永乐年间，随着大批移民进入，北京地区人口数量稳步回升。庞大的皇室成员及官衙僚属的扩充以及城市人口规模的增长，使得城市日用消费逐步增加。

一 北京人口的规模与结构

中国古代人口统计口径各异，导致数据记载出入很大。在实录、文集等资料当中，对于人口数量的记载亦大多以模糊性的描述居多。如永乐二十二年（1424），明仁宗曾言："京师军民数百万家。"[①] 正统十四年（1449），后军右都督石亨称："京师官旗军民、匠作人等不下百万。"[②] 成化年间，彭时说"京师居民不下数十百万"[③]，丘浚亦称"京师城内外不下百十万人家"[④]。嘉靖时期，都御使毛伯温等言："今城外之民，殊倍城中。"[⑤] 万历年间吕坤称："今京师贫民，不减百万。"[⑥] 这里所谓百十万人口或者人家，其具体数量相差殊多，并不能作为明代北京人口的准确统计数量。此外，关于北京城市人口，由于选择的统计范围不同，人口数量也相差很多。

据李洵先生估计，16、17世纪北京人口为百万以上[⑦]。韩光辉、曹树基等先生亦对明代北京州县以及军士人口数量做过较为详细的

---

① 《明仁宗实录》卷2，永乐二十二年九月乙亥。

② 《明英宗实录》卷181，正统十四年八月庚午。

③ 《明宪宗实录》卷74，成化五年十二月戊辰。

④ 陈子龙编：《明经世文编》卷75《丘文庄公集五·遏盗议》，中华书局1962年版，第641页。

⑤ 孙承泽：《天府广记》卷4《城池》，北京古籍出版社1984年版，第43页。

⑥ 陈子龙编：《明经世文编》卷415《吕新吾先生文集一·忧危疏》，中华书局1962年版，第4497页。

⑦ 李洵：《下学集》，中国社会科学出版社1995年版，第123页。

考证①。高寿仙先生新近出版专著《北京人口史》，对于明代北京城市人口亦有较为深入的研究②。

一般认为，明代北京地区及城市人口分别由州县与城市赋役户口、卫所军户、官匠户以及皇室服务人口构成③。

关于明初北京民户数量，缪荃孙辑自《永乐大典》的《顺天府志》，记载了明代北平府及宛平、大兴等部分属县洪武二年（1369）初报户口数以及洪武八年实在户口数，可对明初北京城市人口的估算作一参照，具体如表5—3所示：

表5—3　　　　　　　　洪武初年北平府及部分属县户口

地区	洪武二年		洪武八年		户数增幅	口数增幅
	户数（户）	口数（人）	户数（户）	口数（人）		
北平府	14974	48973	80666	323451	439%	560%
宛平县	2966	8140	11063	40885	273%	402%
大兴县	2993	9892	10249	39192	242%	296%
永清县	199	802	1860	8805	835%	998%
固安县	479	1368	4156	16804	768%	1128%
香河县	266	831	954	3309	259%	298%
怀柔县	575	1734	4213	16177	633%	833%
良乡县	41	139	2732	11967	6563%	8509%
昌平县	451	1636	4159	14145	822%	765%
东安县	448	1455	3774	15851	742%	989%
合　计	23392	74970	123826	490586	429%	554%

资料来源：《永乐大典》本《顺天府志》，北平府及属县户口。

《永乐大典》本《顺天府志》仅为残本，未能记载今北京市境内

① 参见葛剑雄主编《中国人口史》，复旦大学出版社2000年版；韩光辉《北京历史人口地理》，北京大学出版社1996年版。
② 高寿仙：《北京人口史》，中国人民大学出版社2014年版。
③ 韩光辉：《北京历史人口地理》，北京大学出版社1996年版，第85页。

的通州、潴县、密云、顺义、房山、平谷等地户口数。从表中数据来看，仅以北平府而言，洪武二年的户数为 14974，至洪武八年即增加到 80666，增幅为近 4.4 倍。再以口数而言，洪武二年为 48973，至八年即增加到 323451，增长了 5.6 倍。属县当中，以良乡县人口数量增幅最大，其中户数较二年增加了 65 倍余，口数增长了 85 倍余。此外，宛平县的户数增长最少，大兴县的口数增长最小。

洪武八年以后北平地区的人口数未有具体记载，目前仅见北平布政司的户口数。洪武十四年，北平布政司所辖户数为 338517，口 1893403[①]；二十四年，户 340523，口 1980895[②]。此外，纂成于洪武二十六年的《诸司职掌·户部·民科·户口》记载，北平布政司有户 334792，口 1926595。

永乐迁都以后，北京地区的人口数量可在万历《顺天府志》略窥一二（表 5—4）。

表 5—4　　　　万历《顺天府志》所载北京地区州县户口数

府州县	原　额		实　在	
	户数（户）	丁口数（人）	户数（户）	丁口数（人）
大兴县	15163	71797	15163	71007
宛平县	14441	61215	14441	62067
良乡县	2900	13707	2901	14806
通　州	3896	18507	3687	12954
潴　县	1100	4148	1100	4280
平谷县	1203	8096	1087	5344
昌平州	3680	16946	2900	15473
密云县	1647	16447	1647	17051
顺义县	1247	12477	1247	12966
怀柔县	1020	6642	1020	7316

① 《明太祖实录》卷 140，洪武十四年十一月。
② 《明太祖实录》卷 214，洪武二十四年十二月。

府州县	原 额		实 在	
	户数（户）	丁口数（人）	户数（户）	丁口数（人）
房山县	1829	10297	1348	10647
固安县	4335	3580	4335	2810
东安县	1838	3772	3681	3047
三河县	2832	7854	1412	5944
北京地区合计	57131	255485	56059	245712
顺天府户口总数	91309	634547	88940	632044

资料来源：高寿仙：《北京人口史》第 218 页。

　　万历《顺天府志》成书于万历二十一年（1593），但其中所录人口数据取自何年并未说明，应可界定为明代中期北京地区人口数量。从表中数据可见，当时北京地区人口数量为 25 万人左右，大致占顺天府户口总数的 40%。

　　除以上州县的人口之外，北平作为明代的军事重镇，在此驻扎有大量的军队。据韩光辉统计，洪武八年（1375）北平地区共驻扎卫所 11.2 卫，按照每卫 5600 人计算，共计 62720 人；以每户 2.5 口计算，共计 156800 人。其中在北平城内驻军应为 26880 人，连同家属共计 62700 人[1]。此外，高寿仙认为，洪武八年北平地区应有 13 卫 1 所，分别是大兴左、右卫，燕山左、右、前、后卫，永清左、右卫，密云卫，通州卫，济州卫，济阳卫，彭城卫以及居庸关守御千户所。按照每卫 5600 人估算，共有人口 73920 人，按照户均 3 人折算，当时北平共有军卫 221760 人。其中在北平城内的军卫人口共计 16.7 万人，到洪武二十四年增至 20.4 万人[2]。永乐年间迁都北平，大量军卫人口迁移而来，驻扎在北京城及周边。关于明代军卫人口，孙承泽称："大都京师约宿军三十余万，畿内约二十余万。"[3]

---

① 韩光辉：《北京历史人口地理》，北京大学出版社 1996 年版，第 99—101 页。
② 高寿仙：《北京人口史》，中国人民大学出版社 2014 年版，第 222 页。
③ 孙承泽：《天府广记》卷 18《兵部》，北京古籍出版社 1984 年版，第 238 页。

按照高寿仙估计，洪熙元年（1425）在城军士及家属约为45万人，成化十六年（1480）为47万人，至天启元年（1621）则有所下降，为44万人左右①。

此外，明代北京郊区还居住着一些既不属于州县，也不属于军卫的人口，主要有上林苑监户以及南海子所属部分海户。上林苑监下辖蕃育、嘉蔬、良牧、林衡四署，设有畜养户及栽种户，"以时经理其养地、栽地，而畜植之，以供祭祀、宾客、宫府之膳羞"②。万历《大明会典》记载，上林苑监四署原管养、栽户共计7716户③。南海子为皇家狩猎地，设有海户在此守视。其身份主要有两种：一种是金拨顺天府各州县民户充役，永乐年间金补海户794、2300余丁到此。因其人口数列入州县户口总数，因而不作计算。另一种为明代自宫者到此充役。弘治三年（1490），令将自宫者626名发南海子编充海户④。五年，将自宫者1050名编充海户，又将自宫男子2246人发南海子种菜⑤。正德十一年（1516），收自宫男子3468人充南海子海户⑥。嘉靖十五年（1536），将自宫男子2001名充海户⑦。关于海户数量，嘉靖帝裁撤海户，"原充南海子海户净身男子龚应哲等万余人诣阙自陈，先年在官食粮，今奉诏裁革，贫无所归，乞恩收召供役"⑧。因此这部分人口数量应在万人左右。

天启元年（1621）为编排保甲，对城内居民重新进行编审，各城铺户数如表5—5所示：

---

① 高寿仙：《北京人口史》，中国人民大学出版社2014年版，第226页。

② 《明史》卷74《职官志三》，中华书局1997年缩印本，第1813—1814页。

③ （万历）《大明会典》卷225《上林苑监》，《续修四库全书》，上海古籍出版社2002年影印本，第792册，第650—652页。

④ 《明孝宗实录》卷37，弘治三年四月乙酉。

⑤ 《明孝宗实录》卷70，弘治五年十二月壬戌。

⑥ 《明武宗实录》卷137，正德十一年五月甲辰。

⑦ 《明世宗实录》卷188，嘉靖十五年六月壬辰。

⑧ 《明世宗实录》卷10，嘉靖元年正月辛未。

表 5—5　　　　　　　　　天启元年北京城市铺数及户数一览

城区	铺数（个）	户数（户）	平均户数（户）
中城	53	25440	480
东城	173	36080	209
南城	135	43300	321
西城	101	37640	373
北城	63	8730	139
总计	525	151190	288

资料来源：《明熹宗实录》卷 9，天启元年四月丁亥。

这次较为全面的城市户数统计，如以户均 5 人的标准计算，其时人口数量约为 75.6 万人。再加上部分脱漏及流动人口，应当与百万之数相符。

二　城市消费结构与市场分布

明代北京城市消费市场主要有两个重要部分，即以宫廷为中心的特供消费以及民间日用百货消费。

1. 宫廷消费

明代皇室、贵族勋戚加上官僚衙署以及守城军士等，每日消费所需巨大。粮食主要依赖漕粮，每年额解四百万石左右。本章第五节将专文论述。其他消费主要分为两类，一是每年祭祀所需各类物料，另一部分则是日常消费。如紫禁城内宫女超过九千人，内监人数多达 10 万人，仅宫中每年的脂粉钱即年耗 40 万两以上[1]。

宫廷中的衣食日用等均由各地专门采办而来。如明代宫中饮食在刘若愚《酌中志》之《饮食好尚纪略》记载甚详，其中正月十五日等节庆日种类尤其繁富多样[2]。如宫廷祭祀功臣庙时需用馒头一藏，

---

① 陈宝良：《明代社会生活史》，中国社会科学出版社 2004 年版，第 328 页。
② 刘若愚：《酌中志》卷 20《饮食好尚纪略》，北京古籍出版社 1994 年版，第 177—184 页。

共 5048 枚，分别由江宁、上元二县供给面粉 20 担①。宫廷饮食所需家禽牲畜，主要由礼部岁派各州县，每年例有成数，解送光禄寺以备饮食之需。其岁用之数参见表 5—6：

表 5—6　　　　　　　　　　　光禄寺岁用家禽牲畜

	猪（头）	羊（只）	鹅（只）	鸡（只）	牛（头）
祭品用牲口	160	250			
御膳用牲口	18900	10750	32040	37900	40

资料来源：陈宝良：《明代社会生活史》第 274 页。

洪熙元年（1425）奏称："工部令买沙鱼皮造卤簿及器械之用，此物北京素所不产。上谕行在工部臣曰：凡物之需，当随地土所产，沙鱼皮产于近海郡县，……给官钞就出产之处买之。"② 宣德元年（1426）司苑局言："上供蔬菜当用秫秸三千束，芦苇蒲五千余束，麻千斤，例当顺天府取给。"③ 正德二年（1507）十二月，内府供用库奏："新正在迩，黄蜡等物不足应用，请下所司议处。户部覆议，先行顺天府如时价收买，黄蜡三万斤，灯草二千斤，蒲杖一千斤，而以本部及太仓收贮银给之。"④

各地时鲜收获上市，亦大量解送京城。王世贞《弘治宫词》写道："五月鲥鱼白似银，传餐颇及后宫人。踌躇欲罢冰鲜递，太庙年年有荐新。"⑤ 浙江海门每年进贡鳓鱼，岁贡 99 尾；明初江阴侯家向朝廷进贡鲚鱼。每年二月初二，宫中喜食鲊鱼，主要由湖广等地供纳，起初仅为 2500 斤，后增至 3 万斤⑥。《酌中志》所载"滇南之鸡枞，五台之天花羊肚菜、鸡腿银盘等蘑菇，东海之石花海白菜、龙

---

① 陈宝良：《明代社会生活史》，中国社会科学出版社 2004 年版，第 277 页。
② 《明宣宗实录》卷 10，洪熙元年九月丁酉。
③ 《明宣宗实录》卷 14，宣德元年二月庚辰。
④ 《明武宗实录》卷 33，正德二年十二月戊子。
⑤ 王世贞：《弘治宫词》，载朱权等编《明宫词》，北京古籍出版社 1987 年版，第 11 页。
⑥ 陈宝良：《明代社会生活史》，中国社会科学出版社 2004 年版，第 279 页。

须、海带、鹿角、紫菜，江南乌笋、糟笋、香蕈，辽东之松子，蓟北之黄花、金针，都中之土药、土豆，南都之苔菜、糟笋，武当之鹰嘴笋、黄精、黑精，北山之榛、栗、梨、枣、核桃、黄连、芽木兰、芽蕨菜、蔓菁"①，也应是各地上供的时令佳品。正德十六年（1521），巡按直隶御使奏："宣城县岁贡雪梨四十斤，……每岁以四千五百斤解礼部，转进内府，分赐各衙门食用。"②

宫内训养的宠物亦有较大消费数。弘治六年（1493），光禄寺卿胡恭等奏："本寺供应琐屑，费出无经。乾明门猫十一只，日支猪肉四斤七两，肝一副；刺猬五个，日支猪肉十两；羊二百四十七只，日支绿豆二石四斗三升，黄豆三升二合。西华门狗五十三只，御马监狗二百一十二只，日共支猪肉并皮骨五十四斤。虎三只，日支羊肉十八斤。狐狸三只，日支羊肉六斤。虎豹一只，支羊肉三斤。豹房土豹七只，日支羊肉十四斤。西华门等处鸽子房，日支绿豆、粟谷等项料食十石。一日所用如此，若以一年计之，共用猪肉、羊肉并皮骨三万五千九百余斤，肝三百六十副，绿豆、粟谷等项四千四百八十余石。"③ 庞大的宫廷日用消费，一定程度上强化了北京与全国其他地区的物资往来，但同时大量的摊派及采办任务也一定程度上加大了相关地区的负担。

2. 城市日用消费

受元末战乱的影响，明初北京城内一度十分萧条。"洪武初，北平兵火之后，人民甫定。至永乐改建都城，犹称行在，商贾未集，市廛尚疏。"④ 永乐年间迁都北京之后，伴随着秩序的稳定以及城市人口数量的增长，促进了城市商业的发展以及消费市场的繁荣。永乐二十一年（1423）山东巡按陈济称："今都北平，百货倍往时。"⑤弘治年间，北京城内"生齿日繁，物货溢满，坊市人迹殆无所容"

---

① 刘若愚：《酌中志》卷20《饮食好尚纪略》，北京古籍出版社1994年版，第178—179页。

② 《明世宗实录》卷9，正德十六年十二月癸未。

③ 《明孝宗实录》卷76，弘治六年闰五月乙卯。

④ 沈榜：《宛署杂记》卷7《廊头》，北京古籍出版社1980年版，第58页。

⑤ 《明史》卷81《食货志五》，中华书局1997年缩印本，第1976页。

之地①。嘉靖年间，太医院张铎奏称："京师万方会同，日用百物不免资于商旅。"② 万历年间谢肇淛形容："帝都所在，万国梯航，鳞次毕集。"③ 城内商业贸易的兴盛状况，张瀚《松窗梦语》亦有详细记载："京师负重山，面平陆，地饶黍谷驴马果蓏之利，然而四方财货骈集于五都之市。彼其车载肩负，列肆贸易者，匪仅田亩之获、布帛之需，其器具充栋与珍玩盈箱，贵极昆玉、琼珠、滇金、越翠。凡山海宝藏，非中国所有，而远方异域之人，不避间关险阻，而鳞次辐辏，以故畜聚为天下饶。"④

明代北京主要有以下几处重要的商业市场：棋盘街、灯市、庙市以及内市。

棋盘街：棋盘街商业的兴盛，乃因"五部在天街之左，天下士民工贾各以牒至，候谒未出，则不免盘桓天街，有所贸易"。关于当时的贸易状况，《谷山笔麈》亦载："大明门前府部对列，棋盘天街百货云集，乃向离之景也。……故常竟日喧嚣，归市不绝。"⑤ 永乐年间金幼孜所撰《皇都大一统赋》描述棋盘天街之景曰："间阎栉比，阛阓云簇，鳞鳞其瓦，盘盘其屋，马驰联辔，车行击毂，纷纭并驱，杂沓相逐。富商巨贾，道路相属，百货填委，邱积山蓄，又若歌楼舞榭，艳态秾妆。"⑥ 嘉靖末年至万历初年所作《皇都积胜图》，描绘了棋盘街地区的繁荣状况⑦。此外《长安客话》亦对棋盘街有所叙述："府部对列街之左右，天下士民工贾各以牒至，云集于斯，肩摩毂击，竟日喧嚣，此亦见国门丰豫之景。"⑧

灯市：灯市及庙市是明代北京城内规模最大的节日类的集市。明

---

① 吴宽：《匏翁家藏集》卷45《太子少保左都御史闵公七十寿诗序》，《四部丛刊初编》本，商务印书馆1919年版，第1页b。

② 《明英宗实录》卷209，景泰二年十月丙子。

③ 谢肇淛：《五杂俎》卷3《地部一》，上海书店出版社2001年版，第40页。

④ 张瀚：《松窗梦语》卷4《商贾纪》，中华书局1985年版，第81页。

⑤ 于慎行：《谷山笔麈》卷3《国体》，中华书局1984年版，第30页。

⑥ 于敏中：《日下旧闻考》卷6《形胜》，北京古籍出版社1985年版，第94页。

⑦ 王宏钧：《反映明代北京社会生活的〈皇都积胜图〉》，《历史教学》1962年第7期。

⑧ 蒋一葵：《长安客话》卷1《皇都杂记》"棋盘街"条，北京古籍出版社1982年版，第11页。

代北京灯市原设于五凤楼前，后迁至东华外。灯市开市日期为每月的初五、初十及二十这三日。灯市原为元宵观灯而设，后来逐渐变为定期交易货物的集市。《日下旧闻考》记载："前明灯市在东华门王府街东，崇文街西，亘二里许，南北两廛，即今之灯市口也。市之日，凡珠玉宝器以逮日用微物，无不悉具。衢中列市，棋置数行相对，俱高楼。楼设毡逾帘幕，为宴饮地。一楼每日赁值至有数百缗者，皆豪贵家眷属也。灯则有烧珠、料丝、纱、明角、麦秸、通草等，乐则有鼓吹、杂耍、弦索等，烟火则以架以盒，盒有械寿带、葡萄架、珍珠帘、长明塔等。自初八日起，至十八日止，乃十日，非五日也。至百货坌集，乃合灯与市为一处。"① 每逢开市之日，"省直之商旅，夷蛮闽貉之珍异，三代八朝之古董，五等四民之服用物，皆集，衢三行，市四列，市楼南北相向"②，市中繁华由此可见一斑。对此，明人谢肇淛记载，"余在燕都，四度灯市，日日游戏"，灯市"每岁正月十一日起，至十八日止，则在东华门外，迤逦极东，陈设十余里，谓之灯市。则天下瑰奇巨丽之观毕集于是，视庙中又盛矣"③。他认为，明代北京城中灯市之盛超过庙市。此外，关于灯市繁华的贸易景象，史料记载，"明朝京师灯市……灯贾大小以几千计，灯本多寡以几万计，自大内两宫与东西两宫，及秉刑、司礼、世勋、现戚，文武百寮，莫不挟重赀以往，以买之多寡较胜负，百两一架、二十两一对者比比。灯之贵重华美，人工天致，必极尘世所未有，时年所未经目者，大抵闽粤技巧，苏杭锦绣，洋海物料，选集而成，若稍稍随俗，无奇不敢出也"④。明朝灯的种类繁多，有纱灯、纸灯、麦秸灯、走马灯、五色明角灯等。灯上的绘画争奇斗艳，有百花如梅、兰、竹、菊、桂花、牡丹，鸟兽如凤、鸾、龙、虎等，还有鱼虫、十二生肖等等。倪启祚《灯市篇》描述道："律转太簇春之序，北京十日灯市聚。五剧三条结阵来，众口喧腾祝晴曙。廓市开廛腾税息，一椽一屋

---

① 富察敦崇：《燕京岁时记》"灯节"条，北京古籍出版社1961年版，第46页。
② 于敏中等：《日下旧闻考》卷45《城市》，北京古籍出版社1985年版，第708页。
③ 谢肇淛：《五杂俎》卷3《地部一》，上海书店出版社2001年版，第60页。
④ 李家瑞：《北平风俗类征》引《谈往》，北京出版社2010年版，第601页。

税者密。湖罗福绢花新样，宣成窑铸熏旧色。地摊棚卓廊两边，珠宝犀玉客鳞集。故衣断残叫卖苦，贵至无艺贱无直。"同样观灯的石昆玉则言："灯市百货聚，穹窿象山谷。波斯细举名，最下亦珠玉。"随着灯市的繁荣，灯市已由最初观灯之所成为重要的商品市场，时人范文光云："争说看灯市里忙，行来片片锦珠光。长安白昼迷人眼，不见灯场见市场。"①

内市：内市是国都独有的贸易形式，主要为内廷交易而设。《万历野获编》记载："内市在禁城之左，过光禄寺入内门，自御马监以至西海子一带皆是。每月初四、十四、廿四三日，俱设场贸易。"②内市虽有日用衣帛、食物、器用之类，但主要为皇室、宦官、勋贵所设，对此《天府广记》称："宫阙之制，前朝后市。在玄武门外，每月逢四则开市，听商贸易，谓之内市。灯市自正月初旬起，至月半止，岁惟一举。每月逢朔望及二十五则城隍庙市，每月逢三则土地庙市，谓之外市，系士大夫庶民之所用。"于此相对的是，内市交易唯"奇珍异宝进入尚方者，咸于内市萃之。至内造如宣德之铜器、成化之窑器、永乐果园厂之髤器、景泰御前作房之珐琅，精巧远迈前古。四方好事者亦于内市重价购之"③。这样一个面向高消费阶层的市场，还有一个特殊的交易功能："凡旧家器物外间不得售者，则鬻诸内市，无不得厚值去。盖六宫诸妃位下，不时多有购觅。不敢数向御前请，亦不便屡下旨于外衙门动用，故各遣穿宫内侍出货焉。凡内市物，悉精良不与民间同。朝贵亦多于其地贸易，咸听之不禁。"④

庙市：定期市集是古代城市商业贸易的重要形式，明代北京的定期市集主要有灯市、庙市以及都城特有的内市。民国年间《北平庙会调查报告》记载："明代建都北平以后，新建庙宇更多，以都市商业

---

① 刘侗、于奕正：《帝京景物略》卷2《城东内外》"灯市"条，北京古籍出版社1983年版，第59、60、62页。
② 沈德符：《万历野获编》卷24《畿辅》"内市日期"条，中华书局1959年版，第613页。
③ 孙承泽：《天府广记》卷5《后市》，北京古籍出版社1984年版，第56页。
④ 宋起凤：《稗说》卷4《内市》，江苏人民出版社1982年版，第119页。

发达及庙会自春场香火向前发展之结果，而庙市因之兴起。""如土地庙、白云观、护国寺、东岳庙等，明代均有庙会。"① 其中，城西的都城隍庙有规模最大的庙会。《燕都游览志》称："庙市者，以市于城西之都城隍庙而名也。西至庙，东至刑部街止，亘三里许。其市肆大略与灯市同，第每月以初一、十五、二十五日开市，较多灯市一日耳。"② 明人记载，城隍庙市"月朔望、念五日，东弼教坊，西逮庙墀庑，列肆三里。图籍之曰古今，彝鼎之曰商周，匜镜之曰秦汉，书画之曰唐宋，珠宝、象玉、珍错、绫锦之曰滇粤、闽楚、吴越者集"③。城隍庙的市场交易繁盛，每月初一、十五"则商贾毕集，大者车载，小者担负，又其小者挟持而往，海内外所产物咸集焉。至则画地为限界，张肆以售。持金帛相贸易者，纵横旁午于其中。至不能行，相排挤而入，非但摩肩接踵而已"④。庙市除日用百货，还有许多珍奇商品；除了中国商人，还有远涉崇洋的外国商人。"碧眼胡商，飘洋番客，腰缠百万，列肆高谈。"一到城隍庙开市之日，"官为给假，使为留车，行行观看，列列指陈。后必随之以扶手，舁之以箱匣，率之以纪纲戚友。新到之物必买，适用之物必买，奇异之物必买，布帛之物必买，可以奉上之物必买，可贻后人为镇必买，姜滕燕婉之好必买，仙佛供奉之用必买，儿女婚嫁之备必买，公姑寿诞之需必买，冬夏着身之要必买，南北异宜之具必买，职官之所宜有必买，衙门之所宜备必买"⑤。凡此种种，吸引着中外商人与游客，亦足见庙市商货之应有尽有。

东岳庙坐落于朝阳门外神路街北口。明代建城后漕船、商船无法直抵积水潭，只能改由陆路经朝阳门进城，东岳庙由此渐趋兴盛。这里每月初一、十五都有庙会，每年三月二十八为东岳大帝诞辰日，百

① 《北平庙会调查报告》，北平民国学院印行，1937 年 5 月。
② 于敏中等：《日下旧闻考》卷 50《城市》，北京古籍出版社 1985 年版，第 796 页。
③ 刘侗、于奕正：《帝京景物略》卷 4《西城内》"城隍庙市"条，北京古籍出版社 1983 年版，第 161 页。
④ 吴俨：《吴文肃摘稿》卷 3《送上高司训徐君东之序》，《文渊阁四库全书》，台湾商务印书馆 1986 年影印本，第 1259 册，第 10 页 b—11 页 a。
⑤ 李家瑞：《北平风俗类征》引《谈往》，北京出版社 2010 年版，第 602 页。

姓聚集此地为香会，"都人陈鼓乐、旌帜、楼阁、亭彩，导仁圣帝游。帝之游所经，妇女满楼，士商满坊肆，行者满路，骈观之。帝游聿归，导者取醉松林，晚乃归"①。庙会作为百姓节日，把宗教信仰、民众狂欢紧密联系在一起，商业活动也是与之相伴的另一项重要内容。

此外，每月逢三为土地庙市；正阳桥附近开设穷汉市，所售商货均以普通日用品为主。明代北京城内专设书市，位于大明门及礼部门附近。胡应麟记载："凡燕中书肆，多在大明门之右，及礼部门之外，及拱宸门之西。每会试举子，则书肆列于场前。每花朝后三日，则移于灯市。每朔望并下澣五日，则徙于城隍庙中。灯市极东，城隍庙极西，皆日中贸易所也。灯市岁三日，城隍庙月三日，至期百货萃焉，书其一也。""燕中刻本自希，然海内舟车辐辏，筐篚走趋，巨贾所携，故家之蓄，错出期间，故特盛于他处。第其直至重，诸方所集者，每一当吴中二，道远故也。辇下所雕者，每一当越中三，纸贵故也。"② 书市的发达，是北京作为文化中心的标志之一。

明代北京的城市人口增长，使其成为一个庞大的日用消费市场。无论是皇家的日用消费，抑或是城内普通民众的衣食所需，均主要由外地提供。基于庞大的消费需求，形成了由常设市场、不定期市场、节日消费市场以及游商摊贩为补充的自成体系的商品交易模式。首都城市的消费特性，促使北京与外地之间建立起长距离的、以普通日用品为基本内容的商品流通体系，弥补了北京周边区域经济发展的不足，由此巩固了全国各地物流聚集北京的局面。

第五节 漕运仓储与北京粮食供应

为保障防御蒙元的前沿地区的粮食供应，洪武初年仍袭元代做

---

① 刘侗、于奕正：《帝京景物略》卷2《城东内外》"东岳庙"条，北京古籍出版社1983年版，第64页。

② 胡应麟：《少室山房笔丛》卷4《甲部·经籍会通四》，中华书局1958年版，第55、56页。

法，"海运饷北平、辽东为定制"①。待永乐迁都北京之后，官府廪食皆依赖漕运，"国朝自永乐定都于北，军国之需皆仰给东南"②。漕运关系国计民生，正如景泰帝所言："国家重务在漕运。"③ 永乐以后，漕粮运输方式经历了内河转向海运，再尝试河海并用，最后全部改由运河运输的变化过程。

永乐元年（1403），尝试通过内河运输南方粮食，途中车船并用以抵北京。"用船可载三百石以上者，运粮入淮河、沙河，至陈州颍岐口跌坡下。用浅船可载二百石以上者，运至跌坡上，别以大船载入黄河，至八柳树等处。令河南车夫运赴卫河，转输北京。"自永乐二年，因内河河道淤塞，起用海运，当年"令海运粮到直沽，用三板划船装运至通州等处交卸"④。尤其在开始营建北京之后，"转漕东南，水陆兼挽，仍元人之旧，参用海运"⑤。山东地区亦有粮食转运北京，"临清仓储河南、山东粟，亦以输北平"，以上合计为三运⑥。督办海运者为官军，其余皆为民运。此后，疏浚会通河，宋礼奏称："海运经历险阻，每岁船辄损败，有漂没者。有司修补，迫于期限，多科敛为民病，而船亦不坚。计海船一艘，用百人而运千石，其费可办河船容二百石者二十，船用十人，可运四千石。以此而论，利病较然。请拨镇江、凤阳、淮安、扬州及衮州粮，合百万石，从河运给北京。其海道则三岁两运。"同时，平江伯陈瑄治理江淮间诸河相继告竣，"于是河运大便利，漕粟益多"，永乐十三年（1415）之后罢海运，漕粮全部改由运河运输⑦，陈瑄继之"颇增至三千余艘"⑧。二十二年户部奏："京师岁用粮五百万石，今江南岁运才三百余万石，不足以

① 《明史》卷79《食货志三》，中华书局1997年缩印本，第1915页。
② （万历）《大明会典》卷27《户部十四·会计三》，《续修四库全书》，上海古籍出版社2002年影印本，第789册，第471页。
③ 《明英宗实录》卷251，景泰六年三月己巳。
④ （万历）《大明会典》卷27《户部十四·会计三》，《续修四库全书》，上海古籍出版社2002年影印本，第789册，第471页。
⑤ 《明史》卷85《河渠志三》，中华书局1997年缩印本，第2077页。
⑥ 《明史》卷79《食货志三》，中华书局1997年缩印本，第1916页。
⑦ 《明史》卷153《宋礼传》，中华书局1997年缩印本，第4205页。
⑧ 《明史》卷79《食货志三》，中华书局1997年缩印本，第1916页。

供。请自来岁于淮安等府增运以备此数。"①

明代漕粮采办"道里辽远，法凡三变"，"初支运，次兑运、支运相参，至支运悉变为长运而制定"②。所谓支运之法，即"支者，不必出当年之民纳；纳者，不必供当年之军支"。淮、徐、临清、德州各有仓场，江西、湖广、浙江等民运粮至淮安仓，再分遣官军就近挽运。官军挽运方式共分为四段，自淮至徐用浙、直军，自徐至德用京卫军，自德至通用山东、河南军。"以次递运，岁凡四次，可三百万余石，……海陆二运皆罢"，至此，漕粮全部改由运河运输。当时还留下部分遮洋船，"每岁于河南、山东、小滩等水次，兑粮三十万石，十二输天津，十八由直沽入海输蓟州而已"。宣德四年（1429）再次明确支运法，令"江西、湖广、浙江民运百五十万石于淮安仓；苏、松、宁、池、庐、安、广德民运粮二百七十四万石于徐州仓；应天、常、镇、淮、扬、凤、太、滁、和、徐民运粮二百二十万石于临清仓。令官军接运入京、通二仓，……惟山东、河南、北直隶则径赴京仓，不用支运。寻令南阳、怀庆、汝宁粮运临清仓，开封、彰德、卫辉粮运德州仓，其后山东、河南皆运德州仓"。六年，因"江南民运粮诸仓，往返几一年，误农业"，令"民运至淮安、瓜州，兑与卫所。官军运载至北，给与路费耗米，则军民两便"。自此，漕运实行兑运之法。正统年间，"运粮之数四百五十万石，而兑运者二百八十万余石，淮、徐、临、德四仓支运者十之三四"，由此支运与兑运相参。成化七年（1471）有改兑之议，当时应天巡抚滕昭令运军赴江南水次交兑，加耗之外复每石增米一斗为渡江费。后数年，朝廷乃命淮、徐、临、德四仓支运七十万石之米，悉改水次交兑。由是悉变为改兑，而官军长运遂为定制。其后根据户部尚书叶淇的建议，每当南方遇到自然灾害，就适时将本色改为折银。神宗时，采纳漕运总督舒应龙的主张："国家两都并建，淮、徐、临、德，实南北咽喉。自兑运久行，临、德尚有岁积，而淮、徐二仓无粒米。请自今山东、河南

---

① 《明仁宗实录》卷3，永乐二十二年十月癸丑。
② 《明史》卷79《食货志三》，中华书局1997年缩印本，第1915页。

全熟时，尽征本色上仓。计临、德已足五十余万，则令纳于二仓，亦积五十万石而止。"当时折银渐多，万历三十年（1602）漕运抵京仅一百三十八万余石，而折银大批充作边饷，遂致京师银米两空、仓储逐渐匮乏，漕政日益弛废①。

漕粮按照产地不同，有南粮、北粮之分。北粮来自河南、山东，南粮来自南直隶、浙江、江西、湖广等省。明初运粮京师，"未有定额"②。永乐六年（1408），"令海运船运粮八十万石于京师"。十六年，"令浙江、湖广、江西布政司，并直隶苏、松、常、镇等府税粮，坐派二百五十万石"③。成化八年（1472）"始定四百万石，自后以为常。北粮七十五万五千六百石，南粮三百二十四万四千四百石"④。自此，每年漕粮运京四百万石成为定额，贯彻明代始终。万历《大明会典》记载："内兑运三百三十万石，改兑七十万石。除例折外，每年实通运正耗粮五百一十八万九千七百石。……以上凡有灾伤，就将二仓储备米内支运，务不失四百万石数额。"⑤其中，南粮 3244400 石中，除浙江、江西、湖广共 1250000 石外，应天、苏州、松江、常州、镇江、宁国、池州、庐州、淮安、太平、安庆、凤阳、扬州、徐州等地承办剩下的漕粮。各地承办数额如表5—7 所示：

表5—7　　　（万历）《大明会典》所载各省漕粮承办数额　　　单位：万石

	府县	兑运米	改兑米	合计
1	浙江	60	3	63
2	江西	40	17	57

① 《明史》卷79《食货志三》，中华书局1997年缩印本，第1916—1921页。
② 同上书，第1918页。
③ （万历）《大明会典》卷27《户部十四·会计三》，《续修四库全书》，上海古籍出版社2002年影印本，第789册，第471—472页。
④ 《明史》卷79《食货志三》，中华书局1997年缩印本，第1918页。
⑤ （万历）《大明会典》卷27《户部十四·会计三》，《续修四库全书》，上海古籍出版社2002年影印本，第789册，第482页。

	府县	兑运米	改兑米	合计
3	湖广	25	—	25
4	应天	10	2.8	12.8
5	苏州	65.5	4.2	69.7
6	常州	17.5	—	17.5
7	镇江	8	2.2	10.2
8	宁国	3	—	3
9	池州	2.5	—	2.5
10	庐州	2.5	—	2.5
11	淮安	2.5	7.915	10.415
12	太平	1.7	—	1.7
13	安庆	6	—	6
14	凤阳	3	3.3	6.3
15	扬州府	6	3.7	9.7
16	徐州	3	1.8	4.8
17	山东	28	9.56	37.56
18	河南	27	11	38
19	松江府	—	2.975	2.975
20	广德州	—	0.8	0.8

资料来源：（万历）《大明会典》卷27《户部十四·会计三》。

除以上兑运米外，还有支运米，其数额为：支运米，六十四万四千八十三石三斗；天津仓，六万石；蓟州仓，本色米十万石、折色米一十四万石；密云镇，一十五万四千八百一十石八斗；昌平镇，一十八万九千二百七十二石五斗（以上即上兑运内数）。预备，一十九万四千四百石。临清广积仓：山东五万四百石，河南六万石。德州德州仓：山东六万石，河南一万石[①]。

————————

　　① （万历）《大明会典》卷27《户部十四·会计三》，《续修四库全书》，上海古籍出版社2002年影印本，第789册，第483—484页。

除漕粮之外，苏、松、常、嘉、湖五府，每年要供应内府并京师官吏俸米（即所谓白粮）以及两京各衙门并公侯驸马之禄米，"输运内府白熟粳糯米十七万四十余石，内折色八千余石，各府部糙粳米四万四千余石，内折色八千八百余石，令民运，谓之白粮船"①。万历十七年（1589）规定："苏、松、常、嘉、湖五府解纳白粮，额派二十万石有奇。"②

运船之数，永乐至景泰年间，大小无定。天顺以后，定船一万一千七百七十只，官军十二万人。后许可粮船附载土宜，沿途免征税钞。明孝宗时限 10 石，至神宗时增至 60 石。至宪宗规定漕船至京期限，北直隶、河南、山东为五月初一日，南直隶为七月初一日，其过江支兑者延长一月，浙江、江西、湖广为九月初一日。此后，明世宗又规定过淮程限，江北十二月，江南正月，湖广、浙江、江西三月，明神宗时改为二月③。

漕粮运至北京之后，交由京仓和通仓收纳，主要供应京师百官、驻军以及昌平、密云、蓟州等地军队口粮。京仓与通仓的收贮比例，原规定为京仓四分，通仓六分，但也有所调整。正统元年（1436），"运粮四百万石，京仓收十之四，通州十之六"④。成化年间户部会六部等衙门官议漕运事宜，"兑运米以十分为率，京仓收六分，通州仓收四分，支运俱通州仓收"⑤。京通两地的仓场不断予以扩建和维护，宣德七年（1432）工部奏："北京及通州增置仓廒历久未完，今漕运将至，无所置顿，请增军夫八千人助役。"⑥ 景泰六年（1455）二月，增置通州仓⑦。天顺三年（1459）二月，增置通州大运仓⑧；四

① 《明史》卷 79《食货志三》，中华书局 1997 年缩印本，第 1923 页。
② 《明神宗实录》卷 213，万历十七年七月乙丑。
③ 《明史》卷 79《食货志三》，中华书局 1997 年缩印本，第 1921 页。
④ 《明英宗实录》卷 9，宣德十年九月壬辰。
⑤ 《明宪宗实录》卷 46，成化三年九月癸酉。
⑥ 《明宣宗实录》卷 87，宣德七年二月戊午。
⑦ 《明英宗实录》卷 250，景泰六年二月丙申。
⑧ 《明英宗实录》卷 300，天顺三年二月庚辰。

年，命通州草场新盖仓廒，名曰大运南仓①；五年，增置通州大运仓一百间②。弘治八年（1495），户部奏于通州旧城西增置仓廒一百六十八间③。

漕粮虽有定额，但明中后期兵革繁兴，京师缺粮日益严重。隆庆年间户部尚书言："今则一人耕之，不止于百人聚而食之矣。九边之兵马，比祖宗之旧增添数多，而又加以征调客兵之费，日亦不给。"④ 灾歉等特殊情况往往导致改折或截留，隆庆六年（1572），户科右给事中栗在庭言："顷者漕臣以运船漂溺过多，请改折五十余万石，且乞岁折百万石以为常。此为一时权宜之术，则可非百世经久之计也。盖每岁漕粮四百万石，除转饷诸镇及漂流、挂欠、灾伤改折殆且百万，其纳京通二仓者实征三百余万，仅供官军匠役一岁之食尔，而太仓陈粟，计不足以支三年。今复岁减百万，京师米价翔贵，万一事出非常，运道梗塞，畿民枵腹，卫士脱巾，将胡以待之。且人情倡之，以裁省之说则易从，假之以岁月之久则易玩。臣意改折之法若行之数年，人心渐弛，或天时为沴，即三百万石又不能保其不挂欠、不漂流，则运输愈减，而积贮愈匮矣。以一岁之失利而遽忘百世之隐忧，便漕司之运输而不恤国家之利害，此臣之所大惧也。"对此户部回复言："是在庭言，请令漕司自年仍复运额报可。"⑤ 他的条陈表明，漕粮改折之法仅可临时行之，不可作为常例，否则易使人心涣散，最终阻碍漕运大事。万历三十年（1602），管理仓场刑部左侍郎谢杰题奏："今京仓实在之数四百四十八万余石，仅足二年之支。设使明年之运又如今年，则将并此二年之积亦耗矣。……仓庾空虚至此，隐忧已在目前。"⑥ 主张尽力杜绝漕粮改折、截留，以免危及京城的战略安全。直到天启、崇祯年间，京仓

---

① 《明英宗实录》卷316，天顺四年六月丙辰。
② 《明英宗实录》卷326，天顺五年三月戊午。
③ 《明孝宗实录》卷107，弘治八年十二月癸丑。
④ 陈子龙编：《明经世文编》卷298《马恭敏公奏疏·明会计以预远图疏》，中华书局1962年版，第3137页。
⑤ 《明穆宗实录》卷70，隆庆六年五月乙酉。
⑥ 《明神宗实录》卷376，万历三十年九月癸未。

空虚问题仍然存在。

总体看来，明代完备的漕粮征纳制度，保障了北京及长城沿线军队的粮食供应。对于漕粮交纳地区而言，繁重的税粮造成了沉重负担，江南诸省尤其如此。明人论述说："天下财赋，东南居其半。……嘉、湖、杭、苏、松、常，此六府者，又居东南之六分。它舟车诸费，又六倍之，是东南固天下财赋之源也。"[1] 但是，早在宣德七年（1432），松江人杜宗恒已经上疏："苏松二府之民，则因赋重而流移失所者多矣。"[2] 弘治十五年（1502）户部奏称："其湖广、江西、浙江，及苏、松、常、庐、凤、淮扬，既供南京，又供京师；北直隶、河南、山东，既供京师，又供各边。"[3] 嘉靖九年（1530），翰林院学士顾鼎臣疏称："今天下税粮、军国经费，大半出于东南苏、松、常、镇、杭、嘉、湖诸府，各年起运存留不下百万。"[4] 万历十五年（1587），御使徐元题称："苏、松、常、杭、嘉、湖六府钱粮颇重。"[5] 从经济角度衡量，没有江南财赋之地的高额付出，就没有明朝北边的巩固与首都北京的发展。

第六节　能源建材供应及相关资源环境问题

明代北京城市人口众多，无论是皇室官僚抑或普通居民，对于以柴炭、煤炭为主的能源与木材为主的建材，消费量都相当巨大。因本地供应不足，往往取之于周边地区。

一　柴炭烧造与煤窑开采

柴炭与煤炭，是古代居民日常生活与取暖的能源。永乐年间，城

---

① 陈子龙编：《明经世文编》卷397《赵文毅文集·议平江南粮役疏》，中华书局1962年版，第4287页。

② 顾炎武：《日知录》卷10《苏松二府田赋之重》，《日知录集释》本，中华书局1936年版，第8页 a – b。

③ 《明孝宗实录》卷192，弘治十五年十月。

④ 《明世宗实录》卷118，嘉靖九年十月辛未。

⑤ 《明神宗实录》卷183，万历十五年二月己卯。

内所需柴炭在"白羊口、黄花镇、红螺山等处采办"。宣德年间以后，主要由易州供给。宣德四年（1429），"始设易州山厂，专官管理。景泰间移于平山，又移于满城，天顺初仍移于易州"①。天顺五年（1461），工部右侍郎吴复奏称："顺天府所属通州、顺义等州县，宣德正统间采运柴炭，皆设官专理其事，故恒足。景泰间始革去，故至今恒欠乏，请复专设官。"② 嘉靖八年（1529），工部尚书刘麟奏请裁革易州柴炭厂委官，"专选部署官一员主之"③。朝廷专设机构监管，显示了柴炭供应对于京城的重要程度。柴炭采运工人主要来自山西、河北等地。正统五年（1440），都察院右佥都御使张纯提出："保定府民大饥，乞罢其采运柴炭者三千九百七十一人。"对此，工部复奏称："京师柴炭日用所急，役不可罢。"④

宫廷所用柴炭种类，"凡隆德等殿修建斋醮焚化之际，用杨木长柴；宫中膳房，用马口柴；内官关领，则片柴也。外有北厂、南厂、西厂、东厂、新西厂、新南厂等处，各有掌厂、佥书、监工，贮收柴炭，以听关支"⑤。万历十七年（1589），易州山厂工部主事张新言："易厂所司专为柴炭而设，岁计柴价银三十余万两。"因为"红箩大炭乃御前所用"，"每岁该七十万斤本厂领价烧造。此炭非杂木可烧，止用三种：曰青信，曰白枣，曰牛觔，总谓之甲木，尊其名也。由柴荆六十里至金水口始有此木，则所谓炮架藩篱，正应禁者。山厂以供应为急，而边隘以边墙为重，不若就厂后种植。今有隙地九顷可种四万余株，得以经久"⑥。"凡宫中所用红箩炭者，皆易州一带山中硬木烧成。运至红箩厂，按尺寸锯截，编小圆荆筐，用红土刷筐而盛之，故名红箩炭。每根长尺许，圆径二三寸不等，气暖而

---

① （万历）《大明会典》卷205《工部二十五·柴炭》，《续修四库全书》，上海古籍出版社2002年影印本，第792册，第434页。

② 《明英宗实录》卷325，天顺五年二月戊戌。

③ 《明世宗实录》卷98，嘉靖八年二月庚午。

④ 《明英宗实录》卷63，正统五年正月己卯。

⑤ 刘若愚：《酌中志》卷16《内府衙门职掌·惜薪司》，北京古籍出版社1994年版，第107页。

⑥ 《明神宗实录》卷213，万历十七年七月丙寅。

耐久，灰白而不爆。"①

每年采办柴炭数量均有定额。天顺八年（1464）为 430 余万斤，成化元年（1465）增至 650 余万斤，二年再增至 1180 余万斤，三年更是增加到 1740 余万斤。嘉靖二年（1523）奏准，惜薪司每年供应各宫及内官、内使人员木柴 24560294 斤左右；本色柴 1812 万斤（其中杨木长柴 5 万斤和顺柴 1807 万斤由商人办纳）以及折色柴 6440294 斤左右②。此后在正德十二年（1517）及十六年又有过加增。采办柴炭主要供给光禄寺、礼仪房、银作局、御用监、御马监、织染局、翰林院、太常寺、神乐观等处。各处所需柴炭种类及数量如下：

惜薪司：每年供应各宫及内官内使人员，木柴 2456 万余斤，本色柴 1812 万斤，木炭 608 万斤，长炭 55 万斤，白炭 543 万斤，坚实白炭 10 万斤，荆条 2 万斤。光禄寺：每年供应木柴 1285 万余斤（遇闰加 107 万余斤），木炭近 114 万斤（遇闰加 9 万余斤）。礼仪房：木柴 244 万余斤，木炭 17 万余斤。银作局：木柴 30 万斤。御用监：木柴 20 万斤，木炭 20 万斤，白炭 10 万斤。御马监：木柴 125 万斤。织染局：木柴 70 万斤，木炭 3 万斤。翰林院：木炭 1 万斤。太常寺：干顺木柴 15 万余斤，木 65900 斤，燔柴 2500 斤。神乐观：木柴 54 万余斤。中书舍人写：诰敕木炭 1490 斤，兵部誊黄木炭 3000 斤。太医院：木柴 2400 斤，木炭 600 斤。会同馆：木炭 40 万斤。西舍饭店：木柴 25 万余斤。坝上大马房：木柴 91102 斤③。

明代北京地区庞大的军事戍卫人口，对于柴炭需求亦十分庞大。顺天府属军卫需用柴炭数量，如表 5—8 所示：

---

① 刘若愚：《酌中志》卷 16《内府衙门职掌·惜薪司》，北京古籍出版社 1994 年版，第 106 页。

② （万历）《大明会典》卷 205《工部二十五·柴炭》，《续修四库全书》，上海古籍出版社 2002 年影印本，第 792 册，第 434 页。

③ 同上书，第 434—436 页。

表5—8　　　　　　　　明代顺天府属军卫需用柴炭数量一览表　　　　单位：斤

	柴	炭
通州左卫	8808.8	9774.4
通州右卫	14487.8	16070.12
定边卫	19822.4	21986.6
神武中卫	22364	24806
兴州后卫	45152	40272
遵化卫	29466.8	32995.4
东胜右卫	44931.8	56084.12
开平中卫	15205.12	16113.10
兴州前卫	43895.8	38210.11
宽河所	3561	4834.8
忠义中卫	43333.8	54623.12
永平卫	38464.8	35828.4
卢龙卫	43177.8	47952.12
抚宁卫	38627.12	35008.10
东胜左卫	52500	43668
兴州右卫	41966.8	47058.12
山海卫	40888.8	42457

资料来源：（万历）《大明会典》卷205《工部二十五·柴炭》。

　　长期的柴炭烧造给易州地区带来了沉重负担。正统七年（1442），"易州山场岁办柴炭已九千四百余万"[1]，比宣德年间规定的不足二千余万斤增加了四倍有余。弘治年间《易州志》记载："民之执兹役者，岁亿万计。车马辐集，财货山积，亦云盛矣。然昔以此州林木蓊郁，便于烧采，今则数百里内山皆濯然。举八府五州数十县之财力屯聚于兹，而岁供犹或不足。民之膏脂日已告竭，在易尤甚。"[2]弘治九年（1496）奏准："今后各处造作派办务要照依原议，从实估计，不许多派。惟烧造琉璃纯用木柴，黑窑砖瓦用木柴三分、杂柴七

---

[1]　《明英宗实录》卷97，正统七年十月丙申。
[2]　（弘治）《易州志》卷3《山厂》，第7页b—8页a。

分。其工程已完者、照例停免，不必再行追扰。"① 繁重的采炭夫役，迫使相关地区的百姓纷纷逃亡，造成严重的社会问题。正统九年（1444）工部奏称："今岁大名、广平二府采柴炭夫过期未至，河间、永平、顺德三府役满者已逃二千二百人，尚在役者惟八百人。请罪大名、广平二府官吏，檄河间三府追督逃夫，且倩大兴、宛平夫千人供役以俟代者。"②

柴炭的过量采伐及烧造，对当地环境产生了严重破坏。景泰元年（1450）实录记载："初，柴炭多于易州、沙谷等口山场采用。自宣德五年（1430）至今，取用已久。材木既尽，乃命移厂于真定府平山、灵寿等处采之。"③ 天顺元年（1457）工部左侍郎孙弘奏称："易州山场自宣德间开设，……因岁久采取尽绝"，后徙于真定，但因"去京路远，官民输送甚艰"，请仍迁回易州。此外，朝廷也在注意寻找其他地区作为获取能源之地。当年明英宗谕令："奇峰等口山木，皆所以屏蔽边塞，不可动。止有沙峪东、马头二口树木蒙茂，不妨关隘，宜立山场。"④ 明代中后期以后，开始减少柴炭额定数量。万历十三年（1585）十二月，"裁惜薪司冗官，减大炭以斤计者一十五万"，缘由在于"时山厂设于易州，而数百里外林麓都尽"⑤。

煤炭在明代能源构成中的地位越来越重要，正统十一年（1446），监察御史蔡愈济奏：有诏禁京城外西北开窑取土，而太监贾亨、僧保，内官云保山、黄义，擅役军士于清河开窑⑥。成化、弘治年间，西山门头沟地区煤窑数量不断增加，且民窑比官窑数量更多。万历三十一年（1603），顺天府尹许弘纲上疏称：西山等地煤窑"官窑仅一二座，其余尽属民窑"⑦。随着西山煤窑的开采，煤炭供应

① （万历）《大明会典》卷205《工部二十五·柴炭》，《续修四库全书》，上海古籍出版社2002年影印本，第792册，第437页。
② 《明英宗实录》卷112，正统九年正月己丑。
③ 《明英宗实录》卷188，景泰元年正月丙辰。
④ 《明英宗实录》卷277，天顺元年四月戊申。
⑤ 《明神宗实录》卷169，万历十三年十二月丁卯。
⑥ 《明英宗实录》卷141，正统十一年五月甲午。
⑦ 《明神宗实录》卷381，万历三十一年二月癸巳。

渐多，在一定程度上缓解了柴炭供应不足的困境，直至出现"今京师军民百万之家，皆以石煤代薪"的局面①。

二 石料采办

明代北京城市营建所需石料，大多采于房山、昌平以及怀柔等地。房山县大石窝产汉白玉石。"大石窝在县西南四十里黄龙山下，前产青白石，后产白玉石，小者数丈，大至数十丈，宫殿营建多采于此。"② 所用石灰，"永乐以后，马鞍山、磁家务、周口、怀柔等处，各置灰厂，俱以武功三卫军夫采烧搬运赴京，修理内外公廨应用"③。昌平出产砂石，永乐帝营建北京，这里是工程所用石料的重要产地之一。昌平西北山区藏有丰富的矿产资源以及灰、沙石料，特别是花岗石、白云石、大理石、石英石等。其中，白虎涧位于昌平阳坊镇境内，这里出产的花岗石亦称"豆渣石"。明代工部在此设置机构专门负责石料采办事宜，"大石窝、白虎涧等处，各有提督，俱外差也"④。嘉靖二十三年（1544）夏"建造九庙，大柱石礅取诸西山。每石用骡二百头拽，二十五日至城"⑤。营建宫殿所需的琉璃瓦，均由北京琉璃厂烧造。

三 能源建材采办的环境影响

柴炭烧造与煤窑开采、石料采办，都对相关地区的林木造成了一定的环境影响。明初禁止在西山砍伐林木，至仁宗时期，"以京师人众，而莪薪往往取给千数百里外，命工部驰西山樵采之禁"⑥。宣宗

---

① 陈子龙编：《明经世文编》卷73《丘文庄公集三·守边议》，中华书局1962年版，第619页。

② 于敏中等：《日下旧闻考》卷130《京畿》，北京古籍出版社1985年版，第2092页。

③ 北京图书馆金石组编：《北京图书馆藏中国历代石刻拓片汇编》第56册，中州古籍出版社1990年版，第198页。

④ 刘若愚：《酌中志》卷16《内府衙门职掌》"内官监"，北京古籍出版社1982年版，第102页。

⑤ 于敏中等：《日下旧闻考》卷33《宫室》，北京古籍出版社1985年版，第503页。

⑥ 《明仁宗实录》卷21，永乐二十二年九月癸酉。

时期，因为"输官薪炭，措办实难"，于是"弛禁以便民"①，林木砍伐由此加重。明代烧窑用柴耗费甚大，《两宫鼎建记》载："两窑用柴九千七百余万斤，约银一十四万六千余两。乃今财用匮乏，区画最难。查得先年修复殿堂，题准砍伐南海子树株抵用，合无仍照前议，咨行兵部。即将题准官军一万名，内除量拨大石窝二千名。该部差委都把等官，督押八千名赴海子，听该管内监。先将木材稠密枯倒等树刮皮号记，照号砍伐，远近酌量。每军日限三十斤至厂。每一月管厂主事会同科道验收。计至明年二月终，木将发生之时停止，候秋再伐。"②马文升在奏文中也详细叙述了明代北京山林砍伐状况："永乐、宣德、正统年间，边山树木无敢轻易砍伐，而胡虏亦不敢侵犯。自成化年来，在京风俗奢侈，官民之家争起第宅，木植价贵，所以，大同、宣府规利之徒、官员之家专贩筏木，往往雇觅彼处军民，纠众入山，将应禁树木任意砍伐。中间镇守、分守等官，或檄福而起盖淫祠，或贻后而修造私宅，或修改不急衙门，或馈送亲戚势要，动辄私役官军入山砍木，牛拖人拽，艰苦万状。其本处取用者，不知其几何；贩运来京者，一年之间，岂止百十余万？……即今伐之十去六七，再待数十年，山林必为之一空矣。"③

鉴于西山地区重要的地理位置，明朝一直在保护北京周边地区的环境与获取资源之间摇摆不定。正统元年（1436）十月，禁止京城外掘土治窑，"京城西北俱不得掘土，其东南许去城外五里"④。成化十四年（1478），禁人于西山凿石。内官太监宿政奏称："正统间有旨不许军民于西北凿石，今岁久，人不知禁，宜揭榜示众。"都察院覆奏："西山形势，天造地设，环拱京师，千万载灵长之气，汇聚于此，政言宜从。命再犯者杖八十，依律拟罪如旧制。"⑤十五年

① 《明宣宗实录》卷3，洪熙元年七月戊寅。
② 贺仲轼：《两宫鼎建记》卷中，《丛书集成初编》，商务印书馆1936年影印本，第8页b—9页a。
③ 陈子龙编：《明经世文编》卷63《马端肃公奏疏二·为禁伐边山林木以资保障事疏》，中华书局1962年版，第528页。
④ 《明英宗实录》卷23，正统元年十月庚辰。
⑤ 《明宪宗实录》卷180，成化十四年七月戊子。

图5—4　明宪宗成化十五年敕谕碑拓片

（1479）六月二十二日，鉴于"恃强势要私开煤窑，挖通坛下，将说戒莲花石座并折难殿积渐坏动"，明宪宗颁布了不准在马鞍山戒台寺（又称戒坛寺）周围采煤的禁令："今后官员、军民、诸色人等，不许侮慢欺凌；一应山田、园果、林木，不许诸人骚扰作践；煤窑不许似前挖掘。敢有不遵朕命，故意扰害、沮坏其教者，悉如法罪之不宥。"① 这通敕谕碑，至今仍立在钟楼北侧（图5—4）。折难殿是明代寺内大殿之一，应即今戒坛大殿。它与说戒莲花石座被"积渐坏动"，也就意味着长期挖煤掏空地层，日积月累已经导致地面下陷、建筑开裂，皇帝不得不严令禁止。二十一年（1485），工部尚书刘昭奏称："西山密迩京城，国家千万年风气攸系。屡奉旨禁约，不许开凿。近年军民人等往往投托内外势要，或开窑卖煤，或凿山取石，巡视者畏其声势，莫敢谁何。宜严加禁约，且差官勘视。如有开凿坑坎者，姑宥其罪，责令填平。或年久审无证佐，则量起火甲夫役填垫。敢有仍前不悛者，就将本犯枷项当地村市一月，发边卫充军。中间若有干碍应议，及内外官员一体奏闻。"对此，明宪宗回复称："应禁山场累有榜例晓谕，不许凿石取煤，内外势要何得故违？都察院即出榜申明禁约，有犯者如奏处治。"② 对于京城风水的高度重视，成了明代保护西山环境的理论依据。

第七节　漕运通道与城市水源的整治

明成祖迁都之后的北京，成为全国的交通中心，构建了以陆路的驿站、官道等为主干线，与发达的河运、海运相结合的交通体系。陆路交通基本继承了元代的规模，通往全国各地的交通路线，见黄汴《一统路程图记》等文献所载。为保障北京城市居民饮用以及漕运畅通，明代进行了疏浚漕运通道、整治城市水源等主要工程。

---

① 明成化十五年敕谕碑。承蒙张云涛先生提供拓片，谨此致谢！
② 《明宪宗实录》卷263，成化二十一年三月己未。

一　漕运通道的疏浚

疏浚漕运通道是永乐以后的国家要务，南北大运河的治理需动员全国的力量。在北京地区实施的治河工程，主要是解决从通州到京城的通惠河（即大通河）这条漕粮孔道的畅通问题。永乐四年（1406）修浚西湖（今昆明湖）水闸，翌年五月发民丁二十万疏浚西湖至通州的河道，并在北京至通州的通惠河之上建立五闸，设闸户、水脚夫及船只。十年四月，疏浚积水潭至张家湾河道。十五年，陈锐利用通惠河运输木材，似仍可通航。宣德七年（1432）皇城东扩，通惠河被圈入皇城内，船只无法驶入积水潭。自宣德十年开始，船只不再入城，只能到达城外的大通桥。

成化十一年（1475）八月，平江伯陈锐督理疏浚通惠河。从八月十日至九月十七日施工，将河道拓宽和加深。由于未能解决水源问题，再加上沙水易淤，不到两年又浅涩如旧，舟不复通。正德二年（1507），户部郎中郝海等治理通惠河，疏浚了大通桥起河道61里，闸12座，筑补堤岸41处，共1050丈。这次治理吸取了成化年间的教训，新开了月河，在堤岸上修了多处减水坝，终因河床地势落差太大而未能通漕。

明代治理通惠河，以嘉靖六年（1527）巡仓御史吴仲最为成功。他建议：汉唐宋代漕运皆可直达京师，"未有贮国储于五十里之外者。今令京军支粮通州率称不便。而密云诸处，皆有间道可通设虏。因乡导轻骑疾驰，旋日可至。烧毁仓廒，则国储一空，京师坐困"。因此，希望打破权势之家的阻挠以及风水之说，恢复水路运输，与陆路兼行，以兴利除弊。他与同僚实地勘测后提出："从大通桥至白河，高可六丈。若大兴工浚之，深至七丈，通引白河，则漕船可直达京城，诸闸可尽罢。此永久之利，然未易议也。为今之计，惟应修浚河闸。"他们估计："修闸浚渠筑坝之费，当用银一万五。闸置船各六十一，船日运粮万石。造舡之费，可一万五百，通漕粮二百三十万石，岁省脚价可十万三千五百。若粮多舡少，听

— 181 —

以车转，水陆并进。"① 次年六月，通惠河疏浚工程完毕，吴仲上疏指出："大通桥至通州石坝，地势高四丈，流沙易淤，宜时加浚治。管河主事宜专委任，毋令兼他务。官吏、闸夫以罢运裁减，宜复旧额。庆丰上闸、平津中闸今已不用，宜改建通州西水关外。剥船造费及递岁修艌，俱宜酌处。"② 自此至明末，漕艘直达京师大通桥下。其间在隆庆二年（1568）曾募夫匠五万四千余人进行过一次较大治理，四年三月修复朝阳门外旧河以便运船直至东仓。万历年间，通惠河因暴雨冲决堤岸而泛滥，但它始终是漕粮进京的咽喉要道。

白河在牛栏山以上无明显河槽，夏秋间经常满溢。嘉靖元年（1522），提督漕运总兵杨宏奏称："今运道淤浅，查得闸河、白河一带各有额派挑浅夫役官司，因循废弛，以致漕舟困于起剥，军吏因而蠹耗。请行总督河道及管理泉闸诸臣，时时临阅浅处，督工疏浚，仍令所在军卫有司验视漕舟，修补破敝以备后运。"③ 这是由白河输送粮食的证明。三十四年（1555），总督蓟辽保定军务都御史杨博上奏："请开密云白河以济粮运，于杨庄地方筑塞新口，使白河之故道疏通，与潮河之水合而为一。"④ 蓟辽总督移驻密云后，"兵将屯结，岁用漕粮十余万石，悉由通州陆运至牛栏山，转输密云，颇称劳费"。四十三年（1564）九月，总督刘焘，"发卒疏通潮河川水达于通州，更驾小舟转粟直抵该镇，大为便利，且省僦运费什七"⑤。温榆河是由通惠河至昌平的水道。永乐七年（1409）五月，明成祖在昌平北部修建陵寝，所需大批建筑材料和食粮，即由运河转经温榆河直运昌平。隆庆六年（1572）十月，户部请开温榆河，"自巩华城达于通州渡口，运粮四万石，给长陵等八卫官军月粮"⑥。

---

① 《明世宗实录》卷81，嘉靖六年十月戊午。
② 《明史》卷86《河渠志四》，中华书局1997年缩印本，第2112页。
③ 《明世宗实录》卷21，嘉靖元年十二月己酉。
④ 《明世宗实录》卷419，嘉靖三十四年二月丙子。
⑤ 《明世宗实录》卷538，嘉靖四十三年九月癸丑。
⑥ 《明神宗实录》卷6，隆庆六年十月己卯。

二　城市水源状况及城内河道整治

明代北京城市水源比较丰沛，都城四周甚至可种植水稻等作物。《长安客话》记载，西北的海淀西湖"近为南人兴水田之利，尽决诸洼，筑堤列塍……竹篱傍水，家鹜睡波，宛然江南风气"[①]。城北积水潭地区虽较元代有所衰落，但水源仍很充沛。德胜门地区有大片稻田，"德胜门东，水田数百亩，沟洫浍川上，堤柳行植，与畦中秧稻，分露同烟"[②]。城南右安门外草桥地区"方十里，皆泉也"，是明清时期北京城花卉种植基地，同时有村民"种水田者资以为利"[③]。

为保障城内河道畅通，明代多次疏浚与维护。正统三年（1438）工部奏称："今缮治京师城河已完，恐人牧牛马堤上，或种蔬菜诸物，致易损坏。上命守城门官军及五城兵马兼巡逻，都察院御使一人察其巡逻，不谨者罪之。"[④] 六年闰六月，命工部"修宛平闸，以水涨堤决故也"[⑤]。景泰二年（1451）正月，"命修玉河东西堤，浚安定门东城河"[⑥]。成化三年（1467）六月，"修玉河桥东西堤岸"[⑦]；六年四月，"诏修安定、西直二门城墙及沟渠之坍塌者"[⑧]；六月，命总兵官及工部尚书等人"修理九门城垣，疏浚诸巷水道"[⑨]。十年六月，监察御使提出，京城西南一带地势洼下，居民侵占街道导致沟渠壅塞，"凡遇霖潦，水无所泄，淹坏庐舍，人受其患。乞命内外臣董督疏通"[⑩]。二十一年闰四月，"命锦衣卫指挥同知刘纲提督疏浚京师沟

[①]　蒋一葵：《长安客话》卷3《郊坰杂记》"西湖"条，北京古籍出版社1982年版，第50、51页。

[②]　刘侗、于奕正：《帝京景物略》卷1《城北内外》"三圣庵"条，北京古籍出版社1983年版，第32页。

[③]　于敏中等：《日下旧闻考》卷90《郊坰》，北京古籍出版社1985年版，第1531页。

[④]　《明英宗实录》卷41，正统三年四月乙丑。

[⑤]　《明英宗实录》卷255，景泰六年闰六月癸酉。

[⑥]　《明英宗实录》卷200，景泰二年正月戊午。

[⑦]　《明宪宗实录》卷43，成化三年六月丁酉。

[⑧]　《明宪宗实录》卷78，成化六年四月壬申。

[⑨]　《明宪宗实录》卷80，成化六年六月戊寅。

[⑩]　《明宪宗实录》卷129，成化十年六月戊寅。

渠"①。弘治二年（1489）三月及五月，修京城九门内外墙垣堤岸②；当年九月，"修长安东西街、玉河桥等处沟渠"③。三年三月，"修正阳等门城垣闸坝堤岸"④，集中性的城区河道修浚工程暂时完结。十二年三月，"命工部会同内官监、锦衣卫及巡城御使，疏浚京城沟渠"⑤。十四年闰七月，"修浚九门城壕水关"⑥。自此至正德初年，城区河道修浚工程未见记载。正德十六年（1521）七月，"命工部按行街渠淤塞者，自金水桥、玉河桥及京城九门壕堑，皆次第修浚之"⑦。

　　明代中后期，北京城内完成了多次沟渠修浚工程。嘉靖元年（1522）四月，"修浚金水、玉河二桥并九门城壕，命管街道官管理广源闸水利"⑧。隆庆二年（1568）四月，"诏修理禁门城楼及疏浚御河"⑨。此后虽河道疏浚工程不多，但较有规模。万历八年（1580），工部奏请六事，其中第一条为："疏河渠以通水道。京城北有海子，南接玉河桥，东有泡子河，西有河漕，各街俱有长沟，中城有臭水塘，此皆水道脉络。今多壅塞，且有侵占者，乞逐一清查，给银开浚。"⑩三十九年，面对沟渠管理的混乱局面，工部街道厅主事沈正宗提出了系统的整治计划："京师连年水患，非问侵占，则沟渠必不通；非藉严法，则侵占必不可问；非务在必行、毫无假借，则法必不可行。臣顷略一清查，阻挠纷纷起矣。道之行也，三都可堕；法之玩也，一墙难拆。积弛之余，若不大加创惩，必无以慑服奸豪，拯拔昏垫。相应再遵前旨，除非紧要去处及棚墙房屋不系压沟者姑免究外，其余沟傍有买卖者，止许照万历八年例撑张布幔，不许搭棚、筑砌墙

　　①《明宪宗实录》卷265，成化二十一年闰四月戊子。
　　②《明孝宗实录》卷24，弘治二年三月壬午；《明孝宗实录》卷26，弘治二年五月戊辰。
　　③《明孝宗实录》卷30，弘治二年九月庚辰。
　　④《明孝宗实录》卷36，弘治三年三月丙寅。
　　⑤《明孝宗实录》卷148，弘治十二年三月癸酉。
　　⑥《明孝宗实录》卷177，弘治十四年闰七月丁丑。
　　⑦《明世宗实录》卷4，正德十六年七月甲子。
　　⑧《明世宗实录》卷13，嘉靖元年四月己丑。
　　⑨《明穆宗实录》卷19，隆庆二年四月丙申。
　　⑩《明神宗实录》卷100，万历八年五月庚寅。

屋，违者尽行毁拆，务使总会通街出水之沟疏浚深阔、处处通流无碍
而后已。遇有阻挠，不拘何人，指名呈堂参处。坊官有仍前怠玩染指
徇私者，从重参究。但期法归画一，毋得假借。当拆即拆，不得两
可，反滋衙役需索之端；当参即参，不得优容，以启奸猾营求之路。
窃谓徙木立信以行秦苛法，则不可以行周孔之制。虽圣王不能易此，
在臣恪谨奉行而已。"① 从奏疏所列各项来看，势要之家侵占街道，
阻碍了城市交通与排水系统的正常运行，因此才有主管官员提出如此
全面严厉的建议。

第八节　城乡关系与北京周边乡村的发展

北京都城地位的巩固以及移民、屯垦、营建等活动的展开，强化
了北京城市与周边郊区村落的联系。

一　人口迁移与屯垦

明初所进行的人口迁移，大部分被安置在北京周边地区。洪武四
年（1371），"徙北平山后之民三万五千八百户，一十九万七千二十
七口散处卫府，籍为军者为以粮，籍为民者给田以耕"。徐达 "又以
沙漠遗民三万二千八百六十户，屯田北平府管内之地。凡置屯二百五
十四，开田一千三百四十三顷"。上文所述 254 屯，分布在大兴、宛
平等州县，其中大兴为 49 屯，宛平 41 屯，良乡 23 屯，通州 8 屯，
漷州 9 屯，顺义 10 屯，昌平 36 屯，固安 37 屯，武清 15 屯，三河 26
屯，蓟州 15 屯②。除民屯之外，明初亦实施军屯：边地卫所驻军，三
分守城，七分屯田；内地卫所驻军，二分守城，八分屯田。明初北京
郊区的卫所军屯分布为：宛平 11 屯，分布于孝义、永安、玉河、京
西以及香山；大兴 28 屯，分布在添保恭社、施仁关、坟庄、赤村社、
卢家垡、枣林庄等地；良乡 17 屯，分布在鲁村社、高舍社、北赵社

---

① 《明神宗实录》卷486，万历三十九年八月甲午。
② 《明太祖实录》卷66，洪武四年六月戊申。

等；昌平 19 屯，分布在清河、白浮等；顺义 26 屯，分布在城子社、北彩社、牛栏山社等地；通州 37 社，分布在西城社、延庆社、葛渠社等地；此外，潞县有 7 屯、房山 1 屯、密云 9 屯、三河 12 屯、武清 16 屯、东安 47 屯、永清 11 屯、涿州 4 屯、蓟县 14 屯、遵化 8 屯[①]。

  永乐年间迁都北京后，昌平作为都城以北第一站，是移民安置及屯垦的重要地点。永乐二年（1404）在居庸关置卫，"时立隆庆卫及隆庆左卫于此。宣德元年徙隆庆左卫于永宁县，而［居庸］关独有隆庆卫，领千户所五，以为京师北面之固"[②]。《永乐大典》记载，嘉靖二十一年（1542），昌平县共有军屯十九，具体包括大兴左卫屯十二：白浮社一、蔺沟社一、清河社五、清龙社一、半善社二、孟村社一、堂乐社一。济阳卫屯三：坊市社一、白浮社二。永清右卫屯四：蔺沟社二、半善社二[③]。隆庆《昌平州志》记载的军屯有：水屯（在州西南三里）、乃延屯（在州治东七里，以上系济阳卫军屯）、北邵屯（在东八里）、白虎涧屯（在州西南三十里）、阿速卫屯（在州东南二十五里）、白浮屯卫（在州治东南十里）、沙涧屯（在州治西南三十里）、枣庄屯（在州东五十里）、南庄屯（在州东三十里）、白石屯（在州东南二十五里）、孟祖屯（在州东南二十五里）、崔村屯（在州东三十里，以上系延庆卫军屯）、南邵屯（在州治东十五里）、新丰屯（在州东三十里，以上系大兴左卫屯）、皂角屯（在州南三十里）、抱榆泉屯（在州治东三十里）、糜黍屯（在州治南二十里，以上系常护卫屯）、红桥屯（在州西南十二里），以上共计军屯数十八个。除军屯外，还有乡屯十二个，包括仁和乡、惠义乡、润济乡、信德乡、康安屯、福会屯、常丰屯、广敬屯、福田屯、安顺屯、日新屯、兴善屯[④]。延庆地区，永乐十二年（1414），明成祖率军北征，经由龙庆州"厥土旷沃，群山环峙，遂创州治，迁民以实"。永乐年

---

① 尹钧科：《北京郊区村落发展史》，北京大学出版社 2001 年版，第 188—189 页。

② 顾祖禹：《读史方舆纪要》卷 10《直隶一》，中华书局 1955 年版，第 464 页。

③ 《永乐大典》卷 3587 "屯田" 条，中华书局 1986 年影印本，第 3 册，第 2162—2163 页。

④ （隆庆）《昌平州志》卷 4《田赋志》，首都图书馆藏民国抄本，第 16—19 页。

间设上林苑于采育。"采育，古安次县采魏里也。去都七十里。明初为上林，改名蕃育署，统于上林苑，不隶京府。乃元时沙漠地。永乐二年，移山东、（山）西民填之，有恒产，无恒赋，但以三畜为赋。计营五十八。"① 今北京大兴县东部凤河两岸、采育镇的东南与西北，有很多村庄是用山西省部分州县来命名的，如石州营、孝义营、霍州营、解州营、赵县营、山西营、大同营等②。总之，明初所进行的人口迁移与屯垦，在相关安置地点又形成了新的聚落，并对当地的土地开垦有着积极意义。

二 皇庄、官田对郊区村落土地的占有

皇庄的设立始于明初。《宛署杂记》载："洪武初元，我成祖以燕王北征，至山后小兴村，得张福等若干人降之，徙入内地，散处宛平黄垡、东庄营等地，听用力开垦为业。每出征，张福等为亲军，累迁指挥、千百户等官。有旨，以其地为王庄。"待至永乐改元之后，"有司请庄所属改称皇庄"③。

昌平地区皇庄、官地众多，洪熙元年（1425），"赐越王瞻墉昌平县庄田四十四顷九十亩"④。天顺元年（1457），"赐锦衣卫指挥佥事孙续宗昌平县庄田"⑤，同年八月，"以原赐驸马都尉井源昌平县田改赐太监尹奉"⑥。三年，"赐东宫及诸王庄田，以昌平县汤山庄三河县白塔庄朝阳门外肆号厂官庄"⑦。五年，"赐御马监太监周喜昌平县地十一顷有奇"⑧。八年，将太监曹吉祥在顺义县西北板桥村的私地 10 顷 13 亩田地划为宫中庄田，"皇庄之名由此始"。弘治二年（1489），"畿内皇庄有五，共地万二千八百余顷；勋戚、中官庄田三百三十有

---

① 吴长元：《宸垣识略》卷 12《郊坰一》，北京古籍出版社 1981 年版，第 257 页。
② 尹钧科：《北京郊区村落发展史》，北京大学出版社 2001 年版，第 180 页。
③ 沈榜：《宛署杂记》卷 7《黄垡仓》，北京古籍出版社 1980 年版，第 55 页。
④ 《明宣宗实录》卷 10，洪熙元年冬十月己卯。
⑤ 《明英宗实录》卷 277，天顺元年四月戊戌。
⑥ 《明英宗实录》卷 281，天顺元年八月庚戌。
⑦ 《明英宗实录》卷 301，天顺三年四月辛酉。
⑧ 《明英宗实录》卷 330，天顺五年八月乙未。

二，共地三万三千余顷"①。十年，将"昌平县庄地赐大慈延福宫凡一百五十顷"②。十八年十月增设皇庄，包括大兴县十里铺皇庄、大王庄皇庄、深沟儿皇庄、高密店皇庄、石婆婆营皇庄、六里屯皇庄、土城皇庄③。此后，历朝皇庄亦有增加。嘉靖三年（1524），赏赐指挥文荣"漷县、昌平州等地三十七顷有奇"④。

除皇庄之外，勋戚与寺院在郊区占地很多，以致"西山一带形势稍胜者，非赐墓、敕寺，则赐第、赐地。环城百里之间，王侯、妃主、勋戚、中贵护坟香火等地，尺寸殆尽"⑤。正统二年（1437）修造定国公徐景昌坟，占用宛平县京西乡民地六十余亩⑥。四年，越靖王坟园占用宛平县田三顷九十九亩⑦。今通州马驹桥镇驸马庄，"明代已成村。……据传此地本为明朝一驸马庄田，租给农民耕种。形成聚落后，故名"⑧。房山区石楼镇有杨驸马庄及襄驸马庄，村北又有杨驸马坟一座，并立有明朝万历年间的石碑。

三 繁重的赋役对于郊区村落的影响

明代北京的郊区村落，承担着较为沉重的赋役。成化七年（1471），巡按直隶监察御史梁昉言："涿州、良乡等县，密迩京师，其民迫于科差，困于饥寒，往往隐下税粮，虚卖田地，产业已尽，征科犹存，是以田野乡流亡之民。"⑨ 弘治元年（1488），巡抚顺天等府奏称："畿内之民，徭役繁重，而大兴、宛平、昌平、漷县尤甚。"⑩《宛署杂记》详细记录了本县承担的各种赋税和劳役，其余各县情况

---

① 《明史》卷77《食货志一》，中华书局1997年缩印本，第1887页。

② 《明孝宗实录》卷129，弘治十年九月庚申。

③ 陈子龙编：《明经世文编》卷88《林贞肃公集三·传奉敕谕查勘畿内田地疏》，中华书局1962年版，第791—792页。

④ 《明世宗实录》卷43，嘉靖三年九月戊辰。

⑤ 沈榜：《宛署杂记》卷4《古迹》，北京古籍出版社1980年版，第32页。

⑥ 《明英宗实录》卷32，正统二年七月乙未。

⑦ 《明英宗实录》卷61，正统四年十月壬申。

⑧ 通县地名志编辑委员会：《北京市通县地名志》，北京出版社1992年版，第191页。

⑨ 《明宪宗实录》卷92，成化七年六月甲子。

⑩ 《明孝宗实录》卷10，弘治元年闰正月丙寅。

也应相差不远。

惜薪司采柴等夫役以及供应都城日常物料之科派，是北京周边村民的负担之一。正统元年（1436），顺天府宛平县民控诉在京二县杂役繁重，供惜薪司役夫一千三百余人终岁不得休息。对此，工部议复，酌量畿内各府人户多寡，均分其役，河间、永平、顺德三府供役一年，大名、广平二府供一年，顺天府供一年，不断轮换①。六年，巡按直隶监察御使陈永言：房山"采柴夫三百余人，每人月柴四百斤，赴京输送，疲劳不堪，请酌减，以苏民力"②。景泰元年（1450），户部奏："顺天府房山、良乡、昌平、武清、漷、固安等县，近被达贼虏掠，人民惊窜，又兼荒旱无收，缺食艰难。宜免其科差，济以口粮。行移部，凡科派糠麸、煤炸、榛粟、麦穗、稻皮、苘麻、芦苇、秫秸、蒲草、荆条、鹿食、黄豆秸、马连根，沽兔、羊、鸡、挤乳牛，及各驿站递运所置买马、驴、牛、车，铺陈什物等件，砍柴、修坟、闸夫、防夫、馆夫、膳夫、天财库等项夫役，暂与停免。中间果有急用不可免者，亦须支给官钱买办，及别县金役，候民力稍舒，照旧派金。"③ 同年二月，户部奏："京师缺草，畿甸人民供给困难"，只能对于御马监马匹进行拣选④。五年，神机营总兵官称："本营原拨香河草场计二百四十八顷……每岁采秋草饲养官马。"⑤ 成化八年（1472），顺天府府尹李裕奏："每岁陵坟供祀薪炭，皆顺义等县备给。"⑥ 正德十年（1515），都察院议称："昌平州及顺义、密云、怀柔三县皆奏役重。县既隶州，亦宜协济。请自今北黄杠诸役，以十分为率，州出银十四而三县共出十六。若三县民苦加累，则宜省马夫陵户之余者，以宽其力。陵户勿令营求替补，脱避徭役。马夫每官止给银四十两。"⑦ 从这些暂缓或减免的项目中，可见人民负担之繁杂沉重。

---

① 《明英宗实录》卷22，正统元年九月丁巳。

② 《明英宗实录》卷83，正统六年九月壬寅。

③ 《明英宗实录》卷191，景泰元年四月辛丑。

④ 《明英宗实录》卷189，景泰元年二月壬辰。

⑤ 《明英宗实录》卷240，景泰五年四月壬午。

⑥ 《明宪宗实录》卷108，成化八年九月丙申。

⑦ 《明武宗实录》卷121，正德十年二月辛丑。

昌平地区为明代皇家陵园所在地。陵园的修建与看护，既加重了本地区的负担，也带动了昌平地位的巩固。嘉靖元年（1522），顺天府尹称："康陵营造供应及神马寄养，皆倚办昌平一州。"① 十五年，皇帝驾发沙河，驻天寿山行殿，发现沙河一带"居民鲜少，田地芜落"，因此问随臣怎样守护皇陵，并随之提出："若于昌平添设一总兵，南卫京师，北护陵寝，更增军马，自然居人稠密。"② 昌平的军事及政治地位随之提升。回京途中再经昌平，嘉靖帝召集群臣说："道经沙河驻跸，何居民不续农事，不观祖宗陵园重地？"为鼓励居民多事农耕，下令"本州今年粮税免三分之二，凡七十以上者，官各给布二匹，米一石，肉五斤；九十以上者倍之。生徒每给灯油八十斤"。并下令本州官员，"宜爱养百姓，尽生抚恤，勿妄加苛索，以奉承人意。勿肆行暴虐，以致害民"③。八年，兵工二部称："昌平州肥沃地土多被势要占买，影避征徭。宜命官踏勘，遵照亩数均派养马，不许妄比优免事例，负累贫民。本州路通南北，供应甚艰。宜严戒祭陵诸臣，毋得横肆需求。陵寝所在山场树木，俱宜爱护培养。如有奸人盗伐，务必查究。"④ 昌平后来出现以诸陵为名的村落，就是在明代奠定了发展基础（图5—5）。

四　物流格局下的城乡关系

明代北京地区庞大的消费需求，形成了以北京作为转运终点站的物流格局，由此也带动了周边地区的商品流通。

明代北京地区的日常粮食供应，主要来自南方漕运。通州作为漕船剥运终点，成为京南重要的转运及仓储重地。为存储每年数百万石供给京城的粮食，在北京及通州设置了许多粮仓，统称为京通二仓，其中"京仓为天子之内仓，通仓为天子之外仓"⑤。畅通的水路运输

① 《明世宗实录》卷16，嘉靖元年七月癸丑。
② 《明世宗实录》卷185，嘉靖十年三月丁丑。
③ 《明世宗实录》卷185，嘉靖十年三月壬午。
④ 《明世宗实录》卷105，嘉靖八年九月丙辰。
⑤ 孙承泽：《天府广记》卷14《仓场·漕仓》，北京古籍出版社1984年版，第174页。

图5—5 1982年昌平县地名图（局部）

系统，带动了张家湾地区的繁荣。此地为潞河及浑河交汇处，以元代万户张瑄督海运至此而得名。随着漕运以及区域间的商业发展，成为进京船只的枢纽。嘉靖年间蒋一葵称："张家湾为潞河下流，南北水陆要会也。自潞河南至长店四十里，水势环曲。官船客舫，漕运舟航，骈集于此，弦唱相闻，最称繁盛。"[1] 张家湾镇北有一村名皇木厂，"明代已成村，明清时营造北京皇宫所需大木，自南方各地经北运河运抵该地存储，敕宦官、佑司把总署驻此，运木的车户、脚夫居此，渐成聚落，故名"[2]。通州城西北八里桥东之通惠河北岸，有一

① 蒋一葵：《长安客话》卷6《畿辅杂记》"潞河"条，北京古籍出版社1982年版，第130页。

② 通县地名志编辑委员会：《北京市通县地名志》，北京出版社1992年版，第176页。

村名竹木厂。"竹木局建于通州，自永乐始。其抽分有二八、九一之额。旧制，张湾之浒设有大通关巡检司，通州竹木局又以大使领之。桴筏至者，各列其材板枋之多寡、长短、阔狭、厚薄之差等，以达之关司长。关司长据所差等较勘虚实，而上之巡仓御使。御使据所陈报而下之竹木局，使如例抽之。其署额曰抽分竹木厂。"① 在此形成的村落，即以竹木厂为名。

昌平为京北往来之门户，由于明代皇陵的修建，其交通枢纽地位更加巩固。温榆河是漕运和物资流通的重要渠道，水路运输为昌平的往来商船客货提供了极大的便利。《长安客话》载："沙河东注，与潞河合。每雨集水泛，商船往往从潞河直抵安济桥下贸易，土人便之。"隆庆年间参与编纂《昌平州志》的崔学履作诗："沙河南去锦帆稠，春水偏宜估客舟。共指灵源通潞水，喜看幽派即沧洲。"② 作为北京的西北门户，昌平州境内的居庸关是重要的货物往来孔道，明代在此设立征收商税的关榷，"居庸关商税除备州卫供应外，俱解管粮衙门凑给"③。昌平城内共有仓场两处：居庸仓，位于州城东门内；居庸草场，在州城内西北隅。景泰四年（1453），署理都督佥事雷通奏："居庸关数十余里，路道窄狭，崎岖摆堡，运粮客商、纳米车辆脚力往来挤塞，不能前进，以致粮米堆积在堡，有误边储。命锦衣卫指挥一员督令沿边所在官司修填。"④ 这是当年关口商货往来繁忙的写照。

为保障昌平地区守陵军士的粮食供给，明朝多次对温榆河进行疏浚治理。隆庆六年（1572）十月，"户部奏请开浚榆河，自巩华城达于通州渡口，运粮四万石，给长陵等八卫官军用粮"⑤。关于此次温榆河的治理，《水部备考》记载："蓟辽总督侍郎刘应节、顺天巡抚

---

① 于敏中等：《日下旧闻考》卷110《京畿》，北京古籍出版社1985年版，第1823页。
② 蒋一葵：《长安客话》卷4《郊坰杂记》"清河沙河"，北京古籍出版社1982年版，第88页。
③ 《明神宗实录》卷13，万历元年五月辛卯。
④ 《明英宗实录》卷225，景泰四年正月戊辰。
⑤ 《明神宗实录》卷6，隆庆六年十月己卯。

都御史杨兆议，于巩华城外安济桥至通州渡口止，疏通一河，长可一百四十五里，以运诸陵官军饷，发军卒三千人治之。"① 这次施工从十月开始，翌年完成，疏通了陵泉山水，岁漕江北粳米二十万石以赡昌平。万历元年（1573）户部奏密云、昌平两地漕运事宜，"凡新旧漕粮，密云一十五万四千八百一十石八斗，昌平一十八万九千二百七十二石五斗，专备各镇主客本色支用"②。同年在巩华城北门外新建奠靖仓一座，用以存储由通州水运至此的南方漕粮③，这里由此成为京北水路交通枢纽与来往客货的集散地。

五　特色物产的供纳与采办

不论是永乐年间迁都北京所进行的营建工程，还是此后历朝的京城日常消费所用，郊区村落均提供了重要的物资来源。

明代北京城营建所需石料，大多采于房山、昌平以及怀柔等地。房山县"大石窝在县西南四十里黄龙山下，前产青白石，后产白玉石，小者数丈，大至数十丈，宫殿营建多采于此"④。所用石灰，"永乐以后，马鞍山、磁家务、周口、怀柔等处，各置灰厂，俱以武功三卫军夫采烧搬运赴京，修理内外公廨应用"⑤。昌平是建筑工程所用石料的重要供应地之一，西北山区藏有丰富的矿产资源以及各种灰、沙石料，特别是花岗石、白云石、大理石、石英石等优质石料，白虎涧出产的"豆渣石"尤其著名。明代工部在此设有驻扎机构，专门负责石料采办事宜。

怀柔县的铁矿峪，明初在此采铁矿，把矿石运到南冶冶炼，有矿洞，嘉靖三十六年（1557）封闭，村落以此得名。官地村在永乐年间成村，村址位于长城两道边墙之间，守军在此开荒种地，实行军

---

① 于敏中等：《日下旧闻考》卷137《京畿》引《水部备考》，北京古籍出版社1985年版，第2212页。

② 《明神宗实录》卷18，万历元年十月乙巳。

③ 《明英宗实录》卷3，宣德十年三月丙子。

④ 于敏中等：《日下旧闻考》卷130《京畿》，北京古籍出版社1985年版，第2092页。

⑤ 北京图书馆金石组编：《北京图书馆藏中国历代石刻拓片汇编》第56册，中州古籍出版社1990年版，第198页。

屯，称为官地①。郊区村落的特产亦供纳北京，正统元年（1436），光禄寺卿郝郁等奏："顺天府昌平等县园户所植桃梨等果，例应进用者。今时成熟，宜从本寺差官二员督同各县委官采取。"② 昌平出产鲊饼，"以山中波罗叶为之，虽远不及京鲊，而物之得名必自本州始也"，也就是说，昌平鲊饼虽不如京中技艺，但鲊饼的做法与名称则兴起于昌平③。昌平地区每年向宫廷纳贡，贡品包括"羊皮二百三十九张，杂翎五千七百七十五根"④。明代北京部分郊区村落成为交通枢纽及物资仓储地，同时又是都城日常消费的物资来源，在相互影响、相互关联的过程中获得发展。

第九节　自然灾害、社会变动与人地关系

在传统农业社会当中，对于社会秩序及民众生活有影响的重大事件，以战争和灾害最为严重。元明易代之际，混乱的战争导致大都人口剧减。洪武元年（1368）八月，大将军徐达攻占元大都，"故官及军民人等，近因大军克取之际，仓皇失措，生离父母妻子，逃遁他所"⑤。除了战争之外，在缺少灾害预报与充足社会保障系统的古代社会，自然灾害对于居民的生活及生产危害巨大。明代北京地区的自然灾害大抵包括水灾、旱灾、雹灾、地震、风灾、蝗灾、瘟疫等几种。

表5—9　　　　　明代北京地区自然灾害统计简表

朝代与历时	水灾	旱灾	风灾	雹灾	地震	蝗灾	瘟疫
洪武（31年）	10	5		2	1	4	

---

① 怀柔县地名志编辑委员会：《北京市怀柔县地名志》，北京出版社1993年版，第315、346页。

② 《明英宗实录》卷20，正统元年七月丙子。

③ （隆庆）《昌平州志》卷4《土产》。

④ （隆庆）《昌平州志》卷4《贡额》。

⑤ 《明太祖实录》卷35，洪武元年九月戊寅。

续表

朝代与历时	水灾	旱灾	风灾	雹灾	地震	蝗灾	瘟疫
建文（4 年）	1						
永乐（22 年）	13	1			4	1	
洪熙（1 年）	1	1					
宣德（10 年）	5	4			2	4	
正统（14 年）	10	9	2		4	9	
景泰（7 年）	5	4			2	2	
天顺（8 年）	2	6		2	1		
成化（23 年）	11	19		2	5	1	1
弘治（18 年）	5	12		7	11	4	
正德（16 年）	2	11		4	8	1	1
嘉靖（45 年）	16	32		8	15	10	3
隆庆（6 年）	5	3		2	5		
万历（48 年）	22	35		10	22	4	3
天启（7 年）	3	5		3	4	2	
崇祯（17 年）	5	12		3	3	6	3

　　根据尹钧科等《北京历史自然灾害研究》（中国环境科学出版社，1996）第 72 页"明北京地区自然灾害总表"，高寿仙《明代北京的沙尘天气及其成因》（《北京教育学院学报》2003 年第 3 期）改制。

　　据表 5—9 可知，明代北京常见灾害尤以水、旱灾害最为频繁多发。从水灾分布年份来看，永乐、宣德、正统、弘治年间较为集中，平均每两年就有一次水灾年份。永乐十年（1412），"卢沟河水涨，坏桥及堤岸八千二十丈，及坏官民田庐，溺死人畜"[①]。十三年，北京"水溢"，以致"田稼无收"[②]。正统四年（1439），因"旱涝相仍"，人民生活困苦，"命山海至密云地方军民缺食者，听采取湖山榛、果、柴薪、鱼虾之类以自给"[③]。弘治六年（1493），北京地区

————————

[①]　《明成祖实录》卷 130，永乐十年七月丙午。
[②]　《明成祖实录》卷 168，永乐十三年九月戊申。
[③]　《明英宗实录》卷 61，正统四年十一月丙午。

"水旱相因，贫民流移，来京城者以万计"①。嘉靖三十三年（1554），京城淫雨漂没墙垣庐舍②。自此至嘉靖三十九年，每年均发生过水灾③。

明代旱灾的发生在所有灾害中最为频繁，明代中后期基本每年均有旱灾。宣德朝历14年，共有9年有旱灾记载；天顺朝8年，共有6年发生了旱灾；成化朝23年中，仅有4个年份未见旱灾记载。正德朝16年中，即有11个年份发生了程度不等的旱灾。嘉靖朝总计45年中，共有32个年份发生了旱灾。史籍关于旱灾的记载更是多见。洪武四年（1371），"北平、河间府、献州、交河县，洪武四年旱灾，黍麦不收，人民饥窘流移者一千七十三户，所荒田土三百三十余顷，至今租税无从征收"④。宣德四年（1429），"畿甸之内，自春及夏，雨泽愆期。牟麦槁枯，谷苗不遂。耕农为忧，岁计无出"⑤。成化年间是明代旱灾发生频率最高的时期之一。成化六年（1470），因"去冬无雪，今春少雨，麦苗枯槁，谷种未播。赤地千里，人心悯然。近又黄雾障天，阴霾累日"，工部奏请暂停部分营修工程⑥。万历九年（1581），"畿辅之地，雨泽愆期，二麦将槁"⑦。十二年，京师又旱，"自去秋八月至于今春二月不雨，河井竭"⑧。崇祯元年（1628）亦有一次大旱，自春至夏连旬亢旱，至六月仍未降雨，乃至畿辅之地"赤地千里"⑨。

除水旱灾害外，雹灾、地震、蝗灾等也较为多发。雹灾自永乐至景泰年间基本未见，到明朝中后期尤其是弘治、嘉靖、万历年间比较

① 《明孝宗实录》卷82，弘治六年十一月庚申。
② 《明世宗实录》卷411，嘉靖三十三年六月戊戌。
③ 《明世宗实录》卷411，嘉靖三十三年八月丁酉；卷429，嘉靖三十四年闰十一月丁丑；卷439，嘉靖三十五年九月辛酉；卷452，嘉靖三十六年十月丁酉；卷460，嘉靖三十七年六月丁丑；卷481，嘉靖三十九年二月己未。
④ 《明太祖实录》卷98，洪武八年三月甲子。
⑤ 《明宣宗实录》卷53，宣德四年四月辛卯。
⑥ 《明宪宗实录》卷77，成化六年三月乙酉。
⑦ 《明神宗实录》卷111，万历九年四月辛亥。
⑧ 《明神宗实录》卷158，万历十三年二月丁卯。
⑨ 《明史》卷30《五行志三》，中华书局1997年缩印本，第485页。

频繁。洪武十六年（1383），"北平府东安、宛平、大兴三县，去年雨雹伤稼"①。成化元年（1465），"京师雨雹大如卵，损禾稼"②。嘉靖四年（1525），"顺天府东安县、漷县雨雹如鹅卵，自未至酉，大杀禾稼"③。明代北京地区共发生有感地震91次，正德元年以前计有30次，其中震感较为强烈的分别是成化二十年正月、二十一年闰四月、正德六年十一月、嘉靖十五年十月、隆庆二年三月、天启四年二月和六月。明代北京地区发生蝗灾的年份有49个，相对集中在洪武六年至八年，正统五年至八年，正统十二年至景泰二年，弘治三年至七年，嘉靖三十六年至四十年以及崇祯七年至十四年。正统十三年（1448），"京师飞蝗蔽天"④。弘治六年（1493），"蝗飞过京师三日，自东南向西北，日为之蔽"⑤。崇祯十三年（1640）出现过一次大蝗灾，"大旱，蝗。至冬大饥，人相食，草木俱尽，道殣相望"⑥。

频发的自然灾害对于农业生产及社会生活造成了较大危害。正统四年（1439），灾民无可食用，只得"采取湖山榛果、柴薪、鱼虾之类以自给"⑦。成化六年（1470），通州张家湾等地大水，"漂损房舍六千四百九十处"⑧；京畿等地"旱涝相仍"，饥民只得将"牛畜减价鬻卖"⑨。明末多发的瘟疫，也是威胁人民生命的重要因素。崇祯十六年（1643）北京地区发生俗称"疙瘩病"的瘟疫，"沿街小户，收掩十之五六，街坊间幼儿为之绝影。有棺无棺，九门计数，二十余万也"⑩。

北京地区自然灾害频发，既受到区域地理位置、地形、气候的制约，也与人类对森林植被的过度砍伐所造成的水土流失日益严重密切

---

① 《明太祖实录》卷162，洪武十七年五月壬午。
② 《明宪宗实录》卷16，成化元年四月庚寅。
③ 《明世宗实录》卷51，嘉靖四年五月甲戌。
④ 《明英宗实录》卷168，正统十三年七月乙酉。
⑤ 《明孝宗实录》卷77，弘治六年六月丙寅。
⑥ 《明实录崇祯实录长编》卷13，崇祯十三年正月。
⑦ 《明英宗实录》卷61，正统四年十月丙午。
⑧ 《光绪顺天府志》卷69《祥异》，北京古籍出版社1987年版，第2433页。
⑨ 《明宪宗实录》卷81，成化六年七月丙戌。
⑩ 计六奇：《明季北略》卷19《志异》，中华书局1984年版，第402—403页。

相关。明代频繁的战争更是直接引起人口损耗与社会破坏，举凡明初收复大都、建文年间的靖难之役，随后发生的土木之变、庚戌之变，直至明末清军入侵、大顺军进京等都是如此。关于这些内容，我们在《北京历史人文地理纲要》一书已有专章讨论①，兹不赘述。

第十节　明代北京地区人地关系的基本特征

北京城及其周边地区的社会面貌在明代大为改观，显示了颇具特色的发展路径与人地关系，其基本特征大致如下：

第一，从行政指令下的人口迁移到自然增长的人口扩充过程，为北京地区发展奠定了人力资源基础。元明易代的连年战乱给北京地区造成了严重破坏，人口逃离、社会秩序混乱、农业生产停滞。当时河北各地兵革连年，道路榛塞，人烟断绝。洪武元年（1368）徐达攻入大都时，官员和居民仓皇失措、纷纷逃遁。靖难之役再次给明初社会带来了严重破坏，淮河以北鞠为茂草。基于明初凋敝的社会状况，朱元璋及永乐帝进行了大规模的移民活动。洪武四年迁移沿边及山后之民、沙漠遗民于北平府屯田，前后约计八万余户。其中散处北平地区州县者共计 33000 余户。永乐帝迁都北京，为充实本地区人口，再次从各地迁移人口，从永乐至宣德间嵌入北京及附近地区的民人匠户、降民近七万户②。明初实施的人口迁移与屯垦政策，一方面保障了北京地区的军事防守能力，同时为农业生产的恢复以及城市发展奠定了基础。伴随着社会秩序的稳定以及都城地位的稳固，永乐以后，北京地区的人口由行政命令强制下的增长逐步转变为自然增长。

第二，北京营建过程中形成了都城特有的资源调配体系。北京优越的地理位置促使永乐帝最终决定由南京迁都，各项工程次第展开。营建都城所需的林木石材主要采自周边地区，大木主要由云贵等地采

① 孙冬虎、许辉：《北京历史人文地理纲要》，中国社会科学出版社 2015 年版。
② 参见韩光辉《辽金元时期北京地区人口地理研究》，《北京大学学报》（哲学社会科学版）1990 年第 5 期。

办，砖瓦烧制主要在山东临清以及苏州两地。至永乐十八年（1420），宫殿城墙营建工程大致完毕。伴随着营建工程的进行，北京的首都地位逐渐确立，国家的政治力量又保障了各省持续不断地对北京予以资源、人力、财力的支持。

第三，官方参与及市场主导下的长距离物资运输渠道，弥补了北京地区资源供应不足的问题，同时也形成了相关地区因地制宜、各具特色的发展格局。永乐定都北京以后，本地无法提供都城所需的物资。为解决都城庞大的粮食及日用消费，连接北京及外地的水陆交通线的疏通与开辟成为朝廷的重大事务。明代北京地区陆路交通发达，除通达各省的主要官路驿道外，还拥有通往各地军事据点的要道。水路除运河外，还可经海道到达南方各省。畅通的道路交通系统，保障了北京地区与外地的物资流通渠道。明代每年额征漕粮四百万石，供应了庞大的都城及各边军士的食用粮米，各省特色商品的转运也为都城日用提供了消费来源。长距离的物资流通，使相关地区的发展各具特色，北京地区作为全国消费中心的地位由此得到巩固，这也是明代中国经济发展的重要特色。

第四，以首都为中心的区域一体化的实现。伴随着首都地位的稳固及城市发展，北京在政治、经济、军事、文化等方面的辐射增强。明初行政主导下的人口迁移政策，使得北京周边地区的军事防御功能增强。屯垦人口的增多，也为周边地区的土地开发提供了人力保障。都城营建工程的兴起，带动了周边地区资源开发及相关行业的生产发展。伴随着中心城市与周边郊区县物资流通渠道的畅通以及经济往来的密切，两者之间的联动性增强，从而推进了北京地区区域一体化局面的初步形成。

第五，"首都特色"的人口、资源和环境发展模式基本形成。明代北京首都地位的确立及巩固，使其具备了以行政手段获取人口、资源的可能和条件，包括强制性的人口迁移政策的实施、流通渠道的疏通、外地资源的输入等，为北京获得了城市发展的多个必要条件，从而弥补了自身资源不足的缺憾。伴随着都城经济的恢复以及社会秩序的稳定，以消费为主导的城市性质日益凸显，北京从明初依靠强制性的行政手段获取相关资源的方式逐步转变为市场因素主导下的物资流向地，开始成为全国各地特色资源的汇聚中心。基于不同地域间资源优势互补的长距离物资流通，反过来又促进了各自因地制宜的经济发展以及区域经济联系的加强。在传统商品经济发展的环境下，这种大规模、长时段、远距离的物资调配过程，在元明清时期体现得尤其充分。首都特色的资源获取方式，进一步促进了北京消费功能的强化以及生产功能的不断弱化，导致对外资源需求的日益增长。在周边地区及相关资源供给地，则出现了资源过度索取所带来的相关环境问题。

第六章　清北京及周边地区人地关系的新动态

　　清代北京沿袭了明代确定的城市格局，但宫殿与西郊园林的大规模建设仍需从全国范围内征发百姓服役、采办木材等建筑材料，河道的治理也离不开大量的人力与木石。西山泉流的整理与水井的开凿，成为解决城市水源的主要途径，晚清兴办自来水初步带动了城市生活用水的变革。清代八旗占据内城、汉人迁往外城的"旗民分置"，导致北京发生了历史上规模最大的一次人口迁移与人口结构变化。在人口持续增长的大背景下，城市粮食供应加剧了对大运河漕粮的依赖，直至漕运在清末被新兴的铁路运输取代，周边地区的农业开发则向着北部山区推进。作为皇家园林的南苑，在政局变动与人口增长的压力下最终被开垦为农田。为解决能源、冶炼与建材之需，自元明以来的西山煤炭开采、永定河上游森林采伐、易州山场等处的砍柴烧炭、密云等地的铁冶等都在延续，森林采伐还扩展到了长城以北地区，由此带来的生态环境问题开始凸显。重大自然灾害以及晚清发生在北京的几次战争，对区域人口、资源、环境和社会的影响也非常明显。

第一节　旗民分置背景下的人口变迁

　　初为国都之时的金中都、元大都，明朝靖难之役过后的北京，都曾通过迁民充实京师以弥补战争造成的人口耗减。但当清朝定鼎北京后，数十万八旗兵丁与家属随之入城。为了安置这些居于统治地位的移民，清前期大量圈占北京城内的房屋与京畿地区的土地，并且长期实行"旗民分置"的政策，对城市人口的分布与变迁影响极大。

一 前所未有的人口整体迁移

今人估算，清初"从龙入关"的八旗兵丁及其家属约58万人，连同他们在战争中获得的奴仆，分布在北京地区的八旗人口将近100万人。顺治元年（1644）至康熙八年（1669）之间，在近畿五百里内三次圈占大量土地和房产。根据《畿辅通志·经政志》的记载统计，北京地区州县93.2%的土地被圈占。清初移民高潮过后，又从各地调入满蒙兵丁8600余员，平定三藩后调入汉官与兵丁1.6万余名①。

顺治元年（1644）六月，摄政王多尔衮谕令："京城内官民房屋被圈者，皆免三年赋税。其中有与被圈房屋之人同居者，亦免一年。"② 汉人房产或被圈占或与之共住，激烈冲突不可避免。顺治五年八月，皇帝谕户部等衙门："京城汉官、汉民，原与满洲共处。近闻争端日起，劫杀抢夺，而满汉人等彼此推诿，竟无已时，似此何日清宁？此实参居杂处之所致也。朕反覆思维，迁移虽劳一时，然满汉各安、不相扰害，实为永便。除八旗投充汉人不令迁移外，凡汉官及商民人等尽徙南城居住，其原房或拆去另盖，或贸卖取价，各从其便。朕重念迁徙累民，著户、工二部详察房屋间数，每间给银四两。此银不可发与该管官员人等给散，令各亲身赴户部衙门当堂领取，务使迁徙之人得蒙实惠。六部、都察院、翰林院、顺天府及大小各衙门书办吏役人等，若系看守仓库，原住衙门内者勿动，另住者尽行搬移。寺院庙宇中居住僧道勿动，寺庙外居住者尽行搬移。若俗人焚香往来，日间不禁，不许留宿过夜。如有违犯，其该寺庙僧道量事轻重问罪，著礼部详细稽察。凡应迁移之人，先给赏银，听其择便，定限来岁岁终搬尽。"③ 内城人口由此被迫大规模迁移，顺治十年从浙江来到北京的史学家谈迁看到，"以汉人尽归之外城，其汉人投旗

① 韩光辉：《北京历史人口地理》，北京大学出版社1996年版，第273—274页。
② 《清世祖实录》卷5，顺治元年六月丙寅。
③ 《清世祖实录》卷40，顺治五年八月辛亥。

者不归也"①。内城被满洲八旗整体占据，形成外来人口规模空前的内聚迁移。与此同时，以汉族为主的内城原有居民则被全部迁往外城或者京畿地区，表现为人口数量庞大、所涉地域空间却很狭小的整体性离散迁移，这两方面构成了清代前期北京人口迁移不同于此前各朝的显著特征。顺治五年十一月颁诏，"北城及中、东、西三城居住官民商贾迁移南城"，"有地土者准免赋税一年，无地土者准免丁银一年"，这些显然不能抵偿他们"舍其故居、别寻栖址"之苦②。即使迁到南城十多年之后，"势豪及满洲大臣惟知射利、罔恤民艰，霸占行市、恣行垄断。奸诡之徒从中指引，百计掊克，以攘货财。被害者吞声，旁观者结舌"③，商人受到的欺压盘剥仍然相当严重。

北京周边被圈占土地的汉民不得不投充旗下成为佃户，仅宛平、通州、房山、昌平、平谷、怀柔、密云、顺义 8 州县，就达 4700 余丁、21000 余口。在民族与阶级的双重压迫下，投充者逃亡甚众。清朝对于逃人"立法过重，株连太多，使海内无贫富、无良贱、无官民，皆惴惴焉莫保其身家"，"法愈峻，逃愈多"。朝臣上疏指出："使其安居得所，何苦相率而逃至于三万之多。""妇女踯躅于原野，老稚僵仆于沟渠，其强有力者东西驱逐而无所投止，势必铤而走险。"④ 京畿地区的逃人是这三万多人的一部分，顺治二年（1645）密云县遭遇奇荒，"相率匍匐他乡，将见人民希绝，城屋空虚矣"，"地多圈种，人效投充，以一切召买馂养之役，尽责之见在孑遗之民，所以相率逃徙，莫可禁遏也"⑤。怀柔县"自旗圈之后，所余民地无几"，在康熙六十年（1721）之前，"历年投充老故逃亡及优免供丁，共三千一百八十四丁"。"康熙六十年编审人丁共一千八百八十七丁"，其中还包括未被新丁顶补的"节年逃绝之丁"⑥。类似情形在顺

---

① 谈迁：《北游录》"纪闻下·八旗"，中华书局 1960 年版，第 347 页。
② 《清世祖实录》卷 41，顺治五年十一月辛未。
③ 《清世祖实录》卷 137，顺治十七年六月壬子。
④ 《清世祖实录》卷 88，顺治十二年正月庚戌。
⑤ 《宋权题密云地圈人投孑遗之民相率逃徙情形本》，载故宫博物院明清档案部编《清代档案史料丛编》，中华书局 1979 年版，第 4 辑，第 52 页。
⑥ （康熙）《怀柔县新志》卷 4《赋役》，第 3 页 a、6 页 b—7 页 a。

义、怀柔、昌平等地亦不鲜见。

清代中期，京师八旗人口在承平年代迅速增殖，由此造成巨大的经济压力。乾隆三年（1738）十月，通过增加八旗护军、领催、马甲、养育兵的名额，尽量吸收成年丁壮，维持八旗生计。就此发布的谕旨称："今再四思维，八旗生齿，日见其繁。若于每佐领下各添兵额，则食粮者加增于原数，而闲旷者自少，似为赡养旗人之本。计除各王公属下包衣外，查八旗、满洲、蒙古现有十六岁以上壮丁七千六百余名，十五岁以下幼丁一万六千四百余名。汉军壮丁现有二万五千一百余名，幼丁七千一百余名。又圆明园八旗壮丁现有五百余名，幼丁一千余名。共计五万七千九百余名。著将满洲、蒙古佐领共八百八十二个，每佐领添食四两之护军一名、领催一名，食三两之马甲二名，食二两之养育兵十名。圆明园八旗，添养育兵四十二名。至于汉军佐领，共二百七十个半。伊等人丁虽众，其中力能营运者尚多。且佐杂千把，皆可录用，与满洲、蒙古不同。今酌量每佐领添领催一名、马甲二名、养育兵六名。通计加添护军、领催、马甲四千三百三十余名，养育兵一万七百七十余名。每岁需银四十三万九千余两，需米九万六千三百余石。"① 但是，这种"格外加恩之举"只能偶一为之，在人口总数增长的背景下，不可避免地产生两种类型的人口迁移。其一，部分满洲官员兵丁悄然离开日益拥挤的内城，自发地移到汉人居住的外城，但被朝廷发现后严令阻止和纠正。乾隆十八年（1753）六月谕旨称："八旗满洲官员，向来止许居住内城。间有年老退闲者，尚可于近京之田园祖茔地方就便居住。至南城外，乃汉大臣官员所居，并非满洲官员应居之地。近闻满洲官员内竟有移居南城外者，甚非所宜。著八旗都统严行饬禁，其现今居住者概令迁移入城。再著派御前大臣、侍卫即行前往，会同巡城御史，将现在南城外居住之满洲俱系何项人员，即行查明奏闻。"② 七月，哈达哈等查明情况上奏，乾隆帝再次严厉申饬："居住正阳门等三门城外之满洲官

---

① 《清高宗实录》卷78，乾隆三年十月癸未。
② 《清高宗实录》卷441，乾隆十八年六月壬子。

员兵丁，竟至四百余家。此内年老退休及闲散无职事之人，在僻远闲旷之地尚可。至现任职官每日应入署办事，护军近列羽林，各有差使。倘遇暮夜转唤，隔城殊为未便。且内城自有各旗分地，尤当恪遵定制。其离亲族而潜往者，徒以近市喧嚣、阛阓庞杂。非溺于酒食游戏，即私与胥吏往还便易耳。著将现任官员交该部察议，兵丁人等交该管大臣责处。至宗室，更属不合，交宗人府严加议处。其管理宗人府王公及八旗都统并护军统领等，平时漫无约束稽查，著一并交部察议。所有现在居住南城外闲散人等，著军机大臣会同步军统领酌量分别。除闲旷处所仍听其居住外，其余官员护军等并勒限令其陆续入城居住。嗣后八旗都统严行禁饬，凡满洲人等毋得复在南城外居住，年老退官者仍听。"朝臣遵旨调查南城内外旗人居住情形，"正阳门以南、天桥以北、崇文门以西、宣武门以东一带地方，市廛庞杂。在彼居住之官员兵丁，应勒限令陆续入城居住。其余闲旷之处，八旗告休及闲散人等尚可暂准居住。现任官员及护军等，应勒限令移进城，仍交该管大臣查禁，毋许复住外城"①。按照一般的家庭户量估计，移到南城的四百余家，可能约有两三千人。其次，朝廷鼓励八旗兵丁离京开荒种地，以解决其日渐紧张的生计问题，但总体效果并不明显。生活在乾隆至道光年间的昭梿指出："若在朝公卿有为国家计久远者，宜仿《周礼》寓兵于农之策，开垦塞上闲田以及京畿旗税官地，使其各事南亩，生有定业。三时务农，暇以讲武。国家若有所调遣，可朝呼而夕至，则其体恤耆旧之制，益昭然从厚矣。"② 朝廷实际上已在注意疏散京师八旗人口，乾隆二十九年（1764）七月，采纳四川总督阿桂补充驻守西安满洲兵员的请求，"应由京拨兵一千五百名遣往，其官员亦照数派拨，则京师又得一千五百兵缺。选人挑补，于八旗生计有益"③。嘉庆十七年（1812）四月，计划"将在京闲散旗人陆续资送前往吉林，以闲旷地亩拨给管业。或自行耕种，或招佃取

---

① 《清高宗实录》卷442，乾隆十八年七月丁巳。
② 昭梿：《啸亭杂录》卷10《八旗之制》，中华书局1980年版，第338页。
③ 《清高宗实录》卷715，乾隆二十九年七月丙子。

租，均足以资养赡"①。道光五年（1825）十月谕内阁："京旗户口前往双城堡屯田，现届道光六年移驻之期。经户部查明，愿往者共一百八十九户，较之道光四五年倍形踊跃，来年愿往者自必更多。"② 今人估算，清代中期移出的京城八旗人口约有 22 万人③，昭梿的担忧表明问题依然比较严重。

清代后期的人口流动具有两个特点。其一，由内城向外城自发的人口迁移仍在继续。同治三年（1864）七月，御史景霖等奏报："近来南城地面，颇有宗室觉罗隐匿姓名居住者，行踪诡秘，不安本分。及与民人口角争讼，始将真姓名说出以图挟制，司坊官传讯永不到案。"皇帝谕旨强调："外城地面向不准旗人居住，至宗室觉罗更不应在外城溷迹。""著宗人府、八旗严行饬禁，宗室觉罗人等概不准移居外城。如有先经移居者，即著查明，勒限迁回内城居住，毋任延玩。经此次饬禁之后，倘再有潜居外城、怙恶不悛者，即著该城御史等访查确实、奏明究办。"④ 八月，宗人府报告了从前处理此类事情的管理制度，"经此次明定章程之后，倘该宗室觉罗人等仍有未经报明城坊、编入甲册、潜居外城滋事怙恶不悛者，一经各该城御史查拿送交宗人府，即著该衙门从严惩办，以肃禁令"⑤。同治十三年（1874）十一月，查处了镶白旗宗室祥能（祥龄）在前门外大外廊营开设烟馆并纠聚多人肆闹一案。"著宗人府严饬宗室，遵照向例在内城居住。除在京城外茔地居住者仍从其旧外，不得寄居前三门外南城地面。并著五城御史会同营汛认真稽查，倘有匪徒假冒宗室藉势讹诈情事，即行拏究。"⑥ 上述谕旨表明，尽管北城的若干宗室迁到南城居住或经商，南城的某些汉人也已经回到北城从事商业服务业，但朝廷一直没有开放南北城之间的人口自由流动。其二，受内外战争、自

---

① 《清仁宗实录》卷 256，嘉庆十七年四月甲辰。
② 《清宣宗实录》卷 90，道光五年十月庚辰。
③ 韩光辉：《北京历史人口地理》，北京大学出版社 1996 年版，第 279 页。
④ 《清穆宗实录》卷 108，同治三年七月壬寅。
⑤ 《清穆宗实录》卷 111，同治三年八月己巳。
⑥ 《清穆宗实录》卷 373，同治十三年十一月乙卯。

然灾害、政局变动的影响，大量人口长期或短期地出京避难，形成了阶段性的离散迁移。咸丰三年（1853）太平军攻克金陵，北京城"人心惶惶，阖城钱铺于二月初同日关闭，京师已设防，任京职者纷纷告假出都"①。随后，林凤祥等率部北伐，进抵京畿。四年二月凤保等奏称："自今春以来，京官之告假出都，富民之挈家外徙，总计不下三万家矣。各街巷十室九空，户口日减。即如北城，向来烟户最繁。臣等查上年北城司坊清册计户一万八千有奇，今甫及一年，北城现户仅八千有余。一城如此，五城可知。"② 十年八月英法联军焚掠圆明园等西郊园林，"内外城各铺户席卷而逃，钱当店被抢者数十家。各官眷出城者，更不胜数矣。是时，未关闭者止一西便门。拥挤纷纷，车马填塞，竟有候至终日不能出城者"③。北京城被攻占后，"两日来居人益狂奔四出，内城几空，外城亦十徙八九"④。光绪二十六年（1900）八国联军进攻北京，"满街由通州逃来难民，携男抱女纷纷不断"，"铺户无论生意大小，无一家不弃却货物、闭户潜逃。外省及四乡之人身背包裹而行，如潮水一般，俱由彰仪门而出"⑤，战争导致数十万人流离失所。晚清最惨烈的大面积自然灾害，是我国北方自光绪二年（1876）开始、光绪三年（丁丑，1877）至四年（戊寅，1878）日趋严重的旱灾，史称"丁戊奇荒"。河南、山西饥民流离转徙到京畿觅食，而"京师五城地面，近来倒毙颇多，亦著该管官随时迅速收埋"⑥，户口流亡耗减甚重。国势的衰落加剧了八旗人口的贫困化，但他们在困顿中获得了出外贸易与在外寄籍的自由，可以

---

① 洪良品等校：《文文忠公事略》卷2《自订年谱上》，沈云龙主编《近代中国史料丛刊》，文海出版社1966年影印本，第1编，第212册，第84页。

② 《凤保等奏陈都城军备未严民生日蹙折》，载太平天国历史博物馆编《太平天国史料丛编简辑》，中华书局1962年版，第5册，第248页。

③ 《庚申英夷入寇大变记略》，载齐思和等编《第二次鸦片战争》，上海人民出版社1978年版，第2册，第52页。

④ 李慈铭：《越缦堂日记补》，咸丰十年九月初二日，载《历代日记丛钞》，学苑出版社2006年版，第55册，第297页。

⑤ 中国科学院历史研究所第三所编辑：《庚子记事》，科学出版社1959年版，第30—31页。

⑥ 《清德宗实录》卷68，光绪四年二月丙午。

脱离京师到外地谋生。辛亥革命之后，许多宗室、官僚及其眷属逃避到天津等地。诸如此类的离散迁移，是延缓晚清北京地区人口增长势头的基本原因。

二 城乡人口构成与人口规模的演变

清代北京地区包括内城、外城、城属、近畿州县四个地域单元，各单元的户口编审系统及管理制度互有差异，全部户口由州县赋役户口（《清史稿·地理志》与《顺天府志》所载即是）与城市户口（内城、外城、城属户口）构成。人口的内聚迁移以清初八旗进入北京为主，数量不等的离散迁移则几乎存在于清代的各个时期（图6—1）。

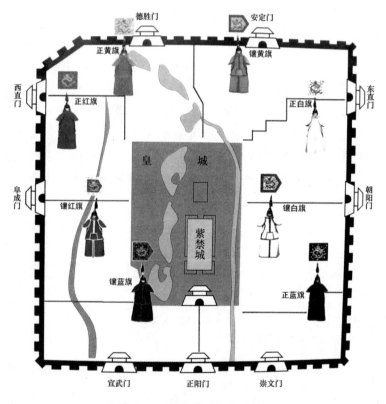

图6—1　清代北京八旗分布

清代大兴、宛平二县与北京内外城及城属地区，是彼此独立的行政区域。乾隆二十二年（1757）更定保甲法，"旗民杂处村庄一体编列"①，在畿辅旗庄屯居的旗下人口自此归入了州县户口统计范围内。满洲八旗原本是"按行军旗色以定户籍，设官分职，以养以教，而兵寓其中。……及定鼎燕京，分田授宅。居则环卫周防，出则折冲御侮"②。八旗及旗下所属参领、佐领，共同构成了以军政合一、军民合一为特征，独立于州县之外的人丁户口编审体系。宗室与觉罗户口除编入玉牒外，还实行以宗室佐领为单位的呈报制度，为皇族服务的人口隶属于内务府上三旗与下五旗包衣佐领与管领，他们都是京师八旗户口的重要组成部分。外城是汉人、汉官、回族、商人的聚集区，由外城的五城兵马司分别管理各自的地方事务，其户口统计与大兴、宛平及京师八旗无关。五城还管辖营汛所属的城外若干村庄，乾隆三十一年（1766）提准："五城所属各村庄，向来并未照州县之例编联保甲。嗣后按其居民户口，照例酌编，责成副指挥等不时查察。"③在外城和城属地区，实际管理京师的步军统领与营汛、五城、坊巷（村庄），构成了户口的管理编审系统。

清代定期进行州县人丁编审与赋役户口统计，《畿辅条鞭赋役全书》记录的北京地区丁（青壮年男子劳动力）的数量为：顺治初年4.4万人，康熙五十年（1711）5.97万人，乾隆三十六年（1771）7.35万人④。韩光辉先生根据《日下旧闻考》、光绪《顺天府志》、光绪《延庆州志》、《顺天府宣统二年统计表》等文献记载，对志书不载的年份采用人口回溯法推算，得到北京地区州县赋役户口数：乾隆四十六年（1781）共计1184677口；光绪八年至九年（1882—1883）233385户、1364397口；宣统二年（1910）305479户、

① 《清朝文献通考》卷19《户口一》，《万有文库》第2辑《十通》本，商务印书馆1936年影印，第5030页上栏。

② （乾隆）《大清会典》卷95《八旗都统》，《文渊阁四库全书》，台湾商务印书馆1986年影印本，第619册，第2页b。

③ （光绪）《大清会典事例》卷1033《都察院》"五城"，第2—3页。

④ 《畿辅条鞭赋役全书》，载《明清赋役全书》第一编，国家图书馆出版社2010年版。

1591109 口[1]。

乾隆与嘉庆《八旗通志》、光绪《大清会典事例》所载的八旗佐领数额，是推测内城户口的途径之一。入关前的满蒙汉军八旗及内务府包衣旗人共有佐领（满语译音"牛录"，含管领）647 个，加上半分佐领 27 个，折合 660.5 佐领。当时每一牛录编三百或二百壮丁，入关时的八旗兵丁约计 17.2 万人。入关后的京师八旗人数不断膨胀，顺治四年（1647）为 706.5 个佐领、18.13 万人；十四年 751.5 个、19.03 万人。康熙至嘉庆年间，每佐领编壮丁约为 150 人。以此推算，康熙二十年（1681）957 个佐领、约 16.91 万人，五十年为 1293 个、19.39 万人；乾隆四十六年（1781）1369.5 个、20.54 万人；嘉庆六年（1801）1374.5 个、20.62 万人。根据有限的八旗佐领户口编审资料判断，京师旗人平均每户在 4 人左右，丁口比多在 1：3.4 上下。如此则清军入关时的旗下总人口约为 58 万人，再加上战争中获得的奴仆，总数应近百万人。除去驻守各地或出师中原的约十万军队以及安置在京畿五百里之内的旗人外，顺治四年（1647）实际居住在京师的八旗人口约有 48 万人（其中包括家内奴仆约 5 万人），到康熙五十年（1711）增为 68 万人。乾隆后期疏散京师大批闲散旗人和兵丁，内城总人口仍有 70 万人。光绪初年，京师八旗人口约 67 万人，还有家内奴仆及内城汉人约 3.5 万人。庚子之变后，内城居住状况和民族构成明显改观。宣统年间京师八旗共计 49.6 万人，其中内城 23.4 万人、外城 1.2 万人、城属 25.06 万人；内城有汉人约 21 万人。此外，各时期驻扎在近畿州县的八旗兵丁，自数百人至九千余人不等[2]。

在顺治四年（1647）左右，北京周边"凡属圈占之区，旗庄多十之七八，居民仅十之二三"[3]。参考州县赋役人口增长率等指标推算，当时北京四郊约有汉人 3.5 万人，迁入的旗下人口（包括投充汉

---

① 韩光辉：《北京历史人口地理》，北京大学出版社 1996 年版，第 118 页。

② 同上书，第 120—125 页。

③ 宋荦：《西陂类稿》卷 38《条议畿东十事》，《文渊阁四库全书》，台湾商务印书馆 1986 年影印本，第 1323 册，第 7 页 a。

人奴仆）约 8.5 万人，合计约 12 万人①。到光绪三十四年（1908），按照民政部调查户口章程规定，步军统领所属京营统计四郊户口，旗人及圆明园等处驻防八旗兵丁 25.1 万人，汉人 9.2 万余人，合计 34.3 万余人，旗人的迁入成为推动人口增长的重要因素。

清代将北京内外城混一分割为南北向延伸的五城，自西向东依次排列为西、北、中、南、东城。虽然南城、北城之名与方位不符，但外城由此也有了五城。清初沿用了明代户籍与保甲制度，城下分坊，坊下置铺，铺设总甲。"铺"与州县城乡领 1000 户的"保"相当，外城置 35 铺②，应合 3.5 万户，以每户 4.2 人计约为 14.4 万人。宣统年间外城 52226 户、316472 人③。

这样，清代北京城市户口（内外城与城属地区），在几个标志性的年份大约为：顺治四年（1647）65.9 万人，康熙五十年（1711）92.3 万人，乾隆四十六年（1781）98.7 万人，光绪八年（1882）108.5 万人，宣统二年（1910）112.9 万人。连续而缓慢的人口增长至乾嘉之际理应达到极盛，但康熙后期历雍乾两朝大量疏散京师旗人到外地屯种谋食，同时控制外城人口的迁移增长，减缓了城市人口的膨胀，八旗人口在北京地区总人口中的比例也由康熙五十年的 34.2% 下降到光绪八年的 27.8%，宣统二年更是下降到 16.5%④。

将上述城市户口与州县赋役户口相加，得到北京地区在清代的总人口约为：顺治四年 130.5 万人，康熙五十年 181.5 万人，乾隆四十六年 218.0 万人，光绪八年 245.9 万人，宣统二年 272.0 万人⑤。

三　庚子之变中的人口损耗

晚清时期的北京，先有咸丰十年（1860）遭遇英法联军火烧圆明园，光绪二十六年（农历庚子年，公元 1900 年）又被八国联军攻占。

---

① 韩光辉：《北京历史人口地理》，北京大学出版社 1996 年版，第 127 页。
② （光绪）《大清会典事例》卷 1032《都察院》"五城地界"，第 4—13 页。
③ 内政部统计科：《内务统计》京师人口之部，1912 年，国家图书馆藏本。
④ 韩光辉：《北京历史人口地理》，北京大学出版社 1996 年版，第 128—129 页。
⑤ 同上书，第 120 页。

人们为躲避动乱而逃亡，在战乱中被乱兵与侵略者杀戮，都影响了北京的人口数量与分布状况。

义和团进驻北京，在短期内造成城市人口剧增。烧教堂、杀教民、攻打使馆，是其主要活动。综合有关义和团的史料，这年五月十七日"扑交民巷，被教民枪毙八匪，因将崇文门内教堂约二三百人杀害，情形甚惨"①。当天"于右安门内火教民居，无老幼妇女皆杀之，一僧为之长"②。十七日夜"火御河桥以东数百家，杀数十百人"，此后"城中日焚杀，火光连十余昼夜，烟焰涨天，出行市中，人无敢正视者。自官僚及商民争输之金钱，晨夕焚香门首，冀免其祸"③。二十三日，"琉璃厂东北园，马姓一家被团民杀死无遗。……午后，西四牌楼西、八角胡同、沟沿，烧毁教民房，至杀死教民不计其数。……御河桥教堂，正在念经礼拜之际，团民破窗而入，烧死教民教士二百余人"。"交民巷、西什库连日焚杀，互有损伤，炮声不绝者已数日矣。"④御史刘家模奏道："二十日正阳门外一炬，市面精华尽为焦土，但无抢杀良民之案，又难遽以匪之名加之。"⑤但是，义和团的成分相当复杂，不免有混入其中的盗匪滥杀无辜。他们在东交民巷、西什库教堂久攻不下、伤亡甚多，"耻无所事，又恶人之指目为白莲教也，乃日掠城外村民男女老幼百余人，送步军署，逼请枭首，曰此为白莲教，而媒孽其证据，有纸人纸马鞘刀之属。纸人纸马者，村市所鬻小儿玩具，鞘刀则工艺所需，妇孺皆知其诬捏也"⑥。

① 佚名：《综论拳匪滋事庸臣误国西兵入京事》，载中国社会科学院近代史研究所《近代史资料》编辑组编《近代史资料专刊·义和团史料》，中国社会科学出版社 1980 年版，第 164 页。

② 李希圣：《庚子国变记》，载中国新史学研究会主编《中国近代史资料丛刊·义和团》，神州国光社 1951 年版，第 1 册，第 12 页。

③ 李超琼：《庚子传信录》，载中国社会科学院近代史研究所《近代史资料》编辑组编《近代史资料专刊·义和团史料》，中国社会科学出版社 1980 年版，第 209、211 页。

④ 刘以桐：《民教相仇都门闻见录》，载中国新史学研究会主编《中国近代史资料丛刊·义和团》，神州国光社 1951 年版，第 2 册，第 189、191 页。

⑤ 国家档案局明清档案馆编：《义和团档案史料》"御史刘家模折"，中华书局 1959 年版，第 177 页。

⑥ 李超琼：《庚子传信录》，载中国社会科学院近代史研究所《近代史资料》编辑组编《近代史资料专刊·义和团史料》，中国社会科学出版社 1980 年版，第 215 页。

此外，董福祥部下的甘军在京城劫掠焚烧，也是造成人口损失和流动的原因。五月三十日，御史郑炳麟奏称："自二十五六两日，甘勇焚杀抢掠，情同叛逆。附近东交民巷一带，假拿教民为名，无一不被抢之家。臣寓二条胡同，被抢者二十余家，受伤而死者，若刘姓、董姓、周姓三家，共计十八名口之多。即臣寓亦被踹门两次，据理与争，幸而得免。……此等兵勇，以之御敌则不足，以之殃民则有余。"① 围攻使馆失败后，"董福祥走出彰义门，纵兵大掠而西，辎重相属于道"。"王公士民，四出逃窜，城中火起，一夕数惊。京师盛时，居人殆四百万，自拳匪暴军之乱，劫盗乘之，卤掠一空，无得免者。坊市萧条，狐狸昼出，向之摩肩击毂者，如行墟墓间矣。"② 在北京外围，岳超随銮西迁，七月二十二日（8月16日）中午抵达昌平南口。"此地因受败兵散勇之骚扰、抢掠，居民多逃入深山，经侍卫、太监等到处寻觅，始获得少量小米及鸡蛋，聊供两宫及后妃熬粥充饥。其他随从人员只得向庄稼地中讨生活，盖庚子年直隶各地丰收，銮驾所经之地，多尚未收割，遍地杂粮红、瓜菜熟，以是员兵粮食、骡马刍秣，咸无代价取给于是，不付钱，付钱亦无人收。随行者均谓'得天之助，命不该绝'。"③ 昌平一带居民逃得所剩无几，北京周边其他地方亦当相去不远。

八国联军占领北京以后，被围困在使馆里的外国人与中国教民配合援军复仇。焚烧建筑、抢掠财物、肆意杀戮，导致许多居民惨死或逃亡。联军统帅、德军司令瓦德西不得不承认："抢劫时所发生之强奸妇女、残忍行为、随意杀人、无故放火等事，为数极属不少。"④ 七月二十日晚，联军二三万人分道攻破北京城。刘福姚《庚子纪闻》

① 国家档案局明清档案馆编：《义和团档案史料》"御史郑炳麟折"，中华书局1959年版，第188页。
② 李希圣：《庚子国变记》，载中国新史学研究会主编《中国近代史资料丛刊·义和团》，神州国光社1951年版，第1册，第23—24页。
③ 岳超：《庚子—辛丑随銮纪实》，载中国人民政治协商会议全国委员会文史资料研究委员会编《晚清宫廷生活见闻》，文史资料出版社1982年版，第92—93页。
④ 瓦德西：《瓦德西拳乱笔记》，载中国新史学研究会主编《中国近代史资料丛刊·义和团》，神州国光社1951年版，第3册，第34页。

记载："居人盈衢塞巷，父呼其子，妻号其夫，阖城痛哭，惨不忍闻。逃者半，死者半，并守城之兵，死者山积。""敌初入京时，杀掠极惨。馆中夷使并教民既得出，乃思复仇，大肆烧杀。""淫掠之惨，亘古未闻。阖室自焚、投井、雉经，全家殉难者，不可胜计。""自七月二十后至八月初半月间，人民涂炭，逃者死者，室室皆空。"① 陈恒庆《清季野闻》亦称："洋兵初入之日，教堂中人庆更生，齐出杀人以泄愤，西安门迤北人家，屠戮殆尽。第二日洋帅下令禁之，乃止，而尸积如山矣。"② 洪寿山《时事志略》记载："七月二十二日，在皇城内之洋人云：'自今至二十四日，尔等及早逃之。如逾限不移，吾焚而杀之。尔等莫云吾言之不预先也。'众闻失惊，故惜命者，即早赤手逃之，未伤人口者幸。亦有自焚其产而合家殉命者，亦有逃之未及而被焚杀枪毙者，其惨甚矣。其地安门内迤西，至西安门内迤北，其房焚毁无存，俗语云'一扫平'也。其地安门内迤东，至东安门内迤北，其房虽未全毁，十之尚有三也。皇城内之妇女，受洋人之辱者，笔下难以言明，故羞愧而自尽者有之。""夫都城之内外，以及近畿一带周百余里内，约死者数百万人也。尸积遍地，无人掩埋。时在孟秋，腐肉白骨，横于路途，其秽不可近鼻。黎民涂炭之苦，无处可明矣。烈火延烧数千万户之多，日夜烈焰腾空不熄。余思之，自大清以来，都城之惨烈，未有如是者也。"③ 德寇将仪鸾殿的宝物偷走后纵火灭迹，"当时杀华人之为仆役者多人，谓其盗物纵火"④。避居昌平的叶昌炽追述："城破之日，洋兵杀人无算。绮华馆机匠，苏州枪毙十一人，杭粤各有遭劫者，单闻枪炮轰击声，妇稚呼救声。街上尸骸枕藉，洋兵驱华人舁而埋之，畚锸既毕，即将舁尸之

---

① 刘福姚：《庚子纪闻》，载中国社会科学院近代史研究所《近代史资料》编辑组《近代史资料专刊·义和团史料》，中国社会科学出版社 1980 年版，第 225—226 页。

② 陈恒庆：《清季野闻》，载中国社会科学院近代史研究所《近代史资料》编辑组《近代史资料专刊·义和团史料》，中国社会科学出版社 1980 年版，第 639 页。

③ 洪寿山：《时事志略》，载中国新史学研究会主编《中国近代史资料丛刊·义和团》，神州国光社 1951 年版，第 1 册，第 99—100 页。

④ 狄葆贤：《平等阁笔记》，载中国社会科学院近代史研究所《近代史资料》编辑组编《近代史资料专刊·义和团史料》，中国社会科学出版社 1980 年版，第 665 页。

人，尽行击毙，亦埋坑中。旗人多举火自焚，或阖室雉经。大约禁城之内，百家之中，所全不过十室。今高门大宅，尚有虚无一人，而遗尸未敛，蛆出户外者，虽《清磷屑》《扬州十日记》，何以过之。"他在十一月二十日进城时，"初出由西华门进，穿西苑渡金鳌玉𬟽，出后门。一路廛肆，尽付焚如。八旗阀阅，无不自内达外，旷无人居"①。罗惇曧《拳变馀闻》亦载："联军搜杀拳匪，尸山积焉。城内外民居市廛，已焚者十之三四，联军皆大掠，鲜得免者。其祖匪之家，受伤更烈，珍玩器物皆掠尽，其不便匿藏者，皆贱值售焉。妇女虑受辱，多自经，朝衣冠及凤冠补服之尸，触目皆是，有自经久项断尸坠者。"② 人口大量死亡与逃难，北京的部分地段几乎变为死城与空城（图6—2）。

图6—2　1900年8月被焚掠后的前门大栅栏一带

---

① 叶昌炽：《绿督庐日记钞》，载中国新史学研究会主编《中国近代史资料丛刊·义和团》，神州国光社1951年版，第2册，第470、471、474页。

② 罗惇曧：《拳变馀闻》，载《罗惇曧笔记选》，山西古籍出版社1997年版，第52页。

英国使馆的扑笛南姆威尔《庚子使馆被围记》一书，客观真实地记载了联军在北京的罪行。他认为，由此"可见欧洲联军到北京后抢劫情形，野蛮腐败，一至于此。军法一懈，各军队即漫无纪律，几于无事不可为者，各国之人皆然。观于此书，则公私记载中彼此诋毁讥诮之辞，可以休矣"①。1900 年 8 月的某一天在东城，"俄人、日本人正在彼处，死尸遍地，除开枪抢劫外，无他事"。"路上无一行人，亦未遇一车，但马蹄过处，尘土飞扬耳。过许多街道，仍极荒凉，与余等昨日所见无异，各家均紧闭其门，即一猫一犬，亦未之见。使馆宫廷近处，尤为寂静。"不久，有骑马的英国人跑来说："你看见东门一带的井吗？里头都是妇女。他们恐怕受洋兵侮辱，遇见黑兵，越发恐怕，有人说黑兵见了妇女，就像疯狂，所以，许多妇女一闻枪声，就投井而死。……我看见一个井中捞出五六个死尸，……各处除死尸外，没有别的东西，现在每分钟都有人自己寻死。"在西什库教堂附近，一两天前有一群逃难的中国人经过，"法国兵以机关枪向之，逼至一不通之小巷，机关枪即轰击于陷阱之中，约击十分钟，或十五分钟，直至不留一人而后已"。他正在死寂的小巷穿行，"马忽受惊而逸，视地上遍卧死尸，极其难看。……愈走愈见毁坏，地上死尸亦愈多愈丑，除此之外，不见别物，但为一荒凉残破之区而已"。"其后至一地方，尸首堆积如山，马又惊逸"，遂听任它向西而去，忽见法国兵"大肆抢劫，抢毕则纵火焚之，并以枪乱放"。随后他纵马逃到外城，"及至中街，又遇他种强盗，乃印度兵队，仅带有左腰所佩之兵器。其后又有美国人、法国人、德国人，川流不息，均掳掠之盗，得胜者与失败者相为参杂。其所为之事无异，皆杀人耳、抢劫耳"②。身为联军一方的英国人都有如此评价，可见北京被联军杀戮、抢劫之触目惊心。

北京郊外同样未能幸免，"京城内外，华人尸骸及马匹尸骸狼藉

---

① 扑笛南姆威尔：《庚子使馆被围记》，载中国新史学研究会主编《中国近代史资料丛刊·义和团》，神州国光社 1951 年版，第 2 册，第 199 页。
② 同上书，第 360 页。

遍地，饿犬争食，惨不忍睹"。"北通州自联军攻破后，俄、法二国之兵一切行为，大干军律；凡有妇孺，多遭杀戮。其情状之惨，虽日本统兵官福岛氏亦为之不平，曾向俄、法两国统帅痛加劝谏。"① 残酷的杀戮，使另一个侵略者都觉得太过分了。德国人到延庆州追捕义和团时"纵兵淫掠，勒索银十二万两，富室尽倾家。昌平、怀来，亦皆迁徙一空。德兵每至一乡镇，纵马队兜围，以步兵入内穷搜，少艾无得免者"②。远在河北易县的清西陵，九月被德、法、意大利军队占据，他们不时以搜查义和团为名四出抢掠。"各营房内官民逃匿一空，或有男人一二居住，妇孺皆潜逃山沟，忍饥待死，苦何可言。附近之涿、涞、房、良等城，情形稍有轻重，大略相同。州县官沿村搜括，供给洋人，业经民穷财尽，尚无了期。"③ 北京城与周边地区人口的大量被杀或逃亡，再加上对城乡建筑的毁坏，对文物典籍与各类财物的抢劫，严重摧残了中国的社会、经济、文化以及人们的心理状态，损失之巨大无法估量，庚子之变永远是北京的惨痛记忆。

第二节　城市建设的人财物支撑

清代北京沿用明代旧城，总体布局和街道系统未变，但在宫殿维修、河道整治、道路建设等方面多有成就。清代最有特色的城市建设在于开辟西郊以三山五园为主体的园林，整个过程几乎贯穿了清朝的始终。北京的宫殿及皇家园林建设，利用了全国许多省区的人力和资源，所需经费也来自多种渠道，充分显示了作为统一国家首都的政治、经济优势。

---

① 佚名：《综论拳匪滋事庸臣误国西兵入京事》，载中国社会科学院近代史研究所《近代史资料》编辑组编《近代史资料专刊·义和团史料》，中国社会科学出版社 1980 年版，第 174、179 页。

② 叶昌炽：《绿督庐日记钞》，载中国新史学研究会主编《中国近代史资料丛刊·义和团》，神州国光社 1951 年版，第 2 册，第 477 页。

③ 奕譞：《庚子手札》，载中国社会科学院近代史研究所《近代史资料》编辑组编《近代史资料专刊·义和团史料》，中国社会科学出版社 1980 年版，第 376 页。

一 城市建设的材料供应

李自成的大顺军从北京撤退时，放火焚烧了紫禁城的部分宫殿。清朝定都北京一个月之后的顺治元年（1644）七月，就开始着手修建皇帝居住的乾清宫。此后陆续重建皇极、中极、建极三大殿，并依次改名为太和、中和、保和殿，到顺治三年外朝宫殿区基本齐备。康熙三十四年（1695）太和殿被焚毁，三十七年完成重修。乾隆年间增修建福宫、寿安宫、文渊阁等，宫殿建设达到鼎盛时期。经过几代人的增建和维修，紫禁城的建筑格局在嘉庆年间最终定型，许多主体建筑乃至名称都一如明朝规制。

1. 石料、石灰、砖瓦生产

宫殿建筑连同各项城市建设工程，需要大量木材砖石等材料。早在明代修建昌平诸陵时，"凡山陵大工所用白石黝垩，皆取于顺义西北诸山"；怀柔县"西三里为石塘山，有大工则采石焉，有工部厂"[①]。清代一仍其旧，顺治初年确定，各大工程所需的石材与石灰，由工部官员负责监督开采烧造，"于大石窝（今良乡西南34公里石窝村）采白玉石、青白石，马鞍山（今门头沟西南8公里）采青砂石、紫石，白虎涧（今昌平西南14公里）采豆渣石，牛栏山（今顺义北10公里）采青砂石，石景山（今石景山区西部）采青砂石、青砂柱顶、阶条等石。其青白石灰，于马鞍山、磁家务（今良乡西北14公里）、周口（今良乡西南17公里）、怀柔等处置厂烧造，运京应用"[②]（图6—3）。

元代在今北京宣武门外建立小型琉璃瓦窑，明代进一步变为"大五厂"之一的琉璃厂，烧造砖瓦和内府器用。清代宫廷所用琉璃砖瓦的烧造，仍然沿袭着元明以来的传统。康熙二十年（1681）议准："琉璃砖瓦大小不等，共有十样。除第一样与第十样向无须用处，毋庸置议，其余砖瓦，如各工需用，令管工官先将应用实数核

---

① 顾炎武：《昌平山水记》卷下，北京古籍出版社1980年版，第24、26页。
② （光绪）《大清会典事例》卷875《工部》"物材"，第18页。

图6—3　房山大石窝汉白玉矿坑遗址

算具呈。该监督照数请领钱粮、黑铅，豫行备办。除冬三月及正月严寒，停止烧造，余月均以文到日为始，定限三月烧造，送往工所。管工官亲身验看，随到随收，给发实收。完日将实用过数目及余剩数目，同实收送部核销。"[1] 嗣后各朝对上述规定有所调整，到乾隆年间，受朝廷组织编纂《四库全书》的影响，琉璃厂一带开始成为以经营图书、古玩、玉器闻名的文化街区，但琉璃窑的烧造依旧得以延续。乾隆五年（1740）游览琉璃厂的张尹，看到了"黄碧盈目，悉成龙凤花卉之状"的琉璃砖瓦[2]；乾隆三十五年（1770）三月，"琉璃厂窑户掘土得古墓"[3]，即辽代官员李内贞的墓葬，都表明琉璃窑的烧造一直未停。虽然光绪《大清会典事例》称"道光五年（1825）奏准：在城厂窑久废，嗣后琉璃料件，均改归西山窑烧造"[4]，但这只是计划之中的方案而不是立即实施的指令。光绪十九年（1893），工部还在奏请"琉璃窑烧造瓦料，工价不敷，拟照旧章十成发给，以恤商艰"[5]。二十三年（1897）修订的《京师坊巷志

---

① （光绪）《大清会典事例》卷875《工部》"物材"，第1页。

② 张尹：《登厂阜记》，载《石冠堂文钞》，清乾隆间刻本，第45—46页。

③ 钱大昕：《记琉璃厂李公墓志》，载《潜研堂文集》卷18，上海古籍出版社1989年版，第299页。

④ （光绪）《大清会典事例》卷875《工部》"物材"，第5页。

⑤ 《清德宗实录》卷323，光绪十九年四月丙辰。

稿》，仍载"工部所属琉璃窑在（琉璃厂桥）北"①。1908 年在琉璃厂宏京堂书坊学徒的孙殿起，更是明确指出："至光绪庚子，琉璃窑迁徙于京西某地矣。"② 光绪庚子即八国联军入侵北京的光绪二十六年（1900），所迁新址即今门头沟琉璃渠村。次年十月，"前翰林院侍读学士黄思永，在京师琉璃厂废窑设立工艺厂，陈明立案"③。由此开始了对琉璃窑厂旧址的利用，其中包括光绪三十四年（1908）在此建立京师优级师范学堂（北京师范大学前身），宣统元年（1909）邮传部"奏请拨琉璃厂废窑余地建立电话分局"等重要事项④。如果说琉璃厂在道光五年（1825）甚至更早即已废弃，到光绪二十七年（1901）被重新利用，其间至少已经闲置了将近八十年乃至更久的岁月。在一个虽然变化缓慢但毕竟还在发展着的近代都城之内，这显然是完全不可想象的事情。

曾经为明代北京提供大量城砖的山东临清，到清代仍然是北京建设以及在周边的遵化、易州修建皇陵的烧砖基地（图6—4），其中包括斧刀砖、水澄细砖、滚子砖等类型，另有少量出自北京西北的温泉等地。《大清会典事例》记载，顺治二年（1645），由工部派官提督临清砖厂并兼管运河水闸事务，"岁支额设砖料银二万四千两，烧造城砖六十万，斧刀砖四十万"。八年（1651）以"费帑累民"暂时中止临清烧砖，但十四年（1657）"复差本部司官前往临清，会同该道烧造水澄细砖"，十八年（1661）再停临清砖差。康熙十八年（1679），派工部司官会同山东巡抚，"动正项银粮二万两，烧造滚子砖，运价即于本项钱粮内销算"。二十八年（1689）覆准，"陵寝需用临清砖，行令山东巡抚，豫行烧造二万块，交粮船带运"，直至五十八年（1719）停止其烧造运输，"于温泉地方，令铺户照临清砖式样烧造"。温泉即今北京西北的海淀区温泉镇一带，由此节约了运砖的大量劳役，临清的社会负担与地面破坏也稍有缓解。但是，乾隆四

---

① 朱一新：《京师坊巷志稿》卷下，北京古籍出版社 1982 年版，第 250 页。
② 孙殿起：《琉璃厂小志》，北京古籍出版社 1982 年版，第 55 页。
③ 《清德宗实录》卷 488，光绪二十七年十月丙午。
④ 《宣统政纪》卷 12，宣统元年四月戊申。

图6—4　临清河隈张庄明清贡砖窑考古遗址（选自聊城新闻网）

十一年（1776）重修紫禁城墙，"需用临清砖三十万块，令山东巡抚烧造，搭解运送通州"，四十七年（1782）又增加烧造五万块。长期巨量的烧砖取土，终于显现了环境问题。乾隆五十一年（1786）奏准："山东省临清砖窑，原建二十四座。因近窑地段，积年取土造坯，已成水洼，嗣后移建十二座。"到嘉庆二年（1797），剩余的十二座砖窑也因为"俱成水洼"，不得不"照例择地移建"，其中四座与嘉庆六年（1801）改建的十二座砖窑一起，在道光四年（1824）"俱经坍塌，必须另行移建。且地亩历年取土，俱成湾坑，亦须另择地基，以备烧造。今又购买窑厂四处，每处建盖窑户土房六间，每窑挑井二孔"。道光十年（1830），临清烧造的盖面海墁大砖"砖质粗松，沙眼太多"，不符合嘉庆帝昌陵配套工程的需要，改为"由京烧造澄浆砖四万六千块"，烧造地点也应在北京西北的温泉一带[1]。临清窑厂的出产自然并非完全用于北京，而清代东西陵的需求促使北京温泉一带成为临清砖的备用基地。窑厂的迁移与增多，意味着地面取土范围

---

① （光绪）《大清会典事例》卷875《工部》"物材"，第5—7页。

的扩展，相应的环境损害也在逐渐加重。

清代北京宫殿建设所用的铺地金砖，与明代一样由苏州窑烧造，这是首都发展仰仗全国资源支持的又一体现。顺治十二年（1655）修造乾清宫等宫殿，需用二尺与一尺七寸的铺地金砖，工部"委官至苏州会同巡抚估计，交地方官动支本省解部正杂改折等银造办"。康熙十八年（1679）题准："令江宁巡抚动支正项，烧造二尺、一尺七寸金砖万五十四块。每正砖十，烧造副砖三。"二十七年（1688）题准："令江宁巡抚动支正项，烧造二尺金砖千四百九十块，一尺七寸金砖千一百五十九块。每正砖十，烧造副砖一。"雍正三年（1725）题准："令江宁巡抚动支正项，烧造一尺七寸金砖万块。"乾隆三十七年（1772）修建宁寿宫，"取用二尺金砖八千六百四十块有奇，一尺七寸金砖万一千八十块有奇"，四十八年（1783）建造辟雍殿座，"取用二尺金砖千三百块"，都是"令江苏巡抚敬谨烧造，搭解运抵通州"①。南方技师将本地独有的水土条件与世代积累的高超工艺相结合，为皇家宫殿生产了造价昂贵的特种建材，朝廷则以严格的制度管理着金砖烧造、解运、使用、销核等所有步骤。

2. 北京周边的小规模采木

北京城市建设所需的普通木材，可以在西山与永定河上游流域传统的采木区解决。康熙二十六年（1687）议准："直隶省房山县额存楸棍山地，每岁应解楸棍十九万一千二百九十八根到部，以备各工取用。"② 楸棍是截取楸树的树干而成，主要用来搭建施工的脚手架。直到康熙六十年（1721），鉴于工部的木仓里已储存了十万多根楸棍，这才要求竣工后一律将楸棍按数交回，使得"房山县额征楸棍，俱停办解"③。康熙五十九年（1720）议准："口内马前寨等处木植甚多，部给木商头领十人执照，在口内砍木纳税，禁止本处人砍伐木植。惟三陵应用木植，仍著千丁人内置办，不许出口，于口

---

① （光绪）《大清会典事例》卷875《工部》"物料"，第7—8页。
② 同上书，第11页。
③ 同上书，第12页。

内砍伐。"① 长城以南砍伐森林的地域，集中在今京西、冀西北的山区。嘉庆八年（1803）前后，今北京房山区境内的上方山松桧荫翳，龙虎峪古松黛色参天，"闻往时有议采为内殿栋梁者，以道险难运至得全"②，是艰难的交通挽救了古树的命运。

3. 南方数省的楠木采办

北京周边不能满足规模庞大的城市建筑用材尤其是木材的需求，清代依然与前朝一样主要依赖南方数省。顺治八年（1651）题准："各工需用木植，令正定、山西、江西、浙江、湖广五处地方购买。"③ 康熙三十二年（1693）四月，"各省解送物料共九十九项，京中无货买之物应令照旧解送外"，印书纸张与白铜或仍有库存或无用处，另外三十八项的价值与运费合计比京师还贵，因此一并停止解送④。

朝廷尤其重视在南方各省采办贵重的楠木，这是一项耗费极重、弊端丛生的官办事务。康熙六年（1667）的一道奏疏称："四川、湖广、江西、浙江、江南五省采办楠木，每有不肖官役借事吓诈、封锁民房、砍伐坟树，百姓受殃，必用贿求免。况采木原有丈尺定式，乃不问大小，砍山陆运，假公行私，致累小民。"皇帝下旨各省督抚严禁"不肖官役及奸商土棍借名生事、苦累小民"，以便顺利地"采办楠木以备大工之用"⑤。八年三月又下旨："修造宫殿，所用楠木不敷，酌量以松木凑用。"暂停在四川采伐楠木⑥。二十一年九月为兴建太和殿做准备，"命刑部郎中洪尼喀往江南、江西，吏部郎中昆笃伦往浙江、福建，工部郎中龚爱往广东、广西，工部郎中图萧往湖广，户部郎中齐稽往四川采办楠木"⑦。十月又告诫上述官员到四川

---

① （光绪）《大清会典事例》卷942《工部》"关税"，第3页。
② 谢振定：《游上方山记》，载王锡琪编《小方壶斋舆地丛钞》第4帙，杭州古籍书店1985年影印本，第4册，第94页。
③ （光绪）《大清会典事例》卷875《工部》"物材"，第9—10页。
④ 《清圣祖实录》卷159，康熙三十二年四月癸巳。
⑤ 《清圣祖实录》卷22，康熙六年六月己亥。
⑥ 《清圣祖实录》卷28，康熙八年三月乙卯。
⑦ 《清圣祖实录》卷104，康熙二十一年九月乙丑。

峨眉山等地采木时，"不得推诿地方官，所有之处必身到察采。凡房屋、衙门、寺庙、坟墓，毋得拆毁采取。恐地方棍徒借此诈害平民，可将此等缘由晓谕地方知悉"①。二十四年五月，湖广巡抚石琳、浙江巡抚赵士麟上疏，由于转运艰难，"楠木、杉木不能如期运至，特请宽限"，得到皇帝准许②。十月，革除了将"运解楠木迟延"诿过酉阳土司的四川巡抚韩世琦的职务③。二十五年二月，停止在四川采办楠木。康熙帝指出："蜀中屡遭兵燹，百姓穷苦已极，朕甚悯之，岂宜重困？今塞外松木，材大可用者甚多，若取充殿材，即数百年可支，何必楠木？"④ 二十六年四月再谕工部："四川楠木多产于崇山悬岩，采取甚难，必致有累土司。且来京甚远，沿途地方亦恐滋扰。著传谕四川巡抚，免其解送。"⑤ 同年十月，根据都察院的建议，鉴于"商人杨国清等捐送楠木日久未收"，将工部有关人员降级或革职⑥。相对而言，这个时期比较注意节省民力，康熙二十九年正月，奉命核查宫廷用度的大臣奏报："前明各宫殿九层基址、墙垣俱用临清砖，木料俱用楠木。今禁中修造房屋出于断不可已，非但基址未尝用临清砖，凡一切墙垣俱用寻常砖料，所用木植亦惟松木而已。"⑦ 尽管如此，各地采木耗费的人力物力依然相当巨大。

康熙年间过后，楠木变得更加稀缺。雍正四年（1726）九月，工部提出备办皇陵物料，皇帝谕旨称："楠木难得。如果不得，即松木亦堪应用。其备办此等木植，自京城差遣官员未免骚扰地方，即交与总督、巡抚，动正项钱粮采买。"⑧ 乾隆十三年（1748）五月，惩处了采办皇陵所需木植不力的"湖南省委运楠木通判韩宗藩"⑨，但不

---

① 《清圣祖实录》卷105，康熙二十一年十月乙亥。
② 《清圣祖实录》卷121，康熙二十四年五月丙戌。
③ 《清圣祖实录》卷122，康熙二十四年十月戊申。
④ 《清圣祖实录》卷124，康熙二十五年二月辛亥。
⑤ 《清圣祖实录》卷130，康熙二十六年四月乙卯。
⑥ 《清圣祖实录》卷131，康熙二十六年十月壬申。
⑦ 《清圣祖实录》卷144，康熙二十九年正月己酉。
⑧ 《清世宗实录》卷48，雍正四年九月甲寅。
⑨ 《清高宗实录》卷315，乾隆十三年五月丁未。

知他采到的楠木究竟有几何。三十二年十一月，阿尔泰在四川雷波山中采购大木，并奉旨为更换天坛望灯竿"获有长九丈五尺以外之楠木二株、杉木一株，与发单丈尺相符。现已镶架道路，由山妥运"①。四十八年六月修建体仁阁，需用的大量木植即包括福康安在四川采办的楠木二十余件，"传谕江南、山东、直隶各督抚，速即催运来京"②。嘉庆年间未见采办楠木之事，嗣后就更难寻觅。道光三年（1823）七月奏报，四川应采办的柏杉等木材全数备齐，"惟楠木三百四十五根内，止二十五根"，而且直径比要求的还短五寸，只能将就着使用③。四年六月，鉴于湖南"出产柏木本少，楠木亦难得大料。叠次严催，逾期未获"，只得停止采办④。再经咸丰、同治两朝，光绪十六年（1890）八月，准许工部奏请的"祈年殿工程处采买楠木"免税事宜⑤。北京的国都优势使之能够利用全国的资源，上述各朝采办的楠木有几次是用于修建远在北京之外的皇陵，但在明代以后楠木之所以变得日益稀少，康熙年间修建北京宫殿等工程显然也有推波助澜的作用。

自明代营建北京至清代，广渠门外通惠河二闸南面的皇木厂（晚近同音异写为黄木厂或黄木庄），就是堆放来自湖广、四川等地的贵重木料之地。清初孙承泽《天府广记》引明弘治至嘉靖年间官员何孟春之语："神木厂所藏大木，皆永乐中肇建宫殿之剩物也。其最巨有樟扁头者，围二丈，长卧四丈余，骑而过其下，高可以隐。"⑥这些巨木到清代仍然存在，乾隆二十三年（1758）御制《神木谣》吟咏此事并立碑建亭（图6—5），成为明清两代在南方数省大量采集皇木的见证，皇木厂因此又有神木厂之称。

---

① 《清高宗实录》卷799，乾隆三十二年十一月乙卯。
② 《清高宗实录》卷1182，乾隆四十八年六月乙丑。
③ 《清宣宗实录》卷54，道光三年七月辛未。
④ 《清宣宗实录》卷69，道光四年六月丙午。
⑤ 《清德宗实录》卷288，光绪十六年八月甲子。
⑥ 孙承泽：《天府广记》卷21《营建》，北京古籍出版社1984年版，第278页。

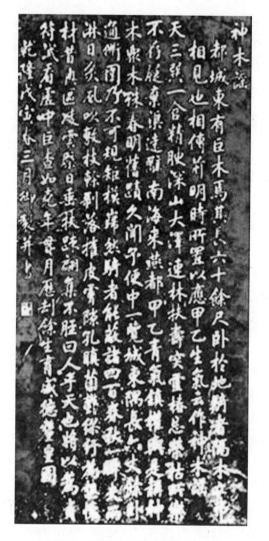

图6—5　乾隆帝《神木谣》碑拓片

4. 塞北山林成为新的木材基地

清代使长城内外归于一统，广阔的塞北山林成了北京新的木材供应基地。顺治九年（1652）题准："各工需用木料，招募商人，自备资本，出古北、潘家（河北迁西县西北30公里潘家口）、桃林（卢龙县东北30公里桃林口村东南隅）等口采伐木植，运至通州张家湾地方。"① 由此到康熙初年，一直在不断减少征税额度，以鼓励出关采木，潮河、滦河上中游地区由此与永定河中上游地区一起支撑着北京对森林资源的需求。

康熙十八年（1679）议准："潮河川（古北口西南约3公里）、墙子路（密云东32公里）、南冶口（怀柔西北24公里铁矿峪村北）、二道关（怀柔西北28公里）等处，有愿采伐木植者，照例将人畜数目报部，转咨兵部，给票出关。"十九年题准："喜逢口外庄头人等所砍木植，愿交税者由水路运送，给票照例征收。又题准：龙井口（今河北迁西西北30公里龙井关）产有大木，愿采伐者，给发关票出口，令潘家口差官照例收税。"二十年议准："科尔沁蒙古有愿伐木进关照民商纳税者，许由潘、桃等口放入贸易。"三十八年（1699）题准："大青山等处木植甚多，有殷实商人愿往采取者，该部给票，令守口官验明放行，照例输税，入口贩卖。"② 长城以北主要供应北京的木材产地，推进到内蒙古呼和浩特以北的大青山，从那里经过潘家口、桃林口等关口运到北京和关内其他地方。长城以北的"口外诸山，前代为匠所不经之地，蓄积既久，菁华日献，视内地庇纵寻斧者相悬万万"③，丰富的资源优势造就了新的木材供应基地。

口外容易砍伐的森林资源日趋减少，木材进关的路径却不断增多，单个关口的税额随之明显下降。雍正七年（1729）古北口征收木植进关的额征税课为四万多两，次年就骤减为一千多两。到嘉庆七年（1802），更是"商贩寥寥，无人领票办课，山场砍伐既久，近年以来止有小民在附近各山采取柴薪"④，朝廷不得不把税收定额取消，这也反映了塞外森林采伐区不断向北推进、距离北京越来越远的趋势。道光三年（1823）为皇陵采办的黄松，需要从产木的深山运到岫岩大孤山海口（今辽宁岫岩县哨子河、洋河在孤山以东的出海口），"听候直隶拨船载运，工次备用"，其中计划"截做根木五千五

---

① （光绪）《大清会典事例》卷942《工部》"关税"，第1页。
② 同上书，第1—2页。
③ 王庆云：《石渠馀纪》卷6《纪杂税》，北京古籍出版社1985年版，第277页。
④ （光绪）《大清会典事例》卷942《工部》"关税"，第5、11页。

十六件，半橼木三千九百三十八件。又续获黄松六十九棵内，足敷原取尺寸根木三十五件，长敷而径较微者三十四件"。此外，"其前采不堪选用大木三十七件，著无庸解工，亦不必派员前赴吉林另行采办"①。这就证实，辽宁千山、吉林长白山等深山老林，是清后期开辟的另一处木材来源地。采伐的木料沿河漂流到辽东半岛入海口，用海船运到渤海湾西岸的天津，再顺着运河抵达北京。江南塞北的森林资源，共同支撑着北京及其周边各类工程对木材的大量需求。

二 西郊园林建设的经济支撑

以"三山五园"为主体的北京西郊园林，即畅春园、圆明园、万寿山清漪园（颐和园）、玉泉山静明园、香山静宜园，是清代造就的中国古典园林发展的顶峰，也是这个时期北京最具特色的建设成就。康熙年间为其创始，雍正年间继续修建，乾隆年间达到高峰，此后各代迭有维护。三山五园在晚清遭到英法联军与八国联军的焚毁劫掠，畅春园、圆明园等仅留残迹，唯有颐和园在劫后两度重修，成为我国现存最完整、规模最大的皇家园林。

西郊园林的修建动用了举国之力，在康雍乾三朝耗费的人力、物力、财力，于《清代三山五园史事编年》中多有辑录②，兹据此并参考《清实录》等文献略作说明。

康熙二十二年（1683），建筑师雷发达等人应募自江宁迁至京师海淀槐树街，这是朝廷从全国各地征召能工巧匠建设北京西郊园林的开始。雷发达及其数代后人以设计建造宫殿园林闻名于世，这个家族被称为"样式雷"。同年，朝廷始设掌管皇家苑囿的内务府奉宸苑。二十六年（1687）二月康熙帝到畅春园内门听政，标志着这座园林正式建成启用（图6—6）。畅春园的施工情形不得其详，但康熙帝"计庸界值，不役一夫"之语显然太过夸饰③。仅在园林周围为八旗

---

① 《清宣宗实录》卷55，道光三年七月壬午。
② 何瑜主编：《清代三山五园史事编年》，中国大百科全书出版社2014年版。
③ 于敏中等：《日下旧闻考》卷76《国朝苑囿》引康熙帝《御制畅春园记》，北京古籍出版社1985年版，第1268页。

驻军修建房屋等，所用财力物力已数量不菲。雍正元年（1723）八月十七日庄亲王允禄等奏："畅春园驻兵之房共一万间，土墙四万二千九百十二丈，街门三千二百扇，大门十六个，水沟长约二千四百九十六丈，豆渣石小桥一百八十二座以及平整土地等，共用银三十八万四千六百七十六两四钱六分五厘。"这笔奉谕用广储司银支付的费用，实际发生自然是在刚刚过去的康熙朝的最后几年。

图6—6　康熙年间畅春园局部（选自《万寿盛典初集》卷42）

雍正年间，圆明园是西郊园林建设的重点。二年（1724）正月，为圆明园扩建工程采办木植，由内务府派员前往围场（今河北围场县）一带采伐林木。三年（1725）二月，广储司拨付圆明园工程银三十万两。七月，委派商人于长生采办圆明园所需石料，谕旨称："于长生备石之事稍有耽搁，即将其议罪。"四年（1726）六月谕八旗都统等："从前八旗护军俱由京城往畅春园换班行走，朕念其往返之间，稍觉费力，特发帑金数十万两，于圆明园附近盖造房屋，派护军三千名居住，以供圆明园之差役。"① 八年（1730）八月十九日，京师地震。"命查八旗兵丁因地震致垣舍坍塌者，每旗各赏银三万两，按各佐领人数均匀分给。圆明园八旗兵丁，每旗各赏银一千两，以为修葺屋宇之用。"② 九月初一，每旗再赏帑银三万两③。

　　圆明园大兴土木造成的物力消耗以及由此带动的奢侈风气，引起了朝臣的担忧。乾隆五年（1740）九月，左佥都御史刘藻上奏："本年春夏间，见圆明园木石等工兴作未息。……但奢靡之渐不可稍开，侈荡之源不可不杜。"他以汉文帝、唐太宗的节俭为例，请求皇帝"鉴于前古，慎始虑终。为天地惜物力，为国家培元气。今时届岁底，工作或有告竣者。来岁诸工可停者酌停之，必不可停者酌减之。用以持盈保泰，永固丕基"④。这个建议得到了皇帝肯定，实际上却并未因此放慢工程进度。八年（1743）九月，在清宫画院供职多年的法国传教士王致诚，在给巴黎友人的信中已称："无怪其园之名圆明园，盖言万园之园、无上之园也。"⑤ 他的解释虽与名称的原义相去太远，但表现了对圆明园无以复加的推崇，而园林的富丽华美无疑要以大量人力、物资、帑银为支撑。以人力而言，除了来自全国各地的大量工匠以及守卫园林的八旗军队之外，承担日常维护工作的园户也不在少数，对他们的管理非常严格。乾隆十八年（1753）十一月，长春园水法处应差的旗人园户二格因请假迟归被打，从明春门南越墙逃出，当即被委署护军参领新太拿获，枷号六十日，满日鞭一百。不久将其交予慎刑司，按扒城例治罪。二十一年（1756）六月按照花名册查明，畅春园、圆明园、清漪园、静明园、静宜园、奉宸苑共有园户一

<hr />

① 《清世祖实录》卷45，雍正四年六月甲戌。
② 《清世祖实录》卷97，雍正八年八月乙卯。
③ 《清世祖实录》卷98，雍正八年九月丁卯。
④ 《清高宗实录》卷129，乾隆五年九月丙辰。
⑤ 何瑜主编：《清代三山五园史事编年》，中国大百科全书出版社2014年版，第276页。

千三百十四名，其中一百四十四名冒名顶替的园户及其管理者被查处。修建园林的物力供应，涉及八旗营房与园内工程等项。乾隆十四年（1749）三月，"圆明园八旗营房内添盖护军房二千三百二十八间，院墙门楼七百七十六座等，应实销八万七千九百四十三两四钱五分一厘"。十五年（1750）十一月估算，修建昆明湖西湖工程需用银约十五万五千二百八十七两二钱五分五厘。十八年（1753）十二月，圆明园库现存银两无几，水法工程、同乐园大戏台并静明园等工程所需工料银两不敷使用，奉旨向广储司领取。二十四年（1759）十二月奏准，昆明湖战船修理、拆造等所有应行采办之处，著交苏州织造处采办运京应用。二十六年（1761）四月查明，乾隆十六年万寿山木厂收过长芦盐政高恒解交拆卸天津行宫大小装修三万五千一百八十四件，抵银三千六百五十两四分三厘，这是西郊园林建材的另一个来源。二十八年（1763）奏准加价之例："办理圆明园、清漪园、静明园、静宜园办买木植，因市价过昂，奏明照乾清宫办买木植，按减半之例办买。嗣后所有各工应用物料工价，俱各遵照成例办理，概不准加价，以规画一。"二十九年（1764）五月，总管内务府请求在圆明园工程银两内支付穆什霞等处木植运送用费，其地可能在今内蒙古多伦附近。

从多种渠道获得经济支持，是乾隆年间西郊园林建设的保障。其一，两淮、长芦的盐政收入与盐商捐款，是银钱收入的大宗。十八年（1753）十二月，两淮盐商捐银一百万两，拨交圆明园库银二十五万两。二十二年（1757）九月，两淮盐商黄源德等捐银一百万两，其中三十万两交圆明园。二十三年（1758）正月，两淮盐政高恒将银十五万多两解来，其中七万多两交万寿山工程处。二十四年（1759）三月，长芦盐政官员将额外盈余银两一万八千多两交万寿山工程处。四十九年（1784）十月，朝廷还将圆明园银库内库平银二十万两借予盐商，每年获利库平银两万四千两，作为岁修费用的补充。五十四年（1789）七月，长芦应交商人成本利银十三万七千六百多两，赴圆明园银库交纳。其二，山海关等处税关的盈余银两是另一来源。乾隆四十八年（1783），山海关解来盈余银五万三千九百多两，四十九年（1784）为五万六千二百多两，五十年（1785）五万六千七百多两，五十五年（1790）一万一千多两，六十年（1795）五万七千两，其中绝大部分交与圆明园银库保存使用。淮关存留的办公余银，乾隆五十三年（1788）解来九千一百多两，五十四年（1789）为一万二千多两；连同本年解来的张家口税课余银三万两，俱交圆明园银库收藏备用。其三，各地交来的商捐及办差剩余等款项。乾隆二十八年（1763），浙江、广东分别奏请将十万两、二十九万两解京，而青海西宁等地需交一万六千两；四十三年（1778），西宁商人王起凤交利银九万五千多两；左翼交税务余银，五十三年（1788）二万三千六百两，六十年（1795）二万五千二百多两，均交与圆明园银库保存使用。此外，皇帝还数次给圆明园银库拨款，三十八年（1773）七月为五十万两，五十二年（1787）十月为一百万两，以供园林维修等项用度。

到晚清时期，西郊园林依赖国家财力维修或重建的工程仍在断续进行。道光元年（1821）五月，"著管理圆明园大臣即将绮春园相度修正"以敬奉皇太后[1]。三年（1823）正月，"以圆明园修理整齐"，给管理工程的大臣加级[2]。十七年（1837）七月，重修遭到火灾的圆明园三殿[3]。咸丰十年（1860）十月，英法联军焚毁圆明园等皇家园林。光绪十六年（1890）九月，建议节省颐和园工程的御史吴兆泰被严加处理[4]。十七年（1891）批准了总理海军事务衙门的两次奏请，先是二月"颐和园工程用款，拟由海防捐输项下挪垫"[5]，后是四月的"颐和园工程紧要，请借动出使经费"[6]。光绪二十六年（1900）年再次遭到八国联军破坏之后，依靠举国之力建成的北京西郊园林迅速衰败。

---

① 《清宣宗实录》卷18，道光元年五月戊辰。
② 《清宣宗实录》卷48，道光三年正月癸未。
③ 《清宣宗实录》卷299，道光十七年七月癸巳。
④ 《清德宗实录》卷289，光绪十六年九月壬午。
⑤ 《清德宗实录》卷294，光绪十七年二月戊申。
⑥ 《清德宗实录》卷296，光绪十七年四月巳未。

第三节　城市水源的继续拓展

自明代为保护皇陵风水而放弃郭守敬开辟的昌平白浮泉等水源地之后，北京接济漕运的水源变得更为紧张。清代在拓展城市供水来源方面的成绩显然强于守成尚且不足的明代，西山泉水的整理满足了宫廷和皇家园林的需求并有助于改善漕运，普通居民的饮用水主要是井水，自来水则是晚清社会变革的产物。

一　集西郊泉源以供宫廷、园林并接济漕运

侯仁之先生指出："在北京历代的城市建设史上，单从水源的开发和利用来说，明朝不仅毫无建树，而且还难以守成。到了清朝乾隆年间，为了兼顾城内湖泊河渠和西郊园林的用水，才被迫考虑开辟新水源。"① 这个新水源不同于元代的重开金口河或远导白浮泉，而是以集腋成裘的精神收集西郊泉水，进行系统的水源整理。

北京城市水源的开发经历了引用永定河、远导白浮泉、修筑昆明湖三个前后相承的阶段，"最初是企图引用永定河，永定河的引用既归失败，又尝试着从'北京湾'内昌平泉水的导引上想办法。最后昌平泉水的导引也遇到了困难，这才修筑了昆明湖水库。昆明湖水库的修筑，……已经把开辟水源的工作，提高到了一个新的阶段"②（图6—7）。西郊水源的利用，对于生活在北京城内外的各方人士而言，都是关系到饮用、灌溉等用途的大事，早在清初就产生了对这些水源的争夺。顺治十七年（1660）六月，内大臣伯索尼上疏所言十一事之一即是："私决泉水宜杜也。京北玉泉山之水止备上用，其禁甚严。今诸王贝勒以及各官辄皆私引灌田，遂致泉流尽竭，殊干法

---

① 侯仁之：《北京历代城市建设中的河湖水系及其利用》，载《环境变迁研究》（二、三），北京燕山出版社1989年版，第16页。

② 侯仁之：《北京都市发展过程中的水源问题》，载《历史地理学的理论与实践》，上海人民出版社1984年版，第303页。

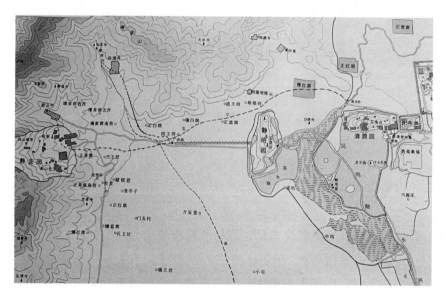

图 6—7 昆明湖附近的地形与渠道（选自《北京历史地图集》）

纪。今后宜严谕禁止，庶泉流不竭矣。"① 自康熙年间开始，以明代海淀附近的园林为基础，在西郊修建了以三山五园为代表的规模空前的皇家园林区，周围还有朝廷赐予勋臣的若干较小的园林。万泉庄、玉泉山、瓮山泊一带的泉流作为通惠河的上游水源本就捉襟见肘，在西郊园林大规模发展之后更加难以为继。为此，乾隆年间着手整理西郊山麓的水源，在瓮山泊东岸之外的低洼地带修建新堤，借以汇集玉泉山麓向东流去的泉源，由此开辟出一个面积广阔的人工水库。湖面显著拓展之后，原来位于瓮山泊东岸的龙王庙一带就变成了湖中小岛。乾隆十五年（1750）三月，谕令将瓮山、金海（瓮山泊）改称万寿山与昆明湖②。玉泉山水流过重新疏浚的渠道，在昆明湖里被拦蓄起来。昆明湖南端与长河相接之处有新建的绣漪桥闸，北端跨越清河的青龙桥被改建为青龙桥闸，拓展东堤时在湖的东北隅设置了二龙闸。提起绣漪桥闸，昆明湖水即经长河向东南流入北京城；打开二龙

---

① 《清世祖实录》卷 137，顺治十七年六月壬子。

② 《清高宗实录》卷 360，乾隆十五年三月丙辰。

闸，湖水则东流灌入海淀诸园以及御稻田；青龙桥闸主要用于在多水季节泄洪以防止昆明湖堤岸漫决。清代通过水源整治造就的这座北京史上最早的水库，成为西郊园林、宫廷用水的稳定水源，并对接济漕运有所帮助。

引水石槽的铺设，提高了汇集西山泉水的成效。借助于引水石槽，卧佛寺、碧云寺附近的泉水流入四王府广润庙内的石筑方池，再由此东去与山麓诸水汇入昆明湖。广润庙以下地势逐渐降低，部分石槽修在土山或寺庙墙垣之上，下面再留出门洞供行人出入。乾隆时人描述说："西山泉脉随地涌现，因其势顺导流注御园以汇于昆明湖者，不惟疏派玉泉已也。其自西北来者尚有二源：一出于十方普觉寺（卧佛寺）旁之水源头，一出于碧云寺内石泉，皆凿石为槽以通水道。地势高则置槽于平地，覆以石瓦；地势下则于垣上置槽。兹二流逶迤曲赴至四王府之广润庙内，汇入石池，复由池内引而东行。于土峰上置槽，经普通、香露、妙喜诸寺夹垣之上，然后入静明园，为涵漪斋、练影堂诸胜。"[1] 为防止引水石槽被山洪冲毁，在卧佛寺与碧云寺之间开挖了排洪水道。引水石槽与排洪水道交会之前，则采用跨河跳槽技术，从空中架槽越过泄水河道。

清代北运河水量供给严重不足，大运河上的漕船通常在张家湾卸货，再装上便于狭浅河道行驶的驳船运至通州。除了存入通州仓的漕粮之外，运往京城的部分或通过陆路输送，或在通州城北石坝装上通惠河里的驳船，逐闸转运至东便门外大通桥，再由车户从陆上运至朝阳门、东直门一带的京仓。康熙三十五年（1696），挑浚由通州至京城的五闸河道，加筑堤岸，建滚水坝以泄水[2]。在不妨碍漕运的情况下，"运丁及商人互为推挽，甚是两便。百姓各造小船，将通州货物运至京师甚易，而雨水时往来行人亦便"[3]。次年挑浚北京的护城河，在东直门角楼下设置回龙闸等调节水位，抵达大通桥下的船只可以引

---

①　于敏中等：《日下旧闻考》卷 101《郊坰》，北京古籍出版社 1985 年版，第 1672 页。
②　于敏中等：《日下旧闻考》卷 89《郊坰》，北京古籍出版社 1985 年版，第 1507 页。
③　《清圣祖实录》卷 174，康熙三十五年六月丙辰。

到朝阳门、东直门等处，更加便利地把漕粮存入京仓。乾隆年间大力收集西山泉水，对北京东护城河与通惠河挑浚淤泥、加固堤岸，河道水量增多使航道得到改善。康乾两朝确定了京师的漕运规模与河道治理措施，后世大致都在因循前朝的做法。到清末，西山的引水渠道与西郊园林一起毁于英法联军及八国联军的破坏，运河也随着铁路运输取代传统的漕运而迅速衰落。失去往昔重要作用的北京近郊水道既无专人守护维修，河湖淤塞、水源枯竭也就成了不可避免的结局。

二　井水是普通居民的主要水源

井水是古代北京城乡日常生活与农业灌溉用水的基本来源，南城地区东周至西汉早期的瓦井与大堡台金代砖井的发现，元、明时人凿井取水的记载以及大量以水井为名的街巷，都显示了凿井取水持续不断的悠久历史。但是，与明代一样，清代北京的井水以苦水居多。清初进京的谈迁看到："京师各巷，有汲者车水相售，不得溷汲，其苦水听之亡论。"[①] 乾隆年间的《宸垣识略》亦称："京城井水多咸苦不可饮，惟詹事府井水最佳，汲者甚众。""天坛井泉甚甘洌，居人取汲焉。王士祯竹枝词：'京师土脉少甘泉，顾渚春芽枉费煎。只有天坛石甃好，清波一勺卖千钱'。"[②] 势要之家、寺院、菜园可以自己打井，普通居民的日常洗涮大致以苦咸的井水将就，饮用水则要从推车售水的水夫那里购买（图6—8）。

售卖井水是北京城里面向全体居民的一个专门行业，明末史玄《旧京遗事》载："京师担水人皆系山西客户，虽诗礼之家，担水人皆得窥其室。是以遇选采宫人，大兴、宛平二县拘水户报名定籍，至今著为令焉。"[③] 到清朝至民国时期，水夫的主体变为山东人。近人张次溪《燕京访古录》考证："盖当清兵入京定鼎，随驾八旗满蒙汉二十四旗，分驻内外城。随营火夫，皆山东流民，每月各旗拨以口

---

①　谈迁：《北游录》"纪闻上·甘水"，中华书局1960年版，第312页。

②　吴长元：《宸垣识略》卷5《内城一》、卷9《外城一》，北京古籍出版社1983年版，第84、180页。

③　史玄：《旧京遗事》，北京古籍出版社1986年版，第7页。

图6—8　清末北京水窝子与水夫

粮，以旗分界，界内街巷各井，以各旗之火夫任之。所以直至清末，水夫不敢居为井之业主，后撤粮给钱，遂为公众之水夫。井为官家之物矣，业此者，在官署递呈，自称某街某巷水夫某，持此为凭据，即以为业。甲租乙售，以相报官，谓之水窝子，所居为水屋子。故老云，担水夫当年肩挑水，口唱入关之得胜歌，凡大街小巷皆官井也。水井向归提署管辖，水夫无禁人汲水之权。当水夫汲水之际，贫人不能使其水具；即自有取水之具，若井口一个，亦不容汲取，恐误工作，势使然也。以为水夫之暴横，岂尽然哉？都中住宅院内之井，或菜园及大小庙宇之井，皆谓之私井。因随房屋，不与官街同例。而万家仰给，水夫之利专矣。迨至光绪二十四年（1898），自来水兴，稍夺其利；至清末，洋井兴，而水井势力益衰。至民国遂改变方针，亦报官纳税凿井，则水夫旧道已失。今则住户迁移，至七八巷之遥，亦追逐送水，而水夫与水夫各施垄断之技以逐利，则水价高矣。七十年前，每担当十钱一文，甜水二文；至清末，尚是一二枚铜子；今已五六枚一担矣。水井前多用方砖筑成二三尺高之小庙一座，庙门置香炉蜡具，中祀龙王木主，朝夕焚香。水车有水窝自出者，有担水夫自行营业者。担水夫之水道，皆为自有权，旁人不能相犯。或本人回籍，或改营他业，持此水道，得售与其他之担水夫，或订长短租约，盖视为终身之不动产矣。担水夫每常旧历正月之初二日晨，即往各户送水。各住户必须于其将水泄出后，掷铜钱于其桶中。钱之多寡无一定，然不可缺，取吉利也。问其从何时兴起，则漫不能答矣。"①《燕京访古录》写于1933年，其时所谓"七十年前"大致是同治二年（1863）前后。行业的兴衰、水价的增长，反映了社会变迁与城市发展的一个侧面。

光绪十一年（1885）朱一新《京师坊巷志稿》，记录了北京内外城街巷的水井数目，据此可以计算各区域的水井数量及其分布密度（每条街巷平均具有水井密度＝水井口数÷街巷条数），如表6—1所示：

表6—1　　　　《京师坊巷志稿》所载北京城区水井统计

区域	内城							外城					
	皇城	中城	南城	北城	东城	西城	合计	中城	南城	北城	东城	西城	合计
水井口数	92	66	85	97	172	182	694	53	24	84	113	325	599
街巷条数	193	149	200	188	347	386	1463	123	93	167	114	93	590
水井密度	0.48	0.44	0.43	0.52	0.50	0.47	0.47	0.43	0.26	0.50	0.99	3.49	1.02

清代北京内城各分区的水井密度与每条街巷0.47口水井的平均值差距很小，大约两条街巷有一口主要用于日常洗涮的水井。外城被划成五块南北贯通、东西排开的社会管理单元，即外城的"五城"。前门大街两侧彼此相邻的中、北、南三城，是外城人口、街巷的集中分布区域，三城平均的水井密度为0.42，即（53＋24＋84）÷（123＋93＋167）＝0.42，与内城各区域的平均值相近。位于外城边缘的东城、西城人口与街巷远远少于其他各城区，但这里（尤其是西城）有大片菜地需靠井水灌溉，造成水井数量及其分布密度因此骤然增大。

---

① 张次溪：《担水夫沿革考》，载《燕京访古录》，中华印书局1934年版，第31—34页。

三　自来水改变了清末城市供水方式

光绪三十四年三月十八日（1908 年 4 月 18 日），农工商部大臣薄颐等奏请筹办京师自来水事业，四月二十八日（5 月 27 日）通过《京师自来水公司大概办法》。公司的性质为官督商办，以周学熙为总理。水源地选在安定门外沙子营迤下的孙河，在孙河屯与东直门建立水厂。四五月间"连日派员履勘，相度地段，酌定地价，约分三等：上等地价每亩给银十五两，中等地价每亩给银十两，下等地价每亩给银五两。如有坟墓，每冢给迁费银五两，均系按照时价，秉公估定"①。周学熙先后呈文或致函农工商部、顺天府、大兴县、宛平县，寻求政府在征地、建厂、铺设管线以及销售方面的支持。公司通过多种报刊宣传自来水的好处，或采取连续数天"放水奉赠，不取分文"的策略，平息围绕这件开风气之先的新兴事物的争端和谣言。

自来水公司开办之初的供水范围，"内以禁城为止，外以关厢为限"②。至宣统二年（1910）二月，"由东直门水厂起通至内外城以及全城冲要各处，挖槽埋安干管、支管，共计英尺长四十八万四千七百五十四尺八寸。……安设内外城放水并保险新式不冻龙头四百二十三个，每个龙头附安水闸门一个。……由内城埋安干管、支管通至前门外城，东由崇文门，西由宣武门，均由门洞石道下安接大弯头，转由京奉、京汉铁道下穿过护城河，直达街市，东西环抱至前门各街道。经过马路、桥梁、沟道，共计一百三十余处。逢秽水沟处，均加用套管，缸砖、青砖、洋灰、石灰灌砌，照旧补做完全"③。经过水厂滤

---

① 《自来水公司为购地筑厂等事给大兴宛平二县札文》，载北京市档案馆、北京市自来水公司、中国人民大学档案系文献编纂学教研室编《北京自来水公司档案史料》，北京燕山出版社 1986 年版，第 7 页。

② 《自来水公司为成立情形及请求立案等事与农工商部往来函》，载北京市档案馆、北京市自来水公司、中国人民大学档案系文献编纂学教研室编《北京自来水公司档案史料》，北京燕山出版社 1986 年版，第 31 页。

③ 《自来水公司为开办款项清册事致农工商部呈文》，载北京市档案馆、北京市自来水公司、中国人民大学档案系文献编纂学教研室编《北京自来水公司档案史料》，北京燕山出版社 1986 年版，第 72 页。

沙处理的孙河水"颇为京都人士所欢迎,不惟主顾家安设专管者争先恐后,即街市售水亦日畅旺。当此风气初开,实足为公司庆幸"[1]。七月七日,公司又公布特别送水办法,对"京中住户苦无人力自取者",雇募水夫送水,以推进自来水的普及(图6—9)。宣统三年正月十五(1911 年 2 月 13 日),自来水公司与驻北京外交团签订了在东交民巷使馆区安装水管的合同,增加了一个稳定的用水大户。与此同时产生的自来水与井水行业的竞争,一直延续到民国时期,但它毕竟开始改变着城市的供水方式和生活观念。

图6—9 宣统二年京师自来水公司水票

① 《自来水公司工程告竣营业开始报告书序言》,载北京市档案馆、北京市自来水公司、中国人民大学档案系文献编纂学教研室编《北京自来水公司档案史料》,北京燕山出版社 1986 年版,第 62 页。

第四节　永定河的大规模治理

　　永定河及其影响下的水环境哺育了北京的成长，这条河流因此被称为北京的母亲河。但是，它在中上游接纳了多条支流和大量泥沙，冲出西山、进入平原之后地势陡降，石景山以下的河道不再被山岭约束而迁徙无常，防洪成为确保北京及其以南地区安全的重要任务。河流进入冀中平原的湖泊洼淀区之后，地势越发平缓，泥沙淤积更加严重，宣泄不畅的河道顶托上游涌来的洪水，往往导致整个下游流域全面溢决。清代建立了比较完备的治水机构，参与治河的帝王和官员从局部工程或全面治理的视角，提出了"堵"与"疏"的多种方略，开展了前所未有的大规模治河①。两岸筑堤收到了遏制水患之效，但被束缚起来的河道更容易决口。潮白河、温榆河在清代也有所治理，但对北京水环境具有决定性意义的仍然是永定河。

　　人口不断增多、农田日渐开垦，加剧了"人"与"水"争"地"的矛盾，修筑河堤、堵塞决口成为保护"人"与"地"的主要措施。顺治九年（1652）遣官修复石景山以南至卢沟桥段的决口，是清朝在浑河（永定河）筑堤的开始②。康熙七年（1668）七月，浑河冲决卢沟桥堤岸。朝廷发帑修堤，禁止在两侧私开沟渠引水灌田。二十一年（1682）五月，工部尚书萨穆哈奏："石景山内本系官地，自康熙元年招民开垦荒田十顷，以致侵损堤根，请敕户部，蠲免所征粮银，仍给卢沟桥都司巡察，毋令再行耕种践踏，如遇雨水冲塌，并令随时详请报部修理。"③ 此后整修了石景山至卢沟桥的河堤。三十一年（1692）二月，康熙帝降旨在固安、永清修筑堤防、疏浚河道，成为清朝治理浑河下游河道的开端。

---

　　① 吴文涛：《北京水利史》，人民出版社 2013 年版，第 144—151 页。
　　② 《清朝通志》卷 95《食货略十五》"水利"，《万有文库》第 2 辑《十通》本，商务印书馆 1936 年影印本，第 7299 页上栏。
　　③ 《光绪顺天府志》卷 41《河渠志六》引《满洲名臣传》，北京古籍出版社 1987 年版，第 1441 页。

　　康熙三十七年（1698）在永定河水利史上具有标志性意义。三月，康熙帝视察河淀汇聚、时常泛滥成灾的保定县（治今河北文安县新镇），命直隶巡抚于成龙采用"疏筑兼施"的方针治理水患。这项巨大工程包括，挑河自良乡县老君堂（约在今房山区万里村东）旧河口起，经固安县北十里铺（今大兴区十里铺），至永清县东南朱家庄（今大朱庄），经东安县安澜城河（亦称"狼城河"或"郎城河"，今永清东南隔里澜城一带），出霸州柳岔口（今霸州堂二里以南）、三角淀，至西沽入海，总长145里。南岸筑大堤，自老君堂旧河口起，至永清县郭家务（今郭家府）止，长约82里。北岸筑大堤，自良乡县张庙场（约在今大兴区北章客附近）起，至永清县卢家庄（今大卢庄）止，约长102里。在旧河口（今固安县东北村附近）建竹络坝，使河水并流东注。又自南岸高店村（今房山区高佃）土坡下起，至坝止，堆接沙堤35里，连大堤，通长117.4里。北岸自卢沟桥南石堤下起，至利垈村（今大兴区立垈）南止，堆筑沙堤22里①。《畿辅安澜志》所记数据与此略有出入："康熙三十七年，直隶巡抚于成龙奉命引浑河汇狼城河归淀，大修堤埝。修北岸堤，自狼城河口起，上至张妙场（即上文之"张庙场"）止，长二万七千一百六十二丈五尺，计程一百五十里九分。由张妙场而上，沿河五里地势高峻，旧无堤。又沿河二十里至立垈，积沙成堤，沙堤上接卢沟石堤。修南岸堤，自狼城河口起，上至拦河坝，长二万七千三百七十五丈五尺，计程一百五十二里。由拦河坝沿河西至高店三十四里，积沙成堤，沙堤上接卢沟石堤。"②从前摆动迁徙的浑河下游河道，由此被束缚在南北两条长堤之内。康熙三十七年七月癸巳（1698年8月26日），根据于成龙的奏请，"赐名永定河，建庙立碑"③。历史上的灅水、卢沟、浑河，从此增加了这个期盼永久安流的称谓。筑堤之后两

---

　　① 参见陈琮《永定河志》卷1《永定河屡次迁移图》、卷6《工程考二》；《光绪顺天府志》卷41《河渠志六》。

　　② 王履泰：《畿辅安澜志》卷5《永定河·堤防》，广雅书局清光绪二十五年刻本，第4页b—5页a。

　　③ 《清圣祖实录》卷189，康熙三十七年七月癸巳。

年，康熙帝在三十九年（1700）十月巡视永定河堤岸，沿途发现了官员偷工减料、委蛇拖延、虚报物料钱粮等弊端，提出了许多具有针对性的措施①。

图6—10 康熙帝《察永定河》诗碑

康熙四十年（1701）四月永定河堤工告成，皇帝亲临观看放水仪式，十一月作《察永定河》诗云："源从自马邑，流转入桑乾。浑流推浊浪，平野变沙滩。廿载为民害，一时奏效难。岂辞宵旰苦，须治此河安。"面对永定河善淤善决的特性，兴工筑堤多年后仍然令人感叹治河之难。诗碑立于卢沟桥边、永定河东岸，成为清代水利史的见证（图6—10）。康熙年间筑堤使野性的永定河不再摆动，但河水挟带的大量泥沙滞留在河床与淀泊中，频繁的河淀淤积与堤岸决口转而成为新的水害。此后，永定河下游流域的治理工程，集中在今河北固

安、永清、廊坊、霸州、文安与天津武清一带；梁各庄（在固安县东北约二十五里）以上的永定河"北京段"，致力于加固堤防、修建挑水坝。兹据《光绪顺天府志》与《清史稿》有关篇章略作归纳①。

康熙四十年（1701）修建金门闸，其地在今河北涿州东北的北蔡村以北，与大兴毗邻。此后需要数年一修，才能清除河底淤滞的泥沙。乾隆三年（1738）改建为减水石坝，三十八年（1773）大修，继之在道光四年（1824）、同治十一年（1872）大修，宣统元年（1909）重建，保存至今。康熙四十九年（1710）三月至五月，在今石景山区境内的衙门口、真武庙与纪家庄至庞村一线修筑土堤，在大流顶冲的真武庙、回龙庙筑挑水坝并以埽护堤。五十八年（1719）修永定河沙堤，南岸自高店（今房山区高佃）至牤牛河闸（金门闸），北岸自鹅房（今属大兴）至张客村（今大兴南、北章客），共长一万一千零八丈。五十九年（1720），修卢沟桥石土堤。雍正二年（1724）维修金门闸（图6—11）。十一年（1733）四月，修筑卢沟石堤东至鹅房的两岸大堤与鹅房月堤，共计长四万七千六百三十丈五尺。

乾隆二年（1737），勘修南北堤七千九百二十六丈五尺，开黄家湾、求贤庄（今大兴求贤村）、曹家新庄（今大兴曹辛庄）引河，使凤河与大清河相互沟通。六月，永定河水漫过卢沟桥面与堤顶，冲刷石景山土堤与南岸铁狗、北岸张客村等四十余处，由张客村决口下归凤河，到八月才堵塞决口。三年，采纳鄂尔泰、顾琮的建议，疏浚永定河卢沟桥南的黄花套、六道口等处淤积，开麻峪（今属石景山）、半截河（今属永清）、郭家务（今永清郭家府）各引河，筑北大堤、月堤、格子堤、重堤、土堤，修南北堤，筑拦河坝、石子坝、金门闸坝、郭家务坝、隔淀坦坡埝，其间涉及今北京境内多处地方。四年，补筑北岸求贤村以下的残破遥堤，开金门闸两引河，筑长安城（今属涿州）、曹家务（今属永清）、求贤村等处草坝。五年四月，修石景

---

① 《光绪顺天府志》卷41至卷45《河渠志·永定河》；《清史稿》卷128《河渠志三·永定河》。

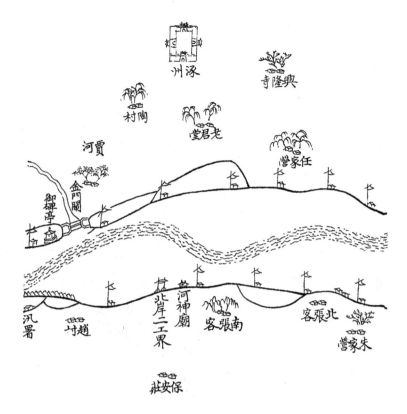

图6—11　永定河堤工局部（选自陈琮《永定河志》卷一）

山汛内的庞村、小屯、天将庙后旧片石土堤。九年，筑石景山堤坝，挑挖河道淤泥。十年，疏浚金门闸、求贤村、霸州牛眼村引河。十一年，开卢沟桥南引河。十二年，修南北岸堤、金门闸坝。十三年，疏浚凤河下口及引河，筑崔营村（今大兴崔指挥营）坝。二十七年，改筑求贤村坝埝及引河，筑北埝月堤。三十二年，疏浚凤河及通州、大兴境内的张家湾河道。三十七年，修石景山东西两岸石堤、疏浚金门闸。三十八年，培修北堤，加长金门闸挑水坝并依样修建北村坝、求贤坝。四十五年七月，卢沟桥西岸漫溢出槽，北岸水过堤顶，冲开决口七十余丈，由良乡县前官营（今大兴前管营）散溢，经求贤村减河，向东南流入武清境内的黄花店。直隶总督袁守侗主持堵塞决口，引溜归河。四十九年三月，命步军分段挑挖卢沟桥下淤积的泥沙。五十九年六月，麻各庄（今大兴西麻各庄）北岸决堤六十余丈，河水经求贤村引河，由凤河至永定河下梢入海，不久即断流。

清朝后期，筑堤堵口、疏浚河道仍是主要任务。嘉庆六年（1801）六月，卢沟桥东西岸石堤四处、土堤十八处决口，动用民夫五万余人，经两个多月才完成堵口与疏浚河道工程。十一年、十二年，培石景山附近河堤。十三年，培修卢沟桥附近石堤及南北土堤。二十四年七月，北岸漫溢，大兴、宛平村庄被淹，九月塞决口并重浚此前在北岸开挖、向东分水的北上引河。道光三年（1823）以后屡次堵决口、修河堤及金门闸，总体上维持着安澜局面。十四年（1834），宛平境内决口，水由庞各庄循旧减河至武清县黄花店，仍归正河尾闾入海。良乡境内决口后，水由金门闸减河入清河，经白沟河归大清河。咸丰年间，永定河南北堤溃决四次，在局势动荡、经费短缺的情况下，只能进行少量修补。同治十年（1871），南岸石堤漫口，洪水取道良乡、涿州流注大清河入海。十一年（1872），根据李鸿章的奏请，修金门闸坝，疏浚引河，由童村（今涿州正东三十里佟村）入小清河（即牤牛河），堵塞石堤决口。光绪十年（1884）以工代赈，自南苑五孔闸起，至武清县缑上村止，疏浚年久淤垫的凤河。十八年（1892）夏，石景山以下添修石堤八里。十九年（1893），在卢沟南岸筑减水大石坝。此后，永定河南北两岸还曾溃决多次，朝廷因国势衰落而显得左支右绌。

第五节　城市居民的粮食供应

清代居住在北京城内及周边的人们，包括皇室及其他宫廷人员、各机构的官员、散布在京城内外的八旗军队及其家属、以汉族为主的南城普通居民及官员。他们的粮食供应可以区分为外来调运与当地生产两类，来自南方的漕运尤其具有决定性意义。

一　北京周边的粮食生产

北京周边生产的粮食历来不能满足这座人口众多的大城市对粮食

的需求，清代八旗占据北京后，周边地区的农业生产因为圈地的干扰变得更加萎缩。到了国势衰落而人口迅速增长的清后期，皇家苑囿南苑也不得不开垦为农田。

清顺治元年十二月丁丑（1645 年 1 月 20 日）颁布谕旨："我朝建都燕京，期于久远。凡近京各州县民人无主荒田，及明国皇亲、驸马、公、侯、伯、太监等死于寇乱者，无主田地甚多，尔部可概行清查。若本主尚存或本主已死而子弟存者，量口给与。其余田地，尽行分给东来诸王、勋臣、兵丁人等。此非利其地土，良以东来诸王、勋臣、兵丁人等无处安置，故不得不如此区画。然此等地土若满汉错处，必争夺不止。可令各府州县乡村，满汉分居，各理疆界，以杜异日争端。……至熟地钱粮，仍照额速征。凡绅民有抗粮不纳者，著该抚按察处。有司官徇情者，著抚按纠参。若抚按徇情事发，尔部即行察奏。"① 带有满洲社会农奴制残余色彩的圈地狂潮，一直持续到康熙八年（1669）。在以北京为中心的方圆五百里州县内，宗室王公贵族占地 13338 顷 45 亩，八旗官兵占地 140128 顷 71 亩。在今北京市范围内，原额土地 32607.04 顷，93.03% 的土地被圈占，多达30336.99 顷②。满洲人素以放牧打猎为生，不擅长也不愿意从事农耕，大量土地因此闲置荒芜。这些土地或作为八旗兵丁的旗地与牧马场，或成为皇室、贵族的庄田。失地的农民或投充在八旗贵族门下，或被迫远走他乡谋生。结束圈地促进了农业生产的恢复，但直至乾隆时期，畿辅地区仍有宫廷控制下的皇庄三百二十二处，此外还有半庄、豆粮庄、稻田庄合计八十处③。康熙帝选育推广著名的胭脂稻（京西稻），雍正年间怡亲王允祥主持畿辅营田水利，都对北京周边地区发展水稻生产具有引导作用。各州县在扩大耕地面积与兴修水利虽都有所成就，却终究赶不上人口增长对农业生产的客观需求。

清末皇家苑囿南苑（亦称南海子）被迫开垦为农田，是人口增长

---

①　《清世祖实录》卷 12，顺治元年十二月丁丑。

②　（光绪）《畿辅通志》卷 95《经政略·旗租》。

③　（乾隆）《大清会典》卷 87《内务府·会计司》，《文渊阁四库全书》，台湾商务印书馆 1986 年影印本，第 619 册，第 13 页 b。

与国势衰落双重压力促成的结果。元代的下马飞放泊与清代的南苑，是蒙古与满洲统治者为延续本民族的骑射狩猎习俗而设，明代的南海子也是帝王练兵与休闲之所。这里虽然蕴藏着良好的农业开发潜力，但在朝廷的强力限制下一直保持着以草地树林为主的自然景观。在明代正统年间，已有守卫者擅自在苑中开垦土地。清代乾隆年间，紧靠苑墙内侧一定宽度的环状地带已被开成耕地。人口增长带来的经济压力对拓展耕地面积的客观需求，到清末变得尤为强烈。如果当时国势强盛、政治稳定，朝廷尚可通过政权的力量来维持原有局面。一旦国势衰弱、内外交困，为解当局的燃眉之急，传统的制度与政策也就不得不有所改变。南苑地区由皇家苑囿到农耕良田的转变，正是这样一个在政治经济压力之下被迫改变原有制度与政策的过程。道光年间，查处了"南苑地亩，现有私行开垦"之事①。咸丰年间，奏请开垦南苑闲地的嵩龄、德奎被相继贬斥②。同治元年（1862），回绝了醇亲王"招募佃户开垦南苑抛荒地亩"的建议③。当南苑在光绪二十六年（1900）被八国联军毁坏之后，昔日的皇家苑囿变为狡兔出没的荒草地。国库空虚的朝廷不得不在光绪二十八年（1902）六月设立南苑督办垦务局，出售"龙票"拍卖南海子的荒地。

清宣统元年（1909）的"南苑督办垦务局执照"记录了该局拟定的招佃章程（图6—12），内容包括六条："所有招佃认垦之人，即以八旗内务府以及顺直绅商仕民人等。旗人取具图片，绅民取具切实具结，始准领地，均以十顷为制，不得逾数。""地利本有肥瘠之分，应缴押荒等银，厘定上、中、下三等。至将来升科，亦按三等分上下忙开征。（引者按：清雍正十三年规定，每年分两期征收地丁钱粮。二月至五月为上期，称"上忙"；八月至十一月为下期，称"下忙"。二者合称"上下忙"，与唐代以来分两次征收夏税、秋税相仿。）倘有顽劣之户拖欠钱粮，即将地亩收回，另行招佃认种。""招募佃户

---

① 《清宣宗实录》卷383，道光二十二年十月甲辰。
② 《清文宗实录》卷25，咸丰元年正月庚子；卷130，咸丰四年五月庚戌。
③ 《清穆宗实录》卷15，同治元年正月癸巳。

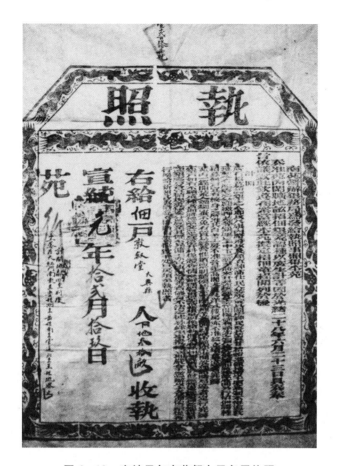

图6—12　宣统元年南苑督办垦务局执照

宜有栖身之所，准其自盖土房，不准营建高阁大厦及洋式楼房，亦不准私立坟墓，违者究办。""苑内一经开荒，人烟稠密，不免有贸易经营，惟须禀明，听候指示空闲地址，不准毗连结成市镇，亦不准开设烟馆、赌局，违者定行究办。""垦户如有不愿承种者，即将地亩交还，应候升科后体察情形办理。如有更佃等情，务须呈明换给执照。倘有私相租典、借端影射，一经查出，定按原交押荒加倍科罚。""认垦之户各宜循规蹈矩安分农业，其顾觅佣工亦宜慎选良善者。倘有不法之徒寻衅生事搅扰，立即严拿惩办。"放垦之后，宫廷太监、官僚蜂拥而至，在南海子里相继建起数十座地主庄园，雇用河北、山东的贫民为他们耕种①。此后经过半个世纪的发展，南苑地区已成为有大约 20 万亩耕地、230 个自然村镇的农业区域。

二　漕运支撑着北京城的粮食供应

清初制定了严格的关于办理漕运的奖惩制度，顺治二年（1645）六月，巡漕御史刘明侫奏言："兵民急需莫如漕运。江南旧额四百万石，今或因灾变蠲免，则额数宜清。运法原用军旗，今运户改为编氓，则运法宜定。修船每岁一举，迩来逃毁殆尽，则修造宜急。运道旱浅溢冲，则捞沙筑堤宜豫。"② 十七年，批准户部议奏的《漕粮二道考成则例》，规定了办理山东、河南特别是江南、江西、江北漕粮的奖惩标准③。康熙五年（1666）漕运总督林起龙上疏，亦称"国家每年挽运七省漕粮四百万石以实天庾"④。此后各朝的漕运数量，基本维持在每年 400 万石上下。

康熙朝的运河航道比较通畅，京通诸仓积贮的粮食相当充足。为减少南方各省的漕运负担，朝廷屡次停止其采买运输。当北京地区遇到荒旱之年、市面粮价上涨时，官府能够拿出较多的存粮平粜，以保障百姓生存和社会稳定。康熙十四年（1675）十二月，经户部议覆，采纳了湖广道御史郝浴提出的建议："京通各仓，共计新旧积贮不下七百万石。当兹米多银少之时，可将山东、河南额征正耗米停其买运，每石折银八钱，并节省行月润耗等银，可得银六十万两，以济军需。"⑤ 三十年（1691）十二月，户部查明，仓内储米七百八十万石有奇，足供三年给放。康熙帝提出在未来两年将南方漕粮从酌量截留到尽行蠲免，九卿议覆："京师根本重地，漕粮输挽关系国计，似难轻议全蠲。况五方杂处，人烟凑集，需用孔多。若一年停运，米既不能北来，百货价值亦将腾贵。臣等公议，将漕米照省分府逐年轮免，

---

①　李丙鑫：《一件有关南苑开发的清代重要档案》，《北京档案史料》1986 年第 4 期。

②　《清世祖实录》卷 17，顺治二年六月戊午。

③　《清世祖实录》卷 133，顺治十七年三月戊寅。

④　《清圣祖实录》卷 18，康熙五年四月丁卯。

⑤　《清圣祖实录》卷 58，康熙十四年十二月丙寅。

二三年间即可周遍，无有不邀圣恩者矣。"① 逐省蠲免湖广、江西、浙江、江苏、安徽、山东漕粮的建议被采纳，在保障京城所需的基础上节省了民力与大量费用。三十二年（1693）十一月谕大学士等："今岁畿辅地方歉收，米价腾贵。通仓每月发米万石，比时价减少粜卖。其粜卖时，止许贫民零籴数斗，富贾不得多籴转贩，始于民生大有裨益。又蒸造烧酒，多费米谷。今当米谷减少之时，著户部速移咨该抚，将顺、永、保、河四府属蒸造烧酒严行禁止。"② 四天之后又谕户部："顺天、河间、保定、永平四府，康熙三十三年应征地丁银米著通行蠲免，所有历年旧欠悉与豁除。"③ 五十四年（1715）十二月，针对大旱引起的粮价上涨，令大学士传谕户部："京城人民辐辏，就食者多。且太平日久，人口滋多，多至数倍。……阅此次报内，米价又长。八旗官兵粮米定例于八月内支放，今若候至八月，米价必愈加腾贵。著于五月初十日起，即行支放。至京城米石，若仍行减粜，甚为有益。著再发米三万石，交与原派卖米官员减价粜卖。"④ 五十八年（1719）正月，鉴于"京城、通州仓内贮米甚多，各省运至漕粮亦无亏欠，在仓内堆积恐致红朽"，根据康熙帝关于截留漕粮以备荒年米价上涨的设想，"将江南、湖广见今起运米内，苏州截留十万石，镇江截留三万石，江宁截留十五万石，淮安截留五万石，安庆截留十万石，俱交地方官加谨收贮，以备动用"⑤。京通二仓所贮漕粮之多，是江南地区经由通畅的大运河持续支撑京城粮食需求的证明。

雍正年间的漕运规模，当与康熙朝相近，从乾隆初期的状况亦可见其一斑。乾隆六年（1741）六月，仓场侍郎塞尔赫奏称："京仓新旧廒共九百零二座。节年以来，粮储充盈满贮之廒，计六百八十余座；放出空廒仅二百一十余座，约可贮米二百六十余万石。本年起运漕粮，约进京仓平米三百八十余万石。所有各仓空廒尽数收受，尚余

① 《清圣祖实录》卷 153，康熙三十年十二月壬午。
② 《清圣祖实录》卷 161，康熙三十二年十一月庚申。
③ 《清圣祖实录》卷 161，康熙三十二年十一月甲子。
④ 《清圣祖实录》卷 268，康熙五十四年十二月壬戌。
⑤ 《清圣祖实录》卷 283，康熙五十八年正月壬寅。

— 251 —

新粮十分之三。""通州西、中、南三仓，现有空廒一百七十余座。请将陆续抵通之粮先行派进通仓，俟京仓放有空廒，再将新粮按廒运贮。"① 次年十月，原任御史纳拉善奏称："漕米运进京仓，每年二百余万石。"② 据此估算，这个时期每年进入京通二仓的漕粮，合计仍在四百余万石之数。漕粮从通州运抵京仓"系交额设经纪，由五闸驾船载送。其船一百只，每只雇船头一名，运抵大通桥。该监督照例抽掣，如有一袋短少，即在经纪名下追赔。节年以来，掣欠每至数石之多。察其情弊，皆缘船头偷挖之故"。朝廷按照户部的请求严颁禁例，"嗣后如有偷挖之船头，按律治罪"③。为了减少粮食消耗，乾隆二年（1737）五月重申禁止烧锅酿酒："欲使粟米有余，必先去其耗谷之事。耗谷之尤甚者，则莫如烧酒。烧酒之盛行，则莫如河北五省。"尽管由于各地官吏阳奉阴违，不能达到"禁止之后，通计五省所存之谷，已千余万石"的效果④，但对于缓解漕运压力应当多少有些作用。同年四月，谕令改变与裁减江南、浙江两省白粮（即专供宫廷和百官用的白熟粳米、白熟糯米等额外漕粮）的供应数量。此前，"两省岁运白粮二十二万余石。太常寺、光禄寺、各宾馆需用二千余石，王公官员俸米约需十五六万石，内务府、禁城兵丁及太监食用等项需一万石，尚余五万石存仓"⑤。即使清代将其中一部分改征折色，高出市价将近五倍的费用依然成为产粮区百姓的沉重负担。

晚清漕运越发弊端丛生，道光十五年（1835）八月，给事中富彰奏请杜绝回漕弊源："东直门出米甚多，均由各粮店发给，陆续运至长营村地方，再递运至通州城大斗铺，以便上船交纳。又有以羊骨锉灰，拌合粗米，朦混出城。"道光帝谕内阁："漕粮为积贮攸关。粗米出城本干例禁，若如所奏纷纷四出，难保非南粮输运之初早经短缺，到通以后串通奸商赴京收买，以为回漕地步，不可不严行查禁。

① 《清高宗实录》卷144，乾隆六年六月甲辰。
② 《清高宗实录》卷176，乾隆七年十月庚寅。
③ 同上。
④ 《清高宗实录》卷42，乾隆二年五月丙申。
⑤ 《清高宗实录》卷40，乾隆二年四月甲子。

著步军统领、五城各衙门认真查察，遇有回漕弊端，即行严密查拏，交部审办。"① 光绪二十七年（1901）五月，鉴于"漕粮积弊甚深，值此时艰，亟应改弦更张，妥筹良法"，那桐提出从陆上把江浙漕米径运京仓的各条办法，"其应修铁路之处，并著奕劻、李鸿章酌核勘办"②，这是以高效快捷的铁路运输取代漕运的开端。六月，采纳庆亲王奕劻等人的奏请，"本届江浙漕粮，拟改由火车径运京仓"③。九月，奕劻等着手整顿京仓，拟定"仓廒酌量归并，斛只照旧备用，增添各仓经费，严杜领米弊端"四条办法。漕运改章之后，撤回了各仓稽查御史，但漕运并未完全废止，"请饬漕臣，每年于应解白粮外，运解漕粮一百万石"④。宣统二年（1910）七月，御史叶芾棠奏："每年漕运共计一百万石。闻自江浙起运至京仓交纳，每石连运费及杂耗须银十五六两，而在京购米石不过六七两。若包与招商局或殷实商人转运，刻期可到，年可省数百万金。此事绝无阻碍，所不便者该管吏胥而已。拟请交政务处妥议办理。"⑤ 此后，延续数百年的漕运，最终退出了保障京城粮食供应的历史舞台。

　　灾荒年间将官仓存贮的漕粮平价粜卖给百姓，是历代赈济贫民、稳定社会、抑制物价的常用措施。顺治十年（1653）直隶发生水灾，工科给事中魏裔介条奏拯救兵民八事，其一就是"发仓减价，粜与八旗及京师穷民"⑥。次年三月命大臣会同地方官赈灾，"近京地方米价腾贵，饥民得银犹恐难于易米。殷实之家有能捐谷麦或减价出粜以济饥民者，尔等酌量多寡，先给好义扁额及羊酒币帛以示旌表，仍具疏奏闻"⑦。康熙三十九年（1700）三月谕大学士等："修筑永定河，夫役云集。人多则需米，谷价必致腾贵。遣户部贤能司官二员，截山东、河南漕米二万石，留于信安、柳岔二处。会同地方官，照前稍减

---

① 《清宣宗实录》卷270，道光十五年八月己卯。
② 《清德宗实录》卷483，光绪二十七年五月丁卯。
③ 《清德宗实录》卷484，光绪二十七年六月己未。
④ 《清德宗实录》卷487，光绪二十七年九月戊辰。
⑤ 《宣统政纪》卷39，宣统二年七月丁卯。
⑥ 《清世祖实录》卷78，顺治十年十月庚寅。
⑦ 《清世祖实录》卷82，顺治十一年三月丙申。

时价平粜。至附近信安修河诸处屯庄米石，亦令粜卖。"① 虽然平粜地点在今廊坊等外围州县，但也有助于稳定北京地区的粮价。四十三年（1704）二月，"以京城米价腾贵，命每月发通仓米三万石，运至五城平粜"②。雍正三年（1725）八月谕仓场总督："今年米价腾贵，可将厫内旧贮米石减价平粜。并行文直隶总督，凡近水州县可通舟楫者，俱令赴通仓领运，平粜便民。"③ 次年五月谕都察院："闻京城近日米价腾贵，恐有奸人囤积射利，因天气连阴，借此扰乱。著都察院转饬五城晓谕各行户，不得过高价值勒索小民。倘有囤积遏籴、不遵劝谕者，该城御史密行察访，从重治罪。将京仓好米发五万石分给五城，每城领米一万石，照例立厂，委员平粜。俟市价平减，即行停止。其未粜之米即存贮该城，将来或市价复昂，即将此米平粜。若此米用完，仍需平粜，著都察院再行请旨。"④ 乾隆二年（1737）五月发布谕旨，阻止了户部停止平粜的奏请："京师一带人烟凑集，户口繁多。已经减价粜过之米不过七八万石，亦不为多。况近日虽得雨泽，尚未透足。著照前平粜，不必停止。"⑤ 乾隆帝晚年回忆说："朕临御六十年，普免钱粮四次、漕粮三次。其余水旱偏灾蠲赈兼施，所费帑金不下亿万万，今已将节年积欠全行豁免。"⑥ 由于漕运通畅、国势强盛，平粜赈灾一般都具有较强的力度。

晚清水旱灾害频发，救济百姓与维护稳定仍需借助于漕粮平粜。道光三年（1823）七月，京畿地区入夏之后雨涝成灾，市集粮价增高，贫民无以为生。朝廷在五城分设厂座，"于海运仓拨给粳米三万石、稜米二万石，分给五城平粜。粳米每石著减制钱五百文，以一千八百文出粜。稜米每石著减制钱六百文，以一千二百文出粜。仍照向例无许逾数多买，致启奸胥市侩囤积居奇之弊"，以此接济嗷嗷待哺的贫民⑦。

---

① 《清圣祖实录》卷198，康熙三十九年三月甲午。
② 《清圣祖实录》卷215，康熙四十三年二月丙申。
③ 《清世祖实录》卷35，雍正三年八月辛巳。
④ 《清世祖实录》卷44，雍正四年五月庚申。
⑤ 《清高宗实录》卷43，乾隆二年五月癸丑。
⑥ 《清高宗实录》卷1468，乾隆六十年正月壬辰。
⑦ 《清宣宗实录》卷55，道光三年七月壬午、丙戌。

不久，由于直隶通州等八十一州县水灾严重，进京觅食的灾民纷至沓来，"复饬顺天府尹于卢沟桥、黄村、东坝、清河四处设厂煮赈，外来就食贫民足资糊口"①。四年（1824）二月，为平抑京畿粮价，再次降旨令五城设厂平粜，"于北新仓拨给粳米三万石、稜米二万石，分给五城，即速平粜。粳米每石著减制钱八百文，以一千九百文出粜。稜米每石著减制钱一千文，以一千五百文出粜"②。平粜粮食数量仍是五万石，其来源从海运仓变为北新仓，每石粳米、稜米的市场价由去年的 2300 文、1800 文增长到 2700 文与 2500 文。即使在大幅度减价之后平粜，也比去年平粜的价格提高了 100 文与 300 文，这是灾荒引起粮食涨价的真实写照。即使如此，"极贫之户及流离觅食之人无钱籴买，仍复待哺"，朝廷随即"著加恩于平粜十厂内，每厂拨米一千石，发交五城御史及顺天府尹，于京城内外饭厂酌量加米、展期散放。顺天四路饭厂每厂拨米一千五百石，其余米石分拨五城饭厂。至平粜十厂，每厂仍粜米四千石，共籴米四万石。其粜卖之数，向来每人准买二斗，易启奸商雇买之弊。此次平粜，著照该御史所请，每人以一斗为限。仍著都察院堂官及该城御史，遵照前旨，随时严查。务须认真妥为经理，俾穷黎均沾实惠"③。此后遇到自然灾害，也曾多次通过平粜漕粮赈济流民。

在保障漕运与官米平粜之外，京师五城的粥厂对赈济饥民尤其具有直接效果。康熙十九年（1680）六月之前，"上轸念饥民就食京师者众，已命五城粥厂展限两月。至是期满，上念饥民冒暑枵腹，难以回籍，又展限三月。复遣太医院医生三十员，分治五城抱病饥民，以全活之"④。二十八年（1689）畿辅荒歉，四方流民就食京师。到次年二月，五城粥厂虽倍增银米、延长日期，但饥民聚集之势未减，于是"遣部院堂官分为四路察勘，有赈济不实者令即参劾。其五城粥厂再添设五处，各遣贤能司官亲往散给。每日给米二十石、银十两，并

---

① 《清宣宗实录》卷 55，道光三年七月乙酉。
② 《清宣宗实录》卷 65，道光四年二月戊戌。
③ 《清宣宗实录》卷 65，道光四年二月乙巳。
④ 《清圣祖实录》卷 90，康熙十九年六月丁丑。

前五城原设粥厂俱令散至六月终止"①。四十三年（1704）三月，山东、河间的灾民流入京城，"著八旗各于本旗城外，分三处煮粥饲之。八旗诸王亦于八门之外施粥，大为利济"②。对于本地与外地的饥民而言，粥厂成了苟全性命的主要依靠。雍正元年（1723）二月的谕旨称："京师每年自十月初一日起，至三月二十日止，五城设立粥厂，令巡视五城御史煮粥赈饥。今尚在青黄不接之时，著展期一月，煮粥散赈，至四月二十日止。但四方穷民就食来京者颇多，著每日各增加银米一倍。"③ 三年（1725）十月谕令都察院五城煮赈，在"每城每日发米二石、柴薪银一两"的旧例之外，"每日各增米二石，柴薪银亦倍之。各该巡城御史亲率司坊官散给，尔等不时稽查，务使穷民得沾实惠"④。乾隆年间，多次在五城内外添设粥厂并增加粮食、延长日期。五十七年（1792）六月谕军机大臣等："京城粥厂，现在远来领赈者竟有二万余人。热河地方，贫民出口觅食者亦复不少。此等就食之人，俱系京南一带贫民。该省早经截漕办赈，而乏业贫民转纷纷或赴京、或出口分投觅食，则该督所办何事？况京城粥厂每日放赈，截至明岁春间，需米不过一万余石。而直省截漕至五十万石之多，岂复虞其不给？当此贫民待哺嗷嗷，自应即时赈济。岂得拘泥成例，待至九月始行散赈。此数月内枵腹灾黎，将何所得食耶？"⑤ 随后申饬处置了若干官员。同月，巡视西城给事中孙家贤应在增寿寺粥厂监管赈粥之事，"本月初三日纪昀查至该处，见领饭者二千余人并无人监放。……纪昀因领赈者难于久待，亲身在厂代为监放，孙家贤至竟不来"。纪昀参奏后，将其"革职拏问，交刑部治罪，以示惩儆"⑥。晚清时期虽然国势衰落，但粥厂依然定期开放，遇到大灾之年还要提前开始、延迟结束，并多次增加煮赈所用的粮食。

① 《清圣祖实录》卷144，康熙二十九年二月乙丑。
② 《清圣祖实录》卷215，康熙四十三年三月庚戌。
③ 《清世宗实录》卷4，雍正元年二月丙寅。
④ 《清世宗实录》卷37，雍正三年十月戊子。
⑤ 《清高宗实录》卷1407，乾隆五十七年六月丁酉。
⑥ 《清高宗实录》卷1408，乾隆五十七年六月壬寅。

京师广宁门外的普济堂，是清代延续时间最久的赈灾煮粥之所。乾隆八年（1743）十一月顺天府府尹奏报："广宁门外普济堂，每年冬月，堂内收养贫病之人，堂外每日施粥，穷民藉以存活者甚众。本年直属歉收，堂外就食者比往年更多。所有恩赏钱粮及租息各项恐不敷用，请赏给京仓老米二百石，俾穷民日食有资。"① 这个建议得到皇帝允准。乾隆四十四年（1779）十月谕："京城广宁门外普济堂，冬间贫民较多，所有经费米石恐不敷用。著加恩将京仓气头廒底内较好之小米拨给三百石，以资接济。"② 从此，"赏广宁门外普济堂煮赈小米三百石"以煮粥救民，成为朝廷的一项制度性事务。乾隆后期执行日期固定在每年十月；嘉庆与道光两朝都以每年九月为主，偶有提前至八月或延迟至十月的年份，各朝实录记载甚详。道光三年（1823）十二月，"京内五城地面均设厂煮赈，城外普济堂、功德林亦均设有饭厂。近京贫民，可资糊口。所有卢沟桥、东坝、清河三处饭厂，著毋庸复设。其采育、黄村、庞各庄三处距京较远，著仍开厂煮赈。至宛平南乡被水较重，著于榆垡村添设一厂。所有四厂需用米石，现存前次煮赈余米尚不敷用，著再赏拨京仓稜米一千石，并备办柴薪运脚经费银五百两，分给该两县赶紧运办。于本月二十日一律开厂，俟来年春融后，应于何日停止，临时察看情形，再行具奏"③。道光四年（1824）四月，五城各饭厂报告，"本月二十三日厂内人数，除土著外，共计流民七千三百八十余名"。虽经朝廷发帑并截拨漕粮粟米数十万石赈济，仍然难以各归原籍④。咸丰十年（1860）京畿地区骤遭兵燹，谕令"所有普济堂一厂，著于例赏小米三百石之外，再行加赏小米三百石。功德林一厂，即于此项小米内分给二百石，以资养赡。其五城粥厂亦应提早开放，著五城御史认真经理，毋令一夫失所。并著于放饭时严密稽查，如有匪徒溷迹，即行拏办"⑤。

① 《清高宗实录》卷204，乾隆八年十一月戊子。
② 《清高宗实录》卷1093，乾隆四十四年十月甲戌。
③ 《清宣宗实录》卷62，道光三年十二月乙巳。
④ 《清宣宗实录》卷67，道光四年四月庚申。
⑤ 《清文宗实录》卷331，咸丰十年九月己未。

同治元年（1862）三月，"加赏普济堂、功德林煮赈小米二百石，展期两月"①；三年九月"赏普济堂、功德林煮赈小米三百石"②；五年九月"赏普济堂、功德林煮赈粟米五百石"③；六年九月"赏普济堂、功德林煮赈小米八百石"④。诸如此类的记载，都是饥民众多、灾害严重的反映。光绪年间赏给普济堂等处的煮赈小米从二三百石到五百石、八百石不等，二十九年（1903）九月"赏普济堂、功德林两处共粟米八百石，广仁堂三百石，朝阳等门外三处粥厂共一千二百石，卢沟桥粥厂四百石，资善堂三百石，敬节会一百五十石，同仁粥厂三百石，蓝靛厂三百石"⑤。三十二年（1906）闰四月，批准顺天府的奏请，"就功德林、普济堂改设教养局习艺所，分收贫民罪犯，学习粗浅工艺"⑥。这两处历史悠久的赈灾粥厂从此改变了性质，宣统二年（1910）十一月"加赏普济堂教养局每月仓米六十石"⑦，已经属于朝廷给民政机构增加的粮食供应。

　　洪水、干旱、瘟疫、战乱等造成的社会动荡与百姓流离失所，历代可称史不绝书。官府与民间的粮食平粜、开设粥厂等措施，自有其救民于水火的积极作用，但在很多情况下仍然是饿殍载道、死亡枕藉。即使在国都北京，灾荒缺粮造成的惨剧同样触目惊心。咸丰七年（1857），道咸同三朝大学士、山西名士祁寯藻，在宣武门外的长椿寺看到，许多平民百姓在领粥，俗称"打粥"，一位十九岁少妇怀抱着奄奄一息的六个月婴儿也在排队。他听闻此事，悲从中来，写下了《打粥妇》这首惨痛至极的诗："长椿寺前打粥妇，儿生六月娘十九。官家施粥但计口，有口不论年长幼。儿食娘乳娘食粥，一日两盂免枵腹。朝风餐，夕露宿，儿在双，儿亡独，儿病断乳娘泪续。儿且勿

① 《清穆宗实录》卷21，同治元年三月癸未。
② 《清穆宗实录》卷116，同治三年九月癸亥。
③ 《清穆宗实录》卷185，同治五年九月乙亥。
④ 《清穆宗实录》卷212，同治六年九月庚午。
⑤ 《清德宗实录》卷521，光绪二十九年九月辛巳。
⑥ 《清德宗实录》卷559，光绪三十二年闰四月辛未。
⑦ 《宣统政纪》卷45，宣统二年十一月庚申。

死，为娘今日趁一粥，掩怀拭泪不敢哭。"① 历代方志、笔记、文集
关于灾荒造成人口大量死亡的记载比比皆是，以国家力量保障漕粮运
输的天子之都尚且如此，其他地方因为粮荒引发的社会破坏就更是毋
庸赘言。

第六节　能源供应及其引发的环境问题

清代北京城及其郊区的能源构成与利用方式，除了清末为时短暂
的电力开发之外，与元明时期没有根本的区别。其间最突出的变化是
西山煤矿的开采规模超越前代，促使煤炭成为北京城乡最重要的能源
类型，相应的环境问题也进一步暴露出来。

一　木柴、木炭与燃煤的供应途径

清初内廷需要的木柴和煤炭，由工部招募商人、提供费用、办理
购买事宜。顺治十一年（1654），设立了管理内廷燃料供应事务的惜
薪司，工部、内务府也曾承担此类职能，雍正、乾隆年间还有专职的
煤炭监督、木柴监督。皇帝去往南苑期间所用的柴炭，先由内务府行
文到工部，工部委派官员与地方官协同，按照当时的价格采办；再由
工部行文与兵部协商，用兵部的驿车装运。皇帝到北京外围的东陵与
西陵祭祀期间所用的柴炭，由陵寝所在遵化、易州等州县采买，上报
工部复核报销。

煤炭的广泛使用与康熙帝提倡节俭，使清代宫廷柴炭的用度比明
代大幅度减少。康熙二十九年（1690）查对，明代"每年木柴二千
六百万斤，今止七八百万斤；红螺炭（红箩炭）一千二百余万斤，
今百余万斤"②。四十五年（1706），内廷所用每斤燃料的银钱定价
为：木柴三厘七毫、黑炭七厘八毫、煤二厘三毫、红箩炭一分六毫、
白炭一分三厘，此后在不同时期、不同情况下有所调整。内廷采办的

① 祁寯藻：《打粥妇》，载《祁寯藻集》，三晋出版社 2011 年版，第 2 册，第 404 页。
② 王庆云：《石渠馀纪》卷 1《纪节俭》，北京古籍出版社 1985 年版，第 1 页。

红箩炭，顺治初年定额为每年烧造八十万斤，动用保定府柴夫银支付。康熙五十六年（1717）"令煤炭监督于易州地方采办供应，每岁与煤炭一并报销"①。内廷所用的杨木长柴，清初规定由直隶省承担，涉及今北京延庆与河北涿鹿等县。其中，永宁卫（治今延庆东北18公里永宁城）八百斤、保安卫（治今涿鹿县城）二千斤、怀来卫（治今怀来县东南，官厅水库淹没区）八百斤、美峪所（治今涿鹿县南27公里下关村）四百斤、宣府前卫（治今宣化县城）六千斤、蔚州卫（治今蔚县）一万五千斤、宣府南路广昌城守备（治今涞源县城）五千斤。咸丰三年（1853）怀来县增至岁额一万一千斤，以供北京天坛等处的祭祀之需②。由此可见，明代承担柴炭供应的易州山厂，到清代仍然无法获得生态恢复的喘息时间。乾隆年间记载，自金代就已成为木材基地的蔚州，"前明时以南山一带近紫荆关，禁人砍伐，特命守备官及时巡逻，今则资之以为利也"③，换言之，森林变成了木柴、木炭、建材的来源。柴炭产地以外的州县，要抽调人力并支付其工钱、路费等去山场服劳役，即使是远在河北南部的冀州（治今河北冀州），每年也要派出"易州山场斫柴夫一千一百五名，共银三千三百一十五两，外加路费银一百一十两五钱，脚价银二十七两四钱四厘"④。北京在清代不再像明代那样面临来自北方的军事威胁，康熙元年（1662）提准，"砍柴烧炭，许出古北口、石塘路、潮河川、墙子路、南冶口、二道关，其建昌、居庸等十四关口，永行禁止"。乾隆六年（1741）奏准："鲇鱼关、大安口、黄崖关、将军关、镇罗关、墙子路、大黄崖口、小黄崖口、黑峪关等九处，商民出口砍柴烧炭。"⑤ 在人口增长与周边林木日渐稀少的双重压力下，清代北京的柴炭供应范围已经拓展到长城以北。

煤炭是清代北京能源的主要类型，"西山煤为京师之至宝，取之

---

① （光绪）《大清会典事例》卷951《工部》"薪炭"，第7页。
② 同上书，第8页。
③ （乾隆）《蔚县志》卷15《方产》，第2页。
④ 王树楠纂：《冀县志》卷15"起运表"，1929年铅印本，第18页。
⑤ （光绪）《大清会典事例》卷951《工部》"薪炭"，第9页。

不竭，最为利便。时当冬月，炕火初燃，直令寒谷生春，犹胜红炉暖阁。人力极易，所费无多。江南柴灶，闽楚竹炉，所需不啻什百也"①。顺治六年（1649）清理宛平、房山两县煤窑，分四等规定了纳税数额②。朝廷支持在西山采煤并改善其道路状况，康熙三十二年（1693）谕令："京城炊爨，均赖西山之煤。将于公寺（今香山碧云寺）前山岭修平，于众甚属有益。著户、工二部差官，将所需钱粮，缺算具题。"③《大清会典事例》记载，乾隆五年（1740）继续鼓励采煤，"各省产煤之处，无关城池、龙脉、古昔陵墓、堤岸、通衢者，悉弛其禁。该督抚酌量情形开采"。二十六年（1761）针对西山煤矿发出谕旨："近京西山一带，产煤之处甚多。现在已开窑口，率以年久深洼，兼有积水，以致刨挖维艰，煤价渐为昂贵。著工部、步军统领、顺天府等各衙门，会同悉心察勘煤旺可采之处，妥议条规，准令附近村民开采，以利民用。"次年查勘后，挖沟排除了煤窑积水。四十五年（1780）准许怀柔县北阴背山尝试开采煤窑；四十六年（1781）因为"京师开采煤窑，为日用所必需"，令官员查勘新煤炭产地并招商开采，以稳定价格、保证供应；四十七年（1782）奏准借帑银一万五千两，排除过街塔（今香山公园以西挂甲塔村附近的天宝山）等处煤窑的积水④。嘉庆六年（1801），重申乾隆二十六年、四十六年的谕旨，敦促步军统领衙门、顺天府、直隶总督扩大煤炭生产，随后又借帑银五万两维护门头沟煤矿的泄水沟⑤。

乾嘉学者赵翼《簷曝杂记续》"西山煤"一则，首先指出了西山煤炭资源之丰富及其对京城的重要意义："京师自辽建都以来，千有余年，最为久远。凡城池宫殿、朝庙苑囿及水陆运道，经累代缔构，已无一不完善通顺。其居恒日用所资，亦自然辐辏，有若天成。即如柴薪一项，有西山产煤，足供炊爨。故老相传'烧不尽的西山煤'，

---

① 潘荣陛：《帝京岁时纪胜》"燠炕"条，北京古籍出版社1981年版，第35页。
② （光绪）《大清会典事例》卷951《工部》"薪炭"，第9页。
③ 同上。
④ 同上书，第12—13页。
⑤ 同上书，第13页。

此尤天所以利物济人之具也。"接着，他对煤炭价格上涨表示担心："惟是都会之地，日益繁盛，则烟爨亦日益增多。虽畿甸尚有禾梗足资火食，而京师常有数十万马骡藉以刍秣，不能作炊爨之用，是以煤价日贵。余在京时，煤之捶碎而印成方墼者，每块价钱三文，重二斤十二两。今价尚如旧，而每块不过斤许矣。此不可不预为筹及也。"①赵翼在乾隆十四年至三十一年（1749—1766）在北京生活，《簷曝杂记续》大致写于嘉庆十五年（1810），四十多年间每块煤炭的价格未变，但重量减到原来的三分之一稍多一点，也就等于每斤煤炭的实际价格上涨了将近两倍。据此，他主张寻找煤炭供应新地点："闻直隶真定府之获鹿县有煤厂，产煤甚旺，距京不过六百里，似可以获鹿之有余，补西山之不足。其间或有水道不通之处，量为开浚，如淮右之五丈河，俾船运常通，则永无薪桂之患。"②这里提到的煤厂，就是今河北石家庄市以西30公里、与获鹿县（1994年更名鹿泉市）毗邻的井陉煤矿。

北京西山的煤炭分布在宛平、房山二县。乾隆二十八年（1763）直隶总督方观承奏报，房山县有煤窑196座，仍在采煤的有123座，"一窑煤旺者日可出四五千斤，少亦一二千斤"③。嘉庆六年（1801）五月二十三日，直隶总督姜晟奏报，近京及房山、宛平境内旧有煤窑778座，废闭176座，停止未开417座，在采煤窑185座④。光绪年间记载的煤窑，宛平有99座，房山为16座⑤。西山采煤的窑工受到矿主的残酷剥削压迫，甚至连人身安全都不能得到保障。嘉庆二十五年（1820）徐寅第奉命勘察整顿京西煤窑，他的堂侄徐继畬后来记述道："宛平西山有门头沟，京城所用之煤皆产于此。煤窑二百余所，开窑者皆遣人于数百里外诓雇贫民入洞攻煤，夜则驱入锅伙。锅伙

---

① 赵翼：《簷曝杂记·簷曝杂记续》"西山煤"条，中华书局1982年版，第131页。
② 同上。
③ 方观承：《方恪敏公奏议》卷8，沈云龙主编《近代中国史料丛刊》，文海出版社1966年影印本，第1编，第104册，第19—21页。
④ 中国人民大学清史所等编：《清代的矿业》，中华书局1983年版，第411—412页。
⑤ 《光绪顺天府志》卷57《经政志四·矿厂》，北京古籍出版社1987年版，第2062—2066页。

者，食宿之地，垒石为高墙，加以棘刺，人不能越，工钱悉抵两餐，无所余。有倔强或欲逃者，以巨梃毙之，压巨石下。山水涨，尸骨冲入桑干河，泯无迹。又有水宫锅伙，窑洞有水，驱入淘之，夏月阴寒浸骨，死者相枕藉，生还者十无二三，尤为惨毒。"① 贫苦窑工以血汗和生命开采出来的煤炭，源源不断地用骆驼、马车、驴车等从西山运出，经过阜成门和广宁门（光绪间又名广安门，俗称彰义门）进入京城。清代竹枝词云："凿断山根煤块多，抛砖黑子手摩挲。柳条筐压峰高处，阔步摇铃摆骆驼。"② 这种运输方法效率很低、费用昂贵，光绪二十四年（1898）顺天府尹奏请展接从卢沟桥到门头沟的京西运煤铁路，但该计划次年即告停止③。三十二年（1906）六月，批准了商部关于继续修筑京张铁路支路的请求④。三十四年（1908）筑成了京绥铁路的京门支路，自西直门经三家店到门头沟外小龙村，全长 23.5 公里，专供运输京西煤炭。

二　煤炭开采引发的环境问题

为满足京城能源需求而砍伐树木、开采煤炭，几乎不可避免地会出现连带的生态环境破坏。中国第二历史档案馆藏的一份档案显示，近代的北京门头沟矿区，多年采煤导致"山上全无树木"⑤。清代某些限制煤炭开采的皇帝谕旨与官方碑刻，也从多个角度印证了此类问题的严重性。

在北京西山开采煤炭与保护风水，历来是古代城市发展过程中的一对矛盾。清代既要依赖西山煤炭解决能源需求，也曾为了防止因此挖断堪舆家蛊惑人心的所谓"龙脉"，多次颁布禁止某些地方采煤的禁令以保护风水。顺治十二年（1655）题准："西山过街塔山、玉泉

---

① 徐继畬：《堂叔直隶清河道东堂公家传》，载《徐氏本支叙传》，山西省文献委员会1915 年铅印本。

② 《燕台口号一百首》，载雷梦水等编《中华竹枝词》，北京古籍出版社 1997 年版，第 1 册，第 118 页。

③ 《清德宗实录》卷 457，光绪二十五年十二月己丑。

④ 《清德宗实录》卷 561，光绪三十二年六月己巳。

⑤ 罗桂环等：《中国环境保护史稿》，中国环境科学出版社 1995 年版，第 310 页。

山、红石口、杏子口一带煤窑，永行封禁。"① 十七年题准："浑河大峪山场，关系京城风水，不许开窑采石，违者从重治罪。"② 康熙五十二年（1713）又题准："红石山、蝎子山，自青龙桥迤北高儿山、破头山、杨家顶一带，均关风水，行文五城等官，通行严禁，毋许采砍。……果系无关地脉之山，方许开采。""西山一带密迩京城地方，内外官豪势要之家，私自开窑烧煤，凿山卖石，立厂烧灰者，问罪，枷一月发边卫充军。"③ 乾隆年间部分禁令相继放松，十一年（1746）议准："杨家坨、军庄在浑河以西，诸处煤窑甚多，在香山数十里之外，毫无关碍，仍照常听民开采。其过街塔、于公寺东西一带，现有煤窑，为数无多，稽查尚易，且离香山外墙尚有数里，所有现在煤窑，仍听开采，不必查禁。其废窑内，如有情愿复开，亦应听民之便。此外附近过街塔，如天台山、谈玉村诸处，如有请开者，令先呈明该地方官，详报步军统领、顺天府，委官确勘，酌量办理。"④ 五十二年（1787），批准重新开采康熙年间封闭的过街塔的大部分煤窑⑤。朝廷禁令所规定的严厉处罚，从反面证明煤矿开采已经对西山的地表形态、植被覆盖、河流水源等生态环境因素造成了明显的威胁甚至破坏。

在西山煤矿区的门头沟境内，竖立着从明清到民国时期关于禁止采煤的多座碑刻。其中记载的关于名胜古迹、王公坟墓、民宅、水源的保护政策和相关史事，反衬出煤炭开采对区域生态环境的巨大影响。明成化十五年（1479），宪宗曾经颁布不准在马鞍山戒台寺（又称戒坛寺）周围采煤的禁令。到清代，采煤业危及寺院安全乃至北京风水的问题依然存在，戒台寺山门殿外的康熙二十四年（1685）《御制万寿寺戒坛碑记》称："朕以时巡，偶至斯地，辄为驻跸。顾近寺诸山，为产煤所，居民规利，日事疏劚。念精舍之侧，凿山采石，良

① （光绪）《大清会典事例》卷1039《都察院》"五城"，第12页。
② （光绪）《大清会典事例》卷951《工部》"薪炭"，第15页。
③ （光绪）《大清会典事例》卷1039《都察院》"五城"，第12页。
④ 同上书，第13页。
⑤ （光绪）《大清会典事例》卷951《工部》"薪炭"，第15页。

非所宜。爰命厘定四止而禁之。俾梵境常宁，旧观弗替。于以葆灵毓秀，山川当益增辉泽尔。"①皇帝要求划定戒台寺的范围加以保护，限制采煤区向寺院蚕食，表明无序的煤炭生产已经相当严重，必须依靠最高权力的制约才能保持原有风貌。光绪十七年（1891），恭亲王奕䜣立碑，赞颂康熙帝的这块碑记是"名山之护符，禅门之宝诰"②，再度反映了采煤业在寺院周围普遍展开的现实状况。

门头沟区军庄镇乡峪村，有埋葬努尔哈赤第七子、饶余敏郡王阿巴泰及其四子安亲王岳乐的王坟，康熙三十一年（1692）颁布上谕："安亲王坟后附近所有现刨煤窑，差工部提议给官价承买，严行封禁，不许刨挖。"乾隆三年（1738），由于"香峪村地方旧有榆林、双门等煤窑，因近王坟，久经封禁在案。谋利之徒，觊各窑产煤多而获利大，每事偷采"③，宛平县再次竖立《遵旨永禁碑》，重申保护坟墓周围环境的政策。1999年12月在门头沟崇化寺遗址出土的乾隆六年（1741）《宛平县告示碑》记载，寺院附近有采煤的窑口与附近贝子宝顶地脉相连、影响坟地风水，封禁后仍有人多次企图开挖。官府认为："崇化寺山场煤窑距公府茔地约二里许，□（当为"其"）产煤处所即在山岭之内，逼近坟茔，若听其开挖，于坟茔实属有碍。"随即在崇化寺山门内竖立石碑，永行封禁。"嗣后如有不法棍徒抗玩不遵，复蹈前辙私行开挖，许该乡地及住持僧人立即赴县指名禀报。"④这两块石碑，都是采煤破坏了贵族坟茔周边环境的见证。

采煤危及地面上的民宅与生命安全，引起诉讼后往往被官府封禁。板桥村三官庙原有道光十五年（1835）四月竖立的《军粮厅布告碑》，记载了西板桥村民韩宏良等"先后呈控刘继兴勾串石德友、田生等私开封禁煤窑，致裂庙宇、房舍、墙垣等情一案。经军粮厅亲

①　于敏中等：《日下旧闻考》卷105《郊垌》，北京古籍出版社1985年版，第1740—1741页。
②　此碑竖立在戒台寺千佛阁遗址前。
③　北京市门头沟区文化文物局：《门头沟文物志》，北京燕山出版社2001年版，第278页。
④　根据《门头沟文物志》第278—279页所载碑文重新标点订正。

旨查勘，刘继兴等新开煤窑，坐落西板桥东三官庙下，实系从前封禁旧窑，有碍居民房舍"。官府处置了当事人并布告各色人等，"此后该处永不准再行开做煤窑，并将此示勒石存记"，如有违犯即从重处罚。道光十八年（1838）在板桥村立《宛平县布告碑》，此前，东、西板桥村的石得印等大批村民到县里告状，"本村旧有凉水泉地内东、西坯儿煤窑两座，因有碍村舍，不准开采。前因西坯儿窑私会刨挖，村众禀县，蒙查明封禁在案"。从村民安全考虑，石得印等主张"开采煤窑如有碍村庄者，例应封禁"①。县里按照这一要求，将窑门用石块砌墙封闭，颁布永远不许开采的禁令，鼓励众人监督举报违法者，并把布告刻在石碑上。立碑 170 多年后，"东、西板桥村因地处采空区，居民早已迁往新址。原有的东、西板桥村已是一片残垣断壁"②。板桥村居民 1974 年以后迁入的新址称作"新板桥"，俗名"唐家坟"，位于东板桥与西板桥的西南。新板桥西南的"庄户村"，也因为"原址地下已为采空区，西迁 0.5 公里至现址"③。诸如此类的问题虽然暴露在当代，采煤导致区域环境恶化的源头则必须从民国乃至清代去寻找。

采煤往往使地上泉源枯竭、地下水源被挖断，由此激发了许多涉及水源问题的社会矛盾。在妙峰山西边的禅房村废址，清朝同治三年（1864）竖立的《争窑泉地碑》记载："禅房村自昔迄今，山涧地狭，临村附近原有水泉便民，众生养育之实望焉。且云从山生，水由地行，但窑多槽众，挖取年深，……井泉之水岂足用哉？"④ 多年采煤导致该村地下水位下降，依赖地下水补给的泉水更加不敷使用，百姓们试图利用村南废弃多年的一口煤窑挖掘井泉引水，由此引起了关于废窑、附近土地以及泉水所有权的争执。经过宛平县军粮厅裁断，此

泉归属禅房村全体村民共有，并竖立石碑以息争罢讼。采煤对区域水源的重大影响，在清代及其以后都在发生着。

第七节　城市交通及手工业商业的发展

清代北京水路交通以维系漕运命脉的大运河为重心，水源不足时常影响运河航道的畅通，本章在讨论漕运对保障京城粮食供应的决定性作用时已经提到，兹不赘述。传统的陆路交通方式在清代得到延续，晚清的火车、汽车等技术手段给北京的交通格局带来了革命性的进步，极大地提高了首都与外界相互往来的效率，进而促进了城市商业、手工业的发展。

一　传统交通方式的延续和改善

在清末出现铁路、电话、电报之前，北京与周边的联系与明代没有根本的区别。这个时期在京城与西郊园林、交通转掠点卢沟桥、漕运终点通州之间新修或更新了石铺的道路，驿站仍然是传递信息的主要途径，北京依旧是一个传统的古代城市。

西郊园林是清代在紫禁城之外的又一行政中心，出西直门、过高梁桥，至畅春园、圆明园、清漪园（颐和园）等皇家园林，由此成为康熙以后皇帝频繁经行的一条御路。康熙年间用长条巨石铺装成石路，此即《日下旧闻考》所谓"每岁圣驾自宫诣园"之路，西直门外"修治石道，西北至圆明园二十里"①，"循高梁桥石道行，西有五圣庵"②，所指的也是这条道路，到达海淀后分出多条支岔通向各园。至今在海淀西北地区施工时，往往能够挖出当年铺装路面的大长条石，有些路段的条石已被覆盖在柏油路下，在颐和园北墙外尚可见到蛛丝马迹。

广宁门至卢沟桥间的道路，是太行山东麓大道的最北段。雍正三

---

① 于敏中等：《日下旧闻考》卷98《郊坰》，北京古籍出版社1985年版，第1624页。
② 于敏中等：《日下旧闻考》卷99《郊坰》，北京古籍出版社1985年版，第1642页。

年（1725）二月，"命修广宁门外石路"①。从雍正九年（1731）御制《广宁门外石道碑文》（原在丰台小井村，今存北京石刻博物馆）推断，雍正三年应是为修筑广宁门至小井村的石道作了勘测路基、准备石料等前期工作，直到撰写御制碑文的雍正九年才最后竣工。碑文称："京师为四方会归、万国朝宗之地。我国家幅员广大，文轨所同，廓于无外。梯山航海者联镳接轸，络绎而交驰，广宁门其必由之路。门外通逵，轮蹄所践，岁月滋久，渐至深洼。时雨既降，潦水停注，则行旅经涉，淹塞泥淖之中。朕甚悯之，乃命奉宸苑相度修治。自广宁门至小井村，长一千五百丈，皆填洼为高，砌以巨石，其广二丈，凡费户部帑金八万两。"② 乾隆二十二年（1757）十月到二十四年（1759）七月，重修这条石道并将终点朝着卢沟桥方向延伸到大井村。乾隆帝《御制重修广宁门石道碑文》云："广宁门在京城西南隅，为外郭七门之一。然天下十八省所隶以朝觐、谒选、计偕、工贾来者，莫不遵路于兹。又当国家戎索益恢，悉荒徼别部数万里辐辏内属，其北路则径达安定、德胜诸门，而迤西接轫联镳，率由缘边腹地会涿郡、渡卢沟而来，则是门为中外孔道，尤不与他等。乾隆丁丑十月，勅所司重修石道以利行者，至庚辰七月乃竣。于是上溯我皇考命工创建时，逮今三十年矣。兹役也，因旧址修筑者一千九百八十四丈有奇，又新道增筑者四百七十七丈有奇，凡支帑金十三万八千一百有奇。"③ 这条石道的繁忙与易损，正是作为北京交通要路的写照。经过两次整修，往来行人颇称便利。

由通州至朝阳门的道路，承担着从陆上转运漕粮的重要职能。在通惠河水源欠缺、运力不济的时期，这条道路对于保障京城粮食供应的作用更为关键。鉴于道路的质量越来越差，大致与整修广宁门至小井村石道同时，雍正七年（1729）着手将土路改修为石道，十一年十二月初九日（1734年1月13日）《御制朝阳门至通州石道碑文》

---

① 《清世宗实录》卷29，雍正三年二月戊子。
② 于敏中等：《日下旧闻考》卷91《郊垧》，北京古籍出版社1985年版，第1540页。
③ 同上。

云："自朝阳门至通州四十里，为国东门孔道。凡正供输将，匪颁诏糈，由通州达京师者，悉遵是路。潞河为万国朝宗之地，四海九州岁致百货，千樯万艘，辐辏云集。商贾行旅，梯山航海而至者，车毂织络，相望于道。盖仓庾之都会，而水陆之冲逵也。虽平治之令以时举行，而轮蹄经涉，岁月滋久，地势渐洼。又时雨既降，积雪初融之后，停注泥淖，有一车之蹙需数十人之力以资牵挽者矣。朕心轸念，爰命所司相度鸠工，起洼为高，建修石路，计长五千五百八十八丈有奇，宽二丈，两旁土道各宽一丈五尺，长亦如之。其由通州新城、旧城至各仓门及东西沿河两道，亦皆建修石路，共计长一千五十余丈，广一丈二尺及一丈五尺不等。费帑金三十四万三千四百八十四两有奇。经始于雍正七年八月，至雍正八年五月告竣。"[1] 这条运输繁忙的道路使用了大约三十年后，与修筑广宁门至大井村石道同时，乾隆二十二年（1757）十月至二十五年（1760）七月，朝廷拨出充足的费用和优质的石材予以重修。"时大臣董斯役者，揳楕为平，易砾以整，物备用良，无坎无垤，而石之斥旧佐新者什不存四五矣。计延袤六千六百四十四丈有奇，支户部金二十八万四千九百有奇。"[2] 重修的道路仅延长了六丈，但质量比雍正年间大有提高。

清代光绪朝之前北京与外界的官方信息交流，仍然依靠具有悠久传统的驿站和急递铺。它们既是朝廷文书的转运站，也是邮驿人员相互交接或临时休息的处所。一般分布在交通方便的大路旁，在山间穿行时又往往扼守着两地之间路程最短的要隘。两处驿站或急递铺之间的距离，有几里至二三十里不等，还有一些间隔得更长些。驿站是借助马匹或车辆送达，急递铺则往往以步行传递，其位置与经行路线基本沿袭明代，也有适应现实需要开辟的新路线、新站点。北京地区的驿传在全国交通格局中具有突出地位，历仕康雍乾三朝的李绂称："驿传，所以通朝廷之政教者也。天子言传号涣而万里奔走，驿传之为之也。其事甚重，其费甚烦。而尤烦且重者，无若畿辅。国家因元

① 于敏中等：《日下旧闻考》卷88《郊坰》，北京古籍出版社1985年版，第1479页。
② 同上书，第1480页。

明故都，定鼎燕京。东发通蓟，趋山海关以达盛京。北起昌平、宣化，由山西以达三秦。又出张家口，逾长城以通蒙古。南下良乡、涿州，分两大歧：其东南由河间以达齐鲁、吴越、闽广；其西南由保定历正、顺、广、大四府，径中州以缘山陕，又南历湖南北以尽滇黔。盖海内驿路，咸会归于京师。"① 位于东华门、由会同馆掌管的皇华驿，"设驿马五百匹，马夫一百五十名，车一百五十辆，车马一百五十匹，车夫一百五十名。每年经费由（兵）部核明数目，移咨户部给领"②，是清代天下邮驿网络的中心。今北京市涵盖的顺天府所属大兴、宛平、良乡、房山、通州、平谷、昌平、顺义、密云、怀柔诸州县以及宣化府延庆州，其州县治所设置"总铺"或"县前铺"、"在城铺"，以此作为境内驿铺的起点，沿着主要路径通往四面八方。在水陆交通并重的通州，清初将明代在故城东关外的潞河驿改置为潞河水马驿。在北京周围，固节驿（良乡）、和合驿（通州）、榆河驿（昌平）、吉阳驿（房山）、顺义驿（顺义）、密云驿、石匣驿、古北口驿（密云）等，在清代是最重要、最繁忙的驿站，马匹及供役人员多于其他驿站。随着旧式驿站的弊端充分暴露与西方交通、通信事业的影响日益扩大，光绪二十四年（1898）谕总理各国事务衙门会同兵部妥议具奏"其向设驿站之处，可酌量裁撤"之事③。到民国元年（1912），延续数千年的传统驿站最后退出了历史舞台。

二 晚清以铁路为代表的交通变革

晚清时期兴修铁路、建设电报邮政系统、改进城市交通等一系列重大活动，是中国引进西方工业技术发展新型交通事业的开端。朝廷始则心存疑虑，继而被动接受，最终大力推动。首都北京在起伏与曲折中前进，城市的近代化水平显著提高。

同治四年（1865）七月，英国人在北京宣武门外铺设一里多长的

---

① 李绂：《穆堂初稿》卷 31《〈畿辅驿站志〉序》，清道光十一年奉国堂刻本，第14 页。

② （光绪）《大清会典》卷 51《兵部》，第 14 页。

③ 《清德宗实录》卷 425，光绪二十四年七月戊寅。

铁路，试验蒸汽火车，"可为铁路输入吾国之权舆"①。权舆，即事物的开端。光绪十三年（1887）六月之前，直隶总督李鸿章将七里长的铁轨经水路运到通州再运进北京，准备"将来分设外火器营，试演捷速，当共讶其灵便，风气或自此开也"②。次年在皇城内专门为慈禧太后铺设了窄轨的西苑铁路（或称紫光阁铁路）。从中海西岸的紫光阁向北延伸，穿过中南海的北门福华门、北海西南门阳泽门，沿北海西岸北行至极乐世界转向东，又自五龙亭以北，经阐福寺、大西天至终点站镜清斋（后改静心斋），总长 1510.4 米，其中经过交通要道的三处地方约 157 米是可以临时拆装的活动铁轨。这次尝试赢得了慈禧太后对发展铁路的支持，在天津、唐山等地铁路事业不断发展的压力下，北京地区被动地迈开了修建铁路的步伐。

[1] 南下连接中原的铁路：光绪二十年（1894），向英国借款、由胡燏棻督办的津卢路（天津至卢沟桥），开创了向外国借债修路的先例，二十二年（1896）通车。二十三年（1897），自丰台延长至永定门外的马家堡，北京由此真正拥有了现代意义上的铁路和火车，马家堡也成为北京最早的火车总站，这段铁路嗣后又成为卢保铁路（卢沟桥至保定）自丰台向北的延伸。同年，由张之洞综揽其事、盛宣怀为督办，向比利时借款修建卢汉铁路（卢沟桥至汉口）。二十四年（1898），卢沟桥至保定段完工。二十六年（1900）冬，保定以南各段陆续告竣，北段也在经历庚子之变后从永定门续修至北京城内的正阳门前（图6—13）。三十一年（1905）再次向比利时借款，在完成郑州黄河大桥工程之后，卢汉铁路全线通车，并改名京汉铁路（1928年迁都后称平汉铁路）。京汉铁路自正阳门西站出发，从西便门向南折，经卢沟桥向南纵贯直隶、河南、湖北三省，抵达华中重镇汉口，长达 1315 公里，也就是今天京广铁路由北京至武汉的路段。它作为北京与中原地区联系的纽带，构成了联通海河、黄河、淮河、长江四

---

① 李岳瑞：《春冰室野乘》卷下《铁路输入中国之始》，陕西通志馆《关中丛书》本1937年版，第 65 页 a。

② 李鸿章：《综论饷源并山东热河各矿》，载《李文忠公全书》"海军函稿"卷 3，清光绪年间金陵刊本，第 6 页。

大流域的南北交通大动脉。筑路期间，周边兴建了几条以运煤为主的铁路支线：丰台支路，自卢沟桥东至丰台、长 16 里；坨里支路，自良乡城南三里向西至坨里、长 34 里；房山支路，自琉璃河至周口店、长 32 里；周厂铁路，自周口店向西至车厂村、长 20 余里。此外，还有两条铁路相当于今天的索道：从坨里西至三安子、长 30 余里的高线铁路（或称航空铁路）；由车厂村越东大岭至三安子，长 1.8 万尺、高 3500 尺的钢索铁路①。

图6—13　1906 年的前门车站（选自山本赞七郎《北京名胜》）

[2] 东北沟通关外的铁路：光绪十三年（1887）之后，连接天津、唐山、山海关、新民等地的铁路陆续着手修建。至光绪三十年（1904），津卢（天津至卢沟桥）、津沽（天津至塘沽）、关内（天津至山海关）、关外（山海关至新民）、新奉（新民至奉天省会沈阳）等铁路连为一体，称为"京奉铁路"。京奉铁路（1929 年始称"北宁铁路"）自正阳门东车站开始，出东便门，向西南奔向丰台。再转东

_____

①　白眉初：《中国人文地理》，建设图书馆 1928 年版，第 355 页。

南，至杨村渡北运河以达天津。随后东折出山海关，最后到达沈阳。全长2246里，是沟通北京与东北的重要交通干道。在北京地区的支线有从东便门到通州、长50里的京通（平通）铁路，自永定门至南苑北门大红门、长30里的南苑轻便铁路。

[3] 西北通往坝上高原的铁路：南起北京丰台、经八达岭隧道至张家口的京张铁路，是我国在资金、设计、施工等方面完全独立自主的伟大创举。光绪二十九年（1903）九月，"商人合力报效，拟建造京张铁路"①。三十一年（1905）四月，"直隶总督袁世凯等奏：筹设京张铁路，工巨款繁。酌议提拨关内外铁路余利，每年提银一百万两。从速动工，四年可成。此路即作为中国筹款自造之路，不用洋工程司经理"②。同年九月开始施工。宣统元年（1909）八月邮传部奏："京张铁路全路告成，计长三百五十七里，连岔道计长四百四十九里。此路为我国铁路北干之起点。道员詹天佑总司工程，经营缔造。其会办以及各段工程师暨执事各员，均属异常出力。拟请优给奖叙，以昭激劝。"③ 京张铁路提前两年完工，工程费用比预算节约白银28万两（一说35万两）。随后断续展修张家口至绥远（内蒙古呼和浩特新城）的张绥铁路，至1921年终于抵达绥远。两段铁路合称"京绥铁路"（平绥铁路），共长609公里。1923年延伸到包头，即称"京包铁路"。在京张铁路施工期间，光绪三十四年（1908）筑成了京门支路：自西直门向西至三家店，渡过永定河，止于门头沟外小龙村，全长47里，专供运输煤炭和建筑材料。

[4] 津浦铁路：在京汉、京奉、京张等铁路干线之外，光绪三十四年（1908）津浦铁路（天津至南京浦口）开工，民国元年（1912）通车，贯通了海河、黄河、淮河、长江下游流域。它虽然不以北京为起点，但在客观上加强了北京与东部沿海各省的联系。这几条铁路干线使北京的陆路交通发生了数千年未有的重大变革，奠定了现代北京

---

① 《清德宗实录》卷521，光绪二十九年九月乙巳。
② 《清德宗实录》卷544，光绪三十一年四月。
③ 《宣统政纪》卷19，宣统元年八月。

作为全国最大的铁路交通枢纽的基础。在这样的背景下，南北大运河失去了往日辉煌，元明清时期一直作为国都生命线的漕运也随之成了历史的记录。

三　新式电信邮政的兴起

晚清处在社会大变革的时代，古老的驿站制度与近代化的电信邮政并存。先进的电报、电话技术已经脱离了以人员往还为支撑的传统通信方式，信件的递送也在新的管理制度下呈现出新的面貌。

光绪四年（1878），在北京、天津、烟台、牛庄（今辽宁海城市牛庄镇）等地设立送信局，这是中国自行试办新式邮政的开端。二十二年（1896），总理各国事务衙门奏请推广此前在海关实行的邮递办法。二十三年（1897）正式成立大清邮政局，但仍在海关总税务司署办公，仅有一间办公室、两名职员。二十四年（1898），刑部与都察院分别呈请"京城邮政，广设分局"及"推广邮政，裁撤驿站"，光绪帝下达谕旨："京师及各通商口岸设立邮政局，商民既俱称便，亟宜多设分局，以广流通。至各省府州县，著一律举办。投递文报，必无稽迟时日之弊。"① 此后，随着工作人员增多，邮政局迁到崇文门大街，三十一年（1905）再迁小报房胡同。三十二年（1906）设立邮传部，该部大臣负责管理路政、船政、电政、邮政等事务。三十三年（1907），邮政局又迁址东长安街。北京城内这时有 1 处邮政总局、10 处支局、26 处信柜、123 座信筒、68 处代售邮票所，成为与国内外主要城市通邮的全国邮政中枢。

中国出现电话，始于光绪七年（1881）的上海英租界。二十五年（1899），清朝首先在天津成立官电局，经营电话业务。二十六年（1900）八国联军侵入北京，外国商人在东单船板胡同成立电话公司，德军架设了北京至保定的军用电话线。二十九年（1903），朝廷在帅府园安装磁石人工交换电话总机，首先向颐和园及各军营架设电话线。三十年（1904），在东单二条建立了北京第一个面向公众的电

---

① 《清德宗实录》卷425，光绪二十四年七月戊寅。

话局，并在西苑挂甲屯和南苑万字镇设立电话分局。三十三年（1907），北京与通县、天津、塘沽等地开通长途电话。宣统元年（1909）四月，批准了邮传部"改良电话购换新机以利交通"，"请拨琉璃厂废窑余地，建立电话分局"的奏请①。次年在城内又安装了10门用户电话总机。辛亥革命前夕，北京城区与近郊区共建立4处电话局，装机容量3300门。

光绪五年（1879），李鸿章建立了从大沽、北塘海口炮台到天津的电报线路，开辟了国人自设电报线路的先河。他在光绪七年（1881）进言："神京为中外所归向，发号施令，需用倍切。前于创办电报之初，颇虑士大夫见闻未熟，或滋口舌，是以暂从天津设起，渐开风气。其于军国要务，裨益实多。今总理衙门与曾纪泽皆以近畿展线为善策，拟暂设至通州，逐渐接展至京。"② 第二年，自天津延伸过来的电报线路越过通州到达京师，成为北京电报通信的开端。三十二年（1906）六月，直隶总督袁世凯奏请发展无线电报，"延聘洋员承办，购置机器，挑选学生，先就海圻、海容等船安置妥帖，继在南苑行营等处建电房、设机器，现皆次第藏事"③。北京作为全国电报线路的汇总之地，不仅与山西、山东、江苏、河南、外蒙古等地相通，而且与英、法、俄等国签约连线。三十四年（1908）邮传部电政局成立，电报通信是其管辖事务之一。

四　城市手工业和商业的繁荣

清代北京手工业的主要种类和管理制度基本延续了明代的传统，工部之下亦设营缮、虞衡、都水、屯田四清吏司。制造库掌管银工、镀工、皮工、绣工、甲工，宝源局、琉璃窑、军需局、官车处、惜薪厂、冰窖、采绸库、砲子库等分别负责铸钱、军器生产等事宜。宫廷所需由内务府管理，广储司之下的匠作分为银、铜、染、衣、绣、

---

① 《宣统政纪》卷12，宣统元年四月戊申。
② 《清史稿》卷151《交通志三》，中华书局1998年缩印本，第4465页。
③ 《清德宗实录》卷561，光绪三十二年六月壬申。

花、皮七类①，营造司下设木、铁、房、瓷、薪、炭六库，铁、漆、爆三作②。养心殿造办处掌管的制造器用作坊原有四十余处，乾隆后期至光绪年间有十四处：如意馆、金玉作、铸炉处、造钟处、砲枪处、鞍甲作、弓作、珐琅作、玻璃厂、铜錽作、匣裱作、油木作、灯裁作、盔头作，各作匠人的专业分工非常明确。武英殿修书处掌监刊书籍，设书作、刷印作，有托裱、补书等多种工匠③。负责铸钱的有工部宝源局与户部宝泉局，后者分设东厂（东四牌楼四条胡同）、南厂（钱粮胡同）、西厂（千佛寺胡同）、北厂（北新桥三条胡同）④。与明代相比，官营手工业的规模明显减小。

　　清代北京地区种类繁多的私营手工业，在很大程度上支持了城市人群的消费。在宛平、良乡、怀柔等县，有许多家庭纺棉织布。京师三类酒店所售的品种，既有本地所产也有外地酿造，南酒店售女贞、花雕、绍兴、竹叶青；大多由山东人开设的京酒店出售雪酒、冬酒、涞酒等，"又有良乡酒，出良乡县，都中亦能造，止冬月有之"；药酒店所售"则为烧酒以花蒸成，其名极繁"，很多属于果酒之类⑤。民间的铜器铸造相当兴盛，乾隆九年（1744）鄂尔泰等奏："京城内外镕铜打造铜器铺户，宜官为稽查。查京城内外、八旗三营地方，现有镕铜大局六处，铜铺四百三十二座。内货卖已成铜器不设炉铺户六十八座外，设炉铺户三百六十四座，逐日镕化打造。京城废铜器无几，崇文门过税之铜每年仅三百万斤，断不敷打造之用，势必出于销钱。"为缓解铜钱铸造原料紧张的局面，朝廷将炉座铺户集中搬到三十六处、共计七百九十一间官房内，由步军统领衙门等监督其开工打造⑥。

　　多种多样的北京食品在清代得到显著发展，生产这些食品的手工

　　① （光绪）《大清会典》卷90《内务府》"广储司"，第11—12页。
　　② （光绪）《大清会典》卷94《内务府》"会计司"，第9页。
　　③ （光绪）《大清会典》卷98《内务府》"养心殿造办处"与"武英殿印书处"，第13—15页。
　　④ （光绪）《大清会典》卷24《户部》"现审处"，第3页。
　　⑤ 震钧：《天咫偶闻》卷4，北京古籍出版社1982年版，第84页。
　　⑥ 《清高宗实录》卷226，乾隆九年十月壬子。

业作坊往往与出售产品的店铺合为一体。近人崇彝《道咸以来朝野杂记》提到的著名店铺，就有出售夏季凉饮酸梅汤的琉璃厂信远斋、前门大街九龙斋、始于咸丰初年的西单秋家梅汤；西单酱肘铺天福斋与天福春记；东四马市大街糕点铺芙蓉斋，还有瑞芳斋、正明斋、聚庆斋；正阳门内户部街路东的月盛斋，所制五香酱羊肉被誉为北京第一；致美斋的烧饼、春卷、肉角、月饼远近行销①。至于日用品生产，"京师前门有针刀剪铺，门竖高坊，上大书'三代王麻子'。而外省多有冒之者，所悬市招，犹大出矢言，言'近有假冒者，男盗女娼'云云，而不知其实自道也"②。明代的景泰蓝、宣德炉在清代被民间大量仿造，琉璃、玉器、雕刻、漆器等行业也有所进步。琉璃厂在清代成为以刻书印刷与古玩业为主的文化中心，举凡书籍、纸墨、文玩、骨董、碑帖、图画等类无所不有，也促进了刻字、裱褙等相关行业的发展。晚清虽有部分手工工具变为电力机械，但许多传统工艺技术仍然是不可替代的"绝活"。

　　清初满洲入关后实行旗民分城居住的政策，被划为八旗营地的北京内城商业迅速衰落。在较长时期内，来自各地的商贾多被侵夺，妨碍了正常的贸易活动。顺治十七年（1660）六月，内大臣伯索尼上疏指出十一处时政弊端，其中之一就是："四方血脉宜通也。商贾往来贸易、络绎不绝，然后知京师之大。今闻各省商民担负捆载至京者，满洲大臣家人出城迎截、短价强买者甚多。如此则商人必畏缩而不敢前，事非盛世所宜有也。伏乞严察，永行禁绝，庶恩及商贾而百货辐辏矣。"③ 即使留在内城贩卖普通生活用品的小店，也难免被官方整肃到城外。乾隆二十一年（1756）十一月，步军统领衙门"查得城内开设猪酒等项店座七十二处，又指称售卖杂货、夜间容留闲杂人等居住店座四十四处，又专租人居住店座十五处"。他们提出："城内开设店座，宵小匪徒易于藏匿。除将猪酒等项店座应准其开设

———————————

　　① 崇彝：《道咸以来朝野杂记》，北京古籍出版社1982年版，第29—30页。

　　② 徐珂：《清稗类钞》农商类"京师针刀剪铺市招"条，中华书局1984年版，第5册，第2298页。

　　③ 《清世祖实录》卷137，顺治十七年六月壬子。

外，其指称卖物容人居住店座四十四处、专租人居住店座十五处，均饬令移于城外，嗣后城内地面永不准开设。……自此次禁止之后，如再有开设店座、容人住宿，一经查出，即将开店之人治罪，并将失察之步军校等官从严参办。"① 据此可知，内城商业在严格实行旗民分置制度的清代中前期相当寥落。

在北京内城商业衰落的同时，外城的前门大街及其两侧的大栅栏、琉璃厂、花市等地成为新的商业中心（图6—14）。乾隆时人潘荣陛《帝京岁时纪胜》，记录了百货云集、市肆林立、作坊广布的北京，"皇都品汇"一则提到的著名店铺和作坊，大多分布在外城的江米街头、廊房巷口、琉璃厂东门、土地庙、孙公园、打磨厂、杨梅巷北、鱼市街东②。大约在道光、咸丰之后，旗民分城居住的制度逐渐松弛，内城日益兴盛起来的钟鼓楼、王府井、东西四牌楼、东西单牌楼与若干庙市，与外城的上述街市共同构成了北京商业格局的骨干支撑。前门大街东边的肉市、布市、瓜子店、鲜鱼口、打磨厂，集中了众多商贾、匠作、货栈；西边的珠宝市、粮食店、猪市口、大栅栏等地，以市廛、旅店、商贩、优伶聚集著称，大栅栏的同仁堂药店、瑞蚨祥绸布店、马聚源帽店、内联升鞋店等著名商号，是北京商业的精华。前门一带还有广和楼等戏园，以京剧为代表的戏曲艺术在这里成长壮大。晚清震钧《天咫偶闻》称："京师百货所聚，惟正阳门街、地安门街、东西安门外、东西四牌楼、东西单牌楼暨外城之菜市、花市。自正月灯市始，夏月瓜果，中秋节物，儿嬉之泥兔爷，中元之荷灯，十二月之印板画、烟火、花爆。紫鹿、黄羊、野猪、山鸡、冰鱼，俗名关东货。亦有果实、蔬菜，旁及日用百物，微及秋虫蟋蟀。苟及其时，则张棚列肆，堆若山积。卖之数日，而尽无余者，足见京师用物之宏。"③ 在传统的钟鼓楼商业区，"地安门外大街最为骈阗，

① 载铨等：《金吾事例·章程》卷3"京城内禁止开设店座"条，载故宫博物院编《故宫珍本丛刊》第330册，海南出版社2000年影印清咸丰元年官刻本。
② 潘荣陛：《帝京岁时纪胜》"皇都品汇"条，北京古籍出版社1981年版，第41—42页。
③ 震钧：《天咫偶闻》卷10《琐记》，北京古籍出版社1982年版，第216页。

北至鼓楼凡二里余，每日中为市，攘往熙来，无物不有"①。东四牌楼西北的隆福寺每月逢九、十开庙市，与每月逢三开市的南城土地庙、逢四开市的花市火神庙、逢五逢六开市的阜成门内白塔寺、逢七逢八开市的西四牌楼护国寺，是清代著名的五大庙会。朝阳门外东岳庙，东直门外太阳宫，东直门内小药王庙，安定门内雍和宫，旧鼓楼大街的北药王庙，德胜门外黑寺、黄寺、北顶碧霞元君庙，西直门外皂君庙、大钟寺、万寿寺、蓝靛厂西顶广仁宫，西直门内曹公观，西便门外白云观，广安门外财神庙，宣武门外江南城隍庙、善果寺，崇文门外卧佛寺，东便门内蟠桃宫，西北远郊妙峰山等，也是散布在京城内外的重要庙市。

图6—14　1906年的前门大街（选自山本赞七郎《北京名胜》）

自乾隆年间纂修《四库全书》以来，琉璃厂逐渐成为全国性的图书、骨董业中心。科考之年北京云集了众多举子，"东单牌楼左近百

---

① 震钧：《天咫偶闻》卷4《北城》，北京古籍出版社1982年版，第83页。

货麕集，其直则昂于平日十之三。负戴往来者，至夜不息。当此时，人数骤增至数万。市侩行商，欣欣喜色。或有终年冷落，藉此数日补苴者"①。集中在前三门外的会馆，大多数是供科考举子暂时居住的试馆。今人研究显示，清代北京有会馆445所，包括仕商合建共用在内的工商业会馆有31所②。其中比较重要的有珠市口西半壁街靛行会馆（染坊会馆）、小沙土园玉行会馆（长春会馆）、东兴隆街药行会馆、晓市大街成衣行会馆、西柳树井当行会馆、陶然亭黑窑厂棚匠会馆等。行业会馆远远少于科举时代的试馆，这也是北京作为全国文化中心的反映。

第八节 自然灾害对人口资源环境的破坏

洪水、干旱、风沙、蝗虫、地震、瘟疫等自然灾害，或导致村落田舍淹没、水土流失、农业歉收甚至绝收，或引起水源枯竭、田野荒芜、环境恶化，最严重的则是危及人民生命财产安全，造成哀鸿遍野、饿殍载道。战争与灾难过后往往伴随着大规模的瘟疫流行，进而加剧人口死亡流离、社会动荡不已，打破人口—资源—环境系统原有的相对稳定。清代北京地区发生的自然灾害，在尹钧科等《北京历史自然灾害研究》、于德源《北京灾害史》等专著中已有详尽讨论，这里仅就灾害的若干统计数据略作说明。

一 洪水成灾频率与集中分布区域

清代北京地区发生洪水灾害的历史状况，可以从《清实录》、地方志、笔记、档案等文献中获得比较清晰的认识。根据《北京历史自然灾害研究》的统计与分析③，在清代268年中，北京地区有129个年份发生了程度不等的水灾，平均约每2年发生1次。三个少发期：

---

① 震钧：《天咫偶闻》卷3《东城》，北京古籍出版社1982年版，第53页。
② 吕作燮：《明清时期的会馆并非工商业行会》，《中国史研究》1982年第2期。
③ 尹钧科、于德源、吴文涛：《北京历史自然灾害研究》，中国环境科学出版社1997年版，第291—297页。

（1）康熙至雍正年间（1662—1735），74 年内有 26 年成灾（严重水灾 4 次）。（2）乾隆后期至嘉庆前期（1772—1807），36 年内有 13 年成灾（严重水灾 4 次，嘉庆六年为特大水灾）。（3）道光五年至咸丰八年（1825—1858），34 年内有 11 年成灾（严重水灾 2 次）。三个时期的水灾频率都在 1/3 左右，平均每 3 年发生 1 次。四个多发期：（1）顺治年间（1644—1661），18 年内有 10 年成灾（顺治十年为特大水灾），频率为 1/2 强，平均不足 2 年即发生 1 次。（2）乾隆前期（乾隆元年至三十六年，1736—1771），在 36 年内有 23 年成灾，频率约为 2/3，平均每三年发生 2 次。（3）嘉庆后期至道光初期（嘉庆十三年至道光四年，1808—1824），在 17 年内有 14 年成灾（严重水灾 6 次），频率为 4/5 强，平均每 5 年发生 4 次。（4）咸丰九年至宣统三年（1859—1911），在 53 年内有 45 年成灾（严重水灾 11 次、特大水灾 2 次），频率接近 9/10，几乎无年不灾。

　　清代北京地区水灾发生的时间、成因、分布地域，与地形未变、气候及水文状况相近的明代没有明显差异。夏秋季节的农历五、六、七月降雨最集中，连续数日的暴雨或大暴雨引起永定河、潮白河等河流决口，灾害程度由地势较高的西北部向东南部逐渐加重。以水灾次数及其为害程度衡量，清代前期从顺治到乾隆朝的 152 年间，特大水灾、严重水灾、一般水灾分别出现在 2、12、42 个年份；后期从嘉庆到宣统朝的 116 年间，上述三类水灾依次在 3、18、52 个年份中发生，总体上显得越来越频繁和严重。这是因为，人口迅速增长引起粮食需求的扩大，从前视若无睹的荒地被开垦为与自身生存密切相关的农田，各类建筑构成的聚落也在不断拓展。人类为了与水争地，把曾经自由摆动的河流束缚在堤坝之内。这样不仅更加容易激发两岸溃决，洪水所经之处也几乎变为必须保护的区域，促使成灾频率与为害程度上升。清代的 5 次特大水灾，分别发生在顺治十年（1653）、康熙七年（1668）、嘉庆六年（1801）、光绪十六年（1890）、光绪十九年（1893），留下了区域人口、社会、环境惨遭破坏的记录。其中，永定河自石景山至河北固安县北，尤其是石景山至卢沟桥一段；潮白河的古北口内外段、密云—怀柔—顺义牛栏山段、顺义李遂镇—通州平家疃段，都是历史上堤防决口、泛滥成灾的多发河段。两条河流在上中游挟带的大量泥沙淤积在下游平原地段，是抬高河床、危及堤防、阻滞河水宣泄的主要因素。

北京北部、西部山区地形陡峻、松散堆积物丰厚，特大暴雨挟带巨量泥沙、石块突然冲出山谷，形成破坏力极强的泥石流，古人称之为"蛟"或"发蛟"。光绪三年五月十六日（1877 年 6 月 26 日），平谷县"午前晴阴相半，午后申刻，大雨如注，环山蛟水涨发，县东夏各庄漂没男女十数口，南太务庄一带房屋冲毁者十之三四。雨后远眺，凡山半出蛟处皆灰白色，十数年不生草木"①。光绪十四年（1888），宛平、房山等地泥石流造成严重灾害。十月十四日（11 月 17 日）李鸿章奏：顺直地方"秋初阴雨连绵，山水暴发，间有发蛟处所。……计宛平县千军台等十二村成灾九分，东王平等十四村成灾八分，白道子等十三村成灾七分……房山县苏村等十八村成灾七分……该二县山中猝然发蛟，水势异常涌猛，倒屋伤人。灾状在六分以上者情形甚重"②。次日，潘祖荫奏："再查此次房山县山水暴发，居民猝不及防。据房山县禀报，民田被水，民房冲塌，淹毙人口甚重。所有山中运煤道路及桥梁，均被冲断。并据宛平县查明，西北属境煤路水阻，贫民生计维艰。"③ 震钧《天咫偶闻》记载："戊子（光绪十四年）七月，房山县发蛟，没四十九村。发以夜，适河北村有村民盥手于河，见水逆流上山，大呼水至。时雨势如注，村民已睡，多从梦中惊起，上山避水。水亦随人而上，至山半骤下，村舍如洗。又过前山，亦如之。……人避于山竟夜，雨亦竟夜。凌晨雨止，水亦退。村民避水，多不及衣，感寒多病者。有数村止有树在，庐舍荡为平地。石子埋至尺余，伤人不可以数计。"④ 夏秋多雨季节在山区发生的泥石流，是气象灾害与地质灾害的综合。

---

① （民国）《平谷县志》卷 3《灾异》，第 16 页。
② 水利水电科学研究院：《清代海河滦河洪涝档案史料》，中华书局 1981 年版，第 528—529 页。
③ 同上书，第 530 页。
④ 震钧：《天咫偶闻》卷 9《郊坰》，北京古籍出版社 1982 年版，第 205—206 页。

二　干旱、沙尘与蝗灾

旱灾是北京地区发生频率最高、波及范围广泛的气象灾害，通常属于华北或河北地区大旱灾的一个局部。根据各类文献初步统计①，在清代268年里，北京地区有161个年份出现轻重不同的旱象，比水灾多32年。康熙二十八年（1689）、道光十二年（1832）、同治六年（1867）、光绪二年（1876）的特大旱灾为害最重，另有66年发生严重旱灾，88年发生一般旱灾。顺治、雍正、道光三朝是相对少发期；康熙朝，乾隆至嘉庆朝，咸丰至宣统各朝，为相对多发期。少发期与多发期交替出现，但顺治至乾隆四朝的152年里旱灾较轻，呈现旱象的年份占52.6%；嘉庆至宣统六朝的116年里旱灾较重，呈现旱象的年份占69.8%。旱灾与水灾一样，具有由少到多、由轻到重的变化趋势，同一年内先旱而后涝、冬春旱而夏秋涝的年份相当普遍，致使清代后期的水旱灾害都很频繁和严重。

干旱多风条件下的沙尘天气以及由此形成的风沙灾害，至今已经变为世界性的难题。将古代文献的记载与当代气象学上的分类相对照，"黄雾四塞""黄霾蔽天""风霾""雨土"接近于浮尘；"扬尘蔽天""扬尘四塞"类似于扬沙；"大风霾""暴风扬沙"大致属于沙尘暴的范畴。当代研究表明，降尘频繁期与冷干气候期相对应，降尘频度随着冬季温度及湿度的上升而减小。清代处于冬季气候逐渐由寒冷向温暖转变的时期，沙尘天气比此前的明代显著减少，但其间也有少数情况比较典型。康熙二十四年正月二十一（1685年2月23日）上午，通州降下红沙，白日天空阴晦，需靠点灯照明，到次日晚上才停止。打扫之后，家家用车运出十几石积沙②。嘉庆二十三年四月乙亥（1818年5月13日）下午，北京有暴风自东南来，顷刻之间尘霾四塞，屋里必须点灯才能分辨颜色。与此同时，在遵化马兰峪，

---

① 尹钧科、于德源、吴文涛：《北京历史自然灾害研究》，中国环境科学出版社1997年版，第344—349页。

② （康熙）《通州志》卷11《祲祥杂志》，第8页。

风自南方来，尘霾骤降，空中暗黄，室内尚可辨别颜色。不久，阵雨倾盆而下，彻夜不息。在密云古北口，挟带尘土的狂风自西南而来，天空呈黑黄色，能见度比北京稍好①。

蝗灾往往与旱灾相伴而生，数以万计的蝗虫遮蔽天日，将田野禾稼吞噬净尽。根据当代学者统计②，清代顺天府或近京州县的蝗灾记录有 29 次，发生频率为平均每 9.2 年一次，比明代稍有缓和。时间以农历六、七月居多，其次为秋季的八、九月。初春蝗灾比较少见，而且都是前一年蝗虫未被除净所致。乾隆朝发生蝗灾 11 次，平均每5.5 年一次，其中 4 次连续两年成灾；咸丰朝发生 4 次蝗灾，平均每2.8 年一次，其中有 1 次连续三年成灾。道光和光绪朝虽然只是各有3 次蝗灾，频率分别为每 10.0 年与 11.7 年一次，但都有 1 次连续两年成灾。清代北京地区最严重的蝗灾，发生在乾隆十七年至十八年（1752—1753）、二十五年（1760）、五十七年（1792），嘉庆九年（1804），道光四年至五年（1824—1825），咸丰五年至八年（1855—1858），为害范围广泛，社会破坏剧烈。

三 地震猝发与瘟疫流行

北京地区是华北地震多发区之一，清代在 39 个年份里合计发生45 次地震，平均 6 年多一次。康熙三十五年（1696）正月、九月、十一月，雍正十年（1732）五月、十一月，京师多次出现有感地震。顺治朝 18 年间，有 8 年发生过 8 次地震，顺治四年至六年（1647—1649）、九年至十一年（1652—1654）甚至连年地震。康熙朝 61 年中，有 18 年发生 24 次地震。顺康两朝合计 79 年，在清代 29.5% 的年数内发生了 32 次、占总数 71.1% 的地震，成为明显的多发期。乾隆至宣统朝共 176 年，在清代 65.7% 的年数内仅发生了 10 次、占总数 22.2% 的地震，成为明显的少发期。乾隆朝 60 年仅有 2 次地震，此前的雍正朝 13 年（占清代总年数的 4.8%）发生了 3 次地震（占

---

① 《清仁宗实录》卷 341，嘉庆二十三年四月丙子、辛巳。
② 于德源：《北京灾害史》，同心出版社 2008 年版，第 318—323 页。

地震总数的6.7%），是北京地区地震由多趋少的过渡期。地震的地域分布以大兴、宛平、通州较多，其次为昌平、密云、顺义①。

清代北京地区的地震大多只是轻微有感，造成房倒屋塌的仅有7次，约占15.5%，包括康熙四年（1665）三月与十月的顺义、通州、昌平地震，五十九年（1720）六月延庆、怀柔、密云地震等。康熙十八年（己未，1679）以平谷、三河为震中，发生了北京地区有文献记载以来最强烈的一次地震，当代研究者推测其震级为里氏8.5级。时人董含记载："己未七月二十八日巳刻（1679年9月2日9—11时），京师地震，自西北起，飞沙扬尘，黑气障空，不见天日。人如坐波浪中，莫不倾跌。未几，四野声如霹雳，鸟兽惊窜。是夜连震三次，平地坼开数丈，得胜门（即德胜门）下裂一沟，水如泉涌。官民震伤不计其数，至有全家覆没者。二十九日，午刻，又大震；八月初一日子时，复震如前。自后时时簸荡，十三日震二次。十九至二十一日，大雨三日，衢巷积水成河，民房尽行冲倒。二十五日晚，又大震二次。内外官民，日则暴处，夜则露处，不敢入室，昼夜不分，状如混沌。朝士压死者，则有学士王敷治、员外王开运、总河王光裕、通冀道郝炳等。积尸如山，莫可辨识。通州城房坍者更甚，空中有火光，四面焚烧，哭声震天。又李总兵者，携眷八十七口进都，宿馆驿，俱陷没，止存三口。涿州、良乡等处，街道震裂，黑水涌出高三四尺。山海关、三河地方，平沉为河。环绕帝都连震一月，亘古未有之变，举朝震惊。"②此次地震发生十八年以后，康熙三十六年（1697）刊印的《通州志》追述："地震从西北至东南，如小舟遇风浪然，人不能起立。凡雉堞、城楼、仓廒、儒学、文庙、官廨、民房、楼阁、寺院，无一存者。燃灯佛塔自后周宇文氏时建，历今二千余年，同时倾仆。周城四面地裂，黑水涌出丈许，月余方止。压死人民一万有余。城内火起，延烧数十处。张湾、漷县亦然。自（七月）

---

① 尹钧科、于德源、吴文涛：《北京历史自然灾害研究》，中国环境科学出版社1997年版，第363—364页。

② 董含：《三冈识略》卷8《地震》，辽宁教育出版社2000年版，第162页。

二十八以后，或一日数十动，或数日一动，经年不息。"① 民国《平谷县志》亦载："忽地底如鸣巨炮，又似数千马飒沓而至。始而庐舍摇荡，如舟在风浪中；继则全然倾圮，压毙者无算，其生者亦咸破颅折体。顷又闻地且沉，争登高以避。盖地裂丈余，黑水兼沙从底涌泛。有骑驴行道中，遂裂而坠，杳无形影。邑东山多崩陷。……是时，城乡房屋塔庙荡然一空，遥望茫茫，了无障隔。黑水横流，田禾皆毁，人多无食，阖境人民逃亡逾半。……嗣经部查明，计地震所及，东至奉天之锦州，西至豫之彰德，凡数千里，平谷、三河极惨。自被灾以来，或一日数震，或间日一震，多日尚未宁静，诚亘古所稀有之灾也。"② 地震带来的惨重灾害，在瞬间造成了人口和环境的巨大损失。

瘟疫是古代对各种烈性传染病的总称，严重的水灾、旱灾、地震与战争过后，往往伴随着烈性传染病的滋生蔓延，造成数以万计的人口死亡。清代大致有 17 个年份在北京城及周边的通州、延庆、平谷、昌平等地发生瘟疫③。顺治三年（1646）与康熙二十一年（1682），都有"京城痘疹盛行"的记载④。康熙十八年（1679）大地震过后，次年"自春至夏，通州无雨，瘟疫大行"⑤。清末出现第二个瘟疫高发期，嘉庆六年（1801）、光绪十六年（1890）与十九年（1893）的特大水灾过后，转年就有大瘟疫在京城以及通州、延庆等地蔓延。在此前后，道光元年（1821）京城内外、平谷、通州等地霍乱传染，"死者不可胜计"⑥。由此至光绪年间，瘟疫又几度流行。

国家赈灾与民间赈灾，对于挽救百姓生命、稳定社会局势缺一不可。清代官方赈灾的形式和途径与明代相近，包括蠲免、缓征、赈济、平粜、以工代赈、治蝗、祛疫等措施，仓储制度大体上延续了常

---

① （康熙）《通州志》卷 11《祲祥杂志》，第 7—8 页。
② （民国）《平谷县志》卷 3《灾异》，第 16 页。
③ 于德源：《北京灾害史》，同心出版社 2008 年版，第 404 页。
④ 《清世祖实录》卷 23，顺治三年正月丁丑；《清圣祖实录》卷 106，康熙二十一年十一月癸丑。
⑤ （康熙）《通州志》卷 11《祲祥杂志》，第 8 页。
⑥ （民国）《平谷县志》卷 3《灾异》，第 17 页。

平仓、社仓、义仓的体系。从中央六部、都察院、理藩院、内务府，到省、府、州、县，各级行政机构都具有相应的救灾职能，还有筹赈局、赈捐局等临时性救灾机构。清初完成了顺治十一年（1654）直隶水灾、顺治十三年（1656）顺天府水灾与蝗灾、康熙十八年（1679）京师地震、康熙二十八年（1689）直隶旱灾等重大灾害的赈济。乾隆朝国力强盛，官赈制度日趋完善，赈灾款项充裕，数额加大、次数增多，进行了乾隆八年（1743）直隶旱灾、五十九年（1794）直隶水灾等重大灾害的赈济。此后又有嘉庆六年（1801）永定河水灾、道光元年（1821）京师疾疫、道光三年（1823）直隶水灾等重大灾害的赈济，但由于国家财政趋于紧张，缓征加多，蠲免较少，逐渐加重的吏治积弊也使赈灾效果大打折扣，地方士绅自行赈济的作用则越来越大。咸丰六年（1856）直隶蝗灾、同治元年（1862）京师疫病、光绪十六年（1890）直隶水灾等重大灾害发生后，赈捐代替发帑成为赈灾款项的首要来源，此外还有向外国借款、厘金、昭信股票（1898 年发行的一种国内长期公债）等途径，初步尝试了救灾制度的近代化转型。

第七章　近百年来区域人地关系的巨大变革

从城市史的角度观察，北京与帝都时代迥然不同的近代化发展阶段，应当以铁路、汽车、飞机、电话、电报、自来水等西方近代工业技术成果进入中国的晚清时期为起点。引领中国社会进步的许多领域都在这个时期开风气之先，随之而来的辛亥革命又为继续进行城市改造扫清了礼制束缚与思想障碍。民国时期的北京城市近代化有一个良好的开端，但在国民政府迁都后的步伐明显放缓，随后又遭遇北平八年沦陷。抗战胜利北平光复后，新的城市规划在短期内未及实施，不久就迎来了中华人民共和国的建立。经过前三十年比较平缓的计划经济时代之后，在强调以经济建设为中心的最近三十多年里，城市以经济迅速发展、人口过度膨胀、城区明显展拓、交通日渐拥堵、污染相当严重、水源非常短缺、雾霾频繁发生为特征，区域人口—资源—环境系统呈现出前所未有的脆弱与危机。

第一节　城墙从局部改造到完全消失

帝制时代不可轻易触动的北京城墙，到了皇权已经崩溃的中华民国，在某种程度上被视为城市近代化建设的障碍，但人们对它的历史文化价值保持着一贯的尊崇，对于它在划分地域空间以及作为城市象征等方面的意义具有足够的重视。因此，即使是为了发展新型交通，对北京的城墙和城门也只是采取了局部、温和、有限的改造。

民国初年朱启钤主持的改建正阳门等工程，拉开了改变城市旧有空间结构的序幕。他在1913—1916年任内务总长，1914年6月任京都市政督办。京都市政公所"成立之初，市政草创，措施极简，惟于开放旧京宫苑为公园游览之区，兴建铁路，修整城垣等，不顾当时物议，毅然为之，且于规定市经费来源，测绘市区，改良卫生，提倡产业等，均有所倡导"①。今人追述："朱在清末任内外城巡警厅厅丞时，就经日骑马巡视京城内外，对京城的大街小巷、交通情况、建筑状况无一不了如指掌。他上任内务总长后的第一件大事，就是实现他考虑已久的正阳门改造计划。"② 北京内城九门都是由城门楼和箭楼构成双重城楼，其间修筑屯兵的瓮城。正阳门瓮城南北长108米，东西宽88.65米。冷兵器时代构成的严密防守体系，时过境迁后却成为发展近代交通的羁绊。行人出入城门，必须穿过瓮城与正阳门的门洞，正阳门外则是京奉铁路、京汉铁路的终点，东西两侧各有一座人潮涌动的火车站，交通阻塞日趋严重。因此，朱启钤建议拆去瓮城、保留箭楼，在正阳门两侧各开两个门洞，借以调整前门地区拥挤不堪的交通系统（图7—1）。

图7—1 1915年拆除瓮城后的前门

但是，在人们心目中，正阳门毕竟是非同一般的"国门"，以紫禁城为中心的建筑群体堪称完美神圣之作，风水观念在民间也是根深

---

① 北平市都市计划委员会：《北平市都市计划设计资料第一集》，北平市工务局1947年刊印，第9页。

② 林洙：《叩开鲁班的大门——中国营造学社史略》，中国建筑工业出版社1985年版，第7页。

蒂固。朱启钤的计划势必伤及皇城的筋骨，因此招致一片反对之声。他在多年后撰文回忆："时方改建正阳门，撤除千步廊，取废材输供斯园（指中央公园，后称中山公园）构造，故用工称事所费无多。乃时论不察，訾余为坏古制、侵官物者有之，好土木、恣娱乐者有之，谤书四出，继以弹章，甚至为风水之说，耸动道路听闻。百堵待举而阻议横生，是则在此一息间，又百感以俱来矣。"[①] 时任大总统袁世凯批准了朱启钤《修改京师前三门城垣工程呈》提出的各项计划，特制一把银镐，上镌"内务部朱总长启钤奉大总统命令修改正阳门，朱总长爰于一千九百十五年六月十六日用此器拆去旧城第一砖，俾交通永便"字样[②]。依靠这样的"尚方宝剑"，朱启钤的计划得以实行。正阳门经过改造后，尽管有人认为"这个中央大门给人的印象，无论从哪方面看都是令人失望的"，但同时也看到，"新平面规划的宗旨，在于疏通内外城之间的交通，由于在城楼两旁修建了两条直贯南北的平行街道，并使之从城门两侧新辟的两个通道穿过，无疑使这一目的卓有成效地实现了"。前门大街上，"大车、人力车，驮东西的骡子、骆驼队，与汽车和自行车混杂在一起，旧的事物正在逐渐让位于机器时代发展中的事物"[③]。此外，打通东西长安街、南北长街、南北池子，修筑环城铁路，开放皇家园林风景名胜等，也都得益于朱启钤的大力倡导和周密计划。随着环城铁路的修建，火车穿行于朝阳门等处的瓮城，但城墙本身仍然保持完整。

此后，大约在 1913—1914 年，袁世凯接受了在内城开辟"新华门"的建议。城门北端的北新华街正对总统府的新华门，城门南端的南新华街通往香厂新市区，但不久即受风水之说的蛊惑而搁置。1926年段祺瑞执政时，鹿钟麟主持凿开了"和平门"。1927 年张作霖的奉

① 朱启钤：《一息斋记》，载北京市政协文史资料研究委员会、中共河北省秦皇岛市委统战部编《蠖公纪事》，中国文史出版社 1991 年版，第 12 页。
② 林洙：《叩开鲁班的大门——中国营造学社史略》，中国建筑工业出版社 1985 年版，第 7 页。
③ ［瑞典］奥斯伍尔德·喜仁龙：《北京的城墙和城门》，许永全译，北京燕山出版社 1985 年版，第 149、157 页。

军进京，改为"兴华门"。1928 年国民政府北伐成功，恢复"和平门"之名。北平八年沦陷期间，日本人为沟通老城区与规划建设中的东郊通县工业区、西郊五棵松一带新市区的联系，1939 年在内城的东西城墙上各开一个豁口，分别称作"启明门"与"长安门"。抗战胜利后的 1945 年 11 月，二者分别改称"建国门"与"复兴门"。

　　北京城墙的最终消失，发生在 1949 年以后的建设热潮中。力主保护北京城墙的建筑学家梁思成先生，1950 年 5 月在《新建设》发表《关于北京城墙存废问题的讨论》，分析了城墙的历史文化价值及其对于城市功能分区、控制车流泛滥的作用，提出了多开几个城门以解决交通问题、把城墙建设成为"全世界独一无二"的"环城立体公园"的设想，逐一反驳了力主拆除者的观点①。1951 年 4 月又在《新观察》发表《北京——都市计划的无比杰作》，继续呼吁整体保护北京城、充分利用北京城墙为新时代服务②。但是，大学者终究难以挽救古城墙的命运，因为"拆除北京城墙这些大问题，就是经中央决定，由政府执行的"③。通过组织市民义务劳动、动员各单位取砖运土，从 1952 年开始，北京外城的城墙被陆续拆除。1958 年，北京市在总体规划草案中提出"城墙、坛墙一律拆掉"，次年 3 月又决定"外城和内城的城墙全部拆除，需争取在两三年内拆完"。大跃进结束后，外城拆完、内城拆剩一半④。1965 年修北京地铁，内城城墙被连根挖掉，大多数城楼也在同年或稍后被拆除。至此，以城墙为地理标志的"北京城"就此消失，这是自至元四年（1267）营建元大都以来，北京城市形态在七百年间发生的最大变迁。

　　城墙的拆除只是城市形态变迁的一部分，天安门广场与东西长安

---

①　梁思成：《关于北京城墙存废问题的讨论》，载《梁思成文集》，中国建筑工业出版社 1986 年版，第 4 册，第 46—50 页。

②　梁思成：《北京——都市计划的无比杰作》，载《梁思成文集》，中国建筑工业出版社 1986 年版，第 4 册，第 51—66 页。

③　毛泽东：《反对党内的资产阶级思想》，载《毛泽东选集》，人民出版社 1977 年版，第 5 卷，第 95—96 页。

④　王军：《城记》，生活·读书·新知三联书店 2003 年版，第 253—255 页。

街的改造、奥林匹克体育中心等建筑在城市中轴线北端的崛起，在北京城市史上都具有象征意义。侯仁之先生将二者与明清时代的紫禁城建设一起，视为北京城市发展的三个里程碑。这个思想在 1991 年 5 月提出，至 1996 年 11 月作了书面表述："第一个里程碑是历史上北京城的中心建筑紫禁城。它的建成至今已有 570 余年，代表的是封建王朝统治时期北京城市建设的核心，也是我国传统建筑艺术的一大杰作。到今天它依然屹立在全城空间结构的中心，但已不仅是中国人民的艺术财富，它已被列为'世界文化遗产'，享誉全球。第二个里程碑就是新中国建立之后，在北京城的空间结构上，突出地标志着一个新时代已经来临的天安门广场。它赋予具有悠久传统的全城中轴线以崭新的意义，显示出在城市建设上'古为今用，推陈出新'的新时代特征，在文化传统上有着承先启后的特殊含义。第三个里程碑最初是由于亚运会的召开和国家奥林匹克体育中心的兴建，才开始显示出北京走向国际性大城市的时代已经到来。"[1] 2010 年，侯仁之先生再次阐述了上述观点[2]，高度概括了北京城市发展的历史阶段及其时代特征。

第二节　从传统的城区到摊煎饼式的急剧拓展

　　历史上的北京城就是城墙包围起来的区域，城门附近的关厢地区也大体可以视为城的一部分。回顾以城墙为标志的北京城的变迁，我们可以看到，它肇始于西周初年的蓟国之都蓟城，故址在今广安门一带，春秋时期燕国灭蓟后迁都于此。西汉至隋唐时期蓟城为幽州治所，城墙南北九里、东西七里。五代后晋把幽蓟十六州割让给契丹，辽会同元年（938）升幽州为陪都南京，亦称燕京。金代拓展燕京的四面城墙，向南约三里，向西约四里，向东一里余，向北

---

① 侯仁之：《北京城市发展的三个里程碑》，《北京文博》1996 年第 4 期。
② 侯仁之：《北京城市规划建设中的三个里程碑》，载《侯仁之讲北京》，北京出版社 2003 年版，第 155—165 页。

也略有扩展。参照北宋汴京制度修筑宫殿，尽量使宫城居于全城中央。贞元元年（1153）迁都燕京并改称中都，这是以古蓟城为基础形成的最后一座大城。元至元四年（1267）在中都东北营建新城，不久改称大都。方圆六十里，由外郭、皇城、宫城三重环围，城内街道布局与中都相似，划为四十九坊，宫城位于中央偏南。明洪武元年（1368）改称北平，北面城墙南缩五里。永乐四年（1406）仿南京之制营建北京，十七年（1419）将南城墙从今长安街前移二里至前门一线。嘉靖三十二年（1553）修筑外城，城市轮廓始由口字形变为凸字形。清北京的城市布局延续明代旧观，主要建筑多被整修或重建。根据《北京历史地图集》所绘图幅量算城区的面积，辽南京约 8.94 平方公里，金中都约 24.95 平方公里，元大都约 54.14 平方公里，明清北京内外城约 66.36 平方公里，这就是北京城的传统范围。

传统的北京城区与周边的乡村有着非常分明的界线，城乡之间的关系也相对隔膜。正如老舍先生在长篇小说《四世同堂》中指出的那样："北平虽然作了几百年的'帝王之都'，它的四郊却并没有受过多少好处。一出城，都市立刻变成了田野。城外几乎没有什么好的道路，更没有什么工厂，而只有些菜园与不十分肥美的田；田亩中夹着许多没有树木的坟地。在平日，这里的农家，和其他的北方的农家一样，时常受着狂风，干旱，蝗虫的欺侮，而一年倒有半年忍受着饥寒。一到打仗，北平的城门紧闭起来，城外的治安便差不多完全交给农民们维持，而农民们便把生死存亡都交给命运。他们，虽然有一辈子也不一定能进几次城的，可是在心理上都自居为北平人。他们都很老实，讲礼貌，即使饿着肚子也不敢去为非作歹。他们只受别人的欺侮，而不敢去损害别人。在他们实在没有法子维持生活的时候，才把子弟们送往城里去拉洋车，当巡警，或作小生意，得些工资，补充地亩生产的不足。到了改朝换代的时候，他们无可逃避的要受到最大的苦难：屠杀，抢掠，奸污，都首先落在他们的身上。赶到大局已定，皇帝便会把他们的田墓用御笔一圈，圈给那开国的元勋；于是，他们丢失了自家的坟墓与产业，而给别人作看守坟陵的奴隶。"① 这时的北京，还是有城可寻、在小比例尺地图上呈现为"点状"的城市。即使是光绪三十四年十二月二十七日（1909 年 1 月 18 日）颁布《城镇乡自治章程》，宣统元年（1909）公布《京师市自治章程》，1914年成立京都市政公所，这期间所谓"城"是指府厅州县治所的城厢，"市"也只是一个以固有的城镇区域为辖区的自治团体，带有行政区划系统改革试验的色彩。至于京都市政公所的管辖范围，1918 年 3月才包括了北京内外城全部，1925 年 9 月开始推及四郊各区。自1928 年 6 月设立北平特别市至 1949 年初，一直维持着东至黄庄、西至三家店、北至立水桥、南至西红门的界线，面积 706.93 平方公里，其中城区约占 10%，郊区约占 90%。

1949 年以后，"北京市"变成了管辖若干区县的国家一级行政区域，所辖 16 区面积 707 平方公里，人口 156 万。此后相继把河北省所属数县或整体或部分地划入北京市辖境，总数多达 15703 平方公里：1950 年 10 月，划入昌平县黑龙潭；1952 年夏划入宛平县全部和房山县 75 个村、良乡县 3 个村，辖区调整为 13 区，面积 1961 平方公里，人口 169.1 万；1956 年春，划入昌平全县与通县的金盏、孙河、上辛堡、崔各庄、长店、前苇沟、北皋 7 乡，全市辖 14 区，面积 3565 平方公里，人口 298.3 万；1957 年 9 月，划入大兴县新建乡，顺义机场和进机场公路归北京市管辖；1958 年 3 月，划入河北省大兴、通县、顺义、良乡、房山 5 个县及通州市；同年 10 月，划入河北省平谷、密云、怀柔、延庆 4 县。至此形成今日北京市行政区域界线，面积 16410 平方公里，人口 516.2 万②。1958 年以后的北京市所辖各区县的变化，仅限于内部调整与名称的变更，不再涉及与河北省的政区界线问题。

城市建设的方式是以北京旧城为中心，向四外呈环状飞速扩展，

---

① 老舍：《四世同堂》，百花文艺出版社 1985 年版，第 146 页。

② 史为乐：《中华人民共和国政区沿革（1949—2002）》，人民出版社 2006 年版，第7—8 页。

可以形象地比喻为"摊煎饼式"。城墙拆除后修建了今天的二环路，划分城乡的地理标志不复存在。20 世纪 50 年代崛起的新城区，有东郊的新使馆区和以纺织为主的工业区，东北郊以电子为主的工业区，西北郊的中关村科学基地和八大学院；在东郊的八里庄、十里堡、白家庄，东北郊的酒仙桥，北郊的和平里、北太平庄，西郊的百万庄、三里河等地，修建了一批行政办公区和居民住宅区。经过 20 世纪 60 年代与 20 世纪 70 年代前期的缓慢发展后，从 20 世纪 70 年代末开始，北京的城市规模急剧膨胀。交通环境是人口增长、城市建设的直接反映，旧城区外围的环路在很大程度上做了城区扩展的指示标志。20 世纪 80 年代中后期建成三环路；20 世纪 90 年代建成四环路；2000—2003 年建成五环路，2009 年六环路全线贯通。五环路以内已经基本变为新城区。五环与六环之间，城市建设与房地产开发正在迅速吞噬大片土地。人们通常把东城、西城、崇文、宣武、海淀、朝阳、丰台、石景山称作"城八区"，2010 年 7 月崇文、宣武分别并入东城、西城二区之后，变为"城六区"，面积合计 1367.6 平方公里。2011 年，北京市建成区 1268 平方公里中的大部分在"城六区"之内，扩展幅度之大已经远非 1949 年以前的"北平市"可比。

第三节　城乡人口从缓慢发展到迅速增长

经历了缓慢发展的传统农业社会之后，北京在近现代工业逐渐兴起的民国时期，城市人口的自然增长以及数量有限的外来移民，尚不足以推动城市空间明显地向外拓展。但是，1949 年以后涌入北京的大量行政与军队人员，在相当长时期内不加限制的较高的人口自然增长率，为绝对数量的自然增长准备了庞大的人口基数。即使实行计划生育政策后大幅度降低了出生率与自然增长率，每年增长的人口数量也相当可观。再加上城市建设与经济发展对土地的占有，大量外来人口从四面八方的涌入，原有的城市空间已经无法容纳越来越多的居民对于生存和发展的需求，由此形成的环境压力迫使城市规模必须向外膨胀，进入 20 世纪 80 年代以来尤其如此。当代社会出现的各种城市问题，根本原因在于管理不当促使日益增长的巨量人口不恰当地占有空间、消耗资源进而引发了多种社会矛盾。

自清末北京在城市管理中引入近代警察制度以后，北京的人口有了比较精确的统计。民国六年（1917），北京城区人口有 16.6522 万户、81.1566 万人；近郊区即清代的城属区域有 8.3543 万户、40.9477 万人；各县有案可查的人口 8.9123 万户、170.0914 万人。总计，今北京地区人口共 53.9188 万户、292.1957 万人①。北平八年沦陷期间，大批市民被迫逃难，1937 年 8 月 6 日北宁铁路通车，各大学师生数万人陆续逃离北平赴天津转内地，与此同时，天津、河北一带为逃避战乱与自然灾害而流入北平寻找生路的人们，却又成为北平人口总数增长的基本来源。1939 年 8 月 19 日，天津约 200 万人遭受重大水灾，其中的大批灾民逃往北平②。伪北京特别市公署秘书处统计，1941 年 2 月，在 4122 户、16788 人离开北平的同时，又有 5271户、20993 人迁入③，其他月份也在继续着人口的迁入与迁出。从1937 年的 150.4716 万人到 1942 年的 179.2865 万人，北平人口的数量呈现比较明显的增长，前后净增 28.8149 万人；此后则急剧下降，1943 年的 164.1751 万人比 1942 年减少了 15.1114 万人，1944 年比1942 年还要少些，至 1945 年略有回升，但 165.0695 万人仍比 1942年减少了 14.2170 万人。以 1942 年为分界，形成了急剧增长与急剧减少两个时期④。

日本占领北平后，为实行其殖民政策，大量迁入本国侨民。伪北京特别市社会局统计，从 1939 年 5 月至 1940 年 1 月，北平内外城、四郊、南苑、长辛店、丰台等地的日本人，由 25096 人增长到 35354 人⑤。

---

① 韩光辉：《北京历史人口地理》，北京大学出版社 1996 年版，第 131 页。
② 中国人民政治协商会议北京市委员会文史资料研究委员会编：《日伪统治下的北平》，北京出版社 1987 年版，第 358、375 页。
③ （伪）北京特别市公署秘书处：《市政统计月刊》1941 年第 1 卷第 5 号第 2 页《市民迁徙统计》。
④ 北平市政府统计室：《北平市政统计》第 2 期，1946 年 11 月、12 月合刊。
⑤ 《社会统计月刊》第 3 卷第 3 号第 51 页，1940 年 1 月。

到 1941 年初，日本外务省披露北平"日侨"有 67437 人[1]，已是抗战之前的 30 多倍。二者相隔一年，却有如此之快的增长。这里的"日侨"除了大量日本移民之外，还包括被其吞并的朝鲜和我国台湾在北平的人口，其中朝鲜侨民 1940 年 1 月已有 10279 人[2]。日本投降后，北平的日侨急剧减少。1946 年 12 月统计，在全城 2420 名外侨中，仅有日侨 893 人、朝鲜侨民 145 人[3]，与 1941 年的数万人相比已相差悬殊。

日本侵略者掠夺粮食等物资引发粮荒，导致市民大规模的饥饿、疫病和死亡。北平市民的粮食供应一向主要依靠铁路运输、私商贩运，由外省调入而不是由郊区农村生产。当时的报道说："事变以前，华北粮食即感不足，每年都要由外地运入面粉 1600 万袋以上，小麦 5 万余吨，高粱、玉黍、小米等项杂粮 40 万吨以上。事变以后，华北驻有敌军 40 万，加上数量相当大的伪军和 40 万左右的'居留民'（即日本侨民）——由于增加了这样多的强盗和寄生虫，使华北各大都市人口形成脑充血的状态，敌占区的粮食因之愈形恐慌，这首先在北平和天津露骨地显现出来。"[4] 日军的对外封锁，掐断了北平市民与外界正常的物资交流渠道。强行搜刮市民存粮以保障日本军方和侨民之用，进一步加剧了北平的粮荒。1938 年 1 月 27 日伪组织初步统计，无衣无食、需急迫救济的贫民达 2200 多户、约 8000 人。1939 年 12 月中旬北平米荒，伪临时政府下令实行计口授粮；1940 年 3 月 12 日，日伪发布调查市民存粮的布告，限十日内呈报，隐匿不报者严惩。此时粮价已较事变前上涨 10 倍，市民需凭证抢购[5]。

日本侨民增涨的高峰，就是北平粮荒的谷底。1942 年 1 月 1 日，日伪实行面粉配给制度。2 月的统计显示，全市 30.0977 万户、

---

① 韦冈：《四面楚歌中的北平》，《新华日报》（重庆）1941 年 2 月 12 日。
② 《社会统计月刊》第 3 卷第 3 号第 51 页，1940 年 1 月。
③ 北平市政府统计室：《北平市政统计》第 2 期第 22 页，1946 年 11 月、12 月合刊。
④ 《敌伪对华北占领区粮食、人力、耕地的掠夺与破坏》，载《晋察冀日报》1943 年 3 月 9 日。
⑤ 中国人民政治协商会议北京市委员会文史资料研究委员会编：《日伪统治下的北平》，北京出版社 1987 年版，第 361、363、377、378 页。

165.6025 万人共存粮 633.9099 万斤，平均每人不足 4 斤。到 12 月，粮食配给日减，粮价暴涨，西直门外粮库被一抢而空。入冬以后，市内每日冻饿而死者在百人以上。1943 年 1 月 1 日，日本在华实行全部粮食配给制度，玉米面、小米、面粉等按人口只配给少量。7 月 24 日，日伪对北平居民配给由麸皮、豆饼、玉米皮、土粮等 50 余种物品制成的混合面，棉布、煤球、火柴等均实行严格配给；10 月 26 日在日伪召开的华北新民会联合协议会上，北平代表凌抚之说："现在比事变前，小米贵 74 倍，玉米面贵 72 倍，白面贵 100 倍。去年向市民要粮是劝，今年是搜、打，现在连 54 种杂粮、树叶的混合面也没有了。" 12 月初的北平，每日街头倒毙千人以上，煤价已涨百倍，柴价涨 40 倍①。

在日伪统治后期，北平粮荒有增无减。《新北京报》1944 年 1 月 8 日载：这一天全市粥厂领粥 3451 人，用玉米 1000 斤，平均每人不到 3 两，其中还有虚报，领粥者家中则有老小分吃，显然无济于事。就是一般公务员，也因薪金微薄，无以为生。8 月中旬的月薪为 300 元左右，而玉米面每斤 5 元，油每斤 40 元，煤球每一百斤 30 元……即使花费高价，市民也买不到粮食，只能购买配给的每人每月 20 斤的混合面。无衣无食的人之多，成为重大的社会问题。《晋察冀日报》1944 年 5 月 18 日报道："据北平来人谈，失败的恐怖与严重的粮荒，像瘴疠一样，紧压着北平市，使绝大多数的中小市民，都快要窒死了。乞丐充满着街头巷尾，卖小吃的饭摊早已绝迹，大饭馆都已安上了栅栏，小饭馆整天关着门。有来吃饭的主顾时，先从门缝里看看，阔人就让进去，穷人理都不理。各商店门口求乞的横三竖四的躺着，不给东西就死在你门口。抢饭吃的事情，已经没法统计了。在敌人所谓施粥厂里，每天都有大批的死尸抬出来。"② 1945 年 4 月，每人每月只配给"杂粮粉" 10 斤。8 月粮价陡涨，玉米面每斤 1000—1400 元③。"在混

---

① 中国人民政治协商会议北京市委员会文史资料研究委员会编：《日伪统治下的北平》，北京出版社 1987 年版，第 386、391、393、394 页。

② 《北平粮荒市民相继死亡》，《晋察冀日报》1944 年 5 月 18 日。

③ 中国人民政治协商会议北京市委员会文史资料研究委员会编：《日伪统治下的北平》，北京出版社 1987 年版，第 395、397、398、400 页。

合面也难以买到的日子，北平的街头巷尾，常可见到因饥饿倒毙的穷苦百姓。天桥一带几乎每天都要有十几辆排子车的尸体经永定门拉出城外。"① 瘟疫与日寇的残暴，也增加了人口的死亡。1943 年 7 月，石景山地区霍乱疫情严重，与市区中断交通五日，仅石景山制铁所死亡工人即达 2000 多人；9 月，日伪成立防疫队，"对厂区和周围村庄进行全面大搜查，不分病者、死者，一概装入防疫车，扔进附近几个过去挖砂石后留下的大坑，再用石灰掩埋"②。在如此恶化的生存环境中，八年沦陷期间的北平人口自然增长率一直是负数，也就是人口的出生数量少于死亡数量，与总人口的不断增长形成了巨大反差。直至抗战胜利后的 1947 年，北平市政府统计，"出生率为千分之 13.2，死亡率为千分之 11.1，出生率已超过死亡率，此为北平市十年来所仅见"③。经过两年的休养生息，北平人口自然增长率才变为正数，但也仅有千分之二点一。

表 7—1　　1937—1945 年北平人口出生率、死亡率、自然增长率

年份	出生数（人）	出生率（‰）	死亡数（人）	死亡率（‰）	自然增长率（‰）
1937	22929	14.5	27085	17.7	−3.2
1938	24657	15.4	28373	17.7	−2.3
1939	23253	14.0	29472	17.8	−3.8
1940	11132	6.4	28583	16.5	−10.1
1941	20152	11.4	24028	13.6	−2.2
1942	20444	11.3	29278	16.2	−4.9
1943	15496	9.0	37226	21.0	−12.0
1944	8966	5.5	24560	15.0	−9.5
1945	10989	6.7	25934	15.7	−9.0

　　来源：北平市都市计划委员会《北平市都市计划设计资料第一集》第 14 页。北平市工务局，1947。

---

① 荣国章等：《北平人民八年抗战》，中国书店 1999 年版，第 149 页。
② 同上书，第 150 页。
③ 北平市政府统计处：《北平市政统计》1948 年 8 月号第 2 页。

民国三十七年（1948），北平城区人口有 28.4786 万户、151.3529 万人；郊区人口有 11.0469 万户、49.2269 万人；北平周围各县人口有 35.0957 万户、187.9694 万人。总计，今北京地区的人口共有 74.6212 万户、388.5492 万人[①]。1949 年以后北京城乡人口的发展，就建立在这样的基础之上。

1949 年以后进行的第一次人口普查是在 1953 年，北京常住人口 276.8 万人，其中城镇人口 205.8 万人、乡村人口 71.0 万人。此后，北京市所辖的区县陆续增多，到 1958 年 10 月形成今北京市的管辖区域，此后一直未变，这就使得 1964—2010 年进行的 5 次人口普查的统计结果具有了可比性。1964 年常住人口 759.7 万人，其中城镇人口 425.8 万人、乡村人口 333.9 万人；1982 年常住人口 922.1 万人，其中城镇人口 597.0 万人、乡村人口 325.1 万人；1990 年常住人口 1081.9 万人，其中城镇人口 794.5 万人、乡村人口 287.4 万人；2000 年常住人口 1356.9 万人，其中城镇人口 1052.2 万人、乡村人口 304.7 万人；2010 年常住人口 1961.2 万人，其中城镇人口 1685.9 万人、乡村人口 275.3 万人[②]。常住人口中的城镇人口，北京城区 1964 年为 233 万人，1982 年为 241.8 万人，1990 年为 233.6 万人[③]。在六次人口普查之外的统计数据表明，北京市的人口增长极为迅速，1978 年常住人口为 871.5 万人，其中常住外来人口仅有 21.8 万人，城镇人口 479.0 万人。此后，这三项人口数据都在持续增长：2011 年为 2018.6 万人，742.2 万人，1740.7 万人；2012 年为 2069.3 万人，773.8 万人，1783.7 万人；2013 年为 2114.6 万人，802.7 万人，1825.1 万人[④]。2013 年的常住人口、常住外来人口、城镇人口，分别相当于 1978 年的 2.43 倍、36.82 倍与 3.81 倍。2013 年，作为首

①　韩光辉：《北京历史人口地理》，北京大学出版社 1996 年版，第 131 页。
②　北京市统计局、国家统计局北京调查总队编：《2014 北京统计年鉴》3—1《六次人口普查基本情况》，中国统计出版社 2014 年版。
③　北京人民广播电台编：《北京实用资料大全》，改革出版社 1992 年版，第 9 页。
④　北京市统计局、国家统计局北京调查总队编：《2014 北京统计年鉴》3—2《常住人口（1978—2013 年）》，中国统计出版社 2014 年版。

都功能核心区的东城区与西城区，平均人口密度已达 23942 人/平方公里；作为城市功能拓展区的朝阳、丰台、石景山、海淀四区，平均人口密度也有 8090 人/平方公里①。2014 年末，北京常住人口 2151.6 万人，其中常住外来人口 818.7 万人②，分别是 1978 年的 2.47 倍与 37.56 倍。控制人口过快增长与抑制城市规模过度膨胀，是当代城市发展与生态环境建设的重要任务。

第四节　交通系统的迅速发展

清末兴起的近代化交通建设，奠定了以北京为中心的铁路交通系统的基本格局。民国时期，北京致力于修建环城铁路、整治市内街道、发展无轨电车和公共汽车。经过八年沦陷与短暂的战后光复，北京就在重新成为全国首都之后开始了交通事业的新阶段。最近三十多年来，城市交通系统虽然在迅速发展，但由于人口规模的急剧膨胀，仍然时常发生车辆拥堵，而数百万辆汽车排放的尾气也是造成空气污染的一个重要原因。

一　民国年间的交通道路建设

1914 年 5 月，朱启钤提出《修改京师前三门城垣工程呈》。总统袁世凯批复："据署交通总长朱启钤呈请，展修京都环城铁路，由京张铁路局筹款承修，接通京奉东便门车站，以利交通而兴市政。计划甚是，应即照理。其路线经过地面所有勘用沿城官地，均准划归该部应用。至修改瓮城、疏浚河道及关于土地收用事宜，应由内务部会同步军统领督饬各该管官厅、营汛协力辅助，俾速施工，毋误要政。"③

---

① 北京市统计局、国家统计局北京调查总队编：《2014 北京统计年鉴》3—4《常住人口密度（2013 年）》，中国统计出版社 2014 年版。

② 《2014 年末北京常住人口 2151.6 万，外来人口 818.7 万》，人民网 2015 年 1 月 23 日电。

③ 吴廷燮等：《北京市志稿·建置志》卷 1《道路》，北京燕山出版社 1990 年版，第 181 页。

随后，交通部与京张铁路局完成了勘测线路、填筑路基土方、修改瓮城各工程的招工投标等事宜，1915 年 6 月 16 日开工，从西直门经德胜、安定、东直、朝阳四门，至通州岔道与京奉铁路接轨直达正阳门的路段通车（图 7—2）。1919 年 8 月，北京环城铁路全线贯通。

图 7—2　京师环城铁路东南角楼西侧城墙火车券洞

　　为了交通与商业发展的便利，朱启钤等借鉴西方市政先例，进行了北京街市的整理。1915 年市政公所订定房基线办法，在展宽道路的同时尽量兼顾北京旧城区街巷建筑的实际状况，相继公布了《京都市政公所房基线测量队组织暨办事规程》《管理测工简章》《考核各项工程做法规程》《招商投标规则》等。1918 年 8 月 7 日公布、1919 年 3 月 21 日修正的《京都市房基线施行细则》要求，各街巷房基线的测定，按照从主要干路到次要道路的顺序分期进行。自 1919 年 5 月 22 日至 1927 年 7 月 15 日，京都市政公所分批公布了市内道路等级、幅员的标准以及已定等级路幅的各条道路的名称①。市政建设和管理工作的科学性与规范性，已经具有很高的近代化水准。1928 年国都南迁之后与抗战胜利之后，北平市工务局都进行了同类工作。社会学者统计，从 1904 年到 1929 年，北京修筑了106.151 公里石碴路、9.146 公里沥青路②。1914 年 6 月 17 日，京都市政公所公布了《公修马路简章》，支持商民捐资修建所在冲要地段道路、各官署函请代修所在地道路、偏僻地段住户官绅出资修路。市政公所派员会同警察厅及原发起人查勘，绘具线路图及估计修造工价，交由发起人集资。若所集经费不足，市政公所将酌情补助三分之一或四分之一经费。对于不受补助或捐让修路用地者，按照褒扬条例呈请大总统颁发匾额或奖章等③。此外，通过改明沟为暗沟消除市内道路交通障碍。北京市工务局报告："本市西城南北沟沿大明濠全长五三〇〇公尺，为西城一带暗沟之总汇。年久失修，沟墙多已坍塌，行人车马时虑倾踬，且邻近居民任意倾倒秽水，致臭气日溢，于交通、卫生两有妨碍。前市政公所于民国十年起逐段改筑暗沟，陆续修至石老娘胡同西口，上铺石砟，以利交通。本局成立以来，继续修筑此项未竣之工。"④ 大明濠改为暗沟后形成的街道，就是今天的赵登禹路—太平桥大街—佟麟阁路一线。

二　有轨电车与汽车的初步兴起

北京真正兴办有轨电车事业，始于 1921 年 6 月 30 日成立北京电车股份有限公司。公司为官商合办，原定资本四百万圆，官商各占一半。商股另行招募，官股由中法银行五釐金币借款项下拨付。1923年开始装设路轨，1924 年 12 月 17 日在前门举行了通车典礼，18 日"西线"（1 路）、20 日"东线"（2 路）先后开始售票："自前门桥经

---

① 《北洋时期北京市内街巷道路等级及路幅名称》，《北京档案史料》2001 年第 1、2、3 期。

② 林颂河：《数字统计下的北平》，《社会科学杂志》1931 年第 2 卷第 3 期。

③ 吴廷燮等：《北京市志稿·建置志》卷 1《道路》，北京燕山出版社 1990 年版，第165—166 页。

④ 《1929—1932 年北平市工务局建设成绩实况》，《北京档案史料》2004 年第 4 期。

西长安街、西单、西四牌楼至西直门，全长一四·〇四一里，共设十四站，是为西线。""自前门桥经东长安街、东单、东四牌楼至北新桥，全长一一·〇三二里，共设十一站，是为东线。"[①] 1925 年至1930 年，又相继开通了东四牌楼至西四牌楼的"加线"（3 路）、北新桥至太平仓的"北线"（4 路）、崇文门至宣武门的"南线"（5路）以及自永定门至和平门的第 6 路车，营业线路总长近 80 里。1929 年时有机车 60 辆、拖车 30 辆，平均每天运送乘客 10 万人次[②]。由此奠定的基本格局，一直维持到 1949 年和平解放。

1937 年全面抗战爆发之前，电车公司所设工厂有五处："为发电厂一，在通县北运河河岸，有三千启罗瓦特马力之锅炉三部，透平发电机三部；变压厂一，在崇外东城根；变流厂二，一在南池子，有三百七十五启罗瓦特之机器两架，一在三座桥，有二百二十五启罗瓦特之机器两架；存车及修造厂一，在法华寺，凡金木油漆诸工均属之。公司所属之工人，发电厂、变压变流二厂，约共二百余人，存车修造厂约一百八十人，共约四百人。车路之工作者，稽查九人，查票员四十人，签票员二十一人，排车员三十五人，售票生二百六十七人，司机生一百六十四人，旗夫三十九人，共五百七十五人。各厂与车上之员工，合计约一千人。员生工资每人每日最少者三角六分，最多者二圆八角。""电车公司有发电厂一，用工人约二百人；修理厂一，分木、铁、油漆、翻砂诸部，用工人一百八十人。此外，又有变压流厂二，及各道夫，凡工人约及千人。修理厂工作甚繁，除轮盘外，其一切机器铁件及车厢，均能自制，其工人待遇较灯厂为优。"[③] 北平沦陷期间，电车公司被日本强行接管。

有轨电车也有开风气之先的社会影响，在选定发电厂位置，为铺设电车路轨改造沿线街道和建筑，包括修垫路基，展宽路面，加固桥

---

① 《电车公司第三届董事会报告书》，载北京市档案馆、中国人民大学档案系文献编纂学教研室编《北京电车公司档案史料》，北京燕山出版社 1988 年版，第 49 页。

② 《1929 年北平特别市公用局施政大纲》，《北京档案史料》1992 年第 1 期。

③ 吴廷燮等：《北京市志稿·货殖志》卷 4《工业二》，北京燕山出版社 1990 年版，第 519—520、491 页。

梁，打通城墙，拆改牌楼，挪移电杆、电线、上下水管道等过程中，由于利益关系以及认识上的隔膜，不免引起相关商人、部门和市民的不满，京师总商会、电车公司、地方政府以及市民之间的冲突持续不断。这种新型交通方式的出现，使原有的人力车行业被削弱。北京的人力车夫1923年已有10万多人，人力车33000多辆。电车公司创立时，京师总商会等团体已经提出，"此数十万贫民骤然失业，生计所迫，难免铤而走险、扰及治安，又何法以善其后？"①1928年国都南迁后，失去首都地位的北平人口减少、市面萧条。1929年10月22日，电车工会与人力车工会的激烈冲突"波及电车，突被洋车夫工会乱徒捣毁机车四十三辆、拖车二十辆、道岔十处。就车辆一项之损失，估计约二十余万元。电车工人受重伤者八人。军警当局立即逮捕乱徒五百余人"②，电车公司元气大伤。

以燃油驱动的火车、电车、汽车等，代表着交通事业的发展趋向。在出租车业务方面，自1913年到1929年，北京的小型出租汽车行发展到60余家，拥有出租汽车约200辆，此后一直徘徊不前。晚于出租车行业出现的长途客运，始于1919年成立的燕京汽车行，以两辆汽车经营从市区到顺义县高丽营的长途客运业务。同年秋天，长途汽车行增加到6家，共有汽车8辆，由市区到达通县、三河、玉田、丰润等县。1931年发展到37家汽车行，有60辆车、13条运营路线，运营里程975公里。城区公共汽车的开端是1935年市政府组建北平公共汽车筹备委员会，后改称北平公共汽车管理处。筹集资金30万元，订购大客车30辆，先后开辟了5条运营路线。北平沦陷期间，市内公共汽车一度达到67辆。1947年，北平市公共汽车股份有限公司注册汽车133辆，每日出车三四十辆，6条运营路线共长34.3公里，到1948年停运。

---

① 《京师总商会为兴办电车危及全市生命财产请妥筹补救办法致京师警察厅呈》，载北京市档案馆、中国人民大学档案系文献编纂学教研室编《北京电车公司档案史料》，北京燕山出版社1988年版，第105页。

② 《电车公司致行政院内政财政工商等部电》，载北京市档案馆、中国人民大学档案系文献编纂学教研室编《北京电车公司档案史料》，北京燕山出版社1988年版，第226页。

1937 年 7 月 29 日，北平沦陷于日本侵略者之手。城乡道路、铁路、运河、飞机场等交通设施的建设是《北京都市计划大纲》的一部分。据 1946 年春调查，西郊新街市建成各类道路 90800 米，占计划路长度的 70%，道路系统基本形成；东郊工业区有土路 22240 米，其中 18000 米已铺碎石①。今天的建国门至八王坟一线（时称"东长安街"）、广渠门至北京玻璃总厂一线（时称"广渠街"）及南北向连接二者的西大望路（当时亦称"西大望路"）之所在，三条干线也初具规模。在北平旧城区和旧郊区，1938 年 3 月至 7 月，颐和园以南的西郊飞机场建成。9 月，驱使民工修筑北平至通州、塘沽、怀柔、长辛店、南苑、西郊飞机场等处的郊区公路。1941 年春修建平津公路。在市内交通方面，1938 年 8 月至 1939 年 1 月在旧城繁华地区修建 5 段沥青马路；1939 年 1 月 5 日，伪市警察局开始在东单、西单、王府井大街等处设立交通指挥红绿灯；1942 年完成了市内主要道路改为柏油路的工程②。八年沦陷期间，有轨电车路轨铺设进展寥寥，日本人还把淘汰下来的旧车和破车强行卖给电车公司。到 1945 年日本投降前后，能够行驶的仅 10 余辆，停驶的却有 100 辆左右③。

从 1945 年战后光复至 1949 年初和平解放，北平的交通基本上处在维持与恢复阶段。1947 年度北平市政府工作计划称："近来交通日繁，路面破坏甚巨，修整旧路、添筑新路，实为当务之急。"在改善交通设施方面，"鼓楼、地安门、大高殿三处周边道路展宽、铺筑油路。金鳌玉蝀桥南侧筑土堤、铺筑油路。沙滩经汉花园至猪市大街打通，铺筑混凝土路。崇文门瓮城拆除，展宽道路。东单、西单开辟广场"。在改善公共汽车设备及管理方面，"光复后由北平行营敌伪产业清委会拨资，并由公路总局、第八区、平津物资运输处拨给车辆，

---

① 北平市都市计划委员会：《北平市都市计划设计资料第一集》，北平市工务局 1947 年刊印，第 39—41 页。

② 中国人民政治协商会议北京市委员会文史资料研究委员会编：《日伪统治下的北平》，北京出版社 1987 年版，第 367—391 页。

③ 北京市档案馆、中国人民大学档案系文献编纂学教研室编：《北京电车公司档案史料》，北京燕山出版社 1988 年版，第 10—12 页。

设立公共汽车管理处，筹备开驶。同时，电车公司就该公司原有坏车修理后开行。1.统一管理，2.调整路线，3.增加车辆及设备"。为适应交通建设需要，加强电车设备，"1.尽量购备充分材料，积极修换全城各路线破坏轨道、十字岔道、铜引道箱、道墩及其他一切附件，至安全为度。2.检修全城各线路洋灰电杆。3.翻修全城路基。4.添辟建筑菜市口至宣武门路线、菜市口至广安门路线及第四路双轨"。此外还有改进供电设备、充实修车厂设备及车辆、增强发电设备等①。这些短期的年度计划，嗣后基本得以落实。

三　迅速发展的交通现代化建设

自 1949 年 10 月 1 日中华人民共和国成立迄今六十多年间，由铁路、公路、航空、市内公共交通等环节组成的交通系统，支撑着北京与国际、国内以及城市自身越来越繁忙的人与物的流动。缓解人口不断增长与人口大量流动带来的城市道路拥堵，是制定交通规划布局、提高交通运输能力、促进交通工具更新的基本动因，而交通因素对社会发展的影响也越来越显著。

在晚清与民国已经奠定的基础上，北京进一步巩固了作为铁路交通中心的地位。1952—1955 年丰沙铁路（北京丰台至河北怀来县沙城），1956—1959 年京承铁路（北京东便门至河北承德），1965—1971 年京原铁路（北京至山西原平）1972—1980 年京通铁路（北京昌平至内蒙古通辽），1973—1975 年通坨铁路（通县至河北滦县坨子头），1981—1983 年京秦铁路（北京双桥到秦皇岛），1985—1992 年大秦铁路（大同至秦皇岛），1993—1995 年京九铁路（北京至九龙），先后建成通车。在此期间，朱启钤倡导的环城铁路陆续被拆除，在城市外围陆续修建了东南、东北、西北环线。客运、货运、编组站建设，随着运输业务的增长迅速发展。1959 年建成北京站，主要担负国际列车、国内快车与特快车的到站与始发。1957 年修建永定门站，

---

① 《中华民国三十六年度北平市政府工作计划》，北平市政府 1948 年刊印，第 23—38 页。

1988 年更名为北京南站，2006—2008 年扩建改造，成为京津城际铁路以及京沪高速铁路的起点站。西直门站承担京包线、京通线的客货长途列车与市郊列车的到发任务，1988 年改名为北京北站，2005—2009 年进行技术、设施的改造。为满足客流量迅猛增长的需求，1993—1996 年，在丰台区莲花池一带修建北京西站，从这里出发的列车覆盖华南、华中、西南、西北地区。以北京为中心的多条铁路构成了环形的铁路枢纽，其核心区有内环（北京—北京南—广安门—北京西）、外环（丰台西—丰台—东南环—双桥—东北环—西北环—丰沙—丰台—丰台西）两重环线，通过环线连接京广、京山、京包、京原、京九、京承、京秦、京通、丰沙等铁路干线。北京铁路枢纽以特大型客运站北京站、北京西站和路网性编组站丰台西站为主，辅之以北京南站、北京北站等客运站，丰台、双桥等编组站，广安门、大红门、百子湾、石景山南站等货运站，成为我国最大的铁路枢纽系统。2013 年，北京市境内铁路里程 1116 公里，铁路客运量 11588 万人，铁路货运量 1078 万吨①。1997 年以后，中国铁路进入高速时代。京广、京沪、京哈三大干线大面积提速，京津城际铁路 2008 年 6 月通车，2011 年 6 月北京南站到上海虹桥站的京沪高速铁路通车，2012年中国基本建成了以北京为中心的 8 小时高速铁路交通圈。

当代北京也是全国的公路交通中心，1953 年之后陆续整修了京保（保定）、京张（张家口）、京开（开封）、京山（山海关）、京承（承德）、京津（天津）等主要干线公路。1956 年 9 月新建了从卢沟桥到周口店的京周公路，1957 年 6 月和 11 月，从南口到芹峪的南芹公路、从门头沟到潭柘寺的门潭公路相继建成。20 世纪 60 至 70 年代，从战备与改变山区交通落后面貌出发，修建了京原（山西原平）、京兰（兰州）、昌赤（昌平—赤城）等山区公里以及密云大关桥等公路桥。20 世纪 80 年代以后，改建了京密（密云）、京张、京开、京保、京塘（天津塘沽）等一级公路，修建了德胜门至定陵以

---

① 北京市统计局、国家统计局北京调查总队：《2014 北京统计年鉴》13—1《交通运输邮电业基本情况（1978—2013 年）》，中国统计出版社 2014 年版，第 372—374 页。

及北京至慕田峪、上方山、妙峰山、银山等地的旅游公路，1994—2001 年通往八达岭长城的高速公路建成通车。郊区公路 1986 年 9 月实现了村村通公路的目标。以国道和市道为骨架，以县乡级道路为支脉，形成了日益密集的公路交通网，11 条国道由北京出发呈放射状分布，通往直辖市、省会、首府及其他重要城市。2013 年，北京市公路里程 21673 公里；公路客运量 52481 万人，远低于 2012 年的 132333 万人；公路货运量 24651 万吨[①]。高速公路在北京公路系统中的地位日益增长，1986—1994 年修建的京石（石家庄）高速公路，是北京境内第一条、我国大陆第三条高速公路。此后，1987 年，京津塘高速公路开工；1994 至 1999 年间，京哈高速公路、京通快速路、京沈高速公路竣工通车；2000 至 2004 年，六环路、京承高速开工建设，京开高速、五环路竣工通车；2008 年奥运会前，机场南线、机场第二高速、京平高速（北京—平谷）、京津二高速相继投入使用，形成了包括五环、六环两条环线高速，京石、京开、京津塘、京沈、京哈、机场、京承、八达岭八条放射线以及机场北线在内的较为完善的高速路网[②]。到 2013 年，北京市的高速公路里程为 923 公里，城市道路里程 6295 公里，其中快速路 269 公里、主干路 952 公里[③]，公路交通与铁路都进入了高速时代。

1949 年 11 月 2 日，中国人民革命军事委员会民用航空局成立。1950 年 7 月，中国与苏联在北京成立了两国合营的民用航空公司，以北京西郊机场为基地，开辟了北京至赤塔、阿拉木图、伊尔库茨克的 3 条航空运输线；中国人民航空公司 1952 年 8 月开辟了北京—汉口—重庆航线。以此为起点到 1970 年底，由北京始发的航线 19 条，每周有 35 个航班飞往全国 22 个城市，通航里程 35284 公里。1978 年

---

① 北京市统计局、国家统计局北京调查总队：《2014 北京统计年鉴》13—1《交通运输邮电业基本情况（1978—2013 年）》，中国统计出版社 2014 年版，第 372—374 页。

② 国家统计局北京调查总队：《北京市 2010 年暨"十一五"期间国民经济和社会发展统计公报》，北京市统计局 2011 年 2 月 23 日发布。

③ 北京市统计局、国家统计局北京调查总队：《2014 北京统计年鉴》9—1《公路、城市道路及桥梁（1978—2013 年）》，中国统计出版社 2014 年版，第 267 页。

北京有通往东欧、西欧、非洲、东南亚的国际航线 12 条，通航里程 55432 公里[①]。随着中国对外交往的扩大与经营体制的变革，在引进欧美飞机的基础上，2005 年底首都机场开通国内航线 98 条、国际航线 100 条，国际国内通航城市分别为 76 个和 91 个，旅客吞吐量 4100 万人次，货邮吞吐量 78.21 万吨，飞机起降 34.17 万架次；2010 年，旅客吞吐量 7395 万人次，是亚洲排名第一、世界第二的繁忙航空港[②]。到 2013 年，北京民航客运量 6988 万人，货运量 136 万吨[③]。

中华人民共和国成立后，北京城市公共交通的首要任务是交通线路的开辟与交通设施的恢复。1956 年 8 月 "京一型"（BK540）无轨电车试制成功，至 1959 年 3 月 10 日取代了内城的有轨电车；1966 年 5 月 6 日，北京体育馆到永定门火车站的最后一条有轨电车线路停驶，标志着这种交通方式在运行 42 年后退出了历史舞台。1966 年以后，在郊区的京密引水渠滨河路与西郊机场路、阜成路相交处，修建了两座半通式立体交叉桥，这是立交桥出现于北京的开端。1974 年至 1976 年，又在复兴门、阜成门、建国门等处修建了立交桥。1976 年，北京的公共汽车营业路线达到 98 条，线路总长 1191.6 公里，运营车辆 1954 辆。在此期间，地下铁道的修建主要以战备为首要目标。1953 年 9 月北京市委《关于改建与扩建北京市规划草案要点》提出，及早筹划地下铁道的建设。北京军区、北京市、铁道部三方协同，自 1965 年 7 月 1 日至 1969 年 9 月 20 日，北京地铁一期工程建成通车，10 月 1 日开始接待群众凭介绍信购票参观乘坐。1971 年 1 月至 1973 年 4 月，试运行路段由北京站相继延长到公主坟、玉泉路、古城路、苹果园，直到 1981 年 9 月 15 日正式运营。1971 年 3 月 4 日，北京地铁二期工程开工，沿着此前的北京内城城墙一线自建国门至复兴门，

---

① 北京市地方志编纂委员会：《北京志·市政卷·民用航空志》，北京出版社 2000 年版。

② 国家统计局北京调查总队：《北京市 2010 年暨"十一五"期间国民经济和社会发展统计公报》，北京市统计局 2011 年 2 月 23 日发布。

③ 北京市统计局、国家统计局北京调查总队：《2014 北京统计年鉴》13—1《交通运输邮电业基本情况（1978—2013 年）》，中国统计出版社 2014 年版，第 372—374 页。

呈倒 U 字形，1981 年 12 月基本建成后分段试运行，1984 年 9 月 19 日正式通车。

北京在 20 世纪 80 年代开始改造全长 33 公里的二环路、全长 49 公里的三环路，以及联络这两条环线的新街口外大街、紫竹院路、阜成路、车公庄路、百万庄路等，修建了建国门、西直门等一批立交桥。以 1990 年举办亚运会为契机，加速了二环路、三环路快速路系统的建设，先后在 1993 年和 1999 年完成。它们与北京通往沈阳、石家庄、开封、天津等地的高速公路一起，构成了环线加放射线的城市路网骨架。1999 年，对市内大批道路进行了升级改造，东四环快速路通车。此外，五环、六环也在分期逐段建设。在这个时期，北京的道路系统已由传统的棋盘式迅速变为以天安门广场为中心的蛛网式格局，全市的机动车保有量达到了 110 万辆。2000 年公共交通客运量达 46.65 亿人次，公共电汽车 10077 辆，营运线路 422 条，线路总长度 9626.76 公里，客运量 34.87 亿人次①。1986 年 12 月 10 日，由公主坟至黄村的 901 路公共汽车运营，这是北京第一条通往远郊区县、按照市郊公共汽车方式运营的公交线路。到 1998 年 8 月，所有远郊区县都通行了公共汽车②。

积极申办与成功举办 2008 年第 29 届夏季奥运会，是北京在制定和落实"十五"及"十一五"规划期间（2000—2010）改善交通的最直接动力。1999 年 12 月 11 日至 2003 年 1 月 28 日，地铁 13 号线（轻轨）建成通车；1992 年 6 月至 1999 年 9 月建成地铁复八线（复兴门至八王坟），2000 年 6 月 28 日与一线地铁全线贯通；2000 年 12 月 18 日至 2003 年 12 月 27 日，地铁八通线（八王坟至通州）建成通车。2000 年，采用清洁燃料的车辆 5923 辆，占全部公共汽车总数的 78.9%，有效地减少了尾气排放。在筹办 2008 年奥运会的强力推动下，北京市以轨道交通为重点，交通建设全面提速。在奥运会开幕之

①《北京市"十五"时期交通行业发展规划纲要》，北京市交通委员会网站 2006 年 6 月 9 日。

② 刘牧：《当代北京公共交通史话》，当代中国出版社 2008 年版，第 160 页。

前，一批重大基础设施项目按计划建成并投入运行。地铁 10 号线一期、奥运支线、轨道交通机场线开通运营，新增轨道交通运营里程 58 公里，总里程达到 200 公里。机场二通道、机场南线、京平高速、京津二通道、京包高速（六环路至德胜口段）等高速公路建成通车，全市高速公路通车里程累计 790 公里。首都机场 T3 航站楼投入使用，北京南站和京津城际铁路工程调试运行，地铁 4 号线全线完成土建工程总量的 93%①。包括机动车单双号限行、错时上下班、设立奥运交通优先道、公交地铁延长运营时间、开通奥运公交专线在内的临时措施效果明显，保证了奥运会期间的顺利出行。举办奥运会，极大地加速了北京交通的现代化建设。到 2013 年，北京城六区有桥梁 1998 座，其中立交桥 414 座②；公共交通运营线路 830 条、长度 20153 公里、车辆 27590 辆、客运量 804775 万人次，其中包括公共电汽车线路 813 条、长度 19688 公里、车辆 23592 辆、客运量 484306 万人次，轨道交通线路 17 条、长度 465 公里、车辆 3998 辆、客运量 320469 万人次。出租小汽车运营车辆 67046 辆，客运量 69946 万人次③。

第五节　水环境治理与水资源供应

一般而言，水环境治理是水利与环境保护事业的重要组成部分，水资源短缺则是 20 世纪后期以来出现的新问题，与全球性的气候连年干旱、人口增长与工农业发展导致用水量增加等因素密切相关，但民国时期并非如此。

一　民国时期的水灾与自来水供应

民国年间的气候特征与降水状况表明，这个时期的北京地区并

---

① 《2008 年上半年经济社会发展计划执行情况》，北京市发展和改革委员会网站 2008 年 7 月 28 日。

② 北京市统计局、国家统计局北京调查总队：《2014 北京统计年鉴》9—1《公路、城市道路及桥梁（1978—2013 年）》，中国统计出版社 2014 年版，第 267 页。

③ 北京市统计局、国家统计局北京调查总队：《2014 北京统计年鉴》9—2《城市公共交通（1978—2013 年）》，中国统计出版社 2014 年版，第 268—269 页。

不缺水。唯其降雨集中在夏季，极易造成河流决口、泛滥成灾。自1912 年至 1949 年，北京地区共有 19 个年份发生水灾，其中包括1913、1917、1924、1925、1929、1939 年发生的 6 次重大、特大水灾，它们都与永定河决口有关①。"1917 年永定河的泛滥，受灾的面积……有一万五千平方英里，淹没村庄二万多个，无家可归的六百二十万人。1924 年 7 月里的那一次直隶水灾，到 8 月水还没有退尽。"② 1939 年 7 月 10 日以后，北京地区连降暴雨，7、8 两月总降雨量达到 1137.2 毫米，潮白河、北运河、永定河、大清河水位全线上涨。7 月 25 日、26 日永定河在卢沟桥以下河段决口，仅房山、良乡就有 5 万户受灾、2 万余户倾家荡产。8 月 31 日《大公报》指出："通县且全部被淹，自北平南郊至保定，茫茫无边际。津西各村全淹，杨村以西，永定河、北运河、龙凤河已经连成一片汪洋。"③ 9月 2 日《申报》披露："此次水灾为八十年来所仅见，无家可归者已达数百万人。北平与保定之间，完全成一大湖，湮浸县城达十四县。"④ 民国年间先后制定了《顺直河道治本计划报告书》《整理永定河计划大纲》《玉泉源流之状况及整理大纲计划书》《北平通航计划之草案》《永定河治本计划》《整理箭杆河蓟运河计划》《北平市沟渠建设计划》《北平市河道整理计划》等水利方案，但大部分在动荡的时局之下未及实施。

在北京（北平）城里，通过新闻媒介的宣传与自来水公司的大力推广，始自清末的这种新型水源供应方式得到进一步发展（图 7—3），自来水与传统的井水之间的行业冲突随之激化。1923 年市民给市政公所呈文："京师地广户繁，所需饮水向恃井屋供送。然该项营业多为山东人所把持，结党怙势，只知谋利，至于水质如何，毫不注意，且对于用户待遇甚苛，稍不如意，非勒掯用水即断绝饮料。人民

---

①　尹钧科、吴文涛：《历史上的永定河与北京》，北京燕山出版社 2005 年版，第367 页。

②　竺可桢：《直隶地理的环境和水灾》，《科学》1927 年第 12 期。

③　《速救北方灾民》，《大公报》1939 年 8 月 31 日。

④　《冀鲁豫等地几成一片泽国》，《申报》1939 年 9 月 2 日。

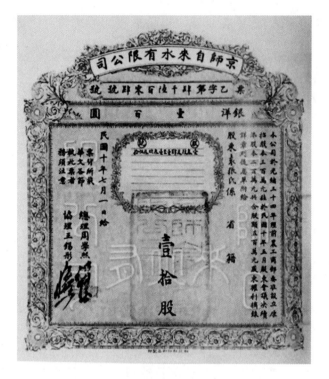

图7—3 1921年发行的自来水公司股票

忍受痛苦匪伊朝夕，凡都人士，除改用自来水者外，无不同受此感，决非市民等之所臆造。"① 有政府做靠山的自来水公司每一次拓展业务，都在客观上压缩了同业公会等地方势力支持下的井水商人的经营空间，一位自来水用户来函提醒："惟操井业者闻之大哗，欲施行其蛮横手段，以谋抵制。深望有维护人民卫生之责者善为调置，免市民永受山东水夫专横之苦云。"② 京师警察厅1926年5月29日布告称："近年以来，该公司于住户安设水管工作之时，井业水夫动辄纠合徒

① 《部分用户致市政公所呈文》，载北京市档案馆、北京市自来水公司、中国人民大学档案系文献编纂学教研室编《北京自来水公司档案史料》，北京燕山出版社1986年版，第127页。

② 《一用户致自来水公司函》，载北京市档案馆、北京市自来水公司、中国人民大学档案系文献编纂学教研室编《北京自来水公司档案史料》，北京燕山出版社1986年版，第129页。

众横肆阻挠。……时复发生寻殴伤人毁物情事。"① 自来水与井水分别适应了不同阶层市民的经济能力，直至 1949 年以后，井水才逐渐被自来水取代，城市用水设施与卫生观念在社会冲突中不断进步。

二　以防洪灌溉与城市供水为主的早期水利建设

中华人民共和国成立后，为满足人民生活、城市发展、国家建设对水资源和水环境的要求，北京在河道整治、水库建设以及城乡水利事业的其他方面，都取得了前所未有的巨大成就，大型水利工程的修建得到了中央政府和兄弟省市的有力支援。

在 1949—1957 年，致力于解决原有水利工程年久失修、城区水环境污染不堪、河道行洪排水不畅等问题。民国时期作了大量规划、勘察、论证的官厅水库，在 1951 年 10 月至 1954 年 5 月期间建成，1957 年 4 月修建了与之配套的永定河引水渠。以地下水为水源的北京市第二、第三、第四自来水厂相继投入使用，坝河、清河、凉水河疏浚后防洪能力明显增强。在北京外围，建成房山青龙头、怀柔红螺寺等水库，整修或新建了石景山、城龙、房涞涿、东直门等灌区，增加砖石井 3 万余眼，灌溉面积发展到 58.18 万亩。

1958—1965 年，成千上万的劳动群众投入到规模空前、持续不断的水利建设中，当代北京水资源开发和水环境治理所依赖的主要水利设施，大多始建或改建于这个高歌猛进的年代。为了防汛与排水，重点整修永定河卢沟桥以上的石堤，兴建卢沟桥以下的治导工程，开挖凤港减河与运潮减河，初步治理了大龙河、小龙河、凤河，郊区农田利用地下水补充灌溉水源②。水库建设取得突出成就，1958 年建成十三陵水库、怀柔水库，密云水库破土动工，至 1960 年建成并开挖京密引水渠，到 1966 年 5 月全线竣工通水，为北京提供了未来最重要的水源供应途径。除此之外，平谷的海子水库（金海湖），怀柔的

---

① 《京师警察厅防止井商闹事布告》，载北京市档案馆、北京市自来水公司、中国人民大学档案系文献编纂学教研室编《北京自来水公司档案史料》，北京燕山出版社 1986 年版，第 136 页。

② 颜昌远：《兴利除害，水惠京华》，《北京水利》1999 年第 5 期。

北台上水库（雁栖湖），房山的崇青水库（青龙湖）、丁家洼水库、天开水库，门头沟的珠窝水库，昌平的响潭水库、南庄水库、王家园水库、桃峪口水库，怀柔的红螺寺水库、沙峪口水库，密云的银冶岭水库，顺义的唐指山水库、汉石桥水库、南彩水库，大兴的埝坛水库等，都是建成于这个时期。

1966—1978 年，根治海河与兴修水利深得民心，水利设施得以巩固配套，重点建设继续推进。北京市境内修建了房山鸽子台水库，门头沟鲁家滩水库、斋堂水库、落坡岭水库、苇子水水库，昌平响潭水库第二期工程，延庆古城水库、佛峪口水库，怀柔大水峪水库、边坑水库，密云转山子水库、沙厂水库、半城子水库、遥桥峪水库，平谷西峪水库、黄松峪水库等[①]。在农田水利建设中打机井一万余眼，灌溉面积增加到 513 万亩，其中井灌面积 246 万亩[②]。通过疏浚温榆河、北运河及其支流坝河、港沟河，整修凤河与凉水河，平原排涝与城市排水的通道变得更加顺畅。北京市第八自来水厂和燕山石化区输水管线的建设，增强了城市供水的能力。

三 步入缺水城市的北京水源供应

20 世纪 70 年代以后，全球性的气候干旱以及城市膨胀、人口激增、生产消耗、环境污染，使北京的水资源由基本能够适应城乡需要变为严重短缺。科学配置和开辟水资源，防治水污染，保护水环境，节约用水，成为北京突破可持续发展瓶颈的重大问题。

早在 1972 年和 1976 年，北京就已遭遇了两次水源危机。1981年，国务院决定密云水库不再向河北、天津供水，其主要功能转变为保障北京城市供水。为控制打井、节约水源，颁布了《地下水资源管理办法》，实行计划供水及超计划用水加倍收费的政策[③]。由于水资源供需矛盾日益突出，北京市致力于管好用好天上、地面、地下"三

---

① 北京市地方志编纂委员会：《北京志·地质矿产水利气象卷·水利志》，北京出版社 2000 年版。

② 颜昌远：《兴利除害，水惠京华》，《北京水利》1999 年第 5 期。

③ 《北京水利辉煌 60 年》，《水利发展研究》2009 年第 10 期。

盆水"，努力实现防洪标准、供水保证率、水环境质量、水经济效益的高水平。鉴于气候干旱时期也可能突发洪水，实施了加固主要水库大坝与河堤、扩建溢洪道与部分水库的工程。为保障城市供水，兴建了白河堡水库向官厅水库及十三陵水库补水的渠道，相继完成了从团城湖到西郊工业区的东水西调，由密云、怀柔、顺义抽取地下水的第八自来水厂，由怀柔水库、密云水库取水的第九自来水厂，供应北京热电厂用水的引潮入城等工程。通过提高密云水库汛期水位以增加可用水量，还解决了京密引水渠冬季安全输水问题。城市水环境治理日益受到重视，农村重点进行以节水为中心的灌溉技术改造。

　　2001 年 7 月 13 日，北京获得了 2008 年第 29 届夏季奥林匹克运动会的主办权，由此提出了按照国际标准改善城市环境的重大任务，这也是一个推动城市建设迈向新高度的良好契机。2002 年 12 月公布的《北京奥运行动规划》强调：保护饮用水源，"加强与上游地区的协作，……保证密云、官厅水库上游来水和水库蓄水的水质，基本恢复官厅水库饮用水源功能；结合调整经济结构、节约用水、农业污染防治、城市污水处理系统完善等工作，保护地下水饮用水源"；防治水污染，"建成卢沟桥、清河、小红门等污水处理厂，形成完善的城市污水处理系统，到 2008 年市区污水处理率达到 90% 以上。实施市区城市水系和温榆河等主要河道的综合整治，加快建设主要河道污水截流管线，结合旧城改造对排水系统进行更新改造"；合理利用水资源，"最大限度地保存地表和地下水库的清洁水源，最大限度地利用降水和再生水源；建设清河、吴家村、酒仙桥等 7 座中水处理厂，2008 年城市污水处理厂出水回用率达到 50%；开展居住小区和单位中水回用；完善开采地下水计划，重点控制工农业取用地下水的数量，逐步提高地下水水位；做好汛期雨洪的拦截及回灌工作，补充、涵养地下水源；提高公民水资源忧患意识，进一步理顺水价体系，积极应用节水技术和措施，推广使用节水器具，调动全社会节约用水的积极性和自觉性"；加强重点区域的生态保护和建设，"保护密云水库、怀柔水库、官厅水库等重点生态功能保护区，防止生态破坏和生态功能退化；对水、土地、森林、草场、矿产、水产渔业、生物物种和旅游等重点资源开发区实施强制性保护；在地下水严重超采区和生态系统脆弱地区划定禁采区、禁垦区和禁伐区；重视保护现有湿地生态系统，在适宜地区建设人工湿地；加强自然保护区建设，重视生物多样性保护，保护自然生态系统、野生动植物和基因资源"①。这些内容是"十五"规划相关部分的具体化，此后的北京水资源依然紧缺，1999 年以后连续 7 年干旱，水库蓄水入不敷出。过量抽取地下水造成水位持续下降，平原区地下水埋深降至 20 米，城市水资源储备严重不足。治理水污染任务依然艰巨，一半以上的河道水质不达标，部分平原区浅层地下水受到污染。六环以内 520 公里河道，部分河段污染严重。已治理的河道，由于新水补充少，水质不能保证。部分供水管网存在安全隐患，建设节水型社会任重道远。因此，《北京市"十一五"时期水资源保护及利用规划》提出②，要从水资源保护与水土保持两方面入手确保水源安全。

在水资源严重短缺的条件下，北京借助政策支持、节约用水、南水北调等多种途径，维持了水源供需的基本平衡。2001—2013 年，北京市的人均水资源量在 198.5 立方米（2008 年）至 114.7 立方米（2007）之间徘徊，除了举办奥运会的 2008 年这个特殊年份之外，2012 年达到 193.3 立方米，2013 年下降为 118.6 立方米，低于 13 年间的平均水平 142.5 立方米。全年供水总量在 38.9 亿立方米（2001年）与 34.3 亿立方米（2006 年）之间，其中的地表水所占比重从2001 年的 11.7 亿立方米开始基本在逐年下降，2013 年为 3.9 亿立方米；地下水所占比重从 2001 年的 27.2 亿立方米下降到 2013 年的17.9 亿立方米；再生水从 2003 年的 2.1 亿立方米提高到 2013 年的8.0 亿立方米；南水北调从 2008 年的 2.7 亿立方米上升到 2013 年的3.5 亿立方米；应急用水从 2005 年的 2.5 亿立方米连年增长到 2013年的 3.0 亿立方米。自 2001 年到 2013 年，农业用水、工业用水分别

① 北京市发展计划委员会、北京奥运会组委会《北京奥运行动规划》，人民网 2002年 3 月 30 日发布。
② 《北京市"十一五"时期水资源保护及利用规划》，北京市发展和改革委员会 2006年 9 月 8 日发布。

从 17.4 亿立方米、9.2 亿立方米下降到 9.1 亿立方米与 5.1 亿立方米；生活用水、环境用水分别从 12.0 亿立方米、0.3 亿立方米增长到 16.2 亿立方米、5.9 亿立方米①。上述状况表明，北京的地下水资源开采得到了控制，地表水资源日益短缺，再生水与外来的南水北调、应急供水的作用日益加大，这也从另一个方面显示出北京当地水资源的严重不足；工农业用水的下降，是产业结构调整与国家政策严格约束的结果；生活用水增加约 40%，是城市人口迅速膨胀以及生活质量要求提高的反映；环境用水的显著增加，体现出城市生态环境建设越来越受到重视。

在居民饮用水供应与污水处理方面，2013 年北京市的自来水综合生产能力达到每日 444 万立方米，供水管线长度 14495 公里，销售总量 98178 万立方米，分别是 1978 年的 3.31 倍、4.95 倍、3.01 倍②，支撑着这座城市对饮用水源的巨量需求。污水处理率从 1978 年的 7.6% 提高到 2013 年的 84.6%；生活垃圾无害化处理率从 2000 年的 56.4% 提高到 2013 年的 99.3%③。在降水和来水严重不足、城市应急水源地已接近开采极限的条件下，为了应对人口增长的压力，北京必须继续建设节水型城市。

第六节　环境污染与风沙源的治理

环境污染是世界各国工业化初期的普遍现象，北京的环境污染也是随着 20 世纪 50 年代以来的大规模工业建设而产生和变化。政府和社会对环境问题的认识，经历了从相对模糊到广泛重视的过程。沙尘暴的频发、水资源的危机，引起人们对风沙源治理的关注。各个阶段

①　北京市统计局、国家统计局北京调查总队：《2014 北京统计年鉴》4—16《水资源情况（2001—2013 年）》，中国统计出版社 2014 年版，第 162—163 页。

②　北京市统计局、国家统计局北京调查总队：《2014 北京统计年鉴》9—3《城市供水、供汽及供热（1978—2013 年）》，中国统计出版社 2014 年版，第 270—271 页。

③　北京市统计局、国家统计局北京调查总队：《2014 北京统计年鉴》4—19《污水处理及环境卫生（1978—2013 年）》，中国统计出版社 2014 年版，第 166 页。

的环境保护工作总体上成绩显著，但在许多方面仍然不能尽如人意。

一　环境污染的出现与治理

环境污染包括水源、土壤、大气等许多方面，《北京志·市政志·环境保护志》记录了北京1949—1995年环境污染与环境保护的发展情况，兹据此作出节略说明。

在北京工业化建设的早期，大量消耗原材料、能源、水源而且污染严重的冶金、化工、水泥、造纸等行业迅速发展，城市的环境压力开始增大。20世纪70年代初，城市人口由20世纪50年代初的160多万增加到400多万，在62平方公里的旧城区内有近千家工厂与居民混杂，其中60%以上存在废水、废气、废渣、噪声、振动、烟尘、恶臭等污染扰民问题。多数工厂工艺落后，排放的污染物基本未经治理。20世纪70年代初，西郊首钢废水对地下水的污染范围已扩大到70平方公里；南郊工业区地下水受到严重污染，迫使水源七厂废弃两口水源井；大气及水污染导致农作物减产甚至绝产，水中鱼类死亡；锅炉、窑炉烟囱林立，反映空气污染的综合指标烟雾日，由20世纪50年代的60余天发展到20世纪60年代的120余天。郊区农药、牲畜粪便等面源污染日益加重，水土流失、风沙危害相当普遍。

周恩来总理对治理北京的环境污染，发挥了重要的推动作用。1971年5月，北京市成立"三废"管理办公室。1972年召开全市"三废治理、烟囱除尘"大会，颁布"三废"管理试行办法，这是北京市环境保护工作的开端。官厅水库水源保护领导小组组织河北、山西、北京及国务院有关部委、科研院所的数百名科技人员，开展官厅水库上游污染源治理和科研检测工作大会战，改善了水库的水质。1973年，北京市以治理酚、氰、汞、铬、砷5种毒物为重点，开展长河等7条河系和密云水库等3大水库的水源保护大会战。通过调查，全市1624个工厂存在污染问题的占63%，有的工厂排放的污染物超过国家卫生标准数百倍甚至上千倍，或污染饮用水源；或废气、噪声、振动污染扰民严重。市革委会决定将城区36个工厂、11个有毒产品分两批迁出市区，污染企业分期分批治、改、并、迁、停。至

1977 年，城市居民炊事气化率达到 10.3%，城近郊区的 1.4 万台锅炉、窑炉和茶炉有 50% 不再冒黑烟，随废水排放的重点毒物减少了 30%—96%，西郊地区地下水污染面积大为减少，官厅、密云、怀柔水库的水质保持清洁。

但是，这个时期的治理进度仍然赶不上污染的发展，环境状况总体上在继续恶化。1977 年与 1971 年相比，工业总产值增长了 49.4%，城市人口增加 10.2%，而市区每天排放的 160 多万吨工业及生活污水，基本上未经处理就直接或间接入河。再加上水资源不足，在 23 条主要河渠中，污水量超过清水量的就有 16 条，导致下游河水发黑发臭，部分河段出现"无大型生物带"。地下水被过量开采，水环境被污染，水位下降，硬度及硝酸盐含量逐年增高。工业及民用炉灶大幅度增加，年耗煤量持续增长，近一半烟囱浓烟滚滚。这些因素与裸露地面、交通尾气、施工扬尘、外来沙尘一起，使得烟雾日由 1960 年代末的 120 天增至 20 世纪 70 年代的 150 天左右。三废污染引起的群众与工厂之间的冲突、死鱼及毁坏庄稼事件不断出现，环境污染危及人体健康，引起了各方关注。

进入 20 世纪 80 年代，环境污染防治及生态建设取得显著进展。至举办亚运会之后的 1990 年底，在防治大气污染方面，全市 2.2 万台锅炉改造了 90%，黑烟滚滚的现象基本消失，减少了汽车尾气污染。在水污染综合防治方面，先后整治小月河、红领巾湖等 10 多处河湖；将密云水库、怀柔水库及京密引水渠划为水源保护区，停止旅游及一切水上活动，推行汛期封坝、限制网箱养鱼、种植水源涵养林、修建污水处理厂、控制铁矿开采、治理搬迁污染源、加强生物防治等措施，以保持饮用水源的水质清洁。在工业污染治理方面，1981—1990 年，工业污染治理投资 14.5 亿元，219 个工厂车间搬迁，6800 多个治理项目竣工。在控制噪声污染方面，建设 25 个低噪声小区，机动车全部更换低噪声喇叭，取缔 1 万余辆尾气及噪声污染严重的旧型三轮摩托车，部分路段禁止鸣笛。1984 年禁止销售和使用有机氯农药，建成一批生态农业试点。在农村及山区开展大面积植树造林、小流域综合整治、防风治沙，治理畜禽粪便、发展沼气，建立自然保护区。1990 年与 1978 年相比，北京市工业总产值增长 2 倍多，城市人口由 467 万增至 640 万，但环境状况没有恶化。尽管如此，环境意识、资源意识、法制观念、投资力度、管理水平的薄弱，使得某些污染仍未得到有效控制，市区采暖期煤烟型污染相当突出，沙尘及交通环境污染等指标长年偏高，总悬浮颗粒物、二氧化硫、氮氧化物年均值均超过国家标准，夏季存在着光化学烟雾污染的潜在威胁，城市污水及垃圾无害化处理率很低，城市下游水体污染仍很严重，地下水硬度及硝酸盐含量继续增高，施工噪声以及社会生活噪声污染加重。农村化肥、农药及畜禽粪便等面源污染，水土流失、风沙危害等环境问题，都未得到根治①。

申办奥运会，成为北京在 2000 年前后治理环境污染的强大推动力量。就在着手申办的 1998 年，北京空气污染的综合指数分别比上海、天津、重庆高出 40%、33% 和 37%，市区大气中总悬浮颗粒物、二氧化硫、氮氧化物年平均值分别超过国家空气质量二级标准的 89%、100% 和 204%。为了达到承办奥运会的环境质量要求，北京奥申委制订了包括 30 项内容的《绿色奥运行动计划》。以燃煤为主的能源结构是煤烟型污染的重要原因，导致空气中的二氧化硫超标。不合理的工业结构和布局影响着空气质量，分布在朝阳、石景山、丰台等近郊区的许多高能耗、重污染的冶金、电力、建材、焦化、石化企业尤其如此。机动车保有量迅速增加带来的尾气排放及道路扬尘增多，加剧了大气与噪声的污染。针对这些情况，北京市大力推进清洁能源、集中供热、电厂燃煤脱硫除尘，提高车用燃油质量和机动车排放标准，加强施工工地管理，开展人工增雨、增雪以控制大气污染；通过调整经济结构和产业结构，搬迁东南郊和石景山地区的建材、冶金、机械、化工、电力等重点企业，关停一批石灰厂、砖瓦厂、水泥厂、砂石料场，发展高新技术产业，降低煤耗与工业污染。到 2008 年 6 月，北京的大气环境质量持续 7 年改善，

---

① 北京市地方志编辑委员会：《北京志·市政志·环境保护志》，北京出版社 2004 年版，第 5—12 页。

中心城的污水处理率达到 92%、生活垃圾无害化处理率为 99%，大气中二氧化硫、一氧化碳、二氧化氮、可吸入颗粒物年均浓度下降了 34%、26%、7% 和 9%，空气质量二级和好于二级的天数比例由 48.4% 增加到 67.4%。在奥运会召开前后，山西、河北等地也为保障北京的空气质量做出了艰苦努力和巨大贡献。在举办奥运会的 16 天里，北京的空气质量达到世界发达城市水平，可吸入颗粒物也远远低于申办时承诺的指标[①]。

绿色奥运为北京留下了丰厚的文化遗产，生态建设与环境保护的理念深入人心。尽管如此，"后奥运时代"的人口增长与城市发展仍然带来了众多环境问题。经过"十一五"时期（2006—2010）的环境治理之后，北京呈现出环境质量整体改善、部分指标尚未达标、防治形势依然严峻、改善难度不断加大的特点。主要差距在于：可吸入颗粒物年均浓度尚未达到国家标准，臭氧污染加重趋势未得到有效遏制；城市下游地区河道水质仍普遍超标；群众对噪声污染等环境问题的反应还比较强烈。"十二五"期间（2011—2015）的能源消耗总量、机动车保有量、常住人口规模等仍将有较大增长，煤炭在能源消费中的比重超过 30%，数百家污染防治水平较低企业的三废排放，生态用水极度匮乏，水体几乎丧失自净能力，都使污染持续减排、改善环境质量、防范环境风险的压力进一步加大[②]。能源构成亟须调整，天然气占能源消费总量的比重仅为世界平均水平的一半，煤炭总量削减仍有较大空间，新能源和可再生能源发展还处于起步阶段[③]。2012 年，北京市能源消费总量达到 7177.7 万吨标准煤，是 1980 年（1907.7 万吨标准煤）的 3.76 倍；万元地区生产总值能耗为 0.436 吨标准煤，相当于 1980 年（13.715 吨标准煤）的 3.18%。能源的利

[①] 戚本超主编：《第二十九届奥运会与北京城市发展》，北京燕山出版社 2010 年版，第 93—95 页。

[②] 《北京市"十二五"时期环境保护和建设规划》，北京市环境保护局、北京市发展和改革委员会 2011 年 6 月发布。

[③] 《北京市"十二五"时期能源发展建设规划》，北京市发展和改革委员会 2011 年 8 月发布。

用率在大大提高，但能源消费总量也在逐年增长，2013 年达到7354.2 万吨标准煤①，是 1980 年的 3.86 倍，改进能源结构、防止环境污染的任务依然繁重。

二 沙尘天气与风沙源治理

北京地区以雾霾与沙尘暴为主的沙尘天气，是全球大气运动与区域生态环境恶化共同作用的结果。进入 20 世纪以后，尤其是最近五十多年来的科学研究和观测显示，北京地区的沙尘天气以扬沙为主，集中发生在春季的 3—5 月，冬季次之，夏秋最少。春季冷空气活动频繁，大风屡现、干旱少雨，地面升温迅速，近地表大气层的结构不稳定，这些气候条件都容易引发沙尘天气。据气象学家研究，北京及其周围地区沙尘天气自 20 世纪 50 至 80 年代，一直呈现出减少的趋势，到 20 世纪 90 年代在波动中转为上升趋势，并且延续到 21 世纪。20 世纪 50 年代沙尘暴、扬沙、浮尘的平均日数，分别是 20 世纪 90 年代的 8 倍、14.5 倍、3.2 倍。受华北罕见的旱情以及 20 世纪最强的一次"拉尼娜"事件影响，2000 年春季强沙尘次数大幅度增加，达到了 20 世纪 90 年代同期的 3 倍以上②。

北京市气象台资料与新闻媒体报道显示，北京在 1951 年至 2000 年期间，包括大风、扬沙、浮尘、沙尘暴在内的沙尘天气年均 28 天，最高年份 1952 年达 87 天；沙尘暴最多的 1966 年达到 20 天。2000 年沙尘暴 5 次袭击北京，以 3 月 27 日与 4 月 6 日最严重，狂风挟带着滚滚黄沙数小时内笼罩北京，局部地区瞬时风力 8 至 9 级，能见度不足 100 米。2002 年 3 月 15 日下午，沙尘天气在北京持续 49 小时；20 日再次袭击北京，时间长达 51 小时，总降尘量高达 3 万吨。2004、2005 年也有扬沙天气记录。2006 年春季北京遭遇 14 次沙尘天气，是 2000 年以来最多的一年。4 月 16 日至 18 日，沙尘天气影响我国北方数省

---

① 北京市统计局、国家统计局北京调查总队：《2014 北京统计年鉴》4—2《能源消耗总量及万元地区生产总值能耗（1980—2013 年）》，中国统计出版社 2014 年版，第 141 页。

② 叶笃正等：《关于我国华北沙尘天气的成因与治理对策》，《地理学报》2000 年第 5 期。

区，北京地区总降尘量约 33 万吨[①]。2008 年 5 月 20 日，2010 年 3 月
20 日与 22 日，北京继续遭遇强浮尘天气，空气重度污染。2015 年，
北京在经历了 3 月 20 日夜间的浮尘、3 月 28 日至 29 日的浮尘和扬沙
之后，4 月 15 日发生了影响内蒙古、宁夏、东北、京津冀地区的强烈
沙尘暴。受沙尘影响，北京的首要污染物从 PM2.5 变为 PM10。市环
保监测中心昌平站 17 时 PM10 小时浓度为 200 微克/立方米左右，18
时即已接近 1000；至 19 时，各站点 PM10 浓度都超过 1000，达到重
度污染；20 时开始，能见度转好，沙尘暴预警解除[②]。关于北京地区
的沙源，或认为主要来自蒙古国，从那里经西北高原、沙漠吹向北
京；或以为来自本地，永定河、潮白河等冲积平原以及城市建筑废弃
裸露的土地，是就地起沙的主要来源；内蒙古中部和河北地区的退化
草场和撂荒耕地，是北京地区浮尘与弱沙尘暴的主要来源。

　　抑制不合理的土地利用带来的土地沙化，搞好地表植被的保护与
生态建设，是阻断沙尘来源、形成环北京地区绿色生态屏障的主要途
径。自 2000 年以来，国家逐步实施京津风沙源治理和退耕还林工程，
北京山区采取了退耕还林、荒山造林、封山育林、飞播造林、爆破造
林等措施。到 2005 年底，森林覆盖率 46.6%，林木绿化率 67.9%。
累计治理水土流失 3493 平方公里，90% 以上的宜林荒山实现绿化。
营造防风固沙林 1.3 万多公顷，五大风沙危害区得到有效治理，初步
形成以绿色生态走廊为骨架，点、线、面、带、网、片相结合的防护
林体系。2007 年底，全市林木覆盖率 51.6%，山区林木绿化率
70.49%，京石高速等"五河十路"两侧建成 2.5 万公顷绿化带，城
市绿化隔离地区建成 1.26 万公顷林木绿地，城市绿化覆盖率达 43%，
人均绿地面积和人均公共绿地面积分别为 48 平方米和 12.6 平方米，
自然保护区面积占全市国土面积的 8.18%，超额完成了北京申奥报
告团承诺的七项绿化指标[③]。奥运会后，北京致力于持续改善生态环

　　① 北京市气象台 2007 年 1 月 11 日发布。
　　② 《时隔 13 年，沙尘暴再袭京》，《新京报》2015 年 4 月 16 日。
　　③ 戚本超主编：《第二十九届奥运会与北京城市发展》，北京燕山出版社 2010 年版，
第 89—93 页。

境质量，"十二五"规划提出了建设绿色空间的任务："继续增加植被覆盖度、生物丰度，以生态涵养区为重点，完善以山区绿化、平原绿化和城市绿地为基本骨架的绿色空间体系，建设滨河森林公园、郊野公园、城市休闲森林公园、南中轴森林公园，沿中心城河湖水系打造滨水林带，增加绿地面积，优化绿地结构和布局，到2015年，全市林木绿化率达到57%，城市绿化覆盖率达到48%。"[1] 经过数年努力，到2013年底，全市林木绿化率已达57.4%，提前完成了规划指标；城市绿化覆盖率达到46.80%[2]。到2015年，城市绿化覆盖率上升为48.40%，同样超额完成了规划指标[3]。北京的城市发展与生态环境建设，在多种矛盾的相互较量、相互妥协、彼此协调中曲折前行。

① 《北京市"十二五"时期环境保护和建设规划》，北京市环境保护局、北京市发展和改革委员会2011年6月发布。

② 北京市统计局、国家统计局北京调查总队：《2014北京统计年鉴》4—24《园林绿化及森林情况（1978—2013年）》，中国统计出版社2014年版，第170—171页。

③ 《2015年北京市城市绿化资源情况》，北京市园林绿化局2016年4月1日发布。

第八章 历史的启示与未来的出路

　　综观北京近千年来城市发展的历史进程，我们可以看到，自然条件、人文环境与政治、经济、军事等因素的相互关联和相互作用，造就了这座以政治中心为主要职能的城市独有的人口、资源、环境系统。各个影响因素对于北京的古今变迁，既包括正面的积极作用，也可能产生某种限制性。人地关系中的矛盾在古代农业社会尚且不够明显，到晚近工业社会就变得日益突出，而最近几十年尤为剧烈。历史的经验给了我们认识当代北京的政治功能、城市发展与人口、资源、环境之间关系的深刻启迪，从而有助于提出关于北京未来发展的预测和建议。

第一节 历史的垂青造就了北京的
政治中心地位

　　历史上的北京城从西周燕都蓟城发展到汉唐时期的军事中心幽州，辽金时期再变为北方区域政权的陪都或首都，元明清三朝进一步成为统一国家的首都，民国至今也基本连续地保持着国家政治中心的地位。政治中心是北京近千年来最核心的城市功能和最突出的城市色彩，决定北京城市发展方向的首要因素是政治中心独有的无比强烈的政治驱动。伴随着以往的多次改朝换代尤其是近现代的政权更迭，以城市布局与建筑存废为主要象征的北京城市命运几度起伏变幻。政治因素对北京的塑造优劣互见，也势必继续左右城市发展的未来运行轨迹。

正如清初顾祖禹指出的那样，北京的自然条件并不适合作为国都。以气候状况与地方物产衡量，"苦寒沙碛之地，莫甚于燕"。就地理位置及其影响下的军事形势而言，"以燕都僻处一隅，关塞之防，日不暇给；卒旅奔命，挽输悬远。脱（副词，假如）外滋肩背之忧，内启门庭之寇，左支右吾，仓皇四顾。下尺一之符征兵于四方，恐救未至而国先亡也；撤关门之戍以为内援之师，又恐军未离而险先失也。甚且借虎以驱狼，不知虎之且纵其搏噬；以鸟啄攻毒，而不知鸟啄之即足以杀身也，不亦悲哉！"① 在这样的背景下，先秦时期的蓟城仅是列国之一燕国的都城，汉唐幽州也只是以中国北方的军事重镇闻名。虽然苏秦说燕国"地方二千余里""此所谓天府也"②，但这只是纵横家的政治鼓动之言。元末明初陶宗仪称大都"右拥太行，左注沧海，抚中原，正南面，枕居庸，蓂朔方。……壮哉帝居，择此天府"③。与此类似，明末清初孙承泽说北京"诚万世帝王之都"④，康熙《大兴县志》又称北京"岂非古今第一形胜哉！"⑤ 显然，关于北京地理形势的这些评说，是在元大都与明清北京城业已成为全国首都之后的褒扬，几乎等同于为三代帝王之所以选择在此建都所作的合理性、必然性论证，因而基本不会或不敢提到北京地理环境的劣势。从商周到辽代之前，国家的政治中心也与今北京地区无涉。

但是，自然条件只是为风云人物的活动提供了空间舞台，对于这些环境因素的优劣评价则因人而异。无锡人顾祖禹眼中苦寒偏僻的燕京，在塞外以游牧骑射为主要生产方式的各民族看来，却是理想的建都之地。后晋割让给契丹的幽蓟十六州，在辽国境内已属经济最富庶、文化最发达的区域。金朝天德二年（1150）七月，有意迁都的海陵王询问：为什么自己种的二百株莲花都不能成活？早已揣摩上意的右丞相梁汉臣回答："非种者不能，盖地势然也。上都地寒，惟燕

① 顾祖禹：《读史方舆纪要》"直隶方舆纪要序"，中华书局 1955 年版，第 434 页。
② 《战国策》卷 29《燕一》"苏秦将为从"条，岳麓书社 1988 年版，第 282 页。
③ 陶宗仪：《南村辍耕录》卷 21"宫阙制度"条，中华书局 1959 年版，第 250 页。
④ 孙承泽：《春明梦馀录》卷 2《形胜》，北京古籍出版社 1992 年版，第 14 页。
⑤ （康熙）《大兴县志》卷 1《形胜考》，第 9 页。

京地暖，可栽莲。"兵部侍郎何卜年亦称："燕京地广土坚，人物蕃息，乃礼义之所，郎主可迁都。北番上都，黄沙之地，非帝居也。"海陵王随后下诏征求建议，"内外臣僚上书者，多谓上京僻在一隅，转漕艰而民不便，惟燕京乃天地之中，宜徙都燕以应之，与主意合"①。金上京故址在今黑龙江阿城市南部的白城，两相比较，燕京就成了气候温暖、位置适中、人口众多、物产丰富、文化发达的通都大邑。为了南下问鼎中原，金朝也需要把政治中心从偏远的长城以北南移，燕京因此成为首选之地。此后，建立元朝与清朝的蒙古和满洲，分别来自西北大草原与东北平原。在新的国家版图下，大都（北京）仍然以相对温暖的气候条件、南北适中的地理位置成为国家首都，发达的交通驿路和漕运系统弥补了国都过于偏东以及周边物产相对贫瘠的缺陷。

中国历史大转折中的因缘际会对北京格外垂青，使它几度获得了作为国家政治中心的宝贵机遇，执政者因此能够以最大的政治力量按照自己的意图塑造这座城市。影响中国历史进程的战争主要是南北战争，笼统地讲，就是大致以长城一线为分界的中原农耕文化与北方游牧文化之上诞生的政权之间的战争，而国家的政治重心长期在黄河流域。从先秦时期位于中原的商丘、安阳、洛阳，转到秦汉隋唐处在关中平原的咸阳、长安。五代后晋石敬瑭把幽州割让给契丹后，辽代也仅仅把幽州作为陪都之一。在中国历史上的分裂时代，占据不同区域的统治者大都不乏"一统华夏"的雄心，他们根据疆域形势与政治军事需要确定国都的所在，但关注的重心始终是如何控御具有决定意义的中原地区。后梁、后晋、后汉、后周相继以开封为都，显示出这里正在成长为足以取代关中长安的全国政治中心。后周世宗柴荣所作的规划建设，为此后北宋东京开封的繁荣奠定了直接基础。就此看来，中国政治中心的移动已经悄悄地避开了此前作为军事中心的幽州（北京）。

---

① 宇文懋昭：《大金国志》卷13《海陵炀王纪年上》，《大金国志校证》本，中华书局1986年版，第187页。

不料，北方游牧民族的崛起给幽州提供了绝佳机会，从而改变了中国历史发展的进程。北宋前期尚有恢复故土的志向，但几次北伐失败后不得不屈辱地与辽国订立以岁币换和平的澶渊之盟。此后，稳定内部成为朝廷的执政重心，为防止他人模仿赵匡胤的陈桥兵变，军队大体上兵不知将、将不知兵，最称精锐的禁军驻扎在首都。今人多有对北宋文官体制的称誉，对以开封为代表的北宋文化的高度繁荣更是赞不绝口。但是，文学、金石、书画、音乐之类"软实力"，终究抵不过铁骑纵横所宣示的"硬道理"，古代进步缓慢的技术也难以迅速形成军队的战斗力。尽管"匈奴以杀戮为耕作"①，他们连同后来的突厥遇到的对手却是秦始皇、汉武帝、隋炀帝、唐太宗一类人物。对外偏软的赵宋朝廷，先是被女真铁蹄驱赶到淮河以南，在文化发达但国风日颓的环境中临时苟安，最终亡于更为强悍的蒙古。绍兴二十五年（1155），江南的赵构在吟咏"得因祀事来寻胜，试探春风第一花"②；四年之后，江北的完颜亮则在发誓"提师百万临江上，立马吴山第一峰"③。执政者的文风正是民风士气的突出体现，绵软的文化不能转变为强硬的军力，宋室南逃标志着彬彬文士的"杏花春雨江南"彻底败给了赳赳武夫的"铁马秋风塞北"。这次大败退不仅使得"遗民泪尽胡尘里，南望王师又一年"④，其历史影响更是绵延数百年之久。继北宋与契丹在白沟两岸对峙之后，女真把边界南推到淮河一线，蒙元以及数百年之后的满洲则完成了天下一统。尤为可叹的是，尽管契丹、女真、蒙古对汉人的民族压迫自不待言，但毕竟没有以杀戮强迫汉人髡发左衽。满洲入关后，却实行了"留头不留发，留发不留头"的政策，从看似简单的剃发入手，以残暴的方式推翻了儒家"身体发肤受之父母不可损伤"的伦理观念，进而摧毁了汉族民众的

---

① 李白：《战城南》，载《唐诗别裁集》卷6，上海古籍出版社1979年版，第185页。
② 叶绍翁：《四朝闻见录》甲集"易安斋梅岩亭"条，中华书局1989年版，第31页。
③ 宇文懋昭：《大金国志》卷14《海陵炀王纪年中》，《大金国志校证》本，中华书局1986年版，第199页。
④ 陆游：《剑南诗稿》卷25《秋夜将晓出篱门迎凉有感》，《陆游集》本，中华书局1976年版，第687页。

文化自尊与共同心理，而清末孙中山领导的革命以"驱除鞑虏恢复中华"为号召也是势所必然。民族融合既有和平环境中的相互学习与彼此往来，也有战争过后不得不采取的妥协、屈服和顺应。在消弭了民族遗恨之后的今天强调各民族大团结，不应影响我们实事求是地认识历史上的民族矛盾与民族压迫。北宋时期的苏辙穿过"燕山如长蛇，千里限夷汉"的长城一线之后，看到了塞北与中原"居民异风气，自古习耕战"的景象①。非汉族的游牧文化与汉族为主的农耕文化乃至以此为基础诞生的政权，在这条农牧交错带的南北相互冲突、相互交融，燕山南麓的北京正处于种种冲突与交融的地理节点之上，民族融合的历史经验和人文氛围成为北京从区域性政治中心转变为统一国家首都的宝贵资本。伴随着上述过程，全国性的政治中心由开封可能继续向南移动的趋势被遏止，历史上的北京由于更靠近契丹、女真、蒙古、满洲在塞北的根据地，从辽代的陪都变为金代的首都，继而大致连续地从元大都过渡到明清北京。历史的惯性正如前车后辙，由此淀积而成的文化传统，影响着后来者对于定都问题的思考和选择。

　　明朝与民国时期的首都，表现为北京与南京之争。朱元璋在南方起事，在号称龙盘虎踞的南京建都。他虽然曾征询过是否迁都北平（明初改元大都为北平府）以抵御北元的意见，但终究没有实行。值得北京庆幸的是，在朱元璋故去不久，起兵夺取皇位的恰恰是镇守北平的燕王朱棣。从政治、军事方面着眼，朱棣很快就决定把国都迁到自己的"龙兴之地"，北京又一次赢得了作为政治中心的机遇。此后，明朝在北京与南京何为"行在"何为"京师"的问题上几度反复，最终还是选择了以北京为京师。崛起于东北的满洲入关后，东北平原与华北平原之间的北京成为最理想的定都之地，辽、金、元、明四朝在北京建都的传统无疑也影响着清朝决策者的思维。辛亥革命后，中华民国定都南京，但不久就经过错综复杂的政治角力迁都北京。1928 年来自南方的北伐军占领北京，随即就把首都迁回南京。

---

　　① 苏辙：《栾城集》卷 16《奉使契丹二十八首·燕山》，上海古籍出版社 1987 年版，第 396 页。

抗战即将胜利时社会上虽有定都北平之议，但国民政府依然还都南京。国共两党谈判破裂后，抗战期间一直坚持在华北敌后的中共军队就近占领东北，1949 年 1 月又以和平方式接管了北平。3 月 5 日，毛泽东主席在西柏坡宣告："我们希望四月或五月占领南京，然后在北平召集政治协商会议，成立联合政府，并定都北平。"① 中共力量的重心在北方，放眼全国的政治、军事形势并考虑此前形成的传统，北平成为最合适的建都之地。另据翻译师哲回忆，刘少奇访问苏联时向斯大林表示，中共计划在 1950 年 1 月成立中央政府。斯大林建议尽快成立，以便"防止敌人可能利用所谓'无政府状态'而进行干涉"②。1949 年 10 月 1 日开始，北京成为中华人民共和国的首都。虽然历史没有假设，但我们仍然不妨设想一下，如果在江西瑞金、鄂豫皖、湘鄂西等地兴起的红军没有被迫经过万里长征来到陕北，中共势必首先从南方夺取政权，建都南京也许就成为第一选择。地理条件与历史传统是建都的重要条件，政治军事现实才是影响决策者的最关键因素，风云激荡的真实历史又一次眷顾了北京。

综上所述，古代北京从北方军事重镇发展到自辽代以后基本连续地作为国都，大体应归功于北方少数民族政权崛起后相继南进所赐，由此遏止了全国政治中心由关中移到中原后可能继续南迁的大趋势。政治中心的选择取决于政治、军事形势以及积淀为文化传统的社会心理认同等方面，还必须加上偶然性大于必然性的某些因素。诸如明朝永乐帝起兵夺得皇位之前恰是镇守北平的燕王，民国初年在南京的革命党不敌北京的北洋势力，1949 年开国前的中共首先拥有了稳定的北方，这些都是历史赋予北京成为全国政治中心的难得机遇。

第二节　政治因素驱动改朝换代后的城市改造

历史上北京城址与空间布局的变迁，与这座城市自先秦以来政治

---

① 毛泽东：《在中国共产党第七届中央委员会第二次全体会议上的讲话》，载《毛泽东选集》，人民出版社 1966 年版，第 4 卷，第 1374 页。

② 师哲：《在历史巨人身边》，中央文献出版社 1991 年版，第 419 页。

地位的升降彼此呼应。改朝换代之后的礼制要求与政治意志，通常成为引发城市变迁的关键因素。

西周后期原在房山董家林一带的燕国吞并了弱小的蓟国，并把都城迁到地理位置更加优越的蓟城，开始了"以河为境，以蓟为国"的时代①。从西周封国之都到汉唐幽州治所的蓟城，其城址并未发生变化。辽南京沿用了唐代的幽州城，城中的坊名也基本未变②。从这时起，北京城市史上第一次出现了"皇城"，城内修建了供皇帝巡行时居住的皇宫，举行朝贺、殿试、册封尊号等活动的元和殿以及其他设施。大城之内有皇城似乎隐含着未来崛起的可能性，但它毕竟还不是整个辽国的政治中心，城市的宏观形态仍然局限于对前代的延续，只是在皇城的城门设置、使用方式等方面反映了契丹文化与汉族文化的融合。

金朝迁都燕京时，已占据了北半个中国。海陵王派遣画工描绘北宋开封的城市布局与宫殿形制，以此为蓝本塑造未来的都城。其迁都诏书称："将因宫庙而创官府之署，广阡陌以展西南之城。勿惮暂时之艰，以就得中之制。"③ 换言之，要根据燕京原有宫殿与庙宇的分布情况，规划布局金朝中央的官府衙署，加宽道路，把西面和南面的城墙外移。臣民不必顾虑暂时的艰辛，要尽量把皇宫放在国都的居中位置。事实上，燕京建设的规模超出了这个预想的范围。以往一般认为，金中都是将辽南京大城的东、西、南三面城墙分别向外展拓三里左右而成。晚近考古和研究证实，北面的城墙也向外扩展了约一百米④。营建燕京投入的人力，"役民夫八十万，兵夫四十万，作治数年，死者不可胜计"⑤，只有国家最高权力才能进行如此规模的动员和驱使。志在天下一统的海陵王"以燕乃列国之名，不当为京师号，

① 《韩非子》卷2《有度》，《诸子集成》王先慎《韩非子集解》本，中华书局1954年版，第111页。
② 路振：《乘轺录》，贾敬颜《五代宋金元人边疆行记十三种疏证稿》本，中华书局2004年版，第48页。
③ 李心传：《建炎以来系年要录》卷162，中华书局1956年版，第2650页。
④ 赵其昌：《金中都城坊考》，载《京华集》，北京燕山出版社2014年版，第177页。
⑤ 范成大：《揽辔录》，《范成大笔记六种》本，中华书局2002年版，第16页。

遂改为中都"①，突出了这里将是整个国家政治中心的宏大气派。中都城四面城垣各设三座城门，后在东北隅增加光泰门，变为十三门。从丰宜门到通玄门的南北中轴线上，被皇城围绕的皇宫大内基本处于全城的中央，凸显了皇权至高无上的政治地位。皇城之内的千步廊左右安排太庙与主要行政机构，由此向北步入宫城，主体建筑大安殿、仁政殿用以处理朝政、举行大典，两旁的东宫、内省、十六位等宫殿则是日常生活之所。这样的布局模式上承北宋东京开封，下启元大都及明清北京，金中都也是在蓟城旧址上崛起的最后一座大城。值得注意的是，海陵王认为"大梁天下之都会，阴阳之正中"，在进驻燕京仅三年之后的正隆元年（1156），就不顾诸王及朝臣的反对，开始征集诸路夫匠修建汴京宫室并准备再次迁都②。只是因为他后来忙于征伐南宋，更兼不久在兵变中被杀，中都才有幸继续作为金朝的首都。金宣宗贞祐二年（1214）为躲避蒙古进攻而迁都开封，中都在短期内失去了政治中心地位。

蒙古中统元年（1260），即将完成南北统一大业的忽必烈来到中都。原来金碧辉煌的宫殿已在四十五年前被蒙古军队付之一炬，西湖（莲花池）作为城市的水源供应地也难以为继。因此，忽必烈作出了放弃中都旧城、以东北郊的风景园林区大宁宫为中心修筑中都新城的重大决策。刘秉忠拟定了中央子午线与都城、皇城、宫殿的位置，划出了经纬网状的街巷胡同，确立了全城"中轴突出，两翼对称"的整体格局。郭守敬规划改造了城市水系与漕运系统，张柔等人负责施工管理。不久，这座新城改称大都，国号定为"元"之后即被通称元大都，展现了作为疆域辽阔的统一国家政治中心的宏大气派。元大都离开蓟城故地另择新址，是北京城址变迁史上的重大转折，也使城市布局能够摆脱历史的羁绊随意驱遣。《周礼·考工记》设计了理想化的都城模式："匠人营国，方九里，旁三门。国中九经九纬，经涂

---

① 《金史》卷24《地理志上》，中华书局1997年缩印本，第572页。
② 宇文懋昭：《大金国志》卷14《海陵炀王纪年中》，《大金国志校证》本，中华书局1986年版，第194页。

九轨。左祖右社，面朝后市。"① 方圆六十里、外郭有十一座城门的元大都，呈现出以外郭、皇城、宫城的三重墙垣由外向内依次环绕的空间形态，宫城处在全城中心点偏南的位置，再与多处坛庙配合，在历代都城中最接近《周礼》描述的营国制度。明清两代依据元大都确立的城址和基本格局继续建设，最终成为梁思成先生赞誉的"都市计划的无比杰作"②。

明朝军队洪武元年八月初二（1368 年 9 月 14 日）占领大都，这座失去首都地位的城市随即改称北平。一周之后的初九（9 月 21 日），"大将军徐达命指挥华云龙经理故元都，新筑城垣，北取径直，东西长一千八百九十丈"③。由此废弃了安贞门、健德门一线的北城墙，将北平城的北墙向南缩进五里，这是明代北京城垣与城市格局的第一次重大变迁。九月初一（10 月 12 日），新城墙上刚刚开辟的两座城门被命名为安定门与德胜门④。关于徐达为什么把北墙南缩五里，或以为是由于大都北部已经萧条，不如干脆放弃以省守城兵力。考察当时的军事形势，已从前线变为后方的北平虽偶有元兵骚扰，但北墙南缩五里后所减少的些许守军，对于需要大量军队戍守的北平几乎毫无意义。相反，古代城市规模在礼制方面的象征意义更为重要。《左传》云："先王之制，大都，不过叁国之一；中，五之一；小，九之一。"⑤ 元大都降为北平府之后，它的城垣周长尽管难以缩小到国都的三分之一，但至少不能僭越当时南京的规模。将大都相对空旷的北部甩到外面，是既遵从礼制要求又最容易实现的办法，其军事意义则微乎其微。《洪武北平图经志书》称："克复后以城围太广，乃减其东西迤北之半"⑥，

① 《周礼·冬官考工记》"匠人"，《黄侃手批白文十三经》本，上海古籍出版社 1983 年版，第 129 页。

② 梁思成：《北京——都市计划的无比杰作》，载《梁思成文集》，中国建筑工业出版社 1986 年版，第 4 册，第 51 页。

③ 《明太祖实录》卷 34，洪武元年八月丁丑。

④ 《明太祖实录》卷 35，洪武元年九月戊戌朔。

⑤ 《左传》隐公元年，《黄侃手批白文十三经》本，上海古籍出版社 1983 年版，第 1 页。

⑥ 于敏中等：《日下旧闻考》卷 38《京城总纪》引《洪武北平图经志书》，北京古籍出版社 1985 年版，第 604 页。

但也从未表明是因为防守吃力才觉得"城围太广"。朱元璋在元朝至正二十六年（1366）八月初一"拓建康城，……延亘周回凡五十余里"①，到洪武十二年（1379）十二月之前一直未变。而长方形的元大都"城方六十里"②，北墙南缩五里之后，减少了十里周长，恰好略小于国都南京的"五十余里"。朱棣夺取帝位并决定迁都后，仿照南京的建筑布局，利用元大都的旧有基础营建北京。"明朝对北京城的改建，最重要的是在全城的中轴线上，又把元朝中心阁以南的全部建筑物，重新加以规划，并增加了新的内容，从而在全城的平面设计上作出了极为重要的发展。"③ 为使皇城具有足够空间，"拓北京南城计二千七百余丈"④，这是明代北京城垣与城市格局的第二次重大变化。南城墙由今长安街一线向南扩展大约二里远，到达今崇文门、前门、宣武门一线，北京内城（北城）的轮廓得以长期固定下来。正统初年改定的城门名称，也一直沿用至今。嘉靖三十二年（1553）增筑外城，使北京城的总体轮廓从"口"字形变为"凸"字形，这是明代北京城垣与城市格局的第三次变迁，也是古代北京城市轮廓的最后定型。

通过上面的过程可以看到，城市本身的政治地位与执政者的志向相结合，决定了城市可能在已有基础上被改造的力度。仅仅是陪都之一的辽南京，只需沿用唐代幽州旧城，再加上规模有限的宫殿建设就已足够；变为中国北部半壁江山之政治中心的金中都，就要在辽南京基础上四面拓展，并且按照更发达的北宋东京的模式建设城市，志在南北混一的海陵王甚至执意迁都汴京；首次作为统一国家首都的元大都，更是另选新址重新营建规模空前的宏伟都城，中都、大都之名也凸显了政治中心的色彩。在元大都确定了全国首都的新格局之后，明朝本来只需萧规曹随一仍其旧。洪武元年的北墙南缩与永乐年间的南

---

① 《明太祖实录》卷21，至正二十六年八月庚戌朔。
② 《元史》卷58《地理志一》，中华书局1997年缩印本，第1347页。
③ 侯仁之：《北京旧城平面设计的改造》，载《历史地理学的理论与实践》，上海人民出版社1984年版，第214页。
④ 《明成祖实录》卷218，永乐十七年十一月甲子。

墙前拓，是对这座城市的首都地位失而复得的直接回应。嘉靖年间为抵御蒙古军队的侵扰而增修外城，改变了元代以来的城市轮廓，战争则是政治的暴力体现。清北京是明北京的直接继承者，诸如旗民分置、改"大明门"为"大清门"等，第一位的驱动因素同样是改朝换代之后的政治需要。

清朝定都北京后沿用明代旧城，总体布局和街道系统基本未变，但将原住内城的汉人迁入外城或郊区，内城由八旗军民分区居住。作为改朝换代的标志，顺治元年（1644）迅速把标志前朝的大明门改称大清门[①]。经过几代人的增建和维修，紫禁城的建筑格局在嘉庆年间最终确立。此后对北京城的逐步改造，就建立在这样的直接基础之上。近代西方列强侵略下的中国，遭遇了李鸿章形容的"三千年未有之大变局"。庚子之变过后，皇城毗连的东交民巷一带成为外国使馆区，千步廊以东的若干中央机构被迫搬迁，但这仅仅是近现代政治变幻施之于北京城市格局的开始。此后，更加频繁的社会政治风云接踵而至，北京城市面貌发生的变化也更加剧烈。

辛亥革命为中国历史划出了一条政治史的分界线。昔日的皇宫变成了故宫博物院，此前与皇家相联系的建筑以及城墙几乎不可触动，皇帝时代的结束则使后来者敢于"太岁头上动土"。深受西方近代城市管理思想影响的内务总长朱启钤，民国初年为改善北京的交通状况，主持实施了改建正阳门、拆除瓮城和千步廊，打通东西长安街、南北长街、南北池子，修筑环城铁路等一系列工程，并把社稷坛等皇家禁地开放为公园。这些行动离不开总统袁世凯的支持，而且是在保持旧有格局的前提之下所作的不致伤筋动骨的修补改造，采取了尽量兼顾西方城市理念与中国文化传统的慎重态度。但在另一方面，政治权力有时也会起到阻碍作用，和平门在开辟之后不足两年，城门匾额就更换三次，堪称政治因素作用于北京城的典型例证。

1937 年 7 月至 1945 年 8 月，日本在占领北平期间制订并初步实

---

① 于敏中等：《日下旧闻考》卷 9《国朝宫室》，北京古籍出版社 1985 年版，第 127 页。

施了《北京都市计划大纲》，1941 年由伪建设总署公布，以五棵松为中心的西郊新市区与通县所在的东郊工业区的规划产生了长远影响。这份大纲连同光复后按照"本市计划为将来中国之首都"的方针，由"北平市工务局征用日人，即前伪工务总署都市计划局计划负责人员"拟定的《北平都市计划大纲》，成为 1947 年北平都市计划委员会重点参考的两个"旧案"①，二者实际上并无本质区别。从北平光复到和平解放的时间过于短暂，新的城市规划没有来得及实施。但在 1949 年以后，也曾考虑如何利用西郊新市区甚至将其建设成为行政中心的问题。正如抗战前曾任北平市工务局局长的谭炳训评论的那样："就原则理论上言，就当时形势上观，该项建设计划固只利于敌而无益于我。但就现实观，平心而论，似亦未尝不有助于我之改革利用。犹之乎作战武器，在敌手中时绝对有害，而归我掌握时相当有利。盖时势推移，主客异位，则利害得失亦随之转变，不过其中有宜与不宜之分耳。"② 政权更迭通常并不影响对技术成果的客观评价，关键在于它们是被谁掌握和利用。

以改造旧世界为己任的中国共产党人，在接管北平后也曾试图继承城市规划的历史遗产，考虑充分利用已有一定基础的西郊新市区建设新北平。不久，意识形态的"一边倒"，使得开国之初在如何规划北京尤其是行政中心选在何处的问题上，更多地采纳了苏联专家的意见，将中央行政中心区设在旧城中心。近年来广为人知的"梁陈方案"，是梁思成、陈占祥两先生提出的选择公主坟以东、月坛以西作为中央行政中心区的第三种设想，其位置处在北京旧城与日本人规划的西郊新市区之间③。在这之后，决策者在战争年代形成的革命思维对城市发展的影响，直接表现为以北京城墙与大量建筑为代表的古都风貌的迅速消失。通过长期武装斗争夺取政权的中国共产党从革命党

---

① 北平市都市计划委员会：《北平市都市计划设计资料第一集》，北平市工务局 1947 年刊印，第 67 页。

② 谭炳训：《日人侵略下之华北都市建设》，《北京档案史料》（1999，4）第 111 页。

③ 梁思成、陈占祥：《关于中央人民政府行政中心区位置的建议》，载《梁思成文集》，中国建筑工业出版社 1986 年版，第 4 册，第 1 页。

变成了执政党，从破坏旧世界过渡到建设新世界，难免在许多方面经验不足。尽管毛泽东主席在开国前就已经向全党强调："我们熟习的东西有些快要闲起来了，我们不熟习的东西正在强迫我们去做。""必须向一切内行的人们（不管什么人）学经济工作。"① 但是，政治上的高度自信却使执政者自觉延续了革命年代的思维惯性。政治中心的各类事物被政治因素左右的概率最大，从前对北京城比较谨慎的局部改造，在新时代无与伦比的政治动员力之下变为群众性的大规模拆除，只剩下少数几座孤零零的城楼。建国初期党和政府的政治凝聚力、社会动员力之强，远远超出了技术专家的估计。昂然屹立数百年的北京城墙在不长的时间内拆除，一千多万吨废料渣土也被参加义务劳动的各界人士陆续运走，梁先生主张利用城墙建设"全世界独一无二的""环城立体公园"② 的设想随之化为泡影，自元大都以来延绵七百年之久的北京之"城"就此杳如黄鹤。拆除城墙与改造天安门广场，在 1949 年以后北京城市格局发生的巨大转折中最具标志性意义，前者象征着一个时代的结束，"中心市区已经突破了旧城圈，从而使旧北京城的古老格局彻底改观"；后者成为"建国以来北京城日新月异的新面貌，以及它所反映的社会主义新时代的思想内容"的最好说明③。具有反讽意味的是，几十年以后，政府却又号召市民把垒了厕所的城砖捐出来修造假的旧城墙，不免令人很有几分"早知今日何必当初"的感觉。审视历次北京城市规划所确定的发展目标，前后之间往往缺乏可持续性的衔接，这应当也是频繁变动的政治因素不断塑造北京的反映。

最近六十多年来，北京的城市空间进入了以"摊煎饼"为主要方式向四周扩展的时代。与历史上以改朝换代为标志的政治变动不同，

---

① 毛泽东：《论人民民主专政》，载《毛泽东选集》，人民出版社 1966 年版，第 4 卷，第 1417—1418 页。

② 梁思成：《关于北京城墙存废问题的讨论》，载《梁思成文集》，中国建筑工业出版社 1986 年版，第 4 册，第 46 页。

③ 侯仁之：《北京旧城平面设计的改造》，载《历史地理学的理论与实践》，上海人民出版社 1984 年版，第 210、225 页。

这个时期政治因素对城市发展的影响，集中表现为不同时期的规划决策者关于城市功能定位及规划目标的多次变动。这种变动通常并不意味着上一版规划的任务已经完成，而是根据中央指示精神与北京现实需求进行的重新设计。就历次城市规划总体方案而言，1953 年版旨在以旧城为中心改扩建北京城，把古老的封建性城市变成现代化的生产城市；1958 年版构建了特大城市的远景空间架构，要把北京建设成现代化工业基地；1973 年版开始向控制城市规模、"不一定建设经济中心"过渡；1982 年版明确北京是全国政治中心和文化中心，不再提经济中心和现代化工业基地；1993 年版确定建设全方位对外开放的现代化国际城市，规划的市区范围大幅度扩展，强调发展适合首都特点的经济[①]。2004—2020 年规划定位为政治中心、国际城市、文化名城、宜居城市，到 2050 年左右建设成为经济、社会、生态全面协调可持续发展的城市，进入世界城市行列[②]。北京的城市功能多层叠加，一再膨胀的城市人口每次都是提前数年突破规划控制目标，城市区域不断拓展，交通和环境的压力持续增加，这些已经成为规划实施过程中的基本规律。

第三节　政治中心地位为北京赢得人口资源优势

　　地理位置和其他自然条件的相对性，以国家力量为保障的漕运和陆路交通系统，都在很大程度上弥补了建都北京的劣势。随着政治中心的政治优势转化为军事、经济等方面的坚强保障，再加上由此形成的社会心理认同，极大地改变了"形胜未可全恃，而燕都之形胜又不足恃"的局面[③]，北京的政治中心地位借此得以持续巩固。

---

① 参见刘欣葵等编著《首都体制下的北京规划建设管理》，中国建筑工业出版社 2009 年版，第 67—262 页。

② 《北京市城市总体规划》（2004—2020），北京市规划委员会 2005 年 4 月 15 日公布。

③ 顾祖禹：《读史方舆纪要》"直隶方舆纪要序"，中华书局 1955 年版，第 433 页。

在以农业为主的古代社会，人口数量的增减往往是标志社会安定或离乱、经济繁荣或衰退的最主要指标。人口过剩是晚近至当代才有的社会问题，在很长的历史时期内，大量的土地与其他资源等待着劳动力去开发出来，这才是人地关系的主要方面。因此，从"狭乡"迁移人口或把作为战争胜利成果之一的人口"实京师"，几乎是每个朝代巩固首都（或陪都）政治、军事地位的惯用做法。由于文献记载的不足，今人对汉唐幽州的人口状况只有比较笼统的认识。距今一千余年以来，涉及城市人口问题的记载和研究才逐渐丰富起来，但在统计的方法与口径等方面互有差异，统计结果也只能做到相对准确，还有不少数据是研究者利用相关文献推测出来的具有参考意义的近似值。尽管如此，并不影响我们对于古今人口发展大势的判断。北京人口变迁的过程已经表明，自辽代以来，作为政治中心的辽南京、金中都、元大都与明清北京，一直享有以国家的力量补充人口、促进繁荣的独特优势。

辽代在陪都南京周边地区，对汉族与契丹等北方少数民族实行"因俗而治"、刺激人口增长的政策。由于中晚唐藩镇割据、五代战乱破坏以及契丹南下掳掠，幽蓟地区一度呈现"荆榛满目、寂无人烟"的状况，辽初南京城市人口稀少。宋辽缔结澶渊之盟以后，"天下无事，户口蕃息"，再加上迁移原渤海国等地的人口到南京，增加了城市户口。到辽代中后期，南京附郭的析津、宛平二县人口已达到2万户与2.2万户，总人口在20万人以上，其中南京城的军民僧尼户口占2.5万户、15万余人。金太祖完颜阿骨打攻克辽南京之后，驱掠3万余户燕京城乡居民迁往金上京（今黑龙江阿城附近），导致这里人口锐减。金熙宗即位之后，采取了消除民族隔阂、整饬吏治、与民休息的政策，为燕京地区的户口增长准备了良好的社会条件。当海陵王迁都燕京并改称中都之后，作为北半个中国的首都，城市范围扩大，出现了把各地人口迁往中都充实首都地区的高潮。金世宗时期，解除了与南宋之间的战争状态，南北和好四十余载，实现了经济与人口的稳定增长。鼓励族间通婚、最终废除奴隶制度，也是促进人口增殖的重要因素。金中都的户籍包括城市赋役户、猛安谋克军户、宗室将军户、宫间户与官户等。金章宗泰和年间（1201—1208），中都城内共有40万人左右，是当时中国境内仅次于南宋都城临安（杭州）的第二大城市。金朝后期，大安年间（1209—1211）由于蒙古骑兵南下围攻杀戮以及粮食缺乏，中都城户口损失十分之四五。贞祐年间（1213—1216）为躲避蒙古骑兵进攻迁都南京（今河南开封），大量城市户口随之南迁。蒙古军队占领中都时，城市人口已经减少到很低的水平。

元世祖忽必烈决意迁都燕京（即金代的中都，大都旧城），不久又在城市东北郊外创建大都新城。朝廷实行与民更始、刺激人口增长的政策，迁移各类户口到大都地区。在这样的背景下，大都旧城迁入了大批官吏、军户、匠役、商人，军民在很短的时期内以惊人的速度增长。中统五年（1264）人口有4万户、约11万人，至元八年（1271）就有将近12万户、42万人。大都新城竣工后，至元九年（1272）开始迁入居民。以大都新城与旧城合计，至元十八年（1281）将近22万户、88万人，至正九年（1349）约20万户、80万人（大都新城约占一半）。元代的大都城，已是人口增多、颇为繁华的世界名城。明初针对元末战乱和灾害造成的户口损耗，实行促进人口增殖的政策。在历时四年的"靖难之役"导致北平周围人口空虚之后不久，随着永乐帝决意迁都北京，由政府组织的从山西等地向北京地区的大规模移民，比较迅速地补偿了此前的人口损害，这是首都之外的任何地方都无法得到的优惠，也是历代（尤其是遭受战争破坏后）向首都地区移民的典型例证之一。到明代中后期，北京城市军民人口达到大约85万人。明代后期民生凋敝，战乱和灾疫使京师居民四散逃亡、户口骤减。当清代实行旗汉分置之后，汉人迁往南城或郊区，城里被大量迁入的八旗户口占据。到乾隆末年，北京内外城有将近16万户、74万人。朝廷规定八旗人口只许在内城居住、领取俸禄而不能经商，使他们的生计在人口自然增长的背景下日益困难。在此前后，朝廷也曾鼓励八旗居民到京外乃至山海关外开垦种地，从侧面显露了人口迅速膨胀加重国家经济负担的端倪。历史上"治"与"乱"的交替，表现为社会安定、生产发展、人口增加与社会动荡、战争损耗、经济凋敝、人口减少之间的多次变换。战争年代的杀戮掳掠导致人口衰减，取得政权之后的与民休息刺激人口增长，二者往往交替出现。自然增长是北京人口发展的基本方式，外来移民则是它在一定阶段由于首都的政治优势而获得的有效补充。

养育北京大量人口、维护城市发展所需的粮食以及其他物资，也因为首都的特殊地位而得到保障。在这个意义上，形成了"全国服务中央、各地支撑北京"的制度和格局。以粮食等物资的供应而言，包括海上与运河在内的漕运，就是北京的经济生命线。隋代完成南北大运河的开凿，为北京提供了一条至关重要的物资通道。金中都时代出现的"通州"，就是以此地是漕运通济的码头、大运河的北端点而命名，这是淮河以北地区的漕运支撑金中都粮食供应与城市发展的反映。作为统一国家首都的元大都规模空前、人口众多，需要在更广阔的范围内征集、以更有效的运输方式提供物质保障。元代经过不断探索开辟了海上航线，庞大的船队往来于长江与东海、黄海之上，再从渤海湾的直沽（天津）经北运河抵达大都。海上航道与大运河一起，每年把数百万石的江南漕粮运往位于北方的全国政治中心，海运的作用尤其突出，大运河的疏浚整治也成为持续不懈的朝廷要务。明代每年运输的漕粮在四百万石上下，永乐年间停止风险过大的海运之后，大运河成为保障京师粮食供应的唯一通道，朝廷投入大量人力、物力、财力治理泥沙淤积、河堤决口。成化二十二年（1486），"京通二仓实在粮二千万五千五百五十余石，料二十万六千六百三十余石，草七百八十二万五千九百余束，粮草等项折银八十一万九千八百一十一两有奇，钱二百二十五万三千四百余文"①，强大的漕运储备是北京正常运转的物质基础。清代北京仍以河运为主，运量与明朝不相上下。由于水道时常淤塞，道光以后曾尝试恢复部分海运。此后，新型的铁路运输代替了运河之上的漕船，全国以更快的速度继续支援着北京。

政治中心的建设必须符合城市性质的要求，所需的条件如建材、

---

① 《明宪宗实录》卷285，成化二十二年十二月。

工匠等最终都能依靠国家的力量予以保障。金中都的宫殿建设使用了积存在真定府谭园的木材，成千上万的工匠劳役从四方征集。从元大都到明清北京的建设，在取自周边的木石之外，离不开江南深山老林的栋梁之材，楠木的采办尤其要消耗无数民力。山东临清烧的砖，苏州的特殊工艺金砖，北京的琉璃瓦件，轮番到京城服役的工匠和其他各类民夫，都是只有首都才能得到的国家优惠。漕运船只捎带临清砖或苏州金砖进京，成为历朝多年来严格执行的制度。其他物资也来自四面八方，明永乐六年（1408）十二月，采纳了北京行部的建议："山东德州至北京良乡县陆路未设递运所，每冬月河冻，舟楫不通，上供之物俱从陆路，发民间车牛载运不免烦扰。宜设递运所，以附近之民及犯徒流罪者备之车牛，充递运夫。"① 这条道路受到如此重视，无疑是从山东运送物资进京的一条繁忙通道。再如，宣德六年（1431），平江伯陈瑄奏报："岁运北京粮四百余万石，役军士一十二万人。连年输运，当苏其力。乞于浙江、湖广、江西、苏、松、常、镇、太平等府佥民丁及军多卫所添军，与见运军士通二十四万人，分为两班，每岁用一十二万人僦运，余一十二万人伺候更替，可为经久之计，少节军人之劳。"② 漕运动用了数以十万计的军人，采纳这个建议之后，南方数个省府的十余万民丁投入其中，共计二十四万军民在为保障北京的经济生命线服务。至于木柴、木炭等能源的供应，明清时期均仰仗易州山场，北京宛平、房山则是煤炭的主要开采地，它们都为此付出了巨大的生态代价。来自直隶、山东数个州府的大量民夫，承担着山场柴炭的运输任务，即使在灾荒年份也不能完全免除其劳役。

直至晚近时期，北京一旦失去了政治中心地位所带来的经济保障，这座城市的社会生活就要大受影响。1928 年国民政府迁都南京，时人即称："假如政府南迁，教育文化机关又要南迁，北平便不想活矣。"③

---

① 《明成祖实录》卷86，永乐六年十二月辛丑。
② 《明宣宗实录》卷80，宣德六年六月乙卯。
③ 铢庵：《北游录话（二）》，《宇宙风》第20期，1936年7月1日出版。

在当代，北京依靠作为国家政治中心而获得的各种特殊保障条件，呈现出"孤独地繁荣"状态。2005 年 8 月亚洲开发银行资助的一份调查报告指出，北京周边存在着一个"环京津贫困带"。在带动区域经济、社会可持续发展方面，政治中心北京的作用明显不如以经济发达著称的上海等南方大都市，目前正在推动的京津冀一体化协调发展将有助于改变这种局面。

第四节　永定河兴衰是区域人地关系演变的晴雨表

从一座城市与一条河流的关系出发，当代把永定河称作北京的母亲河。在地质史上，永定河挟带的巨量泥沙造就了北京小平原，为其后出现的人类活动准备了广阔的舞台。就城市选址而言，永定河上的古渡口即今卢沟桥一带成为南北交通枢纽，是北京原始聚落形成的主要条件之一，只是由于回避其善决善淤的特性才略向东北后退，定位在蓟城所在的地点。从水文条件来看，永定河水以及仰仗其不断补给的西山山前溢出带的众多泉源，长期滋养着北京的成长，灌溉了沿岸的大片土地，点缀着无与伦比的皇家园林，某些河段也富有水力资源与舟楫之便。支撑江南漕运的大运河，曾经得益于永定河及西山诸泉的水源接济。流域内的森林、煤炭、岩石、砂砾等自然资源，为北京城市建设和城市生活提供了大量的能源和建材。从山西、河北山区砍伐的树木与木柴，需要编成木排顺着永定河水漂流到卢沟桥下，再转而运往北京城里。在城址变迁方面，莲花池水系哺育了从西周蓟城到金中都的人民，当元大都在中都旧城东北郊崛起后，城市水源就从莲花池水系转移到高梁河水系，这是北京城市发展史上的重大转折。但是，究其本源，无论莲花水系还是高梁河水系，它们的形成都是以古永定河的故道遗存为基础。因此，不管从哪个方面衡量，永定河都是支撑北京从古至今茁壮成长的母亲河。

正是由于北京对永定河流域各类资源的依赖，历史上的人类活动才逐步改变了永定河的某些特征。出自森林资源的木材、木柴、木炭被辽金及其以后的历朝大量索取，导致上游流域的水土流失越来越严重，河流含沙量剧增，河床垫高日甚一日，从而变得善决善淤，成为一条给两岸人民带来灾难的害河。侯仁之先生在 1978 年曾经指出："我们知道金、元时期北京城的迅速兴起和城市建设的空前发展，曾导致了西山原始林木的大量砍伐。其后，历明及清，前后数百年间，由于源源不断地供应宫廷用炭的需要，在西山以内连续开设炭场，以致原始植被以及次生林木又遭受了更大的破坏。其结果是什么呢？可以设想水土流失是理所当然的。然而水土流失的具体情况和过程如何？还有什么其他严重后果？都还不能作出确切的答复，更提不出什么定量的分析和说明。又如，我们只是从文字记载上知道现在出山以后的永定河，在一千几百年前原叫清泉河，金时改称卢沟河，到了元朝就开始叫做浑河或小黄河了。清初加筑石景山以下的东岸石堤之后，才命名为永定河。历史上永定河名称的更替，在多大程度上说明了河流含沙量的变化，而这种变化又在多大程度上反映了西山植被破坏的结果呢？对于这些显而易见的问题，也是直接影响到今天北京地区地理面貌的问题，我们都不能给予明确的科学的答复。"[1] 数十年后的今天，在有关学科的共同努力下，随着尹钧科等著《历史上的永定河与北京》等一批论著的面世，上述问题中的一部分已经得到较好的解释，但还有许多疑难需要继续探索。

在明清时期，夏季暴雨骤降导致永定河水迅猛上涨，进而引起决口、酿成巨灾的事件既多且重。明宣德三年六月甲申（1428 年 7 月 15 日）行在工部奏报："北京浑河水溢，冲决卢沟河堤百余丈。今水势日增，伤民田禾，请令北京行部、行都督府役军民兼修。"[2] 军队和民夫奉皇帝之命，昼夜施工抢修。丁酉日（7 月 28 日）"霖雨，通州河溢，水及城趾，深一丈余，城坏者一百三十余丈"[3]，这是多条暴涨的河流汇聚在通州境内所致。在连日暴雨的袭击下，北京地区的

---

① 侯仁之：《历史地理学的理论与实践》，《北京大学学报》（自然科学版）1979 年第 1 期。

② 《明宣宗实录》卷 44，宣德三年六月甲申。

③ 《明宣宗实录》卷 44，宣德三年六月丁酉。

多处仓廒、桥梁、堤防、城垣、关墙等被冲毁，此类记载在《明实录》中比比皆是。清康熙七年七月初十（1668 年 8 月 17 日），连日大雨引起"浑河水发，冲决芦沟桥及堤岸"①。时在北京的彭孙贻记载："浑河水决，直入正阳、崇文、宣武、齐化诸门。午门崩塌一角。五城以水灾压死人数上闻，北隅已报死亡一百四十余人。上登午门观水势，更遣章京察被灾者。屋倒之家，户给二两。人亡者，人给四两。""宣武门水深四五尺，冒出桥上，雷鸣峡泻。有卖菜人乱流过门下，人担俱漂没。有乘驼行门下，驼足不胜湍激，随流入御河。人浮水抱树得免，驼死水中。宣武、齐化诸门，流尸往往入城。父老言，万历戊申（万历三十六年，1608）都门亦大水，未若今之尤甚。"② 这次洪水遍及浑河下游流域的多个州县，"顺天等府所属地方，田禾淹没、庐舍倾圮颇多"③。为了防范永定河水东出冲淹北京城，朝廷大力修筑和加固石景山至卢沟桥之间的永定河东岸河堤，迫使河流出山后只能流向东南而不能像从前那样自由摆动。康熙三十七年（1698）大规模疏浚河道、修筑南北河堤并赐名"永定河"，此后得以安流三十余年。与此同时，被束缚的河水也酝酿着更加严重的水患，清代后期的数次特大水灾，就是永定河涨水决口所致。嘉庆六年（1801）六月，"京师大雨数日夜，西北诸山水同时并涨，浩瀚奔腾，汪洋汇注，漫过两岸石堤，土堤决开数百丈。下游被淹者九十余州县，数千万黎民荡析离居，飘流昏垫。诚从来未有之大灾患"④。嘉庆帝特谕称："自六月朔日大雨五昼夜，宫门水深数尺，屋宇倾圮者不可以数计，此犹小害。桑干河决，漫口四处。京师西南隅几成泽国，村落荡然，转于沟壑。闻者痛心，见者惨目。"⑤ 朝廷派出官员分路赈灾，并取消了劳师动众的木兰秋狝。光绪十六年（1890）六月暴雨滂沱，华北地区多条河流水位猛涨，永定河初一、初五在卢沟

①　《清圣祖实录》卷 26，康熙七年七月丁未。
②　彭治孙：《客舍偶闻》，北京燕山出版社 2013 年版，第 22 页。
③　《清圣祖实录》卷 26，康熙七年八月乙未。
④　《清仁宗实录》卷 98，嘉庆七年五月。
⑤　《清仁宗实录》卷 84，嘉庆六年六月癸丑。

桥以下两次决口，酿成特大灾害。李鸿章奏报："永定河两岸并南北运河及任丘千里堤，先后漫溢多口，上下数百里间一片汪洋，有平地水深二丈余者。庐舍民田尽成泽国，人口牲畜淹毙颇多，满目秋禾悉遭漂没，实为数十年所未有。"① 御史徐树钧奏报："卢沟桥上水深尺许。永定河南三工决口数十丈，奔涛骇浪滚滚南趋，计冲坏看丹村、草桥村、六卷村、樊家村、纪家庙、黄村、马驹桥、采玉（育）镇、礼贤镇、九（旧）州镇、张家湾等十八村庄，淹毙人口牲畜不计其数。西南一望尽成泽国，倒灌入南西门（即右安门），城门壅闭者数日。并冲决南苑墙数十丈，穿苑东流，遂入东安、武清二县，以注天津。而良乡、涿州一带，水深数尺，路断行人。"② 河水漫入北京城区，"前三门外水无归宿……家家存水，墙倒屋塌，道路因以阻滞……大清门左右部院寺各衙门，亦皆浸灌水中……"永定、左安、右安各门不能启闭，交通运输断绝③。水灾通常造成京师粮食及其他物资供应严重短缺，引发大范围的饥荒。在此之后，光绪十九年（1893）再次发生特大水灾，成因也是"永定河身久经淤高，两堤全系沙土，汛涨即虞溃漫。……本年入伏以后，大雨连旬，山水奔注，直如三峡倒泻"④。民国时期发生的十多次水灾，同样是淤积严重、堤防脆弱的永定河不能承受夏季降雨所致。

综观永定河与北京地区人类活动之间关系的演变过程，我们可以看到，在古代人口较少、中上游森林植被未被大量砍伐之前，如何以尽量多的劳动力去开发尚在"闲置"中的自然资源，是人地关系的主要方面。北魏郦道元《水经注》称："㶟水自（落马洪）南出山，谓之清泉河。"又引《魏土地记》云："蓟城南七里有清泉河"，"清泉河上承桑干河，东流与潞河合。"⑤ 这条以"清泉"为名的河

---

① 水利水电科学研究院：《清代海河滦河洪涝档案史料》，中华书局 1981 年版，第 543 页。

② 同上书，第 544 页。

③ 同上书，第 539 页。

④ 同上书，第 569 页。

⑤ 郦道元：《水经注》卷 13《㶟水》，陈桥驿标点本，上海古籍出版社 1990 年版，第 272、273 页。

流，就是古永定河冲出西山后的下游河段。由此看来，至少在北魏时代之前，中上游流域有良好的植被，使得河水泥沙含量较少，冲出西山后的河道尚且类似清泉，可以在洪积冲积扇上漫流、摆动、改道。某种自然现象是否被视为"灾害"，是人类以自己为中心、以是否对自身有害为标准作出的判断和评价。由于这个时期的区域人口分布并不密集，上述河道变迁对人类的生产生活影响甚微，自然谈不到因为河流泛滥而"成灾"的问题，在人地关系中也未出现后世常见的"人多地少"的矛盾。当辽、金、元、明、清在北京建都之后，城市建设与城市生活对于木材、木柴、木炭越来越多的需求，势必导致与之距离较近、便于运输的永定河中上游流域的森林被大量砍伐；森林植被的破坏随之引起日益严重的水土流失，进而使得汇入河流并在河床淤积的泥沙不断聚积；泥沙的淤积造成河流阻塞、泄水不畅，致使河流水位在暴雨季节持续上涨，直至洪水如脱缰的野马冲决堤防，给两岸逐渐增多的人民带来生命财产与生存环境的破坏。伴随着这个过程，在通用的桑干水、高梁水等名称之外，辽、宋、金时期已把北魏之前的"清泉河"称作"卢沟"，北宋王曾《王沂公行程录》、南宋周辉《北辕录》等文献都有记载。按照周辉的解释：卢沟河"即卢龙也。燕人呼水为龙，呼黑为卢，亦谓黑水河。色黑而浊，又急如箭"[1]。河水黑浊，既有沿途随水而下的土壤腐殖质的影响，更是森林植被削弱之后水土流失逐渐明显的反映。到元明时期，卢沟又有"浑河""小黄河""无定河"之称。清人包世臣说："浑言其浊，无定以其河系流沙，倏浅倏深而名之也。"[2] 而"小黄河"之称，也是对河水含沙量的形象比喻。人口增长、社会发展对物质资源的主客观要求，搅动着这个环环相扣的生态环境变迁的链条。在河流两岸筑堤，则是人类迫于自身数量增长与环境安全的压力，不得不通过技术手段与水争地的成就。自大禹治水以来，

---

① 周辉：《北辕录》，《国家图书馆藏古籍珍本游记丛刊》本，线装书局 2003 年版，第 3104 页。

② 包世臣：《中衢一勺》卷 4《记直隶水道》，《丛书集成初编》本，中华书局 1985 年新 1 版，第 88 页。

"堵"与"疏"始终是治理水害、开发水利的两条根本思路。在实际运用中，二者往往必须相互结合，用河堤堵住其泛滥的通道，以束水攻沙、泥船挖沙疏通其水流，从而确保堤防坚固、行洪顺畅。清康熙年间大规模筑堤后，被束缚在河堤之间的永定河安流三十余年。为了维护河流安澜，加固两岸河堤、治理河床淤积就成为长期而沉重的任务。善决善淤、水流湍急的永定河一旦在雨水暴涨季节堤岸破损，滚滚浊流就从日渐淤高的河床上以高屋建瓴之势倾泻而出，造成比漫流时代更大的水灾，人与水争地的矛盾就会变得更加尖锐。乾隆二十年（1755）《御制过卢沟桥诗》，就在慨叹其间的两难选择："堤长河亦随之长，行水墙上徒劳人。我欲弃地使让水，安得余地置彼民？或云地亦不必让，但弃堤防水自循。言之似易行不易，今古异宜难具论。"[1] 清代中后期至民国年间发生的特大水灾，就是筑堤附带产生消极效应的例证。另外，北京得益于永定河筑堤而减少了水患，与此同时却把水灾与环境退化的危机延伸到下游地区。在人与水争地的较量中，人类以筑堤缚住水龙而占据上风，但失去永定河水源补给的湖泊、泉流却日渐湮废，河床淤高、地下水位下降、水质恶化等环境问题接踵而至。

晚近时期全球性的气候干旱，彻底改变了人类唯恐永定河水量过多而酿成洪灾的思维惯性。在干旱少雨的大气候之下，沿岸人畜饮用与工农业用水陡然增多，中上游多座水库层层截流，地下水位下降，再加上各类工业污染的危害，北京—河北段的永定河在 1980 年之后已经全年干涸。广袤的土地像嗷嗷待哺的婴儿，期盼永定河水的滋润而不可得。河道或被开垦为农田，或成为乡村放牧之地，或因取土挖沙被掘得百孔千疮，更有甚者还在行洪道上建起了高尔夫球场。一旦气候剧变再发洪水，后果将不堪设想。数千年来曾经哺育北京成长的这位伟大、丰腴、青春、健硕的母亲，最近几十年却变得如此贫瘠、瘦弱、苍老、垂危，正等待着她的千百万子孙后代反哺和拯救！这个过程深刻地昭示我们，人地关系的演变是何等触目惊心。

---

① 于敏中等：《日下旧闻考》卷 93《郊坰》，北京古籍出版社 1985 年版，第 1565 页。

第五节　当代城市问题是工业社会
管理弊端的总爆发

　　历史事实的梳理与历史经验的总结具有以古鉴今的作用，古代的某些人类活动也可能是当代某种社会问题的远源，其间或许存在着前车后辙的关联，北京的城市发展与人口、资源、环境之间关系的演变也是如此。但是，晚近时代的工业化进程对自然环境与社会环境的改造，在速度、广度、深度方面都远远超出了历史上的传统农业社会，由此划出了人地关系的演变过程、基本特征与以往迥然不同的新时代。当代社会遭遇的城市问题，绝大多数都是在工业社会形成、经过多年累积之后的多种管理弊端的总爆发。比如，困扰当代城市的水源、土壤、空气等方面的环境污染，其污染源无一不是主要来自工业生产及其产品应用领域，本书第七章对此已作了若干说明。

　　当代北京城市发展遇到的人口、资源、环境问题，形成了一个环环相扣、互为因果的关系链：首都突出的政治优势与国家保障对周边地区乃至整个国家具有强大的吸纳力，人口规模由于自然增长与内聚式迁移而持续膨胀，许多个五年规划预设的人口指标屡屡被提前突破就是证明；数量庞大的人口需要良好的生存空间和发展前景，必然对水源、能源、粮食及其他消费品，对交通、住房、教育、社会保障、生态环境等条件，提出越来越多的数量与质量的要求，从而推动城市不断地努力开拓空间、寻求资源。但在另一方面，正是因为人口超载激发了空间拥挤、资源紧张、交通拥堵、环境恶化；工业化生产在史无前例地带动社会进步的同时，对各类资源的消耗也是前所未有地迅速而广泛，由此产生的废气、废水、废料造成对水源、空气、土壤、食品的全面污染；再加上一定时期以资源环境换取增长速度的发展模式，缺乏相应的监察管理制度或者有法不依，这些因素都阻碍了向"宜居""绿色""生态"等美好愿望靠近的步伐。城市发展中面临的问题，也不仅仅限于水源短缺、交通拥堵、空气污染而已，只是这些矛盾表现得最为明显罢了。比如，现代生产技术大大提高了粮食、蛋菜、肉食的产量，但是，化肥与除草剂的过量使用造成了土壤的板结与污染，转基因食品潜在的多种已知与未知的严重危害令人不寒而栗，名目繁多的添加剂、生长剂、膨大剂、杀虫剂、染色剂、漂白剂、瘦肉精等的滥用，既使食品安全成为危及社会的严重问题，其生产过程又对水源、空气、土壤等环境因素造成极大破坏，所有恶果最终将反过来全部施之于人类本身。

　　水资源的缺乏是当代北京遇到的最严重的发展阻碍，正如上一节讨论过的那样，世界性的气候干旱、生产生活用水量的剧增、河流上中游的层层拦截，最终都导致地表水干涸。地下水虽然因此难以获得充分的地表水补给，却又不得不上升为城市供水的主要来源，转而进一步加剧了水源的缺乏和供应紧张。自 1950 年代中期到 1980 年代初，北京市修建了各类水库 84 座，设计库容总计约 72 亿方①。修建水库的设计目标主要是防灾与灌溉，还有一些具有发电等方面的效益。但在大规模修建水库的热潮过后，全球性的气候干旱却随之到来，保留库容与向下游供水由此成为一对尖锐的矛盾，连续数年干旱少雨终于导致许多河流的下游断流。官厅水库以下的永定河下游河道，已经干涸了三十多年。永定河的支流清水河，在 1974 年斋堂水库建成后，其下游多数时间都是干涸的枯河床②。大汤山、小汤山温泉自 1970 年代以来相继断流，小汤山温泉实际上只是从几口深井中用水泵汲取的地下热水③。密云水库是支撑北京城市用水的最主要途径，由于它的拦截，2004 年 6 月初在顺义东大桥下，只见羊群在干涸的河床上吃草，不远处就是新建的居民楼④，唯独不见历史上曾经滚滚流淌的潮白河水。2013 年，北京市人均水资源量只有 118.6 立方米，是 2003 年以来的最低值，大大低于国际公认的人均 1000 立方

---

① 北京市水文地质工程地质公司：《北京泉志》第 1 页，1983 年 12 月刊印。

② 门头沟区地名志编辑委员会：《北京市门头沟区地名志》，北京出版社 1993 年版，第 233 页。

③ 昌平县地名志编辑委员会：《北京市昌平县地名志》，北京出版社 1997 年版，第 589 页。

④ 《新京报》2004 年 6 月 2 日配发的照片。

米的缺水下限。全年供水总量 36.4 亿立方米，其中地表水 3.9 亿立
方米，地下水 17.9 亿立方米，再生水 8.0 亿立方米，南水北调 3.5
亿立方米，应急供水 3.0 亿立方米①。在北京周边，持续多年超量开
采地下水，使其平均埋深早已达到 20 米以上，并且出现了多个地下
漏斗。工业生产造成的水污染，是加剧水资源短缺的另一重要因素。
1960 年代以后，官厅水库上游地区的工农业用水量迅速增加，急剧
减少的库区水源到 1980 年代后期被严重污染。1990 年代的分析表
明，水库上游地区每年排放的工业废水约 7000 万吨、生活污水约
4000 万吨，大部分未经处理便直接排入河道②。官厅水库 1997 年被
迫退出城市生活饮用水体系，到 2006 年，"官厅水库水质仍未达到饮
用水源要求"③。以 1999—2010 年的统计数据与 1956—2000 年的多年
平均水资源状况相比，降水量减少 19%，水资源总量减少 43%，入
境水量减少 77%，密云水库和官厅水库来水减少 79%；城市应急水
源地接近开采极限，平原区地下水平均埋深从 11.9 米下降到 24.9
米，年均下降 1.1 米；自 2003 年以来建成的怀柔、平谷、昌平等应
急水源地，开采初期地下水埋深 10 米左右，此后年均下降 3—5 米，
到 2010 年埋深超过 40 米，接近设计开采值；第八水厂水源地取水能
力衰减 60%，从每天 48 万立方米骤减到 18 万立方米，第三水厂取水
能力衰减 50%；城市应急水源地周边农用机井 50% 以上出水不足，
严重影响当地农民用水；城市用水刚性需求持续增长，依靠本地水资
源保障首都供水安全的难度增大④。

气候总体干旱时期也有天降大雨的年份，它们的不期而至就成
了对城市排水与交通系统的严格检验。据中国天气网等媒介报道，
受高空弱冷空气和西南强暖湿空气的共同影响，2012 年 7 月 21 日，

① 北京市统计局、国家统计局北京调查总队：《2014 北京统计年鉴》4—16《水资源情况（2001—2013）》，中国统计出版社 2014 年版，第 162—163 页。
② 杜卫平：《官厅水库饮用水源功能恢复对策》，《中国水利》2004 年第 15 期。
③ 《北京市"十一五"时期环境保护和生态建设规划》，北京市环境保护局，2006 年 11 月。
④ 《北京市"十二五"时期水资源保护及利用规划》，北京市水务局，2011 年 12 月。

北京、天津及河北中北部、山西北部出现大暴雨和局部特大暴雨。截至 22 日 6 时，累计雨量 100—250 毫米，北京南部、天津中部、河北廊坊和唐山局部地区为 260—460 毫米。北京市境内从 21 日 10 时开始，自西向东出现强降雨。截至 22 日 6 时，大部分地区降下大暴雨到特大暴雨。全市平均降雨量 170 毫米，最大降雨量 460 毫米出现在房山河北镇，突破了 1951 年有完整气象记录以来 418.4 毫米的历史最高值。城区平均降雨量 215 毫米，最大降雨 328.0 毫米出现在石景山模式口。全市最强降雨出现在平谷挂甲峪，21 日 20—21 时达到历史罕见的 100.3 毫米/小时。除延庆以外，全市 90% 以上区域出现了 100—250 毫米以上的大暴雨。由于北京排水系统的设计只是 1—3 年一遇，仅能及时排掉此次降雨量的 1/5，致使核心城区最高时出现 43 处桥下积水和堵点，山区发生泥石流。到 22 日 11 时，全市共转移群众 56933 人，受灾最严重的房山区占 20990 人。首都机场 545 架航班被迫取消，8 万多名旅客滞留机场。地面交通几乎陷于瘫痪，积水严重的京港澳高速公路经过两天紧急抢险，到 24 日上午 11 时 50 分才恢复双向通车。根据 23 日 18 时 30 分之前的统计，全市 190 万人受灾，紧急转移安置 77325 人，倒塌房屋 10660 间，农作物受灾 238688 公顷①。截至 8 月 5 日统计，北京市因灾遇难者为 79 人②。

　　"7·21 特大暴雨"暴露了当代城市在规划建设、应急防御等方面的许多弱点，留下了惨痛的教训，也证明了历史的经验值得注意。清康熙五十一年与五十二年，相继为农历壬辰年和癸巳年。五十二年六月己丑（1713 年 8 月 4 日），时在热河避暑山庄的康熙帝"谕大学士等：昔言壬辰、癸巳年应多雨水，去岁幸而未涝。观近日雨势连绵，山水骤发亦未可定"③。虽然我们无从得知康熙帝听闻的"昔言"来自何处，但它应当是古人依据多年经验积累得出的规律性

---

① 参见《北京遭遇 1951 年以来最大降雨》，中国天气网 2012 年 7 月 22 日；《北京特大暴雨已致 190 万人受灾，经济损失近百亿》，中国新闻网 2012 年 7 月 22 日等。

② 《北京 7·21 特大暴雨遇难人数增至 79 人》，《北京晨报》2012 年 8 月 6 日。

③ 《清圣祖实录》卷 225，康熙五十二年六月己丑。

认识，在过了 283 年之后再次被提及。1996 年，北京市社会科学院历史所尹钧科研究员在他的著作中指出："历史的价值在于启迪后人，以史为鉴。研究北京的历史自然灾害，其重要意义就在于为今后北京的减灾防灾提供宝贵的历史经验和教训。通过对北京历史自然灾害的研究，我们总结出以下几点经验教训，应当引起有关部门的重视。"其中的第二点是："历史上北京地区发生频率既高而又为害最严重的自然灾害是水灾。……1949 年以后北京的水利建设已经取得了巨大成就，但是，决不能认为今后北京地区就再也没有洪患了。数十年一遇或上百年乃至几百年一遇的特大洪水，今后还有可能出现，不能不防。……此外，康熙皇帝曾说'昔言壬辰、癸巳年应多大水'，这是颇值得注意的经验之谈。每当壬辰、癸巳年到来的前后，人们应当加倍提防严重水灾的发生（作者原注：即将到来的壬辰、癸巳年是 2012 年和 2013 年）。"① 2012 年的"7·21 特大暴雨"，使尹先生在 16 年之前作出的告诫变成了惊人准确的超前预报。这就提醒有关部门，在中长期气象预测与防灾减灾规划方面，除了依靠现代自然科学与工程技术，也需要给社会科学的某些门类以足够的重视。

机动车辆的迅猛增加，是交通拥堵的首要根源。1978 年北京市仅有民用汽车 6.1 万辆，1987 年上升到 19.3 万辆、其中包括私人汽车 0.7 万辆。到 2000 年，拥有机动车 157.8 万辆，其中民用汽车 104.1 万辆（包括私人汽车 49.4 万辆）。2003 年，机动车变为 212.4 万辆，突破 200 万辆大关；其中民用汽车 163 万辆（包括私人汽车 107.1 万辆）。2007 年，机动车增加到 312.8 万辆，突破 300 万辆大关；其中民用汽车 277.8 万辆（包括私人汽车 212.1 万辆）；2009 年，机动车增加到 401.9 万辆，突破 400 万辆大关；其中民用汽车 372.1 万辆（包括私人汽车 300.3 万辆）；2012 年，机动车增加到 520.0 万辆，突破 500 万辆大关；其中民用汽车 495.7 万辆（包括私人汽车 407.5 万辆）；2013 年，机动车进一步增加为 543.7 万辆，其

---

① 尹钧科：《北京历史自然灾害研究》"前言"，中国环境科学出版社 1997 年版。

中民用汽车 518.9 万辆（包括私人汽车 426.5 万辆）①，三项数据分别为 2000 年的 3.45 倍、4.98 倍、8.63 倍。以私人汽车为主的汽车拥有量在较短时期内的迅猛增长，与许多国家的特大城市循序渐进的增长过程完全不同，由此带来的交通拥堵与环境污染问题也复杂得多。

北京在实施了"十一五"规划（2006—2010）之后，"人口、就业岗位和城市主要功能区建设仍集中在中心城，出行时空分布更为集中，潮汐特征更为明显，中心城交通聚集效应进一步加剧；机动车发展呈现高速度增长、高强度使用、高密度聚集的态势，与资源环境的矛盾日益加剧；轨道交通线网密度低，地面公交运行速度慢，换乘设施不完善、衔接不畅，难以与小客车出行方式竞争；路网结构不合理，微循环不畅；枢纽场站设施建设滞后，缺乏有效的换乘衔接，公共停车设施建设缓慢，占路停车等问题凸显；步行和自行车出行环境恶化；市民现代交通意识、绿色出行意识需要进一步提高；交通规划、投资、建设、运营、管理体制机制尚需进一步理顺"②。诸如此类的问题，将在很长时期内困扰北京的发展。有关研究报告显示，机动车提供了北京 31.9% 的大气污染物，是居于首位的大气污染源。汽车保有量的高速增长使其危害日益严重，而拥堵状态下的污染物排放又是正常行驶的 5—10 倍。2014 年北京平均每人交通拥堵耗时 100 小时，出行效率只有 48%，时间价值损失高达 282 亿元人民币，政府因此需要为道路及停车设施的建设养护增加费用，投入巨资治理交通拥堵造成的大气污染，为大气污染引起的病患支付更多费用，并且还会增加维护社会治安的成本。因此，在未来的中国城市交通出行蓝图中，一个成功的城市出行服务提供商及平台，需要契合移动互联和共享经济的发展浪潮。领先的移动互联网技术，基于大数据和云计算的资源匹配能力，持续的科技驱动路线，将为城市交通变革奠定良好的

---

① 北京市统计局、国家统计局北京调查总队：《2014 北京统计年鉴》13—1《交通运输邮电业基本情况（1978—2013 年）》，中国统计出版社 2014 年版，第 372—374 页。

② 《北京市"十二五"时期交通发展建设规划》，北京市交通委员会 2012 年 8 月 15 日发布。

技术基础①。这些思路对于北京交通的未来发展，应当具有重要的参考价值。

第六节　设置陪都将是疏解北京人口与功能的根本出路

人口聚集原本是城市固有的基本特征之一，但经过晚近时期尤其是当代几十年的发展，在庞大基数之上的自然增长，首都优势吸引以及多种功能叠加造成的内聚迁移，使北京的户籍人口与外来人口急速膨胀，城市发展与资源、环境之间的关系变得空前紧张。缓解人口增长压力的一般途径，无非是以政治经济的力量限制进入与酌量迁出，人口流动的方向与古代常见的"移民以实京师"恰恰相反，体现了古今城市截然不同的发展要求。新闻媒体近日从北京市发改委获悉，疏解北京"非首都功能"的任务单和时间表已经圈定，未来将有八成行业禁入、四类功能退出，增量控制和存量疏解并重，预计到2020年取得明显成效②。这里必须指出，仅仅在北京市所辖范围内或周边地区调整人口和产业布局，实际上仍然是在维持北京城市功能大而全的唯一性地位。如果能够跳出紧紧围绕北京这个中心的思维模式，把政治、经济、文化中心的功能在整个国家的视野下拆分开来，就可望借助宪法提供的制度保障与相距较远的地域分隔，从根本上改变目前北京城市功能多重叠加、人口与产业高度集中的局面，创造一个功能相对单一、规模大致适中、环境比较宜居的首都。在这个意义上，古代中国曾在首都之外设置陪都，当代不少国家的政治中心与经济、文化中心分离，甚至不同的政治职能也要分散在不同的城市，这些实例都具有极高的参考借鉴价值。城市定位决定着城市功能，左右着人口与产业的聚散。我们可以预言，设置陪都将是疏解北京人口与

①　参见《移动互联下的城市综合出行变革》，罗兰贝格管理咨询公司（www. roland-berger. com. cn）2015，5。

②　李正豪：《疏解大北京：任务单和时间表已圈定》，《中国经营报》2015年7月25日。

功能之沉重负担的根本出路。

我国历史上在王朝或政权的都城之外建立陪都，数量众多，情形复杂。立为陪都的原因，或以城邑位居冲要、控御一方，或因其为先人故里、兴起之地，或因其为前朝遗迹、本朝旧都，诸如此类，不尽相同。显然，在古代的政治、经济、军事与人口、资源、环境条件下，这些陪都并不是因为要分解首都的某项功能而设，相反却往往着眼于通过赐予陪都名号显示其突出地位。但是，历史上的陪都毕竟肩负着比普通城市更多的政治职能，客观上也多少具有作为首都"姊妹城市"乃至备用首都的意义。陪都制度肇始于西周初年武王伐纣归来之后经营雒邑，即今洛阳。司马迁指出："学者皆称周伐纣，居雒邑，综其实不然。武王营之，成王使召公卜居，居九鼎焉，而周复都丰镐。至犬戎败幽王，周乃东徙于雒邑。"立雒邑为陪都，是因为"此天下之中，四方入贡道里均"①。其后，建都长安的北周、隋、唐，建都开封的五代梁、晋、周，皆以洛阳为陪都，唯其称号有东都、东京、西京、西都之别。隋唐时期的洛阳作为长安之外的另一个政治中心，在历史上影响尤其深远。

两京并立或三京鼎峙乃至五京共存，显示了古代陪都制度的多样化。三国魏始建五都，"魏因汉祚，复都洛阳。以谯为先人本国，许昌为汉之所居，长安为西京之遗迹，邺为王业之本基，故号五都也"②。隋唐的政治中心以京师长安与东都洛阳最重要（图8—1），唐代在武则天时曾立并州为北都，玄宗开元年间先后立蒲州（中都）或太原（北都），形成三都之制。肃宗至德二载（757）设立五京，宝应元年（762）复置五都，但前后仅有数年。在政权更迭迅速的五代，后唐有三都、四都、五都之设，后晋亦有四都，惟其历时更加短暂。北宋以开封为东京，"盖有意以洛阳为西京，其后未果"③。在与契丹对峙的形势下，遂以应天府（今河南商丘）为南京，建大名府

①《史记》卷4《周本纪》，中华书局1997年缩印本，第170页。
② 郦道元：《水经注》卷10《浊漳水》，陈桥驿标点本，上海古籍出版社1990年版，第213—214页。
③ 史念海：《中国古都和文化》，中华书局1998年版，第129页。

（今河北大名）为北京。

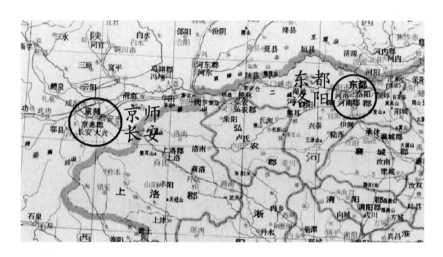

图8—1　隋唐长安与洛阳

　　辽代自契丹神册元年（916）耶律阿保机称帝，至辽兴宗重熙十三年（1044），经过将近一百三十年，逐渐形成了由上京临潢府、东京辽阳府、南京析津府、中京大定府、西京大同府构成的五京之制（图8—2），共同履行作为国家或区域政治中心的职能。南京析津府治今北京西南，是辽朝南部地区的行政中心。金代在熙宗时期设有七京，海陵王迁都燕京并改称中都后予以删削调整，形成以中都大兴府、北京大定府、西京大同府、东京辽阳府、南京开封府构成的金代五京，此后略有变化。金中都的建立，使历史上的北京第一次成为国家的首都。元代建都于燕京，称大都，以开平（今内蒙古正蓝旗东北）为上都，并形成了皇帝每年春冬在大都、夏秋去上都的惯例。明初以南京为首都、凤阳为中都，永乐年间迁都北京后，遂成三京之制。嘉靖年间以承天府钟祥县为兴都，援引中都的成例设留守司，衍为四京。显然，首都北京与留都南京，在国家政治体制中的地位最重要。满洲入关之前，已有兴京（赫图阿拉）、东京（辽阳）、盛京（沈阳）并存。入关后以北京为京师，以盛京为留都，分别是关内与关外最重要的政治中心。

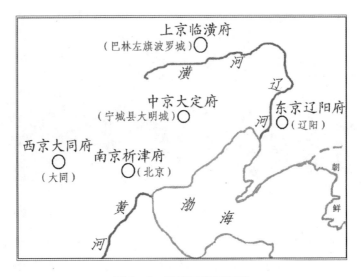

图8—2 辽代五京示意图

　　放眼当代世界，固然有许多国家的首都既是政治中心又是经济中心，并且往往是本国人口最多或位居前列的大城市，但政治中心功能单一或由数个城市分担其政治功能的国家也不乏其例。在北美洲，美国首都华盛顿（Washington D. C.）2010年的人口数量（60.17万人）只排在全国城市的第24位，相当于最大的经济金融中心、人口最多的纽约（817.51万人）的7.36%，也远在其他以经济、科技闻名的主要城市之后。加拿大首都渥太华（Ottawa），是政治、科技、文化中心，但它只是全国第六大城市，经济活动也以服务于首都职能的"政府经济"或"首都经济"为主。在欧洲，荷兰宪法规定的首都阿姆斯特丹（Amsterdam），是全国的最大城市、金融与商贸之都。但是，政府机关、议会、王宫、最高法院、外国使馆等却在第三大城市海牙（Den Haag），这里自13世纪以来一直是荷兰的政治中心。在非洲，南非拥有三个首都——茨瓦内（Tshwane）：行政首都，中央政府所在地，原名比勒陀利亚（Pretoria），2005年3月7日更名；布隆方丹（Bloemfontein）：司法首都，最高法院所在地；开普敦（Cape Town）：立法首都，议会所在地（图8—3）。

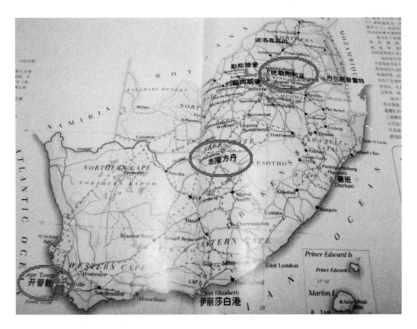

图8—3　南非的三个首都

　　在南美洲，巴西人口最多、经济最发达的城市，是圣保罗（São Paulo）和里约热内卢（Rio de Janeiro）。首都巴西利亚（Brasília），是20世纪50年代按照总设计师、被誉为"建筑界的毕加索"的奥斯卡－尼迈耶（Oscar Ribeiro de Almeida Niemeyer Soares Filho）的规划方案，在戈亚斯州（Goias）海拔1200多米的高原上新建的一座城市。1960年4月21日，从里约热内卢迁都巴西利亚，这里由此成为南美洲最年轻的首都，1987年又成为联合国教科文组织批准的历史最短的世界遗产。与此同时，里约仍是许多政府机关、社团组织、公司总部的所在地，被称为巴西的"第二首都"。在大洋洲，澳大利亚的首都堪培拉（Canberra），是联邦政府1911年决定在悉尼（Sydney）与墨尔本（Melbourne）两大城市之间选址、1927年建成后从墨尔本迁都至此的新兴城市，全国政治中心与许多社会文化机构的所在地，银行、饭店、公共服务业是其主要经济部门。在亚洲，日本东京（Tokyo）为了限制城市无限扩展，持续致力于首都功能的分散。

1958、1968、1976、1986、1999 年相继公布了第一至第五次"首都圈基本计划",通过实施绿化带计划、卫星城计划、新都心计划、科学城计划、一小时生活圈计划,形成了多圈层、多中心的都市圈城市体系,有效地分散了中心城市的功能。对于首都人口,不是以强制性政策直接从东京迁出或者限制流入东京,而是以间接影响居民生活选择的城市发展方式取得控制性的调节效果。

古今中外的例证显示,我国历史上的陪都曾经比较有效地分担过首都的政治、军事功能;到了人口过度膨胀、环境问题越来越突出的当代,国家的首都未必需要建在人口数量过于庞大的城市,在政治中心之外也未必应当叠加经济中心等多重功能;政治中心的功能也可以拆解成若干门类,由不同的城市分别承担起来,这些对于预防和化解首都的城市问题具有至关重要的作用。如果能够借鉴中外设置多个都城或简化首都功能的成功经验,以长远的战略眼光进行调查研究、规划设计,再经过若干年的精心建设,使城市功能多重叠加的北京能够在十至二十年之间逐步转移部分政治中心功能,适度削减作为国家经济中心的功能,在全国范围内再现历史上的两都并立、三都鼎峙乃至五都并存,应当可以从根本上缓解甚至消除首都背负的社会发展与人口、资源、环境等方面的沉重压力。至于各个都城之间的联系,现代交通系统与信息网络技术,已经把我们居住的星球变成了"地球村"。只要能够建立并且遵守公正有效的法律制度,首都与陪都及其所在区域之间,也很难出现类似古代藩镇割据那样的政治分裂局面,或者由于"多权力中心"导致地方与中央分庭抗礼,当代世界有关国家的实例就是最近也最有力的证明。在国土狭窄的日本,东京的首都圈发展模式自有其成功之处。但在我们这样一个幅员辽阔的大国,承担某一项政治中心功能的城市如果距离北京远了,那就意味着与另外的区域更加接近了。若干陪都的设置不仅不会导致各自为政,而且将更有利于国家的政令通达和团结统一。

第七节　通过京津冀一体化发展
推动生态环境改善

多年的实践证明，北京的城市发展不能"独善其身"或"孤独地繁荣"，很多矛盾无法依靠在北京市范围内的自我完善来解决，必须在整个国家的尺度上、至少是通过与周边省市区密切合作，才能发现问题的根源，找到解决的办法。北京的水源短缺需要以更广阔的视野加以统筹协调，沙尘暴与环境污染的源头往往要到更远的地方去寻找，人口疏散、产业布局调整同样离不开周边地区的合作，所有这些都需要借助京津冀一体化协同发展之力得以实现。当然，这个过程虽是北京城市规模的空前膨胀以及其他问题造成的大势所趋，但有关各方也将经历漫长的以行政区划为壁垒的利益博弈。近千年来北京作为首都或陪都、清代天津在海河流域崛起以及两地与直隶（河北）省之间屡次分合的演变过程，为此提供了颇有借鉴意义的历史经验。

在北京作为帝都的时代，它的周围存在着以首都为治所、管辖若干州县的路、府，但它们之间的关系并未上升为国家最高级别的几个行政区域之间的矛盾。金代以中都城为治所的中都路虽是国家的第一级政区，但在今天的京津冀三省市范围内，同时却有河北东路、河北西路、大名府路、北京路、西京路等与之相互制衡，不致形成首都地区一家独大的局面。元代的大都路是中书省所辖诸路之一，明代顺天府是"京师八府"之一，清代顺天府也是直隶省诸府之一，它们都是省级之下的第二级政区。这样，自然不会出现类似当代北京与天津两直辖市被河北省包围、三个最高级别的行政区域既交错拥挤又彼此分隔的现象，这个区域内的行政区划系统长期在一体的格局中正常运转。在稳定的区划系统与平缓的城市发展状态下，首都对周边地区的影响，在采伐森林、凿取石材、烧制石灰和木炭、开辟城市水源之外，主要体现在政治、军事方面，更不会因为经济因素导致城市膨胀。

清末民初推行近代化的市制，使城市开始从国家的附庸向自治团体转变。当时环绕在北京周边的是中央直辖的京兆地方亦即明清顺天府辖境，足以为处在初步阶段、带有试验性质、对资源环境要求有限的城市提供制度保障。京都市政公所的管辖范围到1925年9月才推广到四郊各区[1]。1928年国都南迁后，北平、天津两个特别市与河北省作为同级的行政区域分隔开来。日渐发展的北平、天津对地域空间及水源、能源、交通、旅游等各类资源的需求不断增多，迫切希望把本市的管辖范围向周边拓展，这也就意味着要求河北的辖境萎缩。在各种利益与社会舆论的压力下，将会失去土地的一方自然不肯轻易妥协。因此，关于北平与河北之间的划界问题，在长达二十年的时间里（即使除去八年沦陷，也有十余年之久）始终调节无效。在行政院直辖的天津特别市与河北省管辖的天津县之间，"市县界限事关双方损益，从1928年到1936年，市县划界始终是当局最棘手的难题。其间争议激烈，枝节横生"[2]。三地之间相互关系的另一个特殊之处，是平、津两市在作为省级特别市或降为省辖市的某些阶段，都曾做过河北省会。其间的政区分合、等级升降与治所迁移，显示了三者之间忽即忽离的变迁，这就使得平、津两市拓展地域空间的努力难以奏效，河北省的省会也多次往复迁移。如果从清初的直隶总督驻地算起，河北（直隶）的省会迄今已历经大名（1661）→保定（1669）→天津（1870）→北平（1928，10）→天津（1930，10）→保定（1935，6）→北平（1945，11）→保定（1946，7）→北平（1947，11）→保定（1949，8）→天津（1958，4）→保定（1966，5）→石家庄（1968，2—）等一连串的变动[3]（图8—4）。省治如此频繁地搬家，在全国绝无仅有。中华人民共和国成立后，在中央政府的集中统一推进下，北京、天津两直辖市对毗邻的河北省"按计划蚕食"。自1950年开始，北京市至1958年、天津市至1979年，相继形成今天的行政

---

① 北平市都市计划委员会：《北平市都市计划设计资料第一集》，北平市工务局1947年刊印，第8页。

② 何德骞：《天津县治议迁咸水沽》，《今晚报》2013年5月28日。

③ 根据河北省地名办公室编《河北政区沿革志》（河北科学技术出版社，1985）等整理。

区域①。

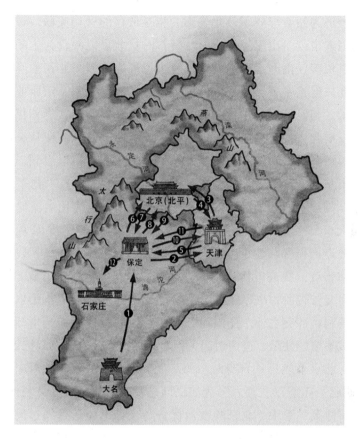

图 8—4　河北（直隶）省会迁移示意图

（选自《中国国家地理》2015 年第 1 期，孟凡萌绘）

经过数十年的变迁，人口数量与城市规模日益膨胀的京津两市，需要周边地域广阔的河北予以水源、能源、环境、空间的支持，河北也期望通过三家合作提升经济、科技、文化和社会发展水平，这就需要考虑具体的地理背景与文化传统。京津冀地区作为国家政治中心所

---

①　史为乐：《中华人民共和国政区沿革（1949—2002）》，人民出版社 2006 年版，第 7—11 页。

在的畿辅重地虽有近千年之久，但我国的经济重心在唐宋时期就已转移到南方。当代迅猛发展的长江三角洲、珠江三角洲地区，历史上就以产业经济为纽带形成了彼此分工、相互依存的密切关联，带动城市崛起的因素也大多出于经济方面。帝都时代北京以粮食为主的物资供应，一直依赖江南漕运而不能就近解决。周边区域与北京的经济关联比较薄弱，促进主要城镇发展的因素往往是作为府州县治所或军事要地的需求。与经济因素主导下的南方区域合作不同，依靠首都特殊政治地位发展起来的北京与周边地区的一体化协同发展，应从突破行政区划的畛域和管理系统的阻隔出发。回顾历史我们可以看到，民国年间北平市从1928年的"酌量展拓"方案到1946年的"北平市新市界草案"，是专业人员借鉴西方理论设计、符合近代化潮流的城市规划。从人口、工业、农业、交通、能源、水源、游览等因素综合考虑，将改造旧城区与建设为中心城市服务的卫星城镇并举，以期控制城市人口密度、提高近代化水平，其规划思想至今依然可取。它们之所以被河北省先后否决，除了城市带动周边发展的能力不足以及政区阻隔下的利益冲突之外，还因为方案中存在着只取所需精华却使遗留部分残破不堪的缺陷，进而引起大兴、宛平等县民众的群起抗议①。由此证明，北京不能只从自身对水源、能源、交通、旅游的需求制定方案，"利己"不能以"损人"为前提而是要考虑如何同时"利他"。在当代的京津冀关系中，北京的政治优势与主导地位远远胜过民国后期的北平，但解决风沙治理、水源涵养、环境污染、人口过多、功能叠加等问题，终究要依靠更大范围内的区域合作，仅仅通过把首钢等污染耗能企业与某些低端服务业搬迁到河北，把己所不欲的危害转嫁于人，断非能够多方共赢的长久之计。事实上，当代社会对京津冀一体化协同发展的要求由来已久。北京、天津崛起于海河流域，客观上需要更大范围内的多种支撑。经济地理学者早在20世纪70年代就已依据现代产业布局理论，着眼于保定的工业基础与唐山、张家口的煤炭、铁矿资源优势，探讨了"京津保""京津唐"或"京津唐张"的工业

---

① 《1928—1936年北平行政区域边界勘划史料》，《北京档案史料》1999年第3期。

布局问题。20世纪90年代以来，京津冀开展过生态环境监测治理等方面的区域合作。2005年前后，国家发改委曾组织编制《京津冀都市圈区域规划》。虽然这类宏观规划经常赶不上三省市政府设定的区域发展目标和城市功能定位的变化，实力差距与利益关系也决定了各方对于实施规划的不同态度，但这毕竟反映了京津冀协同发展的必然性。

京津冀地区的政区沿革过程提示我们，现有行政区划系统及其连带的利益关系，势必成为一体化协同发展的阻力。以史为鉴，可考虑分两步走：作为权宜之计，在现有区划格局之下加强各方协调与制度建设。趋利避害是社会的共同心理，国家层面的制度约束远远胜过广大群众对为政者主动顾全大局的期待。作为理想目标，最终应考虑将原本就是一体并存的京、津、冀三省市再度合而为一，组成一个行政级别高于其他省份的大区，从而在制度上消除行政区划的壁垒。配合建立若干陪都的步伐分解北京的政治功能，使其由"大而全"的功能叠加变成由中央政府直接管理、履行主要政治中心功能的行政特区。明清京师地区的管理制度，当代世界不少国家对首都地区的管理模式，都具有突出的参考借鉴意义。

就在本书即将完稿之际，2015年7月31日，在马来西亚首都吉隆坡召开的国际奥委会第128次全体会议，投票决定将2022年冬奥会主办权授予与河北省张家口携手申办的北京。在此之前的6月9日，北京2022申冬奥代表团在瑞士洛桑与国际奥委会委员举行的陈述交流会上承诺：延庆、张家口已经非常适合户外运动，北京将借鉴世界各大城市的治理经验，持续改善空气质量。随着各项措施逐步落实以及公众环境保护意识和能力不断提高，到2020年，北京空气质量将取得明显改善，冬奥会将成为直接受益者①。另据新闻媒体报道："北京市正在执行清洁空气五年行动计划。在铁腕治污的高压态势下，到2022年，北京的PM2.5平均浓度将比2012年下降45%左右。与此同时，河北省也加大了治理空气污染的力度，于4月上旬首次出台《河北省大气污染深入治理三年（2015—2017）行动方案》，提出三

_____

① 《北京向世界庄严承诺》，新华网2015年6月10日。

年内 PM2.5 平均浓度下降 25% 的具体目标。另外，随着张家口环卫升级'北京版'、建设'低碳奥运专区'、区域协同治污扩大至七省区市等一系列举措持续展开，京张两地的空气质量一定会得到显著改善。"[①] 承办冬奥会，将成为京津冀加强一体化可持续发展的契机和动力。在空气质量方面，经历了短暂的"APEC 蓝"之后，人们正在期待着"冬奥蓝"成为常态并能提前到来。

第八节　在道德与法制的共同约束下　　构建新型人地关系

　　城市发展与人口、资源、环境的协调，在很大程度上取决于人类如何正确处理自身行为与所处地理环境（自然环境和人文环境）之间的关系。地理环境为人类活动提供了多种资源和空间舞台，作为万物之灵、具有无穷创造力的人类，往往在双方相互关联、对立统一的矛盾运动中处于主动地位。现今存在的环境问题，是在工业化飞速发展、人口急剧膨胀的时代日积月累的结果，无疑要依靠当代技术和社会法制加以解决。与之并行不悖的一项重大任务，是使决策者树立正确的环境伦理观。作为社会道德重建的组成部分，这是保障城市可持续发展的长久之计。在这个意义上，今人可以从我国历史上关于人地关系的认识中汲取智慧的营养。

　　必须承认，首都的特殊地位与更加严格的客观要求，已经使北京环境建设的成就远远超过了周边省份，但北京的城市发展以及沙尘雾霾、水土流失、环境污染的治理，显然不能脱离所处地域独善其身，这就需要从更广阔的背景下寻求答案。我国古代关于人地关系的哲学产生于缓步前行的传统农业社会，时过境迁之后，面对着技术手段日益进步、社会问题极其复杂的当代，其局限性一目了然。尽管如此，在影响人类思维方式的哲学层面上，并不妨碍古今事理的彼此相通。

---

① 《2022 年冬奥会落户北京，京张双城 7 年之后啥模样》，《北京青年报》2015 年 8 月 1 日。

先秦时代的思想家与执政者，强调以崇高的道德伦理自我约束，通过立法保护与人类道德的自我完善相结合，实现人与环境的和谐共存。远在上古时期，夏代有"禹之禁"："春三月，山林不登斧，以成草木之长；夏三月，川泽不入网罟，以成鱼鳖之长。"① 商汤有"网开三面"之举："汤见祝网者置四面，其祝曰：'从天坠者，从地出者，从四方来者，皆离吾网。'汤曰：'嘻，尽之矣！非桀其孰为此也。'汤收其三面，置其一面，更教祝曰：'昔蛛蝥作网罟，今之人学纾。欲左者左，欲右者右，欲高者高，欲下者下，吾取其犯命者。'汉南之国闻之曰：'汤之德及禽兽矣！'四十国归之。"② 到西周，文王有"伐崇令"："毋杀人，毋坏室，毋填井，毋伐树木，毋动六畜。有不如令者，死无赦。"③ 此后，又有《周礼》所显示的各种法律和管理机构。春秋战国时代，萌生了古代意义上的环境哲学、环境伦理、环境法学、环境美学思想。魏晋以迄隋唐，佛教传播了众生平等、禁止杀生、提倡素食等观念。宋明以后，人口增长的压力逐渐加大，弛山泽之禁的事例越来越多，屯田和围湖造田等农业开发明显改变了原始环境，理学家则使"天人合一"的宇宙观和"仁民爱物"的环境伦理得到凝练和升华，成为中国古代环境文化中最具现代意义的思想。以"泛爱"为基本特点的古代伦理思想，所表达的道德关怀不仅局限于人类，而是扩大到禽兽草木，其主流价值观既非"人类中心主义"，又非"非人类中心主义"，而是"天人和谐"论④。

古代思想家提倡人类活动必须遵循四时变化与生物繁衍的自然规律，尊重动植物生存、发育、繁衍的权利，把开发利用自然资源的行为限制在一定的道德和法律范围之内。《周礼·地官司徒》称："山虞，掌山林之政令，物为之厉，而为之守禁。"南宋林之奇《周礼讲

---

① 《逸周书》卷4《大聚解》，《二十五别史》本，齐鲁书社2000年版，第38页。

② 《吕氏春秋》卷10《孟冬纪·异用》，《诸子集成》高诱注本，中华书局1954年版，第102—103页。

③ 刘向：《说苑》卷15《指武》，《说苑校证》本，中华书局1987年版，第378页。

④ 赵安启等主编：《中国古代环境文化概论》，中国环境科学出版社2008年版，第11页。

义》解释说：“为之厉，则别其地，以为之限；为之守，则命其人，以为之守；为之禁，则设其法，以为之禁。养之有道，取之有时，用之有礼，则贪残之民不得以暴天物矣。”① 世人对孟子的观点耳熟能详：“不违农时，谷不可胜食也；数罟不入洿池，鱼鳖不可胜食也；斧斤以时入山林，材木不可胜用也。”“五亩之宅，树之以桑，五十者可以衣帛矣；鸡豚狗彘之畜，无失其时，七十者可以食肉矣；百亩之田，勿夺其时，数口之家可以无饥矣；谨庠序之教，申之以孝悌之义，颁白者不负戴于道路矣。”② 荀子设想的“圣王之制”是：“草木荣华滋硕之时，则斧斤不入山林，不夭其生，不绝其长也。鼋鼍鱼鳖鳅鳣孕别之时，罔罟毒药不入泽，不夭其生，不绝其长也。春耕夏耘，秋收冬藏，四者不失时，故五谷不绝而百姓有余食也。污池渊沼川泽，谨其时禁，故鱼鳖优多而百姓有余用也。斩伐养长不失其时，故山林不童而百姓有余材也。”③ 西汉政论家贾谊对于人与自然的认识，与先秦诸贤的思想一脉相承：“礼，圣王之于禽兽也，见其生不忍见其死，闻其声不尝其肉，隐弗忍也。故远庖厨，仁之至也。不合围，不掩群，不射宿，不涸泽。豺不祭兽，不田猎；獭不祭鱼，不设网罟；鹰隼不鸷，睢而不逮，不出弩罗；草木不零落，斧斤不入山林；昆虫不蛰，不以火田；不麛，不卵，不刳胎，不夭夭，鱼肉不入庙门；鸟兽不成毫毛，不登庖厨。取之有时，用之有节，则物蓄多。”④ 历史上诸如此类的观点不胜枚举，先哲对于人与万物的泛爱思想，是留给现代环境伦理的道德遗产；某些环境伦理原则以及资源环境保护法规，能够被今人直接借鉴；保护地力、崇尚自然的观念，对当代建设资源节约型社会富有思想启迪意义。

---

① 王与之：《周礼订义》卷27，《文渊阁四库全书》第93册，台湾商务印书馆1986年影印本，第18页b。

② 《孟子》卷1《梁惠王上》，《诸子集成》焦循《孟子正义》本，中华书局1954年版，第32—35页。

③ 《荀子》卷5《王制篇》，《诸子集成》王先谦《荀子集解》本，中华书局1954年版，第105页。

④ 贾谊：《新书》卷6《礼》，《新编诸子集成》阎振益等《新书校注》本，中华书局2000年版，第216页。

相比之下，见之于媒体报道的令人发指的各类恶性事件，比如煤炭采挖后给当地留下大片的地面凹陷；各类工厂超标排污对水源、土壤、大气的严重污染；大量农田被强制开发而失地的农民几十年后仍然得不到补偿；无所不在的环境污染严重危害人体健康和生存；地下水脉被大型工程阻断；黑煤窑对童工的残酷压榨；官商勾结征用土地、砍伐林木、建造政绩工程；新闻媒体披露环境污染情况后，官商共同挖空心思"摆平"，以逃避上级查处、维护双方的既得利益。所有这些，无不显示出当代社会的道德沦丧、诚信缺失、唯利是图，在破坏性地耗费全民资源、疯狂攫取高额利润时，根本无视破坏生态环境的严重后果。如此等等，举不胜举，在环北京地区同样普遍存在。吏治的腐败是最大的腐败，没有制度约束的权力如果与贪婪成性的腐败者结合在一起，必将危害全体人民、祸及国家民族。迄今我国制定的法律不可谓不多，更需要各级官员去遵守和执行，但欺上瞒下、为非作歹的破坏者比比皆是。他们的行为动摇了人民对国家的信心，毒化了社会风气与公众灵魂。大街上的宣传标语号召"加强未成年人思想道德建设"，这对于培养国家未来的主人翁确实至关重要。但是，当下最应该加强思想道德建设的，是掌握各类权柄的成年人。未成年人像一张白纸在等待着描绘最新最美的图画，他们原本纯洁可爱、积极向上，但经受不住上述各类成年人及其所营造的社会环境的消极引导。所以，收拾涣散的人心，树立良好的道德风尚，增强社会公平正义与遵纪守法意识，既要教育代表未来的未成年人，更要以制度和法律去塑造成年人。道德的约束来自内心对于真善美的追求和崇尚，对世界普遍认可的行为准则的认同和敬畏，是精神层面的自我完善与自我管理。从提倡崇高的道德境界，到呼吁守住道德的底线，社会精神的滑落之快令人瞠目。对于贪得无厌者而言，所谓"高薪养廉"无异于痴人说梦。内在的道德约束只能做到"防君子不防小人"，但仅靠外在的法律约束也势必左支右绌、防不胜防。道德与法制的共同约束，应是着手解决当前多种社会问题的基本原则。对于正确处理城市发展与人口、资源、环境的关系，也应是一条可行的途径。

经济发展与环境保护之间的矛盾越突出，程度不等的违法违规事件越频繁，执法部门就越发感到法规不健全。这里无须征引各类媒体报道的案例，仅从政府部门制定规划时在"面临的挑战"之类的部分所作的概括，就能清楚地看到这一点。《北京市"十二五"时期水资源保护及利用规划》称：水务管理工作"现有政策法规体系不健全，与法规相配套的规范标准、规章制度等支撑体系存在缺陷"。"科技创新能力、制度保障能力、依法行政能力有待进一步提高。"①《北京市"十二五"时期环境保护和建设规划》提到："还有数百家污染防治水平较低的小化工、小铸造企业以及资源消耗性的石灰、砖瓦等企业，施工扬尘等无组织排放控制难，总体上大气污染物排放总量过大，仍超过环境容量。"因此强调完善地方环保法规，将地方污染物排放标准变得更严格，其中包括："加快油烟污染防治、机动车排放污染防治、环境噪声污染防治和危险废物污染防治等立法工作；开展总量控制相关规定的研究制定工作。制定《北京市水污染防治条例》配套政策和制度，为条例的贯彻执行提供保障。""制定燃气电厂、施工扬尘大气污染物排放标准；制修订防水卷材、水泥、铸锻等行业污染物排放标准。修订非道路用柴油机排放标准，制定与国家第五阶段机动车排放标准相配套的地方车用油品标准。制定城镇污水处理厂排放标准，修订水污染物排放标准。制定生活垃圾填埋场恶臭控制技术规范。规范污染物排放标准实施程序，开展标准执行情况评估。"②《北京市"十二五"时期土地资源保护与开发利用规划》指出："北京资源环境紧约束、人地矛盾日益尖锐的基本格局没有根本改变"，其中第一条就是"耕地总量持续减少，耕地后备资源不足，违规违法用地现象时有发生，耕地和基本农田保护形势依然严峻"。这就需要"加大土地执法力度，严格保护耕地、基本农田及各类生态用地"。"进一步健全和完善土地动态巡查网络，推进动态巡查责任制落实，做到早发现、早报告、早制止、早解决；加大违法查处和惩

---

① 《北京市"十二五"时期水资源保护及利用规划》，北京市水务局，2011 年 12 月。
② 《北京市"十二五"时期环境保护和建设规划》，北京市环境保护局、北京市发展和改革委员会，2011 年 6 月。

治力度，严防违法违规用地现象反弹"。① 对于生活着数千万人口的这座特大城市来说，任何时候都需要化解北京城市发展与人口、资源、环境之间的矛盾。汲取古代智慧的营养，借鉴外国的成功经验，依靠现代科技手段，大力推进制度建设与人的思想道德塑造，在道德与法制的共同约束下构建新型人地关系，将成为北京维系可持续发展的几个关键因素。

① 《北京市"十二五"时期土地资源保护与开发利用规划》，北京市国土资源局，2011 年 8 月。

参考文献

一 古代文献

《大清会典》，《文渊阁四库全书》本，台湾商务印书馆 1986 年版。

《大清会典事例》，台北新文丰出版公司影印清光绪二十五年刻本。

《大元海运记》，广文书局 1972 年影印本。

《大元圣政国朝典章》，中国广播电视出版社 1998 年影印本。

《韩非子》，《诸子集成》王先慎《韩非子集解》本，中华书局 1954 年版。

《嘉庆重修一统志》，上海书店 1984 年版。

《礼记》，《黄侃手批白文十三经》本，上海古籍出版社 1983 年版。

《吕氏春秋》，《诸子集成》高诱注本，中华书局 1954 年版。

《孟子》，《诸子集成》焦循《孟子正义》本，中华书局 1954 年版。

《明实录》，台北中研院历史语言研究所影印本，1962 年版。

《朴通事谚解》，奎章阁丛书本，台北联经出版事业公司 1978 年版。

《清朝通志》，商务印书馆 1936 年影印本。

《清实录》，中华书局 1985 年影印本。

《顺天府志》，北京大学出版社 1983 年影印本。

《通制条格》，浙江古籍出版社 1986 年版。

《荀子》，《诸子集成》王先谦《荀子集解》本，中华书局 1954 年版。

《逸周书》，《二十五别史》本，齐鲁书社 2000 年版。

《永乐大典》，中华书局 1959 年版。

《战国策》，岳麓书社 1988 年版。

《周礼》，《黄侃手批白文十三经》本，上海古籍出版社 1983 年版。

《左传》，《黄侃手批白文十三经》本，上海古籍出版社 1983 年版。

包世臣：《中衢一勺》，《丛书集成初编》本，中华书局 1985 年新
　　1 版。

毕沅：《续资治通鉴》，中华书局 1957 年版。

常明等：（嘉庆）《四川通志》，巴蜀书社 1984 年版。

陈邦瞻：《元史纪事本末》，中华书局 1979 年版。

陈琮：《永定河志》，清乾隆间刻本。

陈均：《九朝编年备要》，《文渊阁四库全书》本，台湾商务印书馆
　　1986 年版。

陈梦雷、蒋廷锡：《古今图书集成》，中华书局、巴蜀书社 1985 年影
　　印本。

陈子龙编：《明经世文编》，中华书局 1962 年版。

程钜夫：《雪楼集》，《文渊阁四库全书》本，台湾商务印书馆 1986
　　年版。

崇彝：《道咸以来朝野杂记》，北京古籍出版社 1982 年版。

崔学履：（隆庆）《昌平州志》，明隆庆元年刻本。

戴铣：（弘治）《易州志》，《天一阁藏明代方志选刊》本，上海古籍
　　书店 1981 年版。

董含：《三冈识略》，辽宁教育出版社 2000 年版。

范成大：《范石湖集》，上海古籍出版社 2006 年版。

范成大：《揽辔录》，《范成大笔记六种》本，中华书局 2002 年版。

方观承：《方恪敏公奏议》，《近代中国史料丛刊》本，文海出版社
　　1966 年版。

富察敦崇：《燕京岁时记》，北京古籍出版社 1981 年版。

顾炎武：《昌平山水记》，北京古籍出版社 1980 年版。

顾炎武：《日知录》，《四部备要》黄汝成《日知录集释》本，中华书
　　局 1936 年版。

顾祖禹：《读史方舆纪要》，中华书局 1955 年版。

郭子章：《郡县释名》，明万历四十三年刻本。

郝经：《陵川集》，《文渊阁四库全书》本，台湾商务印书馆 1986

年版。

贺仲轼：《两宫鼎建记》，《丛书集成初编》本，商务印书馆 1936
年版。

洪皓：《松漠纪闻》，吉林文史出版社 1986 年版。

洪良品等校：《文文忠公事略》，《近代中国史料丛刊》本，文海出版
社 1966 年版。

胡广：《胡文穆公文集》，《四库全书存目丛书》本，齐鲁书社 1997
年版。

胡应麟：《少室山房笔丛》，中华书局 1958 年版。

黄训辑：《名臣经济录》，《文渊阁四库全书》本，台湾商务印书馆
1986 年版。

黄宗羲编：《明文海》，上海古籍出版社 1994 年版。

嵇璜等：《清朝文献通考》，商务印书馆 1936 年影印本。

计六奇：《明季北略》，中华书局 1984 年版。

纪昀：《四库全书总目提要》，河北人民出版社 2000 年版。

贾谊：《新书》，《新编诸子集成》之《新书校注》本，中华书局
2000 年版。

蒋一葵：《长安客话》，北京古籍出版社 1982 年版。

焦竑：《国朝献征录》，《四库全书存目丛书》本，齐鲁书社 1997
年版。

揭傒思等修、胡敬辑：《大元海运记》，广文书局 1972 年版。

柯绍忞：《新元史》，开明书店 1935 年版。

乐史：《太平寰宇记》，清光绪八年金陵书局刻本。

李白：《战城南》，载《唐诗别裁集》卷 6，上海古籍出版社 1979
年版。

李慈铭：《越缦堂日记补》，商务印书馆 1936 年版。

李绂：《穆堂初稿》，清道光十一年奉国堂刻本。

李鸿章：《李文忠公全书·海军函稿》，清光绪间金陵刊本。

李鸿章等：（光绪）《畿辅通志》，上海古籍出版社 1991 年版。

李舜臣：（乾隆）《蔚县志》，清乾隆四年刻本。

李心传:《建炎以来系年要录》,中华书局 1956 年版。

李岳瑞:《春冰室野乘》,陕西通志馆《关中丛书》本,1937 年版。

李志常:《长春真人西游记》,《四部备要》,中华书局 1936 年版。

厉鹗:《辽史拾遗》,《丛书集成初编》本,商务印书馆 1936 年版。

郦道元:《水经注》,上海古籍出版社 1990 年版。

梁混:《坦菴先生文集》,国家图书馆藏明刻本。

刘侗、于奕正:《帝京景物略》,北京古籍出版社 1983 年版。

刘若愚:《酌中志》,北京古籍出版社 1994 年版。

刘向:《说苑》,《说苑校证》本,中华书局 1987 年版。

楼钥:《攻愧集》,《四部丛刊初编》本,商务印书馆 1919 年版。

陆文圭:《墙东类稿》,《文津阁四库全书》本,台湾商务印书馆 1986
年版。

陆游:《剑南诗稿》,《陆游集》本,中华书局 1976 年版。

路振:《乘轺录》,贾敬颜《五代宋金元人边疆行记十三种疏证稿》
本,中华书局 2004 年版。

吕毖:《明朝小史》,江苏广陵古籍刻印社 1986 年版。

缪荃孙:(光绪)《昌平州志》,北京古籍出版社 1989 年版。

欧阳修:《新唐书》,中华书局 1997 年版。

欧阳修:《新五代史》,中华书局 1997 年版。

欧阳玄:《圭斋文集》,国家图书馆藏清抄本。

潘荣陛:《帝京岁时纪胜》,北京古籍出版社 1981 年版。

彭诒孙:《客舍偶闻》,北京燕山出版社 2013 年版。

祁寯藻:《祁寯藻集》,三晋出版社 2011 年版。

钱大昕:《潜研堂文集》,上海古籍出版社 1989 年版。

权衡:《庚申外史》,《续修四库全书》本,上海古籍出版社 2002
年版。

确庵、耐庵编:《靖康稗史》,《靖康稗史笺证》本,中华书局 1988
年版。

申时行等:(万历)《大明会典》,《续修四库全书》本,上海古籍出
版社 2002 年版。

沈榜：《宛署杂记》，北京古籍出版社 1980 年版。

沈德符：《万历野获编》，中华书局 1959 年版。

沈括：《梦溪笔谈》，《元刊梦溪笔谈》本，文物出版社 1975 年版。

沈括：《熙宁使虏图抄》，《永乐大典》第 5 册，中华书局 1986 年影印本。

史玄：《旧京遗事》，北京古籍出版社 1986 年版。

束载等：［嘉靖］《洪雅县志》，《天一阁藏明代方志选刊》本，上海古籍出版社 1981 年版。

司马光：《资治通鉴》，中华书局 1956 年版。

司马迁：《史记》，中华书局 1997 年版。

宋荦：《西陂类稿》，《文渊阁四库全书》本，台湾商务印书馆 1986 年版。

宋起凤：《稗说》，江苏人民出版社 1982 年版。

宋应星：《天工开物》，广东人民出版社 1976 年版。

苏颂：《苏魏公文集》，中华书局 1988 年版。

苏天爵编：《元朝名臣事略》，中华书局 1996 年版。

苏天爵编：《元文类》，商务印书馆 1958 年版。

苏辙：《栾城集》，上海古籍出版社 1987 年版。

孙承泽：《春明梦徐录》，北京古籍出版社 1992 年版。

孙承泽：《天府广记》，北京古籍出版社 1984 年版。

谈迁：《北游录》，中华书局 1960 年版。

陶宗仪：《南村辍耕录》，中华书局 1959 年版。

田况：《儒林公议》，《文渊阁四库全书》本，台湾商务印书馆 1986 年版。

脱脱：《金史》，中华书局 1997 年版。

脱脱：《辽史》，中华书局 1997 年版。

脱脱：《宋史》，中华书局 1977 年版。

王嘉谟：《蓟丘集》，国家图书馆藏明刻本。

王履泰：《畿辅安澜志》，广雅书局清光绪二十五年刻本。

王辟之：《渑水燕谈录》，中华书局 1981 年版。

王庆云：《石渠馀纪》，北京古籍出版社 1985 年版。

王与之：《周礼订义》，《文渊阁四库全书》本，台湾商务印书馆 1986 年版。

王恽：《秋涧先生大全文集》，《四部丛刊初编》本，商务印书馆 1919 年版。

危素：《元海运志》，台湾广文书局 1972 年版。

魏初：《青崖集》，《文渊阁四库全书》本，台湾商务印书馆 1986 年版。

吴存礼：（康熙）《通州志》，清康熙三十六年刻本。

吴景果：（康熙）《怀柔县新志》，1935 年重印本。

吴宽：《匏翁家藏集》，《四部丛刊初编》本，商务印书馆 1919 年版。

吴山凤：《涿州志》，光绪元年重印本。

吴俨：《吴文肃摘稿》，《文渊阁四库全书》本，台湾商务印书馆 1986 年版。

吴长元：《宸垣识略》，北京古籍出版社 1983 年版。

吴仲：《通惠河志》，《四库全书存目丛书》本，齐鲁书社 1996 年版。

谢肇淛：《五杂俎》，上海书店出版社 2001 年版。

谢振定：《游上方山记》，载《小方壶斋舆地丛钞》第 4 帙，杭州古籍书店 1985 年影印本。

熊梦祥：《析津志》，《析津志辑佚》本，北京古籍出版社 1983 年版。

徐继畬：《徐氏本支叙传》，山西省文献委员会 1915 年铅印本。

徐珂：《清稗类钞》，中华书局 1984 年版。

徐梦莘编：《三朝北盟会编》，台北大化书局 1979 年影印本。

徐松辑：《宋会要辑稿》，中华书局 1957 年影印本。

徐学聚：《国朝汇典》，台湾学生书局 1965 年版。

薛居正：《旧五代史》，中华书局 1997 年版。

姚燧：《牧庵集》，《四部丛刊初编》本，商务印书馆 1919 年版。

叶隆礼：《契丹国志》，上海古籍出版社 1985 年版。

叶绍翁：《四朝闻见录》，中华书局 1989 年版。

尹廷高：《玉井樵唱》，《文渊阁四库全书》本，台湾商务印书馆 1986

年版。

于敏中等：《日下旧闻考》，北京古籍出版社 1985 年版。

于慎行：《谷山笔麈》，中华书局 1984 年版。

虞怀中等：（万历）《四川总志》，《四库全书存目丛书》本，齐鲁书
　社 1996 年版。

宇文懋昭：《大金国志》，《大金国志校证》本，中华书局 1986 年版。

元好问：《元好问全集》，山西古籍出版社 2004 年版。

元好问编：《中州集》，中华书局 1959 年版。

袁中道：《珂雪斋集》，上海古籍出版社 1989 年版。

岳超：《庚子—辛丑随銮纪实》，载中国人民政治协商会议全国委员
　会文史资料研究委员会编《晚清宫廷生活见闻》，文史资料出版社
　1982 年版。

载铨等：《金吾事例·章程》，载故宫博物院编《故宫珍本丛刊》第
　330 册，海南出版社 2000 年影印清咸丰元年官刻本。

张棣：《金虏图经》，载《大金国志校正》附录二，中华书局 1986
　年版。

张瀚：《松窗梦语》，中华书局 1985 年版。

张茂节：（康熙）《大兴县志》，清康熙二十四年刻本。

张廷玉等：《明史》，中华书局 1997 年版。

张尹：《石冠堂文钞》，清乾隆间刻本。

张俞：《蚕妇》，载《宋诗纪事》卷 17，上海古籍出版社 1981 年版。

昭梿：《啸亭杂录》，中华书局 1980 年版。

赵秉文：《闲闲老人滏水文集》，中华书局 1985 年版。

赵璜：《归闲述梦》，《四库全书存目丛书》本，齐鲁书社 1996 年版。

赵翼：《簷曝杂记·簷曝杂记续》，中华书局 1982 年版。

震钧：《天咫偶闻》，北京古籍出版社 1982 年版。

周辉：《北辕录》，《国家图书馆藏古籍珍本游记丛刊》本，线装书局
　2003 年版。

周佳楣等：《光绪顺天府志》，北京古籍出版社 1987 年版。

朱国祯：《涌幢小品》，中华书局 1959 年版。

朱一新：《京师坊巷志稿》，北京古籍出版社 1982 年版。

二　晚近著作与史料辑录

［法］沙海昂注、冯承钧译：《马可波罗行纪》，上海书店出版社 2001 年版。

［瑞典］奥斯伍尔德·喜仁龙：《北京的城墙和城门》，许永全译，北京燕山出版社 1985 年版。

白眉初：《中国人文地理》，建设图书馆 1928 年版。

北京辽金城垣博物馆编：《元代北京史迹图志》，北京燕山出版社 2009 年版。

北京人民广播电台编：《北京实用资料大全》，改革出版社 1992 年版。

北京市档案馆、北京市自来水公司、中国人民大学档案系文献编纂学教研室编：《北京自来水公司档案史料》，北京燕山出版社 1986 年版。

北京市档案馆、中国人民大学档案系文献编纂学教研室编：《北京电车公司档案史料》，北京燕山出版社 1988 年版。

北京市地方志编辑委员会：《北京志·市政志·环境保护志》，北京出版社 2004 年版。

北京市地方志编纂委员会：《北京志·市政卷·民用航空志》，北京出版社 2000 年版。

北京市地方志编纂委员会：《北京志·地质矿产水利气象卷·水利志》，北京出版社 2000 年版。

北京市门头沟区文化文物局：《门头沟文物志》，北京燕山出版社 2001 年版。

北京市水文地质工程地质公司：《北京泉志》，1983 年 12 月印行。

北京市通州区文化委员会：《通州文物志》，文化艺术出版社 2006 年版。

北京市统计局、国家统计局北京调查总队编：《2014 北京统计年鉴》，中国统计出版社 2014 年版。

北京市文物局编：《北京辽金史迹图志》（上），北京燕山出版社 2003
　年版。

北京市文物研究所：《北京龙泉务窑发掘报告》，文物出版社 1984
　年版。

北京市政协文史资料研究委员会、中共河北省秦皇岛市委统战部编：
　《蠖公纪事》，中国文史出版社 1991 年版。

北京图书馆金石组、中国佛教图书文物馆石经组编：《房山石经题记
　汇编》，书目文献出版社 1987 年版。

北京图书馆金石组编：《北京图书馆藏中国历代石刻拓片汇编》，中
　州古籍出版社 1990 年版。

北平民国学院：《北平庙会调查报告》，1937 年 5 月印行。

北平市都市计划委员会：《北平市都市计划设计资料第一集》，北平
　市工务局 1947 年版。

北平市政府：《中华民国三十六年度北平市政府工作计划》，1948
　年版。

北平市政府统计处：《北平市政统计》1948 年 8 月号。

昌平县地名志编辑委员会：《北京市昌平县地名志》，北京出版社
　1997 年版。

陈宝良：《明代社会生活史》，中国社会科学出版社 2004 年版。

陈高华等：《元代大都上都研究》，中国人民大学出版社 2010 年版。

陈述辑校：《全辽文》，中华书局 1982 年版。

陈述主编：《辽金史论集》（一），上海古籍出版社 1987 年版。

高寿仙：《北京人口史》，中国人民大学出版社 2014 年版。

故宫博物院明清档案部编：《清代档案史料丛编》，中华书局 1979
　年版。

国家档案局明清档案馆编：《义和团档案史料》，中华书局 1959
　年版。

国家图书馆出版社辑：《明清赋役全书》，国家图书馆出版社 2010
　年版。

韩光辉：《北京历史人口地理》，北京大学出版社 1996 年版。

何瑜主编：《清代三山五园史事编年》，中国大百科全书出版社 2014
　　年版。

河北省地名办公室编：《河北政区沿革志》，河北科学技术出版社
　　1985 年版。

侯仁之、岳升阳主编：《北京宣南历史地图集》，学苑出版社 2008
　　年版。

侯仁之：《北京城的生命印记》，生活·读书·新知三联书店 2009
　　年版。

侯仁之：《历史地理学的理论与实践》，上海人民出版社 1984 年版。

侯仁之主编：《北京城市历史地理》，北京燕山出版社 2000 年版。

侯仁之主编：《北京历史地图集》，北京出版集团公司文津出版社
　　2013 年版。

怀柔县地名志编辑委员会：《北京市怀柔县地名志》，北京出版社
　　1993 年版。

老舍：《四世同堂》，百花文艺出版社 1985 年版。

雷梦水等编：《中华竹枝词》，北京古籍出版社 1997 年版。

李家瑞：《北平风俗类征》，北京出版社 2010 年版。

李洵：《下学集》，中国社会科学出版社 1995 年版。

梁思成：《梁思成文集》，中国建筑工业出版社 1986 年版。

林洙：《叩开鲁班的大门——中国营造学社史略》，中国建筑工业出版
　　社 1985 年版。

刘牧：《当代北京公共交通史话》，当代中国出版社 2008 年版。

刘欣葵等编著：《首都体制下的北京规划建设管理》，中国建筑工业
　　出版社 2009 年版。

罗桂环等：《中国环境保护史稿》，中国环境科学出版社 1995 年版。

罗瘿公：《拳变馀闻》，载《罗瘿公笔记选》，山西古籍出版社 1997
　　年版。

毛泽东：《反对党内的资产阶级思想》，载《毛泽东选集》第 5 卷，
　　人民出版社 1977 年版。

毛泽东：《论人民民主专政》，载《毛泽东选集》第 4 卷，人民出版

社 1966 年版。

毛泽东：《在中国共产党第七届中央委员会第二次全体会议上的讲话》，载《毛泽东选集》第 4 卷，人民出版社 1966 年版。

门头沟区地名志编辑委员会：《北京市门头沟区地名志》，北京出版社 1993 年版。

内政部统计科：《内务统计》京师人口之部，1912 年，国家图书馆藏本。

戚本超主编：《第二十九届奥运会与北京城市发展》，北京燕山出版社 2010 年版。

齐思和等编：《第二次鸦片战争》，上海人民出版社 1978 年版。

荣国章等：《北平人民八年抗战》，中国书店 1999 年版。

师哲：《在历史巨人身边》，中央文献出版社 1991 年版。

史念海：《中国古都和文化》，中华书局 1998 年版。

史为乐：《中华人民共和国政区沿革（1949—2002）》，人民出版社 2006 年版。

水利水电科学研究院：《清代海河滦河洪涝档案史料》，中华书局 1981 年版。

苏天钧主编：《北京考古集成》，北京出版社 2000 年版。

孙殿起：《琉璃厂小志》，北京古籍出版社 1982 年版。

孙冬虎、许辉：《北京交通史》，人民出版社 2014 年版。

孙冬虎、许辉：《北京历史人文地理纲要》，中国社会科学出版社 2015 年版。

孙冬虎：《北京近千年生态环境变迁研究》，北京燕山出版社 2008 年版。

太平天国历史博物馆编：《太平天国史料丛编简辑》，中华书局 1962 年版。

通县地名志编辑委员会：《北京市通县地名志》，北京出版社 1992 年版。

王树楠：（民国）《冀县志》，1929 年铅印本。

王兆元：（民国）《平谷县志》，1934 年铅印本。

吴廷燮等：《北京市志稿》，北京燕山出版社 1990 年版。

吴文涛：《北京水利史》，人民出版社 2013 年版。

夏商周断代工程专家组：《夏商周断代工程 1996—2000 年阶段成果报告》（简本），世界图书出版公司北京公司 2000 年版。

尹钧科、吴文涛：《历史上的永定河与北京》，北京燕山出版社 2005 年版。

尹钧科、于德源、吴文涛：《北京历史自然灾害研究》，中国环境科学出版社 1997 年版。

尹钧科：《北京郊区村落发展史》，北京大学出版社 2001 年版。

尹钧科编：《侯仁之讲北京》，北京出版社 2003 年版。

于德源：《北京灾害史》，同心出版社 2008 年版。

于璞：《北京考古史·辽代卷》，上海古籍出版社 2013 年版。

岳升阳主编：《侯仁之与北京地图》，北京科学技术出版社 2011 年版。

张次溪：《燕京访古录》，中华印书局 1934 年版。

赵安启等：《中国古代环境文化概论》，中国环境科学出版社 2008 年版。

赵其昌：《京华集》，北京燕山出版社 2014 年版。

中国科学院考古研究所写作小组：《"文化大革命"期间出土文物》，人民出版社 1972 年版。

中国科学院历史研究所第三所编辑：《庚子记事》，科学出版社 1959 年版。

中国人民大学清史所等编：《清代的矿业》，中华书局 1983 年版。

中国人民政治协商会议北京市委员会文史资料研究委员会编：《日伪统治下的北平》，北京出版社 1987 年版。

中国社会科学院近代史研究所《近代史资料》编辑组编：《近代史资料专刊·义和团史料》，中国社会科学出版社 1980 年版。

中国新史学研究会主编：《中国近代史资料丛刊·义和团》，神州国光社 1951 年版。

朱权等编：《明宫词》，北京古籍出版社 1987 年版。

朱士光主编：《中国八大古都》，人民出版社 2007 年版。

三　晚近论文与资料

（伪）北京特别市公署秘书处：《市政统计月刊》1941 年第 1 卷第 5
　　号《市民迁徙统计》。

《2008 年上半年经济社会发展计划执行情况》，北京市发改委网站
　　2008 年 7 月 28 日。

《1928—1936 年北平行政区域边界勘划史料》，《北京档案史料》
　　1999 年第 3 期。

《1929—1932 年北平市工务局建设成绩实况》，《北京档案史料》
　　2004 年第 4 期。

《1929 年北平特别市公用局施政大纲》，《北京档案史料》1992 年第
　　1 期。

《2014 年末北京常住人口 2151.6 万，外来人口 818.7 万》，人民网
　　2015 年 1 月 23 日。

《2015 年北京市城市绿化资源情况》，北京市园林绿化局 2016 年 4 月
　　1 日。

《2022 年冬奥会落户北京，京张双城 7 年之后啥模样》，《北京青年
　　报》2015 年 8 月 1 日。

《北京 7·21 特大暴雨遇难人数增至 79 人》，《北京晨报》2012 年 8
　　月 6 日。

《北京市"十二五"时期环境保护和建设规划》，北京市环境保护局、
　　北京市发展和改革委员会 2011 年 6 月。

《北京市"十二五"时期交通发展建设规划》，北京市交通委员会
　　2012 年 8 月 15 日。

《北京市"十二五"时期能源发展建设规划》，北京市发展和改革委
　　员会 2011 年 8 月。

《北京市"十二五"时期水资源保护及利用规划》，北京市水务局
　　2011 年 12 月。

《北京市"十二五"时期土地资源保护与开发利用规划》，北京市国

土资源局 2011 年 8 月。

《北京市"十五"时期交通行业发展规划纲要》，北京市交通委员会
网站 2006 年 6 月 9 日。

《北京市"十一五"时期环境保护和生态建设规划》，北京市环境保
护局 2006 年 11 月。

《北京市城市总体规划》（2004—2020），北京市规划委员会 2005 年 4
月 15 日。

《北京水利辉煌 60 年》，《水利发展研究》2009 年第 10 期。

《北京特大暴雨已致 190 万人受灾，经济损失近百亿》，中国新闻网
2012 年 7 月 22 日。

《北京向世界庄严承诺》，新华网 2015 年 6 月 10 日。

《北京遭遇 1951 年以来最大降雨》，中国天气网 2012 年 7 月 22 日。

《北平粮荒市民相继死亡》，《晋察冀日报》1944 年 5 月 18 日。

《北洋时期北京市内街巷道路等级及路幅名称》，《北京档案史料》
2001 年第 1、2、3 期。

《敌伪对华北占领区粮食、人力、耕地的掠夺与破坏》，《晋察冀日
报》1943 年 3 月 9 日。

《冀鲁豫等地几成一片泽国》，《申报》1939 年 9 月 2 日。

《时隔 13 年，沙尘暴再袭京》，《新京报》2015 年 4 月 16 日。

《速救北方灾民》，《大公报》1939 年 8 月 31 日。

《移动互联下的城市综合出行变革》，罗兰贝格管理咨询公司（www.
rolandberger. com. cn）2015 年 5 月。

北京市发展计划委员会、北京奥运会组委会：《北京奥运行动规划》，
人民网 2002 年 3 月 30 日。

北京市文化局文物调查研究组：《北京市双塔庆寿寺出土的丝绸制品
及绣花》，《文物参考资料》1958 年第 9 期。

北京市文物管理处：《北京地区的古瓦井》，《文物》1972 年第 2 期。

北平市政府统计室：《北平市政统计》1946 年 11 月、12 月合刊。

杜卫平：《官厅水库饮用水源功能恢复对策》，《中国水利》2004 年第
15 期。

傅振伦：《辽代雕印的佛经佛像》，载《辽金史论集》（一），上海古籍出版社 1987 年版。

国家统计局北京调查总队：《北京市 2010 年暨"十一五"期间国民经济和社会发展统计公报》，北京市统计局 2011 年 2 月 23 日。

韩光辉：《辽金元时期北京地区人口地理研究》，《北京大学学报》（哲学社会科学版）1990 年第 5 期。

何德骞：《天津县治议迁咸水沽》，《今晚报》2013 年 5 月 28 日。

侯仁之：《北京城市发展的三个里程碑》，《北京文博》1996 年第 4 期。

侯仁之：《北京城市规划建设中的三个里程碑》，载《侯仁之讲北京》，北京出版社 2003 年版。

侯仁之：《北京历代城市建设中的河湖水系及其利用》，载《环境变迁研究》第二、三合辑，北京燕山出版社 1989 年版。

侯仁之：《历史地理学的理论与实践》，《北京大学学报》（自然科学版）1979 年第 1 期。

李丙鑫：《一件有关南苑开发的清代重要档案》，《北京档案史料》1986 年第 4 期。

梁方仲：《中国历代度量衡变迁表》，载《中国历代户口、田地、田赋统计》，上海人民出版社 1980 年版。

林颂河：《数字统计下的北平》，《社会科学杂志》1931 年第 2 卷第 3 期。

鲁琪：《北京门头沟区龙泉务发现辽代瓷窑》，《文物》1978 年第 5 期。

吕作燮：《明清时期的会馆并非工商业行会》，《中国史研究》1982 年第 2 期。

宋德金：《正统观与金代文化》，《历史研究》1990 年第 1 期。

苏天钧：《北京西郊的白云观遗址》，《考古》1963 年第 3 期。

孙冬虎：《北京史年代辨误二则》，载《北京风俗史研究》，北京燕山出版社 2007 年版。

谭炳训：《日人侵略下之华北都市建设》，《北京档案史料》1999 年第

4 期。

王宏钧：《反映明代北京社会生活的〈皇都积胜图〉》，《历史教学》
1962 年第 7 期。

王军：《城记》，生活·读书·新知三联书店 2003 年版。

王毓蔺：《明北京营建物料采办研究——以采木和烧造为中心》，博士
学位论文，北京大学，2008 年。

韦冈：《四面楚歌中的北平》，《新华日报》（重庆）1941 年 2 月
12 日。

吴文涛：《历史上永定河筑堤的环境效应初探》，《中国历史地理论
丛》2007 年第 4 期。

吴文涛：《清代永定河筑堤对北京水环境的影响》，《北京社会科学》
2008 年第 1 期。

吴文涛：《萧太后河历史探源及相关文献辨析》，载《北京史学论丛
（2016）》，中国社会科学出版社 2017 年版。

颜昌远：《兴利除害，水惠京华》，《北京水利》1999 年第 5 期。

叶笃正等：《关于我国华北沙尘天气的成因与治理对策》，《地理学
报》2000 年第 5 期。

于德源：《辽南京（燕京）城坊、宫殿、苑囿考》，《中国历史地理论
丛》1990 年第 4 期。

张畅耕等：《应县木塔辽代秘藏考》，《文化交流》1994 年第 3 期。

张家口市宣化区文物保管所：《河北宣化辽代壁画墓》，《文物》1995
年第 2 期。

赵光林：《密云小水峪村发现辽金窑址》，《北京日报》1981 年 7 月
8 日。

赵正之等：《北京广安门外发现战国和战国以前的遗迹》，《文物》
1957 年第 7 期。

铢庵：《北游录话》，《宇宙风》第 20 期，1936 年 7 月 1 日出版。

竺可桢：《直隶地理的环境和水灾》，《科学》1927 年第 12 期。

后　记

　　这本书稿是我们承担的国家社会科学基金项目《近千年来北京城市发展与人口、资源、环境之间的关系研究》（批准号12BZS067）的最终成果。从2012年立项，2016年按期结题后断续修改，再到现在交出定稿，不觉前后已历五年有余。我们在工作中体会到，人口、资源、环境既是城市发展的外在地理依托，又是城市自身的有机组成部分，其间各种因素相互作用的关键与区域历史发展的主线就是如何处理"人"与"地"的关系。尽管古代的情境未必能够完全借用今人的概念予以恰当表述，但我们需要审视的问题毕竟与当代作为人文地理学核心的"人地关系"在很大程度上差相仿佛，更鉴于已有的项目名称似乎越看越缺乏书名应有的简洁明快，这才决定立足于近千年来北京作为政治中心的城市发展特征改弦易辙，几经推敲后确定了《古都北京人地关系变迁》这个书名。虽然同样未必妥帖，但也只能如此而已。

　　课题组成员的通力合作与高度信任，是我们顺利完成研究任务的根本保证。我的同事吴文涛女士一直从事北京历史地理研究，在区域水环境变迁、水利史、北京地域文化等领域尤其用力至勤、收获颇丰，近年来又负责本所《北京断代史》系列之一《金中都》卷，因此委托她撰写本书第三章《金中都的成长与区域人地关系的调整》。高福美博士接受了中国古代经济史研究的严格训练，来到本所后陆续完成了关于北京经济史、地域文化的多项课题，也是《北京断代史》系列《明北京》之经济分卷的承担者，由她撰写的本书第五章《明北京的发展与区域人地关系的演变》，仅仅展现了其研究潜力的冰山一角。这个项目完成不久，曾经使我"屡战屡北"却又不能免俗而"屡北屡战"的国家社科基金，居然在 2017 年 6 月又通过了我申报的《京津冀地区环境史》。同事告知后再查网上公示，瞬间颇有韩愈《进学解》所谓"盖有幸而获选"之感。在多年来以北京地区为中心的基础上，这个项目连同此前作为北京市社科基金重大项目的《京津冀地缘关系的历史考察》一起，是我与课题组六七位同事试图拓展研究范围、关注区域发展的新探索，我们将为此一如既往地"团结起来争取更大的胜利"。

北京社科院历史所的同事们，为我们开展研究工作创造了团结和谐的氛围，搭建了相互讨论、取长补短的学术平台。科研处在课题立项、管理以及书稿申请列入院社科文库出版的过程中，给予了热诚指导和大力支持。此外，说不清是从哪年开始，科研人员已经不得不被财务制度锤炼成虽无证书却绝对合格的会计，高福美、许辉等同事一直耗费自己的时间和精力，帮助对此一塌糊涂、束手无策的我处理各种琐碎事务。中国社会科学出版社的刘艳女士，前年曾为我和许辉的《北京历史人文地理纲要》做责任编辑，以热诚敬业、严谨高效的工作为书稿增色不少，我们的这本新书也必将因此而获益匪浅。对于前述各位同事和朋友的多方关照，我谨致以诚挚的谢意！

尽管书稿几经校核，错漏之处仍然难免，敬请读者不吝赐正！

2017 年 12 月 22 日冬至，识于北京市社会科学院历史所